金融市場概要
與 職業道德規範 第**2**版

張巧宜　編著

Financial Market

二版序

　　只要貨幣存在，則「金融市場」必存在金融市場知識之重要性不言可喻，對於初接觸各式金融商品的同學，常有商品太多元而無從學起的入門障礙，相較於高深的避險理論或評價模型，能夠使讀者建立貼近生活之金融概念，解決最基本的問題，更能引發讀者的興趣，如：「為什麼股票漲時，公司沒有賺錢？」、「銀行和金控公司有何不同？」、「證券商和證金公司不一樣嗎？」，筆者一直希望能提供一本淺顯易懂的金融市場教材，讓金融市場的初學者能輕鬆看懂金融商品的規則，用系統化兼具時事揀擇的方式，使讀者不僅在學習時容易理解，也方便應用在金融議題上，加深印象。

　　全書分為十四章，前九章為金融市場基本介紹，希望能讓初階金融市場學習者能無障礙地吸收金融知識，後四章為金融市場從業人員職業道德，此四章在呼應金融相關證照考試，自95年8月起設有基礎之共同科目：「金融市場常識與職業道德」。其目的是希望金融從業人員能透過法規的認識，培養高尚的執業道德，以能替投資人管理資金或資產，最後一章則介紹金融科技的部分。

　　金融商品推陳出新，金融政策與機制的開放，新增的法令規範更迭不斷，而近年隨著大數據的成本降低與網路使用者日增，使得金融市場產生明顯變化，其中金融科技領域所帶來的影響，如：「行動支付」使消費者享受購物的便利，2015年通過的「電子支付機構管理條例」，各家銀行也紛紛推出結合電子支付的信用卡優惠，與電信業者或支付平台的合作，孰能搶占先機，將使得金融業版圖大小重新排序，時勢所趨，本書在新版中增加了「金融科技」專章，期能提供讀者新的金融資訊與視野。

由於一般學生在對面撰文專業化、缺乏圖表化的專業書時，往往感到閱讀理解上的困難，故而本書略去艱澀理論，也盡量簡化公式，取而代之的是平實的說明與豐富的圖示，使讀者容易閱讀：各章之前提供「本章目標」、「本章引言」，引導讀者能掌握各章重點，在文中提供的「報你知」、「實務案例」、「名詞解釋」等單元，可以提供初涉金融市場的讀者，快速領會金融常識與市場實務。各章最後也提供了試題讓讀者可以檢視其學習情況，提升學習效果。我希望這本精簡內容的教科書，可以幫助學生或自學者跨越學習障礙、也期許筆者能與讀者們共同成長。

　　本書能順利成完成，感謝全華圖書工作人員的支持與編排協助，也感謝工作夥伴、家人朋友的陪伴與鼓勵。另外，特別想感謝在專業學力養成的師長、與學術之路一直提拔照顧我的學術先進們，尤其是國立中正大學財金系莊益源教授、國立高雄科技大學金融系菅瑞昌教授、闕河士教授、國立中興大學葉仕國教授。本書編寫雖然力求完美，但難免會有遺漏疏失，各方先進尚請不吝指教。

張巧宜 謹誌

2019 年 4 月

Financial Market

目錄

CH01 金融市場綜觀

CH02 股票市場

CH03 貨幣市場與債券市場

CH04 信託與財富管理

CH05 共同基金與ETF

CH06 銀行實務與國際外匯市場

CH07 金融機構管理

CH08 期貨與選擇權

CH09 保險市場

CH10 金融消費者保護規範與告知義務

CH11 金融業務招攬

CH12 從業人員誠信、忠實義務與利益衝突

CH13 金融業受託執業與保密原則

CH14 金融科技

Financial Market

01

金融市場綜觀

1.認識金融市場
2.瞭解金融市場分類
3.金融監理制度

◆ 本章引言

隨著國人財富的累積,對於金融市場的認識與接觸,成為生活中重要的一環,對金融市場的了解,最好的方式便是透過金融市場的架構,對於涉於其中的金融活動、提供服務的金融機構,有架構性的認識,此綜合性的概觀對於與金融服務業打交道,實用度高也相當有助於踏出未來財富規劃的第一步。

Financial Market

→1-1 金融市場範圍與結構

一、金融市場定義

金融市場（Financial Market）為資金交換之市場，其中，提供各項金融服務之金融機構，屬於服務業範圍。金融市場為提供金融服務場域之概念性名稱，並非有一特定、實質的地點，金融市場為一融資市場，主要功能在融通資金，也就是達到資金的交換。

融資又可以分為內部融資與外部融資，若是同一主體在不同時點，在資金上自我融通，即為內部融資；若是不同經濟主體，同一時點上互通資金有無，即為外部融資。金融市場可藉由各種金融服務業者，來達到融通的目的，資金供給者（Funds Surplus Unit）可以藉由不同的市場，讓資金流向需求者（Funds Deficit Unit）。

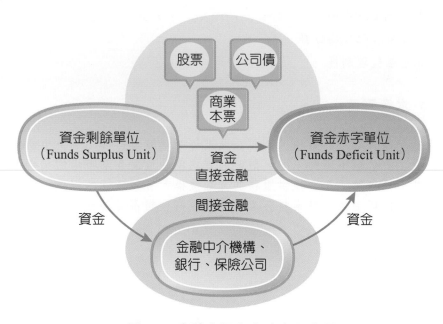

■ 圖1-1　金融市場資金流向示意圖

加油站

你想像中的金融市場在哪裡？金融市場並不是侷限在某一個建築物、或者一定範圍，只要是金融業者提供關於資金融通、或者延伸的金融商品，都可以是金融市場的範疇。

二、金融市場的種類

金融市場的種類，可由以下不同分類基礎，分成不同類別：

1. 依資金移轉的方式可以分為

(1) 直接金融（Direct Finance）

資金需求者以自身的名義，發行有價證券，吸引資金供給者直接將多餘的資金，透過購買有價證券的方式，流向資金需求者，在此過程中，金融服務業者僅僅是提供服務性質的媒介，收取金融服務費。最典型的直接金融市場為股票發行。其他也包括短期票券、公司債、海外債、政府債券、資產證券化受益證券等。

(2) 間接金融（Indirect Finance）

資金需求者透過金融中介機構（如銀行、保險公司等），取得資金供給者的資金，資金供給者將其資金存放於金融中介機構，其憑藉的是對金融中介機構的債信，並不過問金融中介機構將其資金貸放給孰人。最典型的間接金融市場為銀行存款。

2. 依有價證券是否為首次發行可以分為

(1) 初級市場

又稱為發行市場。指的是有價證券第一次銷售給資金供給者，發行人可以取得資金。

(2) 次級市場

稱為交易市場或流通市場。有價證券發行之後，在投資人之間買賣、流通，次級市場中的交易，與有價證券發行人取得資金無關。

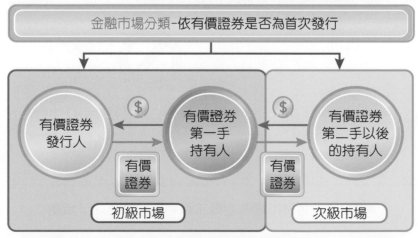

■ 圖1-2　金融市場依有價證券是否為首次發行之分類圖

3. **以交易場所分類可以分為**

(1) 集中市場（Exchange Market）

指有價證券透過特定場所或機構，進行交易競價配對之市場，如台灣證券交易所是台灣唯一證券交易集中市場。

(2) 店頭市場（Over-the-Counter, OTC）

也被稱為櫃檯買賣市場。指有價證券在證券商的營業櫃檯以「議價」方式進行的交易行為，交易條件多為交易雙方相互約定，交易對手可能是國內外的個人、法人或金融機構。特別的是，台灣的櫃檯買賣中心除了議價交易外，另外提供少數金融商品交易的「配對服務」（如：台灣的櫃買中心具有電腦連線撮合上櫃股票的機制），具有類似集中市場之功能，而同時兼具集中交易與議價交易型態。

4. **以金融工具到期日長短可以分為**

(1) 貨幣市場（Money Market）

在此市場所流通的金融商品，其到期日在一年內，為短期的信用工具，到期日的概念指金融工具償付本金的日期，而不是投資人的投資期間。如：國庫券、可轉讓定存單、銀行承兌匯票、商業本票、附買回協議（RP）、附賣回協議（RS）等。

(2) 資本市場（Capital Market）

在此市場所流通的金融商品，其到期日在一年以上，為長期的信用工具，如股票、債券等。

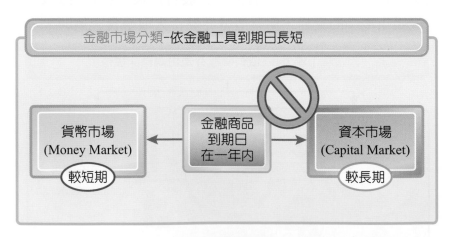

■ 圖1-3　金融市場依金融工具到期日長短之分類圖

5. 以持有金融商品之主要目的可以分為

(1) 傳統非投資型之金融商品

不以財務規劃或資產負債配置為目的，金融商品或契約較為單純，如；銀行存款、公司債、政府公債等。但不以「保本」為此類金融商品的特色，如：股票，亦為單純投資目的之金融契約。

(2) 投資型商品

以財務規劃或資產負債配置為目的，依「金融服務業提供金融商品或服務前說明契約重要內容及揭露風險辦法」，所謂投資型商品包括了表1-1中所示的幾類：

● **表1-1　投資型商品之種類**

金融契約	說明	辦理此商品之金融業別
1. 信託契約	1. 特定金錢信託業務 2. 信託業具運用決定權之金錢信託 3. 特定有價證券信託業務 4. 有價證券信託 5. 委託信託業投資國內外有價證券、短期票券或結構型商品 6. 運用信託財產於黃金 7. 運用信託財產於衍生性金融商品 8. 共同信託基金業務 9. 信託資金集合管理運用帳戶	信託業，如銀行信託部
2. 證券投資信託基金、期貨信託基金	眾多小額投資人之資金集合，透過專業資產管理公司，共享投資利益、共擔投資風險。	投信公司
3. 境外基金	2005年8月通過「境外基金管理辦法」，將境外基金的銷售制度改為總代理制，負責境外基金的募集及銷售業務。	投信公司、投顧公司及證券商可擔任境外基金的總代理人。此三者又可以再委託銀行作為銷售機構。
4. 衍生性金融商品（含：槓桿保證金契約）	期貨、選擇權、認購（售）權證等。在衍生性金融商品中，以下商品又特別稱為槓桿保證金契約：遠期契約、選擇權契約、交換契約、差價契約，或上述二種以上契約之組合，或結合固定收益商品之組合式契約。[1]	銀行 證券商 槓桿交易商，如：期貨自營商。

---

1. 《槓桿交易商經營槓桿保證金契約交易業務規則》第5條

金融契約	說明	辦理此商品之金融業別
5. 具衍生性商品性質外國有價證券業務	受託買賣非集中市場交易且具衍生性商品性質之外國有價證券業務。	證券商、信託業
6. 結構型商品業務	結合固定收益商品、或黃金、與衍生性金融商品之組合式交易。	銀行
7. 黃金及貴金屬業務		銀行
8. 全權委託投資業務	也就是俗稱的「代客操作」，也包括「全權委託期貨交易業務」。	證券商、投顧公司實收資本額須達新台幣五仟萬元以上、投信公司實收資本額須達新台幣三億。
9. 投資型保險	具備投資和保障雙重功能的保險	保險業

6. 以其價格是否與其他資產聯結，可以分為

(1) 一般（非衍生性）金融商品

此金融契約，有價值之決定，不依附在其他金融商品，而是決定於其自身表彰之實質資產。如：股票，其表彰的是作為公司股東之權益，具體之權益之一為股利收取，故公司未來之成長性、資產與負債之情形等會影響公司股利發放者，皆會影響公司股票之價值。

(2) 衍生性商品

衍生性商品的價值，往往與其他金融資產相聯結，如：與利率、匯率、股權、指數、實質商品、信用事件、或其他利益、及其組合相聯結，在此基礎下所衍生之交易契約。但此學術上的分類，與實際法條不盡相同，如：「銀行辦理衍生性金融商品業務應注意事項」中，衍生性商品則排除了資產證券化商品、結構型債券、可轉（交）換公司債、境外結構型商品等，這些雖然也具有衍生性金融商品性質但往往單一法規無法對於全部的衍生性金作規範，所以在作實務適用時，需視法規對該商品的界定範圍而定。

衍生性商品又分為兩小類，其一為「結構型商品」，指某金融契約其收益建立在固定收益商品上，而組合了此固定收益商品及黃金、或衍生性金融商品，所以結構型商品是一種組合式交易。另為「非結構型商品」，指的是單項的衍生性金融商品，如：外匯保證金交易、陽春型遠期外匯、買入陽春型外幣匯率選擇權、及買入轉換公司債資產交換選擇權[2]。

---

2. 法源為「銀行辦理衍生性金融商品自律規範」。

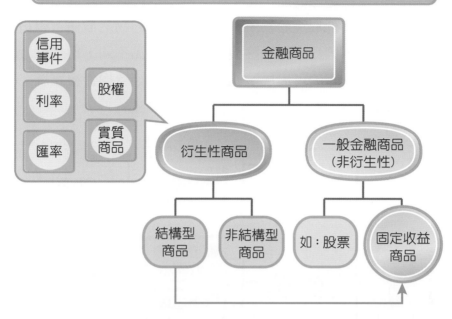

■ 圖1-4　金融市場依金融工具價格是否與其他資產聯結之分類圖

加油站

觀念：投資期間與到期日之差別

　　由於我們假定企業永續經營，所以股票沒有到期日，或者我們認為到期日是無窮遠以後，所以股票屬於資本市場工具。若某甲購買股票一個月後又出售，股票當然仍然是資本市場工具，一個月期為投資人的投資期間，而不是將資金償付給股東（股東為股票的原始資金提供者）。

三、金融市場範圍

　　以不同的金融市場種類，結合金融商品，我們可以做交叉類別，來進一步說明金融市場的範圍，如圖1-5所示，資本市場可以分為股票市場和債券市場，而債券市場又可以依照不同的發行人，分為公債與公司債，股票、公債、與公司債都存在著初級市場及次級市場。

除了傳統的金融商品之外，衍生性金融商品（Derivative）也屬於金融市場的範圍。所謂衍生性金融商品，是指由金融契約約定，該商品依附於其他資產標的物的，其價值高低取決於其所依附的資產標的物之價值。對衍生性商品的投資需要謹慎小心，因為它的風險與傳統金融商品不同，衍生性金融商品與傳統金融商品存在著一定的市場風險相關性，它的經營操作複雜度，也比傳統金融商品要來得高。

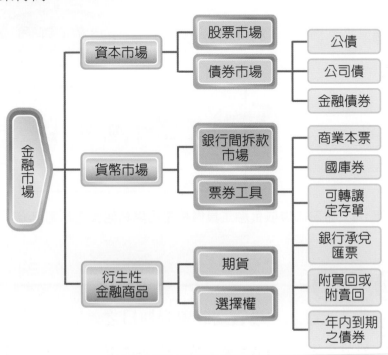

■ 圖1-5　金融市場結構圖

四、金融監理制度與金融市場結構

台灣的金融市場採監理一元化，即是以一個主管單位，專責機關負責綜理各種金融業務，金融監督管理委員會成立於2004年7月，簡稱為「金管會」，隸屬於行政院下。在其成立以後，將金融業的管理、監督、檢查、處分的權力，由多頭馬

金融焦點Focus

台股回穩，禁空令取消

資料來源：
http://video.udn.com/embed/
news/364311

車，如：財政部、中央銀行、中央存款保險公司…等等之政府機構，直接改以單一金融主管機關負責，其宗旨如下：

1. 健全金融機構業務經營

2. 維持金融穩定

3. 促進金融市場發展

　　金管會設委員6-12人，均為無給職，而財政部長、經濟部長、能源部長、和法務部部長為當然委員，旗下依照不同的業務類別，設有四個業務局，包括銀行局、證券期貨局、保險局、檢查局，並掌管中央存款保險公司：

1. 銀行局

　　掌理銀行業、票券金融公司、金融控股公司之監督、管理，相關法令之擬定規劃、執行政策。

2. 證券期貨局

　　投信公司、期貨公司、證券商等金融機構之監督管理。

3. 保險局

　　保險市場及保險業之監督、管理、及其政策法令之擬定規劃執行。

4. 檢查局

　　主掌金融業檢查業務，可對於銀行、證券公司、保險公司等，進行監督檢查其業務。

　　促進金融市場健全發展，最有效的方法為：建立合理機制，並減少法規限制，制訂法律規範的目的，並非增加政府收入，或增加金融市場進入障礙，而希望促進金融機構有效經營。另外，鼓勵金融創新，多樣化金融商品，使得金融市場資金活絡、有效率。長期而言，才能加強國際金融業務發展，提高台灣金融市場的國際地位。

→1-2 金融市場功能與特性

一、金融市場之功能

在金融市場中，金融服務機構可以分為金融中介（Financial Intermediation）與非金融中介機構兩大類，金融中介指的是能夠負起資金供給與需求者之間的媒介或橋樑的責任，如：銀行、保險公司、投信業者等等，它們常以賺取利率差價（Spread）為其重要收入來源，而非中介機構仍具有提供金融服務的功能，如：投顧公司、證券經紀商、證券承銷商，他們則以賺取手續費為其收入來源。

金融中介機構又可以分為存款機構（Deposit Institutions）、與非存款機構（Non-Deposit Institutions）。前者具有貨幣的創造功能（Money Creation），貨幣的創造功能指的是，金融機構接受大眾存款，將原本流通的貨幣量，透過授信方式再將貨幣數量擴大的金融行為，如：銀行將原本存戶的存款，保留了部分的現金後（我們稱之為準備金，準備用來隨時供存戶提領之用），將剩餘的金額貸放出去，此貸放出去的金額終究會成為另一存戶的收入，又存入銀行體系，同一筆貨幣便有了循環的擴張效果（雖然不是原金額百分之百又擴張出去，而是扣除了準備金），此便為貨幣的創造功能。非存款機構則不具有信用創造功能的純信用中介機構，以發行有價證券、或訂定金融契約，作為資金供需者之間的橋樑，如：保險公司、共同基金、退休基金。

名詞解釋

貨幣機構、非貨幣機構

→ 貨幣機構（Monetary Institutions）

指金融中介機構之負債，透過發行具有「貨幣性」請求權之金融商品，吸收存款貨幣，對提供貨幣者負有償還責任，貨幣性指的是金融商品到期日為短期的。這種貨幣性請求權之金融商品，通常為「間接性」的，資金需求者不以自身之債信取得貨幣，如：銀行發行存摺，存戶具有貨幣性請求權、投信公司發行貨幣市場共同基金，投信公司將資金投資於貨幣市場的短期工具，而基金持有者則具有贖回受益憑證時之請求權。

流通的貨幣則可以依以下不同範圍作定義：

M1A：指通貨淨額加貨幣機構之支票存款及活期存款。

M1B：指通貨淨額加存款貨幣，或M1A加貨幣機構之活期儲蓄存款。

M2：M1B加準貨幣。

準貨幣包括：定期存款定期存款、可轉讓定期存單、定期儲蓄存款、外匯存款、中華郵政公司儲匯處之郵政儲金、附買回交易餘額、貨幣市場共同基金。

➡ **非貨幣機構（Non-Monetary Institutions）**

指不發行貨幣性請求權之金融中介機構，而是發行「非貨幣性」間接證券，來吸收資金的金融中介機構。「非貨幣性」指的是金融商品到期日不為短期，在一年以上者。如：保險公司，向多數人收取保費，再將保費用於保險事故之保險金發放、放款或投資。

二、金融中介機構的功能與作用

金融中介機構-功能與作用

1　金融中介機構撮合了資金供需者

2　金融中介機構使資源配置效率化

3　金融中介機構提供客觀價格

4　金融中介機構有能力監督資金被合理使用

■ 圖1-6　金融中介機構的功能與作用

1. 金融中介機構撮合了資金供需者

　　資金所有者與需求者之間，在交換資金時，需要先釋出/接受「有剩餘資金」的資訊，也就是關於資金供需「訊息」的傳遞，在傳遞訊息後，還需要能有對資金「配送」的能力，如：A銀行若有10家分行，則對於10家實體分行近域之資金供求者有配送的功能，而若B銀行有80家分行、及1家網路銀行，則對80家實體分行的地點附近、及在能上網使用網路銀行功能的上線者，有資金配送的功能。而資金在配送後，使得資金的流動具有效率性，也減少資金配送之盲目。

2. 金融中介機構使資源配置效率化

　　透過金融中介的存在，使得資本能在時間與空間中移動，讓貨幣能使產業運用在生產上，增進國民所得，如：A公司欲設廠增加生產線，透過向銀行借貸長期資金（銀行借款）10年，金額5,000萬元，而銀行可以即時地整合眾多小額存戶、不同時點存入的資金，在同一時點一次滿足A公司所需的5,000萬元，達到不同時間的時間整合之資金運送、不同地點的地域整合之資金運送，以及不同金額的資金規模整合之資金運送，並節省A公司為了蒐集資金而可能產生的交易成本，使企業規模得以擴張，進一步刺激了國民經濟活動，提高了資本市場交易的效率。

3. 金融中介機構提供客觀價格

　　中融中介的存在，使得價值與實物間剝離，產生因交易而生的客觀價格也可以藉由金融中介的儲存貨幣功能，將客觀價格又轉化為各種無形的金融資產，使得「財富」得以順利地累積與被運用。如：早期的以物易物，在有了貨幣之後，每一品項有了買者與賣者同意的交易價格，而使得品項所表徵的價值得以用貨幣形式，被存到銀行中，而不是仍以實物形式存在倉庫裡，在銀行中的貨幣，又可以去購買各項證券化的商品，如：債券、股票、期貨等等。

4. 金融中介機構有能力監督資金被合理使用

　　金融中介機構的存在，在將貨金導入需求者前，會對資金使用者進行徵信，如：銀行可以是監督貸款者的代表性機構，在企業借款時，調查企業成立情形、實際營運、還款能力，防範借款人的違約風險及道德危險，查察資金是否如借款用途宣稱地被適當使用，可以替銀行存戶監督其資金使用，而若資金

使用者違約，則銀行自行擔負違約後的損失，不影響存戶之存款利益，將違約風險由存戶轉嫁到銀行端。

名詞解釋

資產、金融資產

在金融市場中，常會看到「金融資產」（Financial Assets）一詞，或者我們也簡潔為「資產」，如：資本「資產」訂價模型、「資產」配置等。此資產與會計學中的資產負債表所稱的「資產」不同。金融資產指的是一種「金融契約」、或「有價證券」。透過契約當事人間的合意，將實質資產或其他的金融商品，給予客觀價格。如：股票，代表股東（股票持有者）對公司（股票發行人）的營運資產價值請求權，股票可以被買賣交易，其市價為客觀交易價格，這種將公司資產請求權及相關的權利義務，登載在契約或書面（股票），稱為將資產予以「證券化」。

三、金融市場特性

金融業在媒介金融資金時，建立在投資人與金融服務業的信賴基礎上，所以金融市場十分重視信用，各種金融商品之資金交換，均需仰賴交易雙方的互信基礎，然而，由於金融市場是一個開放性的市場，任可對象都可以自由地在金融市場中進出，所以金融市場也高度依賴政府相關法令之保護，以防不法份子竊取非法利益，破壞金融市場互信基礎。金融市場的特性如下：

■ 圖1-7　金融市場的特性

1. 交易雙方互相信賴為基礎

金融相關服務業，在爭取客戶往來時，均以信用作為經營基礎，缺乏信用基礎者，可能引發立即的倒閉危機。如過去層出不窮的銀行擠兌事件。

2. 開放性的無形市場

金融市場為了能夠順利的進行資金交換活動，一般情況下，並不限制交易對象，所以是一個開放市場，也是一種抽象的交易機制，可以有、也可以沒有具體營業場所。

3. 受金融法規規範與保護

由於金融機構將投資者的資金轉投資或作貸放，其營運並不是以經營自我資金為主，而是多以他人資金為經營的標的，所以金融業者常有道德危險的疑慮，若為自我資金之經營，業者當然會盡最大努力作配適規畫，而以他人資金為經營，則在自利動機或其他誘因之下，提高了不當運作的可能性，如此一來，各國政府即以金融法規設定層層限制或透明運作機制，以促使金融業者能在考量各營運風險下，正派經營。如：銀行業者除了需服從一般公司法的規定之外，另還有銀行法也需遵從。

金融焦點Focus

星國造黃金女神來台騙10億

資料來源：
http://www.appledaily.com.tw/appledaily/article/headline/20150922/ 36791822/

金融焦點Focus

全家族經營地下匯兌，6年洗錢超過30億

資料來源：
https://www.youtube.com/watch?v=G5r7oAq3CQA

4. 金融業為高度負債比之產業

由於金融市場主要提供資金交換服務，而在交換過程中，資金剩餘者所提供的資金，藉由金融中介機構轉而流通出去時，對金融機構而言，並不具有該筆資金的所有權，故而該資金對於金融機構為負債的概念，如：對銀行而言，存戶的存款即為銀行的負債，又好比是保險公司所收取的保險費，或者投信公司收取的基金投資金額。存戶所存入的款項，仍屬於存戶所有，不屬於銀行所有，為銀行的負債。此筆負債的涵意與一般行業不同，其也帶有一般行業

中的「貨源」的概念，大抵沒有銀行會因為所收取的存款太多而倒閉，而一般企業則因為負債太高而倒閉時有所聞，此為銀行等金融業與其他行業的主要差異。這也是在實證研究中，常將金融業與一般行業分開觀察的緣故。

5. 金融商品依客戶需求客製化

個別的金融商品，多需視客戶的需求作設計而提供。即使是同一金融商品，如：因為進口商有貿易往來需求而請求銀行簽發信用狀，銀行也要針對個別客戶進行徵信與額度的授予，並在簽發信用狀的同時，也依不同的貿易對手（即出口商）所在地國別、貿易條件等，簽發特定內容的信用狀，以將信用狀發送予出口商，此信用狀的內容提供，銀行必需依個別客戶而有不同的簽發內容，便是一高度客製化的例子。此外，其他針對個人需求量身訂制的信託型產品、或是財富規劃等服務，更是客製化的金融業務。

6. 金融業務科技化

金融服務未來將朝向數位化、科技化發展，數位銀行與行動支付時代來臨，單一銀行的網路銀行交易單月平均就可能超過350萬筆，網路銀行交易量年年增加，未來可望將網路銀行的使用量嫁接在手機行動的各種自動化業務，在行動通訊技術益發進步的現代，未來政府跨部門資料也可以利用手機進行整合，方便民眾利用金融業務，如：稅務與個人身分的設定讀入，未來可利用手機作銀行開戶。而個人化的互動式服務，更是早已透過網路銀行，提供給客戶便利、不需要出門即可線上處理轉帳、基金投資、設定定存或解約等功能，未來金融業將利用客戶線上行為分析，提供針對客戶需求或特性而不同的專屬資訊與服務，客戶在收到電子郵件或是展開其網路銀行頁面時，可以得到符合個人需求的訊息，而不是所有客戶都發送相同的訊息，使更能對客戶作到精準服務，貼近消費者生活。科技化方面，為了遏止駭客入侵，未來手機動態簡訊碼搭配原始設定密碼等，強化數位金融的安全性。而傳統的自動提款機（ATM）也可結合指紋靜脈辨識加密碼款[3]，即使沒有金融卡，也可以在提款機領現金，方便民眾提款。

---

3. 中國信託商業銀行計畫於2015年下半年提出ATM升級機台，初期選擇少數據點提供服務。

→1-3 常見的金融服務機構

一、銀行

在台灣，銀行包括政府設立的中央銀行、及以經營短期授信業務為主的商業銀行、經營中長期授信與投資業務為主的信託投資公司、與有特定融資對象之專業銀行。依銀行法之分類，短期授信指到期日在一年以內，中期指一到七年，長期指七年以上。信託投資公司（Investment and Trust Companies）是以受託人地位，按照信託契約之特定目的，收受、經理及運用信託資金、經營信託財產、從事投資的金融機構。雖然「信託投資公司」一詞沒有「銀行」二字，但卻是我國「銀行法」中所認定的銀行的一種。

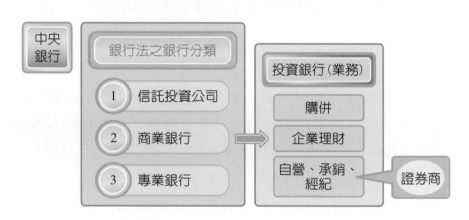

■ 圖1-8　銀行於銀行法之的類別

而「投資銀行」在台灣則不是「銀行法」中的任何一種銀行類別，在國外，投資銀行指的是能作有價證券承銷、經紀、企業理財顧問、購併等業務，或由於台灣之綜合證券商所承作之承銷、經紀、自營業務，不受銀行法規範，與銀行有別，銀行若要依銀行法兼營證券業務者，其營業及會計必須獨立。

二、基層金融機構

在台灣的基層金融，類似國民銀行的功能，主要有信用合作社、農漁會信用部、郵政儲金匯業局。

　　信用合作社是一個由全體社員所共同擁有而具有「銀行」存放款性質的金融機構，其經營者（理監事）是由社員一人一票選舉出來的，信用合作社的社員則開放外界可自由加入，但營利事業不得加入信用合作社為社員。台灣最早的信用合作社，為「台北信用組合」及「基隆信用組合」，成立於民國前一、二年。於民國82年11月通過「信用合作社法」，以有效管理信用合作社。但信用合作社並不受到較為嚴苛的銀行法的規範。在民國84、85年間，台灣經歷一波本土型的信用危機，使得當時體質不健全的信用合作社浮現擠兌事件，如：84年11月的彰化四信，政府後於民國84年通過「信合社改制銀行辦法」之後，鼓勵體質良好的信合社改制為地區性商業銀行，用意即在改制後，須符合銀行法規範，更能監督銀行之關係授信的不良授信問題。

　　農漁會信用部為各地方、農漁會附設之信用部門，業務型態與信用合作社類似。

　　郵政儲金匯業局有別於國外郵局僅單純地辦理郵務，民國20年公佈實施郵政儲金法及郵政國內匯兌法，規範我國郵政機構辦理「儲金匯兌」業務。郵局由交通部持有100%股權之國營，旗下管轄郵政儲金匯業局、及台灣北、中、南區郵政管理局，由於郵局服務據點多、深入各社會角落，即便外島或高山、偏僻地區亦有郵局，因此能有效鼓勵儲蓄、吸收小額存款。郵政儲金匯業局掌理「郵政儲金」業務之經營、管理、以郵政定期儲金存單為擔保之貸款、郵政劃撥業務、郵政匯兌業務、簡易人壽保險業務。簡易人壽保險可以免除被保險人的體檢。郵政儲金只能吸收存款、不能放款，郵匯局之存款僅轉存中央銀行與國內其他銀行，中央銀行則可利用郵政儲金執行重要的貨幣政策。民國81年起，郵政儲金不再只能限定轉存央行及四家專業銀行（交通銀行、農民銀行、土地銀行與台灣中小企業銀行），開放能自由轉存本國行庫，或購買公債、國庫券及金融債券等。民國83年起推動「中長期資金運用制度」，引導郵政儲金可以被用於重大公共建設。郵局之簡易人壽保險定存金，則與一般私人保險業者所受之規範相同，如：有價證券、不動產、放款等。86年3月開辦郵政壽險「不動產抵押借款業務」，申貸資格不受限於簡易人壽保險保戶，目前全台共有23個房貸經辦局。

三、保險公司（Insurance Company）

保險公司向要保人收取保費，作為其主要之資金來源，依風險分散原則，將可能發生之損害（即保險事故），轉由多數人共同承擔。保險公司所收取的保費，除了賠付要保人的損失之外，可以運用於銀行存款、政府債券、不動產投資等。

保險公司依其承保標的之不同，可區分為人身保險（Life Insurance）與財產保險（Property Insurance）。人身保險又可以包括人壽保險、健康保險、傷害保險及年金保險等；產物保險公司經營財產保險業務，又可以包括火險、車險、海上保險、責任險、保證險等。

四、證券投資信託公司（投信公司）

證券投資信託公司可以集合眾多投資人資金，成立共同基金（Mutual Funds），聘僱專業投資經理團隊，代投資人管理運用資金，較專業地制定投資決策，藉由龐大資金作多角化投資組合以達到分散風險投資收益由全體投資人共享，而損失亦由所有投資人共同分攤。基金投資人取得受益憑證，可以藉由「申購」與「贖回」運用其資金於共同基金上。投信公司除了發行受益憑證、募集共同基金之外，還可以接受客戶全權委託投資業務（代客操作）。

五、證券金融公司

證券金融公司主要的業務為辦理有價證券買賣的「融資融券」業務、及對證券商「轉融通」業務。所謂轉融通，指的是證券投資人可以透過各地經營據點比較多的證券商辦理融資融券業務，而證券商若有款券不足者，可以再向證券金融公司辦理融資融券。而證券金融公司辦理有價證券買賣的「融資融券」業務，則是直接服務投資人。證金公司另外還可以辦理的業務有2006年10月開放的「有價證券交割款項融資業務」，2007年3月開放的「有價證券借貸業務」。

六、投資顧問公司

　　證券投顧公司能提供投資人或同為金控公司旗下之其他金融事業有價證券價值分析、投資判斷建議，可利用發行有關證券投資的出版品、舉辦有關證券投資的講習提供顧問服務。另外，也可與投資人簽訂委託契約，由投顧公司基於專業判斷，為委任人執行有價證券投資之業務者（代客操作）。

七、票券金融公司

　　票券金融公司（Bills Finance Company）又簡稱為票券商，主要業務為貨幣市場上之短期票據買賣。短期票據融通期間在一年期以內，營收多以票債券投資收益及利息收入為主、另也有授信風險有關之保證手續費收入。票券相關業務可以由其他金融機構兼辦，如：81年5月及93年10月分別開放銀行、證券商辦理短期票券之經紀、自營業務（次級市場），84年8月開放銀行辦理短期票券簽證、承銷（初級市場）業務。

八、期貨商

　　期貨商設立須經主管機關（金融監督管理委員會）核准。期貨商依其業務內容可以分為經紀商及自營商，期貨經紀商指接受客戶委託開設期貨交易帳戶，並依循客戶委託買賣期貨、選擇權契約。期貨自營商則為自己利益，自行買賣期貨、選擇權契約之期貨商。在台灣，選擇權契約也是屬於期貨商之業務內容。

九、租賃公司

　　租賃公司預先購入設備，再於約定之租賃期間內，將設備的使用權讓與他人，但設備之所有權仍由租賃公司享有，承租人於到期時，取得設備資產所有權，租賃公司收取租金。租賃公司的營業項目，除了租賃業務之外（資本租賃及營業租賃）、也承辦分期付款業務、應收帳款業務、或資金直接貸放業務[4]。

---

4. 依公司法第十五條規定：「公司之資金，除有左列各款情形外，不得貸與股東或任何他人：一、公司間或與行號間有業務往來者。二、公司間或與行號間有短期融通資金之必要者。融資金額不得超過貸與企業淨值的百分之四十。」公司法規定除銀行、保險公司及當鋪業外，一般公司都不得以放款、保證及票據貼現為業。

資本租賃在租約期滿時，承租人可以優先承購或續租該項租賃資產。營業租賃承租人在租約期滿時，並無優先承購或續租該項租賃資產的權利。

租賃公司的經營，有的是銀行轉投資（如：一銀、永豐金、台新、日盛、富邦、聯邦資融），有的是集團轉投資（如：中租迪和、中泰、永欣），或車商轉投資（如：中華資融、和潤、台灣賓士資融、裕融）。在台灣的「資融公司」，有的主力是作租賃業務，有的主力是作分期付款業務。

十、分期付款公司

分期付款公司，其與銀行業者合作，主要承辦分期付款附條件買賣，依契約雙方所議定的分期期間，對於價格較高昂的設備，如：汽車、電腦OA設備、醫療器材、交通運輸、等各種機器設備，由分期付款公司先支付機器價款給設備供應商並簽訂買賣契約，另分期付款公司與設備使用者訂定分期契約，設備使用者每期只需付出一部分的價金給分期付款公司，就可先使用設備，不需準備足額資金以購買設備，在分期期間，由設備供應商直接對設備使用者提供售後服務。

另外，也有分期付款公司承作消費財業務，如：機車、中古機車、電動車、重型機車，由分期付款公司與特約商家合作，提供消費者不同的分期付款專案（如：零頭款、零利率活動），分期付款公司與消費者簽訂「附條件買賣契約」[5]，由分期付款公司及特約商家吸收設備使用者分期付款手續費，若消費者未來無力負擔分期付款金額，其消費財可能受到拍賣以清償。

十一、融資公司

融資公司又可稱為「非銀行」（Non-banks）或財務公司（Finance Company），收受非存款，主要經營「放貸融資性交易」，另得經營融資性租賃、應收帳款收買、其他經主管機關核准的業務。融資公司主要資金來源為

---

5. 依「動產擔保交易法」第26條規定：「稱附條件買賣者，謂買受人先占有動產之標的物，約定至支付一部或全部價金，或完成特定條件時，始取得標的物所有權之交易。」消費財所有權在分期付款期間仍屬於「資融公司」所有。
   同法第28條第1項規定：「標的物所有權移轉於買受人前，買受人有下列情形之一，致妨害出賣人之權益者，出賣人得取回占有標的物：(一)不依約定償還價款者；(二)不依約定完成特定條件者；(三)將標的物出賣、出質或為其他處分者。」

自有資金、發行長期公司債券、中期債券或商業票券、或向銀行借貸。民國103年審議中的「融資公司法草案」，其中規定，對自然人的融資性交易年利率不得超過20%、非自然人不超過30%。融資公司的存在，是主管機關希望能把過去難以管理的地下金融（坊間的地下錢莊），給予合法的管理空間，開放融資公司設立，是金融風險管理可望更加落實。另外，融資公司立法也有助於讓租賃公司成功轉型為融資公司，讓租賃公司原本只能承作「具交易基礎」的租賃融資，擴大到能承作純資金調度之融資業務（如：純粹營運擴充、流動資金，而非買原物料、設備）。

十二、創業投資業（Venture Capital）

創投公司的主要業務，是由包括技術、財務、產業專長之專業團隊，協助投資人尋找有潛力的投資案、以股權投資的型態協助新興的公司成長，如：開發新產品、提供技術支援、產品行銷等各項參與經營活動，在未來公司成長後，賺取股權之投資報酬。依「創業投資事業輔導辦法」，創業投資事業指經營下列業務且實收資本額在新臺幣二億元以上之公司：

1. 對被投資事業直接提供資金。
2. 對被投資事業提供企業經營、管理或諮詢服務。

創投公司常會長期持股直到科技公司股票上市或上櫃，以取得資本利得。民國74年政府推動創業投資事業政策，由行政院國發基金辦理創業投資計畫，截至民國103年底止，有233家創投公司設立經營中。根據創投公會報告指出，國內上市櫃企業中，每3家就有1家曾接受過創投資金的挹注。由此可知創投公司對扶植企業成長之助力。

十三、信用評等公司

針對債券發行人的特定債務之信用風險進行評估、或對有價證券發行人本身之經營風險進行衡量，並出具等級意見，供一般投資大眾參考。

本章重點

1. 金融市場（Financial Market）為資金交換之市場，並非有一特定、實質的地點，主要功能在融通資金。

2. 若是同一主體在不同時點，在資金上自我融通，即為內部融資；若是不同經濟主體，同一時點上互通資金有無，即為外部融資。

3. 資金需求者以自身的名義，發行有價證券，為直接金融（Direct Finance）。資金需求者透過金融中介機構（如銀行保險公司等），取得資金供給者的資金，為間接金融（Indirect Finance）。

4. 在貨幣市場（Money Market）所流通的金融商品，其到期日在一年內，為短期的信用工具。資本市場（Capital Market）所流通的金融商品，其到期日在一年以上，為長期的信用工具。

5. 台灣的金融市場採監理一元化，主管單位為金融監督管理委員會。

6. 存款機構（Deposit Institutions）具有貨幣的創造功能。貨幣機構（Monetary Institutions）發行具有「貨幣性」請求權之金融商品。

7. 金融中介機構的功能：金融中介機構撮合了資金供需者、金融中介機構使資源配置效率化、金融中介機構提供客觀價格、金融中介機構有能力監督資金被合理使用。

8. 金融市場特性：交易雙方互相信賴為基礎、受金融法規規範與保護、金融業為高度負債比之產業、金融商品依客戶需求客製化。

9. 銀行包括中央銀行、商業銀行、信託投資公司、專業銀行。台灣的基層金融有信用合作社、農漁會信用部、郵政儲金匯業局。

10. 創投公司以專業團隊，協助投資人尋找有潛力的投資案、以股權投資的型態協助新興的公司成長，未來賺取股權之投資報酬。

( ) 1. 銀行可依銀行法的分類型態，以下何者不包括？ (A)商業銀行 (B)儲蓄銀行 (C)專業銀行 (D)信託投資銀行。

( ) 2. 信用合作社和銀行有一大不同，就是信用合作社以何為中心？ (A)政府 (B)錢 (C)社員 (D)不動產。

( ) 3. 下列何者不屬於間接金融中的貨幣機構？ (A)郵政儲金匯業局 (B)中央銀行 (C)保險公司 (D)信託投資公司。

( ) 4. 何謂商業銀行？ (A)以融資給特定產業為主 (B)供給短期信用為主 (C)吸收信託資金，辦理中長期信託與投資業務為主 (D)以上皆非。

( ) 5. 下列何者不屬於銀行資金的運用？ (A)放款 (B)投資 (C)存款 (D)購買固定資產。

( ) 6. 請問中期信用的期間為多長？ (A)一年到七年 (B)五年到八年 (C)十年以上 (D)三年到七年。

( ) 7. 下列何者是專業銀行？ (A)工業銀行 (B)中小企業銀行 (C)不動產銀行 (D)以上皆是。

( ) 8. 綜合證券公司的最低資本額為多少億元？ (A)五億元 (B)十億元 (C)十五億元 (D)二十億元。

( ) 9. 下列何種證券業機構是指經營有價證券之行紀或居間者？ (A)證券經紀商 (B)證券承銷商 (C)證券自營商 (D)證券投資信託公司。

( ) 10. 下列說明何者有誤？ (A)信用評等公司的主要業務內容為提供投資人投資建議 (B)融資公司又可稱為「非銀行」或財務公司 (C)分期期間，由設備供應商直接對設備使用者提供售後服務。 (D)創投公司的主要在未來公司成長後，賺取股權之投資報酬。

➡習題解答

1	2	3	4	5	6	7	8	9	10
B	C	B	B	C	A	D	B	A	A

02

股票市場

在台灣的投資人,股票幾乎是投資的首要選擇之一,本章以一個簡單易懂的公司創設發行股票的例子,作為解釋股票運作的開始,再循序漸近地介紹公開發行公司、近年新成立的創櫃、興櫃、上櫃、上市的重要制度。並說明與股票買賣最為相關的證券商及證券金融公司,說明其主要的營運業務。另外,與股票投資實務上常見的名詞,如:「三大法人」、「四大基金」、「融資融券」等,也可以在本章學習。最後,也介紹了存託憑證的概念。

➔2-1 股票的基本概念

到底什麼是股票呢？是不是只有打開電視，那些紅紅綠綠的報價行情裡的公司，才是有發行股票的公司呢？那麼我自己要和好朋友創業，有沒有發行股票的必要？

企業可分為三種經營型態：獨資、合夥、公司。若設立股份有限公司，其股東之責任以其出資額為限，由於鼓勵新創事業，目前並無最低資本額的要求，股東只需自然人2人以上或政府、法人1人以上即可。

一、有價證券

白話地說，有價證券就是證明投資人權利的一張紙。廣義地說，只要是能登載資產權利而可供流通的，都是有價證券。如：股票，表彰的是股東（投資人）對某家公司權利（如：收受公司發放股利、公司破產清算時剩餘財產價值請求權等），所以股票是有價證券。又如：支票，是簽發無條件委託銀行支付一定金額為目的之有價證券，表彰的是某金額之財產權。

值得注意的是，在法令上，並不是永遠與學理上所稱的一致。證券交易法，是規範公開發行公司所發行的有價證券，而證交法所指的有價證券，包括政府債券、公司股票、公司債券、新股認購權利證書、新股權利證書、金管會核定之其他有價證券及前述各種有價證券之價款繳納憑證或表明其權利之證書[1]。股票是證交法上定義的有價證券，但支票卻不是證交法上所稱的有價證券。支票實際上被規範在「票據法」，為依票據法發行之有價證券。[2]

回顧幾個基本的公司帳簿內容，在資產負債表上，左方的「資金去路」等於右方的「資金來源」，資金去路即為各項資產，公司的資本來源則有負債及股東權益：

資產=負債+股東權益

---

1. 證交法第6條。
2. 另外類似的，還有依民法所發行的指示證券，如：提單，代表的是其上登載的裝船貨物一批。

　　一開始公司設立時，最重要的股東權益為資本額，即股東出資額（股本），另外，隨著時間的累積，也會有「保留盈餘」、「資本公積」項目。以下我們藉由一個簡單的故事，讓讀者思考幾個重要的公司歷程。某家三姐妹因看好服飾商潮，約定合作開設「姊妹著衣公司」，每人出資5萬元，為免口說無憑，商約印定股票，每股面額為10元，以1,000股為一張，各人可持股票5張。以「姊妹著衣公司」為例，簡明資產負債表可參照表2-1。

● 表2-1　「姊妹著衣公司」各階段簡明資產負債表

設立時

資產	負債
現金15萬	
	股東權益
	股本15萬

開始經營時

資產	負債
現金11萬	
	股東權益
存貨4萬	股本15萬

第1年獲利

資產	負債
現金2萬	
	股東權益
存貨12萬	股本15萬
應收帳款7萬	保留盈餘6萬

第2年現金增資時

資產	負債
現金12萬	
	股東權益
存貨12萬	股本25萬
應收帳款7萬	保留盈餘6萬

　　其後一年，公司業務蒸蒸日上，第1年獲利即賺了6萬元，三姊妹合議將盈餘全數保留入帳，作為保留盈餘項目。第2年，大姊提議擴充營業，雖公司賺錢，但現金並不多，三姊妹洽請退休的阿姨作為新店舖金主，由阿姨再出資10萬，作為展店資金來源，此時可觀察公司之股本增加10萬，現金也增加10萬，我們稱之為「現金增資」。增加的現金可作為再購買存貨或其他設備之用。

加油站

「現金增資」於財務報表之影響

　　現金增資後，公司的資產負債表右方的股東權益增加，流通在外的股數增加，及資產負債表左方的現金增加。由於股數增加，引入新股東，股東權益增加，當年度的公司盈餘須由更多的股東所共享，則有盈餘的稀釋效果，每股盈餘下跌。

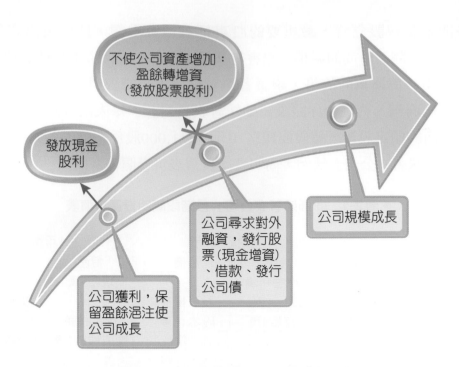

不使公司資產增加：
盈餘轉增資
（發放股票股利）

發放現金
股利

公司尋求對外
融資，發行股
票(現金增資)
、借款、發行
公司債

公司規模成長

公司獲利，保
留盈餘湠注使
公司成長

■ 圖2-1　公司資產增加、規模成長之路

　　小妹恰於此時，萌生出國留學意願，一方面無心經營公司，由於股份以轉讓自由爲原則，股份有限公司亦無退股制度，小妹若欲收回其原始投資，即透過轉售其手上持股，然原股東姊姊及阿姨均表示無現金可買入小妹持股，而小妹同學A，平日即十分羨慕三姊妹創業成功，聞小妹欲出售出持股，欣然同意出資買下，請您思考一個問題：您覺得小妹與A之股票之合理價格爲何？會是原始的每股面額嗎？

　　由於小妹提出，「姊妹著衣公司」之經營，乃過去其努力而有的結果，新入股的A可享受未來股東之好處與權益（如：收到股利），公司未來經營前景可期，A聞此擔心小妹惜售股票，將錯失機會，便同意以每股14元的價格，向小妹購買手中5張股票，支付共計7萬元給小妹，小妹便開心地出國深造。請您再想想，A與小妹之間的股金交易，「姊妹著衣公司」有沒有因此而收到任何款項？

　　答案當然是沒有，在股票轉手時，公司沒有因而有任何收入，那麼，原始股東是否就不在意她們公司的股價呢？

在這個簡單的故事裡，我們得到幾個重要的認知：

1. 公司成立時，不管股東有幾人，只要是股份有限公司，就有股票。（只是實務上可不印製紙本）

2. 原持有股票的股東，如小妹，若想要轉讓其持股，只能自己洽詢可能的買主，此時，若有一交易平台，可以作爲中間撮合的橋樑，讓想買股票者、想賣股票者都能有溝通、報價的機會，實爲資金供需雙方之福。這就是證券交易所之集中市場的存在理由，也是公司爲什麼要掛牌上市的理由之一了。

3. 公司原經營，多爲互相熟識之團隊，但在公司欲擴大業務而尋求新資金時，原團隊若無力再出資，若能引入新金主，如故事中的阿姨，公司始有新資金得以擴大經營規模。

所謂公開發行，指的是公司之財務、業務對不特定的公眾公開，並受證券交易法及其子法所規範，而得於證券交易所或證券商營業處所爲公開之買賣，公開徵求或居間。在公司董事會同意公開發行後，也要辦理公開發行（也可以一併發行新股）有關的事項[3]，未來則應定期提供公司的公開說明書等資料。

募股的方式，除了可初次公開募股（Initial Public Offering, IPO），第二次以上的現金增資（Seasoned Equity Offering, SEO），即前述的公開由投資大眾認購之外，還可以採私下募集（Private Placement）的方式，銷售股票給特定對象（應募人），如：銀行、票券、信託、保險、證券業、或其他經主管機關核准之法人、符合主管機關所定修件之自然人法人基金、該公司或其關係企業之董事。91年1月證交法修正，私募制度可以低於面額的方式（折價）發行股票，吸引專業技術股東入股。但法規上有限制應募人得自由轉賣股票之期間，如自交付日起滿3年始得自由轉讓。

---

3. 依「發行人募集與發行有價證券處理準則」規定，未上市或未上櫃之公開發行公司，其持股一千股以上之記名股票股東人數未達三百人，或未達其目的事業主管機關之股權分散規定者，於現金發行新股時，應提撥發行新股總數額的百分之十，對外公開發行。不過，首次辦理公開發行者，股東會可以決議更高比率作爲對外公開發行，以達到股權分散目的。

認識股票

股票是什麼樣子？

■ 圖2-2 股票樣張

資料來源：http://www1.hl.gov.tw/webplaw/data/附件公開發行股票公司股票印製規格.htm

→2-2 公開發行股票與集中市場制度之介紹與區別

一、要不要公開發行是誰決定的？

(一)公開發行使得股權分散

由前可知，不一定每家公司的股票都會公開發行，公司得依董事會之決議[4]，向證券主管機關申請辦理公開發行程序；但若一旦由公司本身決定公開發行後，則可以透過證券承銷商的協助，替公司將股票提供給不特定的投資人購買，也就是讓不特定的公眾，持有公司的股票，讓公眾一起來監督這個公司的運作，此為「股權分散」的概念。公開發行後，也由於不特定的投資人，藉由購買公司股票成為股東，使得公司的運作，關係著這群股東的財產

---

4. 公司依證券交易法第42條第1項、及公司法第156條第3項規定，首次辦理股票公開發行者，須檢具申報書，載明應記載事項，連同股票公開發行說明書等應檢附書件，向金管會證期局提出申報，於該局及其指定之機構收到申報書即日起屆滿12個營業日生效。

（股票）安全，故主管機關便藉由證券交易法，規範公開發行公司的種種資訊公開或財務政策，以保護善良的投資大眾。

(二)公開發行公司和掛牌交易是不同的

公開發行公司指的是對非特定人公開招募股份，過去曾經對於資本額大到一定程度（如：2到5億）的公司，強制其應該要公開發行，以能引入外部股東來共同監督公司運作，也須符合證交法規範，使為數不少的股東更有保障，但目前證交法取消強制公開發行規定，依公司自由決定，是否要辦理「股票公開發行」。

公開發行公司，不一定會在集中市場、或櫃檯買賣中心掛牌交易，公開發行公司可依公司自己決定，是否辦理上市（櫃）申請，接受承銷商的輔導，先在興櫃市場掛牌。若投資人要投資這類的公司，可得先查查它有沒有在興櫃市場交易，若有，則可以請證券商代為報價撮合（為證券商與證券商之間的報價撮合概念，不是像櫃買中心的交易系統直接在投資人與投資人之間作撮合的概念），若沒有在興櫃市場交易，則投資人要透過盤商自行洽找公司原股東交易了。

我們在證券交易所看到的被交易的股票，是該公司願意另受到證交所的規範，先在興櫃市場掛牌最少6個月，而後向證交所申請成為集中市場上市交易股票。簡單地說，在集中市場掛牌的公司，一定具有公開發行的身分，因為它接受不特定投資人在集中市場下單，而有每日的客觀成交行情；若公司是首次申請上市櫃掛牌，我們稱為上市櫃首次公開發行IPO，屬於初級市場交易。

證期局與臺灣證券交易所、櫃檯買賣中心

證期局為證券市場之主管機關，負責統籌證券及期貨之相關事務，隸屬於金管會下，原由經濟部1960年9月1日成立「證券管理委員會（SEC）」，其後於1981年7月1日證管會改隸財政部、1997年4月2日更名為「證券暨期貨管理委員會」，最後於2004年7月改組為「金融監督管理委員會」下屬之「證期局」。

臺灣證券交易所股份有限公司（Taiwan Stock Exchange Corporation, TSEC）則成立於1961年10月3日，於1962年2月9日開業，主要股東為銀行、中央信託局等金融機構、及其他民營公司組成。

另有一非營利之財團法人—「證券暨期貨市場發展基金會」，成立宗旨為證券之研究發展、推廣教育、資訊服務、促進證券市場之健全發展。

臺灣店頭市場則於1982年10月開辦，一開始的交易標的僅限於債券，到了1987年證期會開放店頭交易的標的，擴充到股票及其他經證期會指定的證券，到了1989年，正式開放接受未上市公司但符合標準者，其股票在店頭市場交易，「櫃檯買賣中心」於1994年接辦店頭市場業務。

掛牌之後，持有股票的投資人（前一手股東）就可以透過證券交易所（集中市場）作為撮合中心，類似地，櫃檯買賣中心則替上櫃公司股票作交易撮合，快速地將股票出售給有意購買的對象（後手股東），當然，若對掛牌公司的股票有興趣購買，也可經由證交所或櫃買中心報價、下單撮合，這我們稱為次級市場交易。在次級市場，已流通之股票由持有的前手（賣方）轉售予後手（買方），價格為買賣雙方自由決定。

加油站

初級市場與次級市場

初級市場/次級市場的股票交易，對公司資金而言，有什麼不同？

通常在上市櫃首次公開發行時，為了達到主管機關股權分散的規定，會同時提供新股票供公眾認購增加股東人數，投資人認購股票時，資金交到公司內部，公司帳上的現金增加，股本也增加，此為初級市場概念。

```
┌─────────────────────┐
│       XX公司         │
│           ┌─────────┤
│           │  負債   │
│  資產     ├─────────┤
│  現金(+)  │ 股東權益│
│           │ 股本(+) │
└───────────┴─────────┘
```

■ 圖2-3　初級市場之概念

次級市場交易，為新舊投資人之間的交易，與公司會計帳上無關。公司只是股東名字改變，對公司的資金沒有影響，既沒有增加，也沒有減少。

```
┌─────────────────────┐
│       XX公司         │
│           ┌─────────┤
│           │  負債   │
│  資產現金 ├─────────┤
│  (不變)   │ 股東權益│
│           │ 股本(不變)│
└───────────┴─────────┘
```

■ 圖2-4　次級市場之概念

(三)公開發行公司（未上市上櫃）之股票交易

上市審查由證券交易所「上市審議小組」把關，申請上市必須符合條件（設立年數、資本額、獲利能力、股權分散等）。

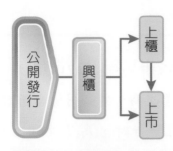

■ 圖2-5　公開發行及上市櫃流程

 實務案例

現況反思

有沒有公司是公開發行，但不是上市或上櫃股票

南山人壽保險公司（股票代碼：5874），在101年7月16日首次辦理股票公開發行，已發行股票爲9,240,000仟股，金額924億，選定元大寶來證券公司協助股票過戶事宜，但股票未同時在證券交易所上市或未在證券商營業處所買賣，南山人壽早在民國52年就已經設立，在民國100年時的營業收入爲2862億元，稅前純益14億元，是一家賺錢的公司，股東人數爲16,174人（含個人與法人），但截至目前，仍沒有要上市或上櫃的意向。它在首次辦理股票公開發行時，並沒有同時作現金增資發行。

另一家X駿科技公司，則在101年6月辦理股票公開發行時，一併作現金增資，首次公開發行股數爲12,300仟股，金額1.23億元，股東人數95人，欲增資的金額爲700萬元，增資後股份金額合計爲1.3億元，該公司設立日期爲98年4月。由南山與這家科技公司的資料可知，公司設立後，沒有一定多久後要公開發行，而公開發行後，股東人數的差異也很大。與南山人壽不同的是，X駿科技公司後續在101年8月登錄興櫃股票、102年11月申請上櫃。登錄興櫃股票前夕，股東人數爲119人，尚不及300人。而在申請上櫃之際，股東人數爲624人，符合主管機關股權分散標準：內部人及該等內部人持股逾50%之法人以外之記名股東人數大於300人。

值得注意的是，公開發行公司並不表示它就是在集中市場或櫃檯交易市場中發行的股票。國內未上市與未上櫃股票流通場所有三：一為盤商市場（非正式金融），二是興櫃股票市場，三為創櫃板股票市場。

(四)創櫃板股票

由於台灣全體公司約有6成以上都是資本額介於100萬到1,000萬之間的小公司，對於這些微型公司，要得到銀行或市場的融資不太容易，為了扶植微型創新企業發展，櫃買中心設立了「創櫃板」。創櫃板與興櫃最大的不同，在於興櫃以是「公開發行公司」之未上市櫃公司交易，而創櫃板則是資本額未逾新臺幣5,000萬元的「非公開發行公司」申請交易，登錄創櫃板並無須補辦公開發行，無設立年限、獲利能力限制，可以透過登錄創櫃板前之「公設聯合輔導機制」，得到免費的會計、內控、行銷及法制等輔導。由於櫃買中心希望登錄「創櫃板」之公司，後續能以上（興）櫃掛牌交易作為目標，所以設定登錄創櫃板期間不宜逾3年，3年後即應退出創櫃板，至於有沒有順利轉興櫃或上櫃，視公司是否能符合興櫃及上櫃的條件，無法強制規定。若投資人有興趣購買創櫃板股票，可透過櫃買中心的「創櫃板公司籌資系統」辦理認購（非透過證券商辦理認購），非專業投資人之投資限額，一年內透過創櫃板對所有創櫃板公司認購投資股票累計金額新臺幣15萬元。

 加油站

什麼是興櫃股票市場？

自91年1月起，主管機關為使未上市股票有共同交易平台及公開報價而建立興櫃股票市場，希望能杜絕透過未上市盤商交易所產生的許多弊端。

興櫃為上市櫃股票之預備市場

依據相關法令，企業上市（櫃）前均須登錄為興櫃股票於櫃檯買賣屆滿一段時間，方具備上市（櫃）資格，如：證交所之「有價證券上市審查準則」第2-1條第1項規定：「申請本國有價證券上市之發行公司，除公營事業外，均應先申請其股票登錄為興櫃股票櫃檯買賣屆滿六個月，並完

成已公開發行有價證券之無實體登錄相關作業，本公司始受理其申請上市案」2003年1月1日起，強制上市櫃前須先登錄興櫃3個月，才可申請上市櫃，2005年1月1日延長爲登錄興櫃6個月；櫃檯買賣中心之「證券商營業處所買賣有價證券審查準則」第3條第1項第7款規定：「應於興櫃股票市場交易滿六個月以上，但主辦推薦證券商倘有異動者，發行人應由新任之主辦推薦證券商進行輔導，且再於興櫃股票櫃檯買賣滿6個月以上，始得提出上櫃之申請」。因此，興櫃市場被視爲掛牌交易前之預備市場。

雖然公司上市（櫃）前均須登錄爲興櫃股票屆滿一段時間，方具備上市（櫃）資格，但不見得在興櫃的股票都能成功轉上市櫃，其成功轉上市櫃比例不到六成，也就是説，每10家公司就有約4~5家，即使在興櫃登錄，最後仍無法成功上市（櫃），投資人若買到這類公司的股票，其流動性較差，有可能面臨無法短期出售的風險，甚至有賣不掉的可能。投資人在購買興櫃股票時應注意此流動性風險。

(五)上市櫃的申請

公司如何申請上市呢？依證交所有價證券上市審查準則第二條之一規定，申請有價證券上市（櫃）之發行公司，除公營事業外，均應先申請其股票登錄爲興櫃股票櫃檯買賣屆滿六個月，始受理其申請上市案[5]。當然，另外也需要符合上市審查標準，如：表2-2各項標準。依「初次上市公司應以新股承銷方式辦理公開承銷」及「對公開發行公司申請股票櫃檯買賣應委託推薦證券商辦理股票」規定，除上櫃轉上市案件外，無論公司是否達股權分散標準，均應以現金增資方式，提出擬上市（櫃）股份總額百分之十之股份，辦理股票的公開銷售，在這個公開銷售的過程，也能引入更多的不特定公眾，成爲公司的股東，而達股權分散標準，始得掛牌上市（櫃）。另外，沒有規定一定要先上櫃才能上市，所以依目前規定公司可以直接上市、也可以直接上櫃，端視公司是否符合上市或上櫃的規定。

---

5. 57年4月：證券交易法公佈，上市股票分爲第一類及第二類。73年6月：增列第三類上市股票：高科技公司股票。86年7月：取消上市股等級。

　　上面提及的興櫃，乃是上市櫃的預備市場概念，申請登錄興櫃之公開發行公司，須與二家以上之推薦證券商簽訂「輔導股票上（市）櫃契約」，且應指定一家為主辦推薦證券商，其他的則為協辦推薦證券商。既然是預備市場的概念，前面所提及之上市櫃必須有的要求，如：一定的設立年限、獲利標準及股權分散程度，興櫃市場並無需任何的設立年限、獲利標準等其他條件，所以，即使才剛成立、或虧損而不賺錢的公司，都可以登錄興櫃，沒有特別的限制。

● 表2-2　證交所上市及櫃買中心上櫃審查標準

項目	上櫃標準	上市標準
股務代理	在櫃檯買賣中心所在地設有專業股務代理機構或股務單位辦理股務者。	在證交所所在地設有專業股務代理機構或股務單位辦理股務者。
興櫃交易	應於興櫃股票市場交易滿6個月以上。	應於興櫃股票市場交易滿6個月以上。
承銷比率	公開發行公司初次申請股票櫃檯買賣時，應提出擬上櫃股份總數一定比率之股份且應全數以現金增資發行之新股辦理承銷。	公開發行公司初次申請上市買賣時，應提出擬上市股份總數一定比率之股份且應全數以現金增資發行之新股辦理承銷。 於扣除依公司法保留供公司員工承購之股數後，依證券交易法第71條第1項包銷有價證券規定，全數委託證券承銷商半理上市前公開。
其他	募集發行之股票應為全面無實體發行。	
資本額	實收資本額在新台幣5,000萬元以上者。	實收資本額達新台幣6億元以上者。
設立年限	依公司法設立登記滿2年	依公司法設立登記滿3年以上
獲利能力	個別及合併財務報表之稅前純益占股本之比率符合下列條件之一者： 1. 最近年度達4%以上，且最近一年度無累積虧損。 2. 最近二年度均達3%以上者。 3. 最近二年度平均達3%以上，且最近一年度之獲利能力較前一年度佳。 最近一年度稅前純益不得低於新台幣400萬元。	最近一年度無累積虧損；且財務報表之營業利益及稅前純益占股本之比率符合下列條件之一者： 1. 最近2年度均達6%以上者。 2. 最近2年度均達6%以上，且最近一年度之獲利能力較前一年度佳。 3. 最近五年度均達3%以上。

項目	上櫃標準	上市標準
股權分散	公司內部人及該等內部人持股逾50%之法人以外之記名股東人數不少於300人且其所持股份總額合計占發行股份總額20%以上或逾1,000萬股。	記名股東人數在1,000人以上。 公司內部人及該等內部人持股逾50%之法人以外之記名股東人數不少於500人。 其所持股份總額合計占發行股份總額20%以上或逾1,000萬股。
股權集中保管	董事、監察人及持有10%以上股份之股東,將其持股總額依櫃檯買賣中心規定比率,委託指定機關集中保管,索取得之集中保管證券憑證不予轉讓或質押,並承諾自股票在櫃檯買賣之日起六個月後使得領回二分之一,其於股票部分自股票在上櫃買賣開始日起屆滿一年後使得全數領回。	董事、監察人及持有10%以上股份之股東,將其持股總額依櫃檯買賣中心規定比率,委託指定機關集中保管。
證券商推薦	經兩家以上證券商書面推薦者。	經一家以上證券商書面推薦者。

　　那麼,上市與上櫃的差別在哪裡呢?以主管機關而言,上櫃股票的管理,屬於櫃檯買賣中心業務。申請的標準與程序也不同,如:申請上櫃應經二家以上證券商書面推薦,但應指定其中一家證券商係主辦推薦證券商,餘係協辦推薦證券商。

名詞解釋

股票集中制度

　　由於以電腦作業取代過去人工結算的交割制度,可以減少紙本股票流通在外之變造、毀損風險,故推行集保制度。而成立於1989年10月的「臺灣證券集中保管股份有限公司」,負責有價證券之保管、帳簿劃撥及代辦股務。

　　投資人以委託證券商憑「證券存摺」轉帳方式,在證券商的電腦中登錄買賣紀錄,不另行交付股票紙本。

(六)上市（櫃）的好處

公司上市（櫃）有什麼好處呢？爲什麼要大費周章地接受證交所的規範，申請公司上市（櫃）？

由於公司股票若透過證交所或櫃買中心交易，每天會有客觀之交易價格透過電視、網路等媒體提供給公眾，使得公司知名度提高，也會吸引人才更有意願到公司工作，未來若有融資需求，向銀行貸款也能爭取到較有利的條件，更重要的是，若是公司想要再增資發行股票（Seasoned Equity Offering, SEO）、或者發行公司債，也有了方便的大眾籌措資金的管道。

當然，公司上市（櫃）後，連帶地須要負有公開資訊的責任，接受股東大眾及主管機關監督，對所有股東負責，這些股東也包括外來股東。上市（櫃）也並非全然沒有缺點，由於法律規範增加，競爭對手較易取得公司資訊，而外部股東的加入，也使得原本公司的經營團隊，其經營權有稀釋風險。公司股票公開在市場上流通，只要有心人士透過公開市場收購公司股票達到一定程度，取得相對多數的股東之投票權，則可能會有潛在喪失經營權的風險。

內部人與內線交易

內線交易，美麗信董座遭搜索
資料來源：http://www.appledaily.com.tw/realtimenews/article/new/20151203/745299/

內部人指發行股票公司之董事、監察人、經理人或持有公司股份超過股份總額百分之十之股東。

由於公司內部人對於公司的財務、營運皆能有第一手消息，對於非內部人而言，在交易股票上十分不對稱，故法規上對於內部人所作的自家公司股票買賣予以限制。

關係人，指公司內部人之配偶、未成年子女及利用他人名義持有者。

> **內線交易**
>
> 　　於獲悉「未公開」且足以影響股票價格之重大消息影響股票或其他有價證券市價的消息後，進行股票買賣交易。不論是誰，內線交易應予禁止，以維持市場公平，尤其是公司內部人及其關係人所作之內線交易。

➔2-3 股票交易的金融服務商－證券商

　　公司運作專注於本業，也許是科技業，也許是食品業，而公開發行公司的股東人數少則數百人，多則數萬人，當然需要金融機構來替這群股東作交易、發放股利、交割等服務，這就是證券商。

一、證券商種類

　　證券商依工作的內容不同，又分為幾種業務類別：

1. **經紀商（Broker）**：接受客戶委託，依客戶指示下單進行證券買賣，賺取經紀手續費之中間人，其交易之資金仍屬於委託方（客戶）。其設立最低資本額為2億元。

2. **自營商（Dealer）**：經主管機關認可，為自己的帳戶，於金融市場中進行交易，其交易之資金為券商本身，故投資盈虧自負，其利潤來自於其投資價差，由於其進出金額不小，在台灣，與外資法人、投信公司（基金公司）被稱為三大法人，三大法人之成交量可達台股成交量高達三成，可見其影響力。其設立最低資本額為4億元。

3. **承銷商（Underwriter）**：承諾替企業銷售有價證券，提供承銷服務，協助廠商上市（櫃），賺取承銷手續費，其設立最低資本額為4億元。

4. **綜合證券商**：其設立最低資本額為10億元，可從事經紀、自營、承銷等業務。

```
┌─────────────────────────────┐
│         綜合證券商            │
└─────────────────────────────┘

┌─────────────────────────────┐
│   承銷業務-資本額4億          │
├─────────────────────────────┤
│   自營業務-資本額4億          │
├─────────────────────────────┤
│   經紀業務-資本額2億          │
└─────────────────────────────┘
```

■ 圖2-6　證券商的業務

什麼是投資銀行？

　　投資銀行並不是我國銀行法上對銀行的分類，我們可以把這個名稱看作是一種銀行的業務，在國外，有價證券的承銷、自營及經紀業務，為投資銀行承作，此與台灣由證券商承作有所不同。所以投資銀行最狹義的定義為提供證券的承銷、自營及經紀等服務之銀行，而投資銀行由於其專業知識之提供，可以擴大服務到企業併購、重整之顧問建議，甚至是其他的商業投資，如：創業投資、資金管理等等。故投資銀行較廣義的定義為提供企業專業理財投資之營業項目之銀行。

二、證券金融公司不等於證券商

　　至於證券金融公司，主要業務是融資、融券之信用交易，投資人若欲投資股票，但資金不足，借錢買股票即為融資，而若欲出售股票，手上卻沒有股票可賣，則可以融券先行賣出，此借股票行為稱為融券。找誰借錢融券呢？除了證券商之外，可以找證券金融公司借。

　　民國69年7月，最早是由復華證券金融公司開始辦理信用交易，此是當時唯一的證券金融公司。其後於民國79年修訂證交法，開放證券商也能經營融資融券業務，此為證券金融公司與證券商之雙軌混合制的階段，較為著名的為復華、環華、富邦、安泰等四家證券金融公司。

報你知

三大法人、四大基金

國安基金出手，大跌變小漲
資料來源：
http://www.appledaily.com.tw/appledaily/article/finance/20150827/36743827/

　　在台灣股票市場，機構投資人的買賣常被報章網頁引用，其投資動向頗受散戶矚目，機構法人常有「三大法人」、「四大基金」的名稱出現在新聞標題上。

　　三大法人指的是證券自營商、擁有共同基金銀彈的證券投資信託公司、及外資法人。四大基金則指勞退基金、勞保基金、軍公教退撫基金、及郵政儲金，為財政部等組國家安定基金的一部分。

　　由於四大基金具有龐大的資金，常被政府單位用來作為非常時期之護盤工具。

三、承銷股票的方式有三種

　　前一節提及，公司在公開發行後，若有新股票發行、欲進行現金增資，需由承銷商代為處理相關事宜，其中包括發行新股票的價格，站在公司的立場，希望承銷新股的價格愈高愈好，但站在承銷商的立場，卻有價格太高而使承銷商難以成功銷售股票的壓力，所以，承銷商能協助公司訂出較符合市場認同的價格，以求成功將新發行的股票出售。依公司法第267規定保留發行新股總額10%~15%由員工認股，其他的新股票承銷的方式，或者新股票價格決定的方式，可以分為三種：

1. **公開申購配售**：由發行股票之主辦承銷商先決定價格，公開徵求投資人申購，各地經紀商受理投資人參加新發行證券之申購，申購人就每一證券只能選擇一家經紀商，辦理電話、網路、或當面委託申購，申購人數超過發行股數時，由電腦抽籤決定，公開申購配售的承銷制度具有公平、公正、公開之優點。依「證券商業同業公會承銷商會員輔導發行公司募集與

發行有價證券自律規則」規定，於向金管會申報公開申購配售，不得低於其前一、三、五個營業日擇一計算之普通股收盤價簡單平均股價之七成。如採公開申購方式辦理，原股東按認股基準日股東之持股比例認購。

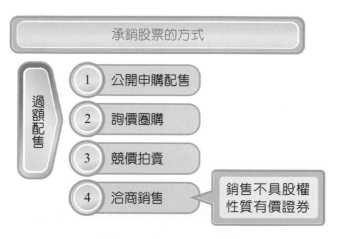

■ 圖2-7　承銷股票的方式

2. **競價拍賣**：在初次公開發行時，投資人以競標方式標購股票，但若是股票市場的市況較差，使得IPO案子競拍會有乏人問津的窘境，恐會導致IPO案子無法順利將有價證券銷售出去。而競價拍賣之案件並不多見，如：民國97年台船公司為民營化，在申請上市時之釋股案，採競價拍賣方式辦理。

3. **詢價圈購（Bookbuilding）**：適用於新股的承銷[6]，分為二階段決定證券價格，第一階段由投資銀行（承銷商）邀請投資人參與認購，投資人（尤其是法人）遞交圈購單表達購買圈購數量與圈購價格，但圈購人僅為價格與數量之表達，參與詢價圈購僅是表達認購意願，並不受據此承購股票之義務，承銷商受理圈購也無銷售之義務。最後再由承銷商參考圈購情形來決合理的承銷價格，使承銷價格決定更具市場性。券商具有「配售裁量權」，由承銷商得自主決定配售股票給圈購的投資人，被銷售對象也是自主決定是否認購。一般每一圈購人可圈購張數，若不超過該次對外承銷總數之3%，沒有其他限制，而若是如銀行、保險公司、投信基金、外國專業投資機構（QFII）等，則可圈購張數以不超過該次對外承銷總數之10%為限。依「證券商同業公會自律規則」，若採詢價圈購之申報案件，發行價格之訂定不得低於其前一、三、五個營業日擇一計算之普通股收盤價之簡單平均股價之九成，實際之發行價格則由發行公司與主辦承銷商參酌圈購情況決定。

---

6. 若初次上市上櫃公司，向原有股東徵提老股，以老股辦理承銷，則不能適用詢價圈購。

上市櫃公司IPO前，大股東需發行新股籌資、進行股權分散。金管會於94年實施承銷新制，承銷配售方式，由承銷商自行選擇比例[7]，目前現行實務上的普遍為IPO新股4成由承銷商辦理詢價圈購、6成由公開市場申購抽籤[8]。

由於詢價圈購在新股配售過程不透明，新股的折價幅度過高時有所聞，而與券商深厚關係的客戶或法人才能認到股票，等於是變相送禮給圈購投資人，終結鉅額的黑箱詢價圈購利益，金管會研擬[9]，IPO籌資金額4億元以上之上市IPO、2億元以上之上櫃IPO，將不再採詢價圈購，改採8成競價拍賣、2成公開申購抽籤，且競拍將從「人工化」改採證交所「網路化」辦理。

早期承銷商對於IPO公司之承銷參考價格計算，會參考公司每股稅後純益、本益比、股利率、每股淨值等，去訂出承銷參考價格[10]，目前則取消此規定，由於目前欲上市公司須至少在興櫃交易滿6個月，承銷參考價格依證券商業同業公會「承銷商會員輔導發行公司募集與發行有價證券自律規則」第五條之二：「承銷商輔導發行公司或外國發行人以現金增資發行普通股申請初次上市（櫃）案件，向金管會或其委託之機構申報案件時應以合理之方式訂定暫定價格，如有興櫃交易者，暫定價格不得低於向金管會或其委託之機構申報案件前興櫃有成交之10個營業日其成交均價簡單算術平均數之七成。」

四、過額配售（Green Shoes）

「過額配售機制」適用在承銷商認為新股上市將供不應求時，由承銷商與大股東協調，由大股東以提出其原有持股（老股），作為新股上市股本，過額配售數量之上限為新股公開承銷股數之15%，可緩和投資人對熱門IPO的搶購熱潮，達到穩定IPO價格的效果。主辦承銷商得視詢價圈購或競價拍賣之結

---

7. 中華民國證券商業同業公會證券商承銷或再行銷售有價證券處理辦法，股票初次上市、上櫃案件，得全數辦理競價拍賣，或部分競價拍賣部分公開申購配售，惟公開申購配售部分不得超過承銷總數百分之二十。即競價拍賣又兼採公開申購方式配售者，公開申購比例不得逾總承銷股數之20%（公營事業BOT事業之案件除外）。

8. 中華民國證券商業同業公會證券商承銷或再行銷售有價證券處理辦法，第二十一條之一，如採詢價圈購與公開申購搭配，應先行提撥10%辦理公開申購配售，並依公開申購狀況彈性調整公開申購配售額度。

9. 2016年1月預計實施。4億元以下案件，公會規劃可採詢價圈購配合公開申購抽籤，或競價拍賣配合公開申購抽籤。

10. 94年取消了以公式訂定承銷參考價格，原承銷參考價格為＝A×40%＋B×20%＋C×20%＋D×20%
    A：公司每股稅後純益×類似公司最近3年度平均本益比
    B：每股股利÷類似公司最近3年度平均股利率
    C：最近期之每股淨值
    D：預估股利÷一年期定期存款利率

果，決定是否過額配售及實際過額配售數量。當股票正式掛牌交易後，依股價漲跌的情況對大股東作補償：若股價高於承銷價，承銷商再以過額配售所得之價款歸還給大股東，若上市後股價跌破承銷價，承銷商得運用過額配售所得之價款，將股票買回來，此時可發揮價格支撐功能，並於執行穩定價格操作期間屆滿後，將股票方式退還給大股東。

五、銷售不具股權性質有價證券～洽商銷售

承銷商另外可以以「洽商銷售」的方式，將發行公司委託銷售之有價證券，由承銷商洽投資人認購。此種配售方式，稱爲「洽商銷售」，主要適用於普通公司債、金融債券及受益證券等不具股權性質有價證券。

六、承銷商依其認購承銷股票之二種情況

依證券交易法第71條及第72條規定，承銷商辦理有價證券承銷得以包銷或代銷方式爲之，包銷募集資金是否成功，其風險完全由承銷商承擔，而包銷又可分爲確定包銷及餘額包銷：

(一)包銷

1. **餘額包銷**：於承銷契約所訂定之承銷期間屆滿後，證券承銷商包銷有價證券未能全數銷售者，承銷商自行認購剩餘數額之有價證券。

2. **確定包銷**：證券承銷商得先行認購其所包銷的有價證券後，再行銷售。或於承銷契約訂明保留一部分由證券承銷商自行認購。

(二)代銷

證券承銷商僅盡力代爲銷售有價證券，承銷商不負擔銷售風險，若於承銷契約所訂定之承銷期間屆滿後，仍有未銷售之有價證券，其剩餘數額之有價證券，得退還發行人。募集資金成敗之風險，由發行公司自行承擔，由於承銷商負擔之風險較低，代銷收取之手續費較低。

證券承銷商之工作

在承銷部門，分爲承銷輔導人員與業務人員。承銷輔導人員負責承銷案件評估及輔導，一般應會計師事務所2年以上或承銷商輔導經驗而承銷業務人員，工作內容則爲評估承銷案件、爭取IPO業務案件，爲企業客戶提供財務規劃、或IPO的諮詢服務，兩者都應具有證券商業務員證照。

➡2-4 上市股票交易實務

本節說明常見之股票交易實務。

一、零股交易

投資人依其委託買賣的數量，可以分爲以下情形：

1. **整數委託（Round-Lot Order）**：以一個交易單位（1,000股）或其倍數爲買賣數量之委託。

2. **鉅額委託（Large Volume Order）**：超過500個交易單位（張）。鉅額委託可區分爲已有確定買賣對象的「要買或要賣」，申報時間爲週一至週五下午02:30~03:00。及還沒有確定買賣對象的「應買或應賣」：申報時間爲週一至週五下午03:00~03:30。

3. **零股委託（Odd-Lot Order）**：以不足一個成交單位的畸零數量（不滿1,000股），交易時間爲週一至週五下午03:00~04:00。成交價以申報當日收盤價扣除交易費用及一定的百分比（0.5%）計算。

二、交割（Delivery）

交割指委託人（買賣雙方）完成委託買賣的付款及付券手續。若爲一般股票交易之交割，其交割日期，自成交日起算，於T+2日（營業日）辦理交割事宜。

若為「全額交割股」與「鉅額買賣」則為當日交割。

由於交割為投資人買賣股票成交後，T+2日（營業日）辦理，所以若投資人「已成交」在第T日，但是在T+2日未能按期履行交割者，即為「違約交割」。

三、信用交易

信用交易即投資人在進行買賣時，以借入款項買入股票（融資買進），或借入他人股票先行出售（融券賣出），以下分別說明。

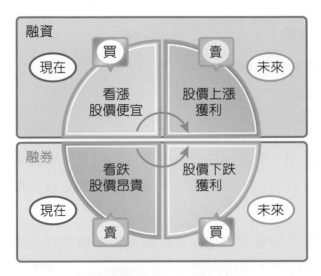

■ 圖2-8　信用交易概念

四、融資買進

若投資人看漲股票，想趁現在在股票低點時買進，以待未來股價高漲時出售，賺取利潤，但目前手上的資金並不足夠以買進持股時，該怎麼辦呢？

「融資」可以解決此問題。融資為融通資金，指投資人可以向證券商或證券金融公司借入部分的資金以購買股票，如：融資比率60%，自備股價40%款項，投資人須將其所購買的股票作為擔保品予券商或證金公司，待未來股價真的上漲，券商依投資人指示出售股票，在償還所借資金後的餘額，歸投資人所有。

若股票在融資買入後，未能如投資人預期的上漲，反而下跌，那如何保證投資人一定能歸還其所欠融資金額？

　　假設投資人想購入的股票值100元，借入60元，自備40元，買入股票後，結果股票不漲反跌，當股價跌到60元時，證金公司由於有股票作為擔保，若投資人不還欠，證金公司便可將股票「斷頭」，即由證金公司將股票以市價60元售出，保全其債權60元。問題是，若股價跌到60元時，證金公司想賣卻賣不掉呢？（無人承買）證金公司不會等到股價跌到60元再作斷頭，而是一個大於60元的金額，如：76元，76元到60元還有一段距離，可以有彈性面對股票的流動性風險、或扣除借款資金的利息等，對證金公司比較有保障。此76元如何決定？證券公司會設定原融資金額的倍數，此倍數以130%標準。

$$\frac{融資追繳市價}{原融資金額}\times100\%=\frac{融資追繳價格}{60}\times100\%=130\%$$

　　故融資追繳時之股票價格=76元

五、融券放空

　　若投資人看跌股票，想趁現在於股價高漲時出售，而在未來股票低點時買進，以低買高賣來賺取利潤，但目前手上並沒有股票以能高價出售時，該怎麼辦呢？

　　「融券」可以提供投資人「想先賣後買卻沒有股票在手中」的問題。融券為融通有價證券，指投資人可以向證券商或證券金融公司借入股票以出售，又稱為「放空」，但股票出借都是一張，不能借零股，且出售股票後，股票的所有權人易主，不若融資可以將股票當作擔保品，那麼證金公司如何保全其自身債權呢？

金融焦點Focus

現股當沖，擬明年一月底前全面開放

資料來源：
http://www.appledaily.
com.tw/appledaily/article/
finance/20151124/36915567/

　　我們先釐清，證金公司的債權是「一張股票」，而不是資金。所以投資人應歸還證金公司的是股票，而不是錢。投資人融券後賣出，須將其所出售股票所得到的「價金」，如：100元，作為擔保予券商或證金公司，待未來股價真的下跌，券商依投資人指示買回股票，如：80元，在償還欠的股票後，證金公司將擔保金額歸投資人所有。

問題是，若股票在融券賣出後，未能如投資人預期的下跌，反而上漲，那如何保證投資人一定能歸還其所欠的融券股票？投資人還有錢能將高價的股票買回來還給證金公司嗎？

假設投資人以100元賣出融券股票，賣出股票後，結果股票出乎意外地漲價，當股價上漲而超出100元時，證金公司手上只有當初出售的100元作為擔保，不足以自行買回股票以保全債權，所以證金公司在一開始融券給投資人時，會另外要求一筆保證金，如：融券保證金為90%時，保證金為90元，萬一投資人無力償還所欠股票，證金公司便可用手上資金將將股票「買回」，但證金公司不會等到股價高達190時再執行買回股票，因為屆時可能會面臨證金公司想買卻買不到的情況（太熱門了沒有人願意賣，而需以更高價買回股票），而是一個小於190元（＝股價售金100元＋保證金90元）的金額，如：146元，146元到190元還有一段距離，可以有彈性面對股票的流動性風險、或其他費用等，對證金公司比較有保障，當股票漲到146元時，證金公司會通知投資人增提保證金，否則證金公司可以自行於市場買回股票，代投資人償還股票給自己，若保證金於購股後有剩餘再還給投資人。此146元如何決定？證券公司會設定[保證金+原融券擔保價款]應為股票市價的倍數，此倍數以130%標準。

$$融券擔保比率 = \frac{原融券保證金 + 原融券擔保價款}{融券追繳市價} \times 100\% = 130\%$$

$$\frac{90 + 100}{融券追繳市價} \times 100\% = 130\%，故融券追繳價格 = 146元。$$

六、整戶擔保維持率

由於投資人可能同時對A股票作放空、而對B股票作多，當股票走勢強時，不利A股票的放空，但有利B股票的作多，若我們以個別投資人作為違約風險的觀察單位時，可以對於投資人所持有的投資組合整體考量，而有了整戶擔保維持率，此比率應大於130%，只要整戶擔保維持率達到130%以上，單一股票的擔保維持率未達標準是不會被追繳的。

$$整戶擔保維持率 = \frac{融資股票市價 + 原融券保證金 + 原融券擔保價款}{原融券金額 + 融券證券市價} \times 100\%$$

$$= 130\%$$

七、軋空行情

　　由於融券放空，現在對未來股票價格看跌的投資人所為，而實際上若一段期間後，股票並沒有下跌，而是上漲，將使得融券放空者面臨追繳保證金、甚至被強迫買回股票，而「買回」股票以償券又使得股價有向上漲的另一波上漲力道，我們稱為軋空行情。

八、借券賣出

　　「借券賣出」指出借人和借券人之間成立借貸契約後，借券人將已借入之證券在證券市場賣出。過去法規限制借券人或出借人為金融機構，機構法人可透過證交所借券中心申請借券，在民國95年1月修正的證交法，開放一般的證券商可以辦理「證券借貸業務」，證券商及證金公司在96年7月起開辦相關業務，自然人始能參與借券，同樣地應提供保證金作為借券擔保，證券商能向借券人收取擔保金、借券費、服務手續費等。一般券商會要求的擔保比率[11]為140%；當整戶擔保維持率低於120%時，即須追繳保證金。

　　借券人實務上除了賣出已借入股票外，還可能有其他用途，如：權證發行人履約或其他如：股票選擇權、其他具有股權性質金融商品之履約、ETF指數股票型證券投資信託基金之實物申贖、融資性借券的擔保品[12]、及融券賣出的現券償還。

　　「借券賣出餘額」（不等於借券餘額[13]），指「借券賣出」數量累加之數額，性質與融券餘額相同，將來借券賣出者及融券賣出者勢必要買回股票，以償還所借的股票，雖然是看空未來走勢而在目前賣出，但也將是未來股市回補的買方力量。

11.（保證金－相關應付借券費用）/（出借的股票市值）×100%
12. 融資性借券多半發生於外國機構投資人間進行，其指：出借人以股票作為擔保品，向借券人借入短期資金，借券人所取得的股票為擔保性質，通常不會在證券市場賣出。
13. 是指借入有價證券後尚未還券的數額。

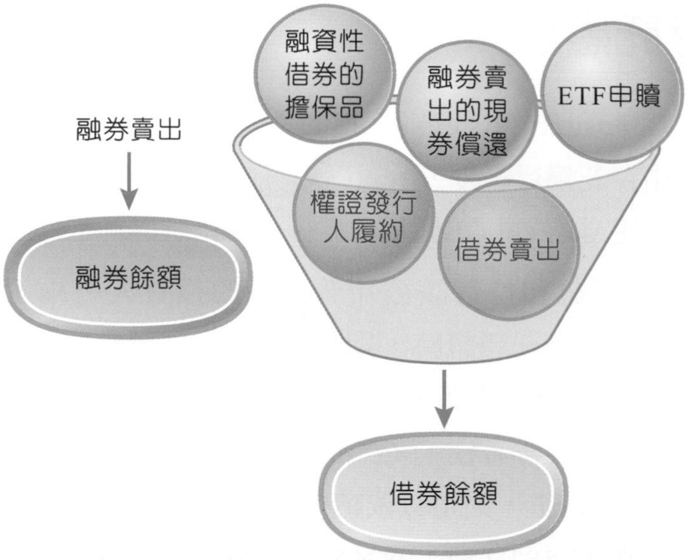

■ 圖2-9　借券餘額與融券餘額之差異

九、平盤以下不得放空

　　1998年9月起規定平盤以下不得放空，其指的是：「融券賣出價格不得低於前一日收盤價」。到了2013年9月23日起開放所有股票得為融資融券證券平盤下融券及借券賣出，使投資人可有更公平之的避險管道，及方便其進行資券相抵交易，但若如果股票當日收盤價為跌停時；或當日無成交價者，但收盤時最低賣出申報價格為跌停價時，次一交易日將暫停平盤以下融券及借券賣出，再次一交易日恢復平盤以下融券及借券賣出。

十、漲跌幅限制

　　台灣股市的漲跌幅限制，自104年6月1日起，由7%調高至10%，此外，自94年3月1日實施「初次上市股票」首五個交易日無漲跌幅限制。與鄰近的股市相較，如香港與馬來西亞股市無漲跌限制，泰國與馬來西亞的30%，韓國的15%，日本的14%~30%（依股價高低而有所差異），中國的10%，台灣的過去的漲跌幅限制相對是較為嚴格的，在放寬後，股票能更即時的反映市場評價，也能增加市場流動性，以吸引更多投資人參與市場交易。

→2-5 存託憑證

存託憑證（Depositary Receipts）指的是表彰他國（A國）有價證券之可轉讓憑證，其是經由存託銀行簽發，所表彰之有價證券（如：股票），由A國保管機構代為保管，方便A國公司於B國境內發行、銷售所持有之有價證券。

由於持有存託憑證和持有該公司普通股的投資人，兩者的權利義務相同，當B國投資人購買存託憑證時，則相當於購買A國有價證券，但存託憑證與原券之間會有一定的轉換比例，而不是1：1的關係。如：發行1單位美國存託憑證（ADR）表彰5股普通股，A公司之存託憑證收盤價12.08美元，以當時匯率為1美元兌30.042台幣，則可以依轉換比例計算A公司之「理論上合理的」股票價格，為新臺幣72.582（$12.08×NT$30.042÷5＝NT$72.582），此價格會與同日A公司實際的收盤價NT$69.1接近。

關於股票之權利，如：外國公司分配現金股利時，由存託機構轉換為台幣後，支付予臺灣存託憑證持有人，外國公司分配股票股利時，按臺灣存託憑證所表彰股票之比例，由存託機構配發臺灣存託憑證單位數予臺灣存託憑證持有人。而股票的表決權，則由存託機構代表行使臺灣存託憑證持有人之股東權利。

一、存託憑證之種類

存託憑證依其簽發機構之不同，可分為：

1. **海外存託憑證**：若存託機構在中華民國境外，依當地國之證券有關法令發行表彰存放於保管機構，這種存託憑證稱為「海外存託憑證」。如：1997年10月8日台積電（Taiwan Semiconductor Manufacturing, TSM）於紐約證交所發行美國存託憑證（ADR），是第一家在美國上市的臺灣企業。

2. **台灣存託憑證**：外國公司在台灣發行之存託憑證，稱為「台灣存託憑證」，簡稱TDR。

依外國原有價證券之發行公司是否參與，可分為：

1. **參與型存託憑證（Sponsored）**：由外國有價證券之發行人向存託銀行簽訂存託契約，約定由存託銀行協助發行，由於有價證券之發行人（即為公司本身）簽訂存託契約，也由其自身將有價證券存入保管銀行，稱為參與型存託憑證。

2. 非參與型存託憑證（Unsponsored）：由投資銀行或證券商向存託銀行簽訂存託契約，指發行原有價證券之發行人（即為公司本身）並未介入存託憑證的發行，投資銀行或證券商所持有的有價證券，為其所購得後將之存入保管銀行，稱為非參與型存託憑證。

二、臺灣存託憑證（TDR）

外國發行人發行之股票，於申請上市之臺灣存託憑證掛牌前，已在經海外證券市場之主板上市者，可以向證交所申請發行TDR。TDR以新臺幣計價買賣，交易單位、價格、交易時間，或是升降單位與升降幅度等，均與其他上市的股票之規定相同。TDR所表彰之股票，應於臺灣開市半小時前，其所屬國交易市場每日收盤價格，送達臺灣證交所。持有人可於集中市場自由買賣存託憑證，而TDR須繳證交稅千分之一，也可以要求將其臺灣存託憑證轉換為外國公司股票，在原股上市地點出售或兌回。

但為了保護台灣之投資人，TDR所表彰之有價證券，於上市契約生效前三個月，不應該有股價異常變化之情事。若TDR所表彰之有價證券之股價，偏離同業走勢、大盤走勢及公司基本面，則需由承銷商對此股價變化進行合理評估後，揭露於公開說明書。

 **實務案例**

存託憑證的發行熱潮

2009年4月以來，旺旺集團返台掛牌後，台股開始了一股TDR的熱潮。旺旺TDR連漲九根停板，其他還有新焦點（汽車服務業）有連六根漲停板、漲幅49%，及巨騰（電腦機殼業）連十根漲停板、漲幅95%。

存託憑證由於是連結國外股票，投資人可能對於原公司的了解並不及於當地投資人，在購買時應謹慎，過去TDR也有過存託憑證下市的案例，如：日月光於2007年9月初宣布，收購新加坡公司「福雷電」於台灣證券交易所上市之台灣存託憑證，同時收購福雷電百分之百股權、於美國NASDAQ上市之股份。福雷電子之股份及台灣存託憑證，取得相關核准後自美國NASDAQ及台灣證券交易所下市。

三、外國企業來台上市上櫃

依據2008年3月5日行政院通過「推動海外企業來台掛牌一二三計劃」，台灣證券交易所及證券櫃檯買賣中心規範了外國企業來台第一上市櫃及第二上市（第二上市指TDR）的法規，希望能帶動國際企業及台商對台灣股市的重視，也讓台灣投資人能有更多的選擇，基本上，第一上市的條件比第一上櫃的條件來得嚴格，而第二上市指的是TDR。其重要的條件彙整如下表：

● 表2-3　外國企業來台上市上櫃條件

	第一上市	第一上櫃	第二上市（TDR）
獲利能力	最近三個會計年度之稅前純益累計達新臺幣2.5億元以上；且最近一個會計年度之稅前純益達新臺幣1.2億元。	最近一個會計年度之合併財務報表稅前純益達新臺幣400萬元以上。	最近一個會計年度無累積虧損，並符合下列標準之一者： 1. 最近一年度稅前純益／股東權益≧6% 2. 最近二年度稅前純益／股東權益比率，均（或平均）達3%以上，且最近1年度之獲利能力較前一年度為佳。 3. 稅前純益最近二年度均達新台幣2.5億元以上。
最低資本額	實收資本額或股東權益達新臺幣6億元以上或上市時市值不少於新臺幣16億元。	股東權益總額折合新台幣一億元以上。	上市單位數2,000萬個單位以上或市值不低於新台幣3億元。
每股面額	新臺幣10元		
營業記錄期	申請公司或任一從屬公司3年以上業務紀錄。	設立登記滿二個完整年度。	外國發行人依據所屬國法律發行之記名股票已在經主管機關核定之證券交易所或證券市場之一上市者。

	第一上市	第一上櫃	第二上市（TDR）
股權分散最低公眾持股量	記名股東人數1,000人以上，公司內部人及該等內部人持股逾50%之法人以外之記名股東不少於500人，且合計占發行總額20%以上或滿1千萬股。	公司內部人及該等內部人持股逾50%之法人以外之記名股東不少於300人，且合計占發行總額20%以上或逾1千萬股。	上市時，在中華民國境內之TDR持有人不少於1,000人，且扣除外國發行人內部人及該等內部人持股逾50%之法人以外之持有人，其所持單位合計占發行單位總數20%以上或滿1,000萬個單位。
獨立董事	董事會成員不得少於5人，其中至少2人為獨立董事（有一人應在中華民國設有戶籍）。	應設置至少3席符合台灣證交法規範之獨立董事，且應達全體董事席次五分之一以上，其中有一人應在中華民國設有戶籍。	無
監察人或審計委員會	審計委員會（無監察人者；由全體獨立董事組成，不得少於3人），或監察人（不得少於3人）應擇一設置。	無	無
輔導期間	經證券承銷商輔導期間滿6個月或登錄興櫃股票滿6個月。	登錄興櫃股票滿6個月。	無

→2-6 金融商品價格之報酬與風險

一、預期報酬

報酬可以已實現了沒有，區分為兩種概念，一為已經發生的歷史報酬，這些歷史報酬若是取日報酬，每天得到一個報酬率的資料，若想得到這些報酬率的「平均數」，由於每一天都一樣地重要，而沒有哪一天會重覆時光地發生2次，所以在作歷史報酬的平均數時，我們皆採「簡單平均數」的概念。

另一個報酬的概念，是還沒有發生的預期值，或稱「期望報酬」。期望報酬率可以用不同的模型來估計期望報酬，或者假設不同的景氣情形下、搭配不同的發生機率以計算報酬期望值，未來每種可能發生的狀況的機率作為加權平均報酬率的權重。或者，也可以只單純地以歷史報酬作期望報酬推估。

二、過去績效vs.未來績效

　　雖然我們可以用過去的歷史報酬，作爲未來報酬預測的基礎，但也僅是「預測」，既然是預測就會有預測不準的情形。過去的績效當然與未來的績效不能劃上等號，所以證券投資信託暨顧問商業同業公會之「證券投資信託事業從事廣告及營業促銷活動行爲規範」，規定共同基金的平面廣告應揭示：「本基金經金管會核准，惟不表示本基金絕無風險。本公司以往之經理績效不保證本基金之最低投資收益。」提醒投資人未來報酬率所具有的不確定性。

三、利率與報酬率之關係

　　利率爲報酬率的具體化，利率的決定，會是影響報酬率因子之一，利率是一種機會成本的概念，若我們不將資金投資於某有價證券，則應可改以賺取某最低水準的利率（無風險報酬率）。

四、風險（Risk）

　　「風險」兩字爲抽象的，在證券價格，我們以價格或報酬的變異或波動來定義風險，我們喜歡以具體客觀的數字來形容風險，如：以統計上的變異數、標準差來衡量，或者我們也可以「與大盤同步漲跌的程度」作爲價格風險的衡量。若大盤指數大漲大跌，但A股票僅小漲小跌，則A股票的風險相對比較小，這種與大盤指數報酬率相較其漲跌，即爲著名的資本資產訂價（Capital Asset Pricing Model, CAPM）模型的風險概念。

　　此模式是在1960年代，由美國財務學家Treynor（1961），Sharpe（1964），Lintner（1965），Mossin（1966）所發展：

$$E(R_i)=R_f+\beta_i\times(E(R_m)-R_f)$$

　　上式中，$E(R_m)$指全體市場之期望報酬率，$E(R_i)$爲個別股票i的期望報酬率，無風險報酬率R_f，可用短天期的國庫券利率作代表。由此模型可以得到幾個重要的結論：

1. 風險性資產的「預期」報酬率＝無風險利率R_f＋資產風險溢酬$\beta_i\times(E(R_m)-R_f)$。

2. 風險溢酬＝「風險的價格」乘上「風險的程度」，「風險的價格」指 $E(R_m)-R_f$，以整體市場為基礎，全體市場賺取比無風險利率更高的報酬率之差距，為1個單位的風險價格。個別股票都以這個1單位的風險價格為基礎，去乘上個別股票自己的「風險程度」。

3. 個別股票的風險程度，即為貝他風險：β_i，用來衡量「與大盤同步漲跌的程度」。用 β 值可以來衡量「市場風險」。

$$\beta_i = \frac{\sigma_{im}}{\sigma_m^2}$$

上式中的分子為股票i的報酬與全市場報酬率的共變數。分母為全市場報酬之變異數。所以 β 值可以表示一段時間內，個別股票的報酬受到系統風險影響的程度，即投資該股票所承擔的系統風險。大盤的 β 值=1。

五、超額報酬

對CAPM模型移項後，可得到：

$E(R_i)-R_f= \beta_i \times (E(R_m)-R_f)$

可以給定一數字 α_i 到上式中，作為檢測是否存在超額報酬：

$E(R_i)-R_f= \alpha_i + \beta_i \times (E(R_m)-R_f)$

將實際上的資料，代入 $E(R_i)$、R_f、β_i、$E(R_m)$計算，若 $\alpha_i=0$，則表示超額報酬=0，若 $\alpha_i>0$，則表示存在正向的超額報酬。

1. 股票是證交法上定義的有價證券,表彰的是股東(投資人)對某家公司權利。

2. 募股的方式,除了可初次公開募股(IPO),第二次以上的現金增資(SEO),還有私下募集(Private Placement)。

3. 股權分散:將公司的股票提供不特定地投資人購買,達到一定人數(如:500人以上),藉由公眾一起來監督這個公司的運作。

4. 公開發行公司和掛牌交易是不同的,公開發行公司指的是對非特定人公開招募股份。掛牌交易指公開發行公司可辦理上市(櫃)申請,接受證交所交易平台、或證券商代為報價撮合。

5. 未上市上櫃公開發行公司之股票交易為興櫃,而資本額未逾新臺幣5,000萬元的「非公開發行公司」可以申請創櫃板交易。

6. 上市(櫃)的好處:每天會有客觀之交易價格、吸引人才、方便滿足融資需求,如:銀行貸款增資發行股票、或公司債。

7. 證券商依工作的內容不同,又分為幾種業務類別:經紀商(Broker)、自營商(Dealer)、承銷商。證券金融公司,主要業務是融資、融券之信用交易。

8. 承銷股票的方式有公開申購配售、競價拍賣、詢價圈購。洽商銷售則只適用銷售不具股權性質有價證券。

9. 信用交易即投資人在進行買賣時,以借入款項買入股票(融資買進),或借入他人股票先行出售(融券賣出)。

10. 存託憑證(Depositary Receipts)指的是表彰他國(A國)有價證券之可轉讓憑證,其是經由存託銀行簽發,所表彰之有價證券(如:股票)由A國保管機構代為保管。

11. 資本資產訂價模型:$E(R_i) = R_f + \beta_i \times (E(R_m) - R_f)$,上式中,$E(R_m)$指全體市場之期望報酬率,$E(R_i)$為個別股票i的期望報酬率,無風險報酬率$R_f$,可用短天期的國庫券利率作代表。

( ) 1. 如果再約定期間未銷售完，承銷商會按約定價格承受未銷售完的股票，可稱為？ (A)經紀 (B)包銷 (C)代銷 (D)自銷。

( ) 2. 名目報酬率與實質報酬率之不同，反映了什麼？ (A)通貨膨脹 (B)消費者信心 (C)證券風險 (D)國家風險。

( ) 3. 以下說明何者有誤？ (A)預期報酬率是事後概念 (B)預期報酬率是加權平均概念 (C)預期報酬率要考量各種可能的出象 (D)以上皆有誤。

( ) 4. 若明天上漲5%的機率為0.3，持平的機率為0.25，明天也可能會下跌-8%，則預期報酬率為？ (A)-0.005 (B)-0.021 (C)0 (D)0.021。

( ) 5. 用歷史資料的簡單平均數來算預期報酬率，是什麼概念？ (A)平均數為未來預期值的不偏估計值 (B)此時的預期報酬率會考量加權平均 (C)越靠近當期的歷史報酬率越重要 (D)預期值不可計算。

( ) 6. 為什麼投資多個證券，可以有效降低風險？ (A)考量兩兩證券的共變異數應要低相關或負相關 (B)因為投資組合可以反映不同的資產類別的重要性 (C)因為證券彼此的變異數可以互相抵消 (D)因為投資組合可以求售變現。

( ) 7. CAPM模型中的beta公式為？

(A)$COV(R_1, R_2)/VAR(R_m)$ (B)$COV(R_1, R_2)/VAR(R_1)$

(C)$COV(R_i, R_m)/VAR(R_m)$ (D)$COV(R_i, R_m)/VAR(R_i)$

( ) 8. 以下關於CAPM模型之說明何者有誤？ (A)可以說明報酬與風險之關係 (B)beta代表大盤漲跌1單位，個別資產跟著漲跌的幅度 (C)beta係數在各公司的數值皆不同 (D)市場風險可以多角化投資來降低。

( ) 9. 下列哪一個不是金融市場的管理者？ (A)中央銀行 (B)金融監督管理委員會 (C)經濟部 (D)證券交易所。

( ) 10. 初次申請上市或上櫃公司應設置幾名獨立董事及幾名獨立監察人 (A)1名獨立董事及1名獨立監察人 (B)2名獨立董事及1名獨立監察人 (C)1名獨立董事及2名獨立監察人 (D)2名獨立董事及2名獨立監察人。

( ) 11. 零股交易的時間為？ (A)周一至周五下午兩點至三點 (B)周一至周五下午三點到四點 (C)周一至周五下午四點到五點 (D)周一至周四下午三點到四點。

( ) 12. 存託憑證是由何處簽發 (A)中央銀行 (B)存託銀行 (C)證券交易所 (D)以上皆非。

( )13. 關於台灣存託憑證的交易方式敘述何者有誤？　(A)臺灣存託憑證持有人可要求將其臺灣存託憑證轉換為外國公司股票，在原股上市地點出售或兌回　(B)台灣存託憑證和原上市的股票不一定是一股換一股　(C)臺灣存託憑證持有人不可以於國內證券市場交易臺灣存託憑證　(D)以上皆正確。

( )14. 台灣存託憑證簡稱為何　(A)TDR　(B)ACR　(C)TQC　(D)TSM。

( )15. (A)外國公司分配現金股利時，由存託機構轉換為新台幣後支付予臺灣存託憑證持有人　(B)外國公司分配股票股利時，由存託機構按臺灣存託憑證持有人持有之臺灣存託憑證所表彰股票之比例，配發臺灣存託憑證單位數予臺灣存託憑證持有人，下列選項何者正確？　(A)A、B都正確　(B)A對B錯　(C)B對A錯　(D)A、B都錯。

( )16. 以下關於承銷制度的說明，何者有誤？　(A)詢價圈購常有實際圈購投資人不透明之黑箱作業缺點　(B)若興櫃股票要轉上市櫃，其向主管機關申報時之暫定價格，不可低於其在興櫃有成交之10個營業日之均價的七成　(C)競價拍賣適用於股票市況較差的時候，將使得公司作IPO較為順利　(D)公開申購配售的方式，會使得由承銷商所制定之承銷價，較不具市場性。

( )17. 何者適用於不具股權性質之有價證券之承銷？　(A)洽商銷售　(B)過額配售　(C)公開申購　(D)詢價圈購。

( )18. 當投資人看跌股票時，進行融券交易，證金公司願意融券予投資人時，其債權保障不包括以下何者？　(A)原來融券的股票　(B)融券的擔保價款　(C)融券保證金　(D)融券追繳的保證金。

( )19. 以下關於借券賣出的說明，何者為對？　(A)借券賣出可能的用途為融券賣出的現券償還　(B)借券賣出即為融券賣出　(C)借券賣出在早期(民國96年7月前)限制借券人或出借人為金融機構　(D)借券賣出餘額等於借券餘額。

( )20. 以下說明何者有誤？　(A)軋空行情與原來的融券放空有關　(B)軋空行情與原來的融資作多有關　(C)整戶擔保維持率是指以個別投資人帳戶為考量　(D)融資時無法借到股價的全額。

( )21. 以下關於股票發行實務的說明何者正確？　(A)公開發行公司指的就是在興櫃市場掛牌交易　(B)公開發行具有股權分散，市場共同監督股票的效果　(C)公司資本額大到一定程度，依法就須公開發行　(D)證交法規範的公司即是指有上市上櫃、與掛牌興櫃的公司。

▶ 習題解答

1	2	3	4	5	6	7	8	9	10
B	A	A	B	A	A	C	D	C	B
11	12	13	14	15	16	17	18	19	20
B	B	C	A	A	C	A	A	A	B
21									
B									

03
貨幣市場與債券市場

◆ 本章目標

1.認識貨幣市場、債券市場
2.瞭解債券市場工具

◆ 本章引言

本章介紹貨幣市場與債券市場意義與工具，由計算報價與利息的例子，讓讀者能學習票債券之報酬。最後，以不同到期期間、與不同殖利率之債券價格關係，延伸到存續期間概念，建構讀者完整的債券價格風險概念。

→3-1 貨幣市場

一、貨幣市場（Money Market）的意義

貨幣市場指的是提供短期資金需求者與供給者交易的市場。其特色為：

1. 此所稱的「短期」，是指金融契約的到期日在1年內，到期即需還本之金融工具。

2. 貨幣市場為一無形的、僅指概念性的金融市場的一環。

3. 貨幣市場存在可以提供短期的資金融通。如：大公司每月發放薪資，其薪資現金流動。如：上下游之貨款採季結算，在每季未繳付前之現金流動等，需要一短期之資金供給/需求。使短期的資金供給者能賺取報酬，相對地，使短期的資金需求者能夠獲取其流動性，進而帶動未來之投資報酬。

4. 貨幣市場存在可以建立短期利率指標。由於短期貨幣工具的存在，即會有不同的短天期之利率報價，常見者為30天、60天、90天、180天、270天期之（年化）利率。此短期利率可作為判斷市場資金是否充裕（利率愈高表示市場資金愈不充裕）；也可以作為以利率作為標的之其他衍生性金融資產之計算基礎。

5. 貨幣市場之金融契約，可作為中央銀行調整市場資金水位的工具。當央行判斷市場資金太少或利率太高，則可透過公開市場操作、買進貨幣市場工具，當央行執行「買」，付出新台幣，收進票券，市場上的台幣資金便增加，可帶動利率下跌。相反地，若央行判斷市場資金太多或利率太低，則可透過公開市場操作、賣出貨幣市場工具，當央行執行「賣」，放出票券給某些票券買家（通常票券買家會是金融機構），收進新台幣，市場上的台幣資金便減少，可帶動利率上升。

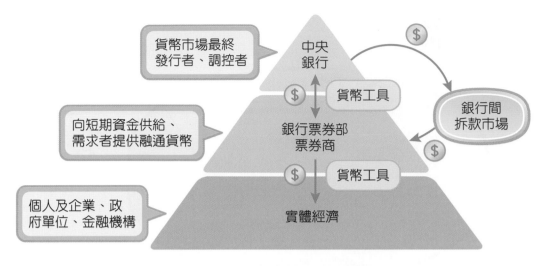

■ 圖3-1 貨幣市場資金供求循環圖

二、貨幣市場主要參與者

1. **金融機構**：銀行、票券商。票券商指「票券金融公司」、及經主管機關許可，得兼營票券金融業務之金融機構，如：銀行之票券部。

2. **政府**：中央政府如財政部，地方政府如：市政府財政局。

3. **中央銀行**：施行貨幣政策，公開市場操作。

4. **企業**

5. **個人**：有資力之自然人。

　　在103年，以票券次級市場之市場交易參與者比例觀察，如下圖，民營事業占市場參與者最大宗，如：在票券市場短期利率較低時，台電、中油等公營事業及部分大型民營企業為取得較為低廉資金，因而大量發行商業本票。其次為銀行，再次為票券及信託公司。

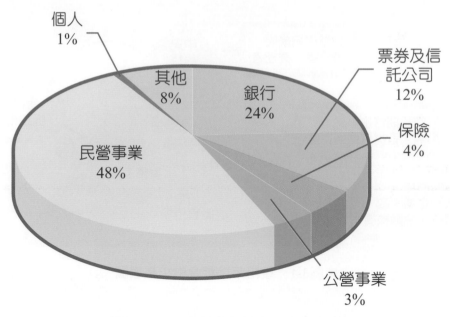

個人
1%

其他
8%

銀行
24%

票券及信
託公司
12%

保險
4%

民營事業
48%

公營事業
3%

■ 圖3-2　103年票券次級市場交易參與者

票券金融公司開放歷程

　　我國的貨幣市場開始於民國60年代，最早是中央銀行以貼現方式發行乙種國庫券，接著開放銀行發行可轉讓定存單，由民國65年開放專營票券之票券金融公司（簡稱票券公司），一直到民國83年開放得以新設新票券金融公司之前，有三家老字號經營之票券商：中興票券、國際票券、中華票券。民國65年5月20日首次發行融資性商業本票。

　　目前可經營票券業務者，除了專營之票券公司外，還有民國81年起即開放銀行得兼營貨幣市場的票券業務、及民國92年開放證券商可以兼營票券業務。

● 表3-1　票券業務經營公司情形（104年6月）

	票券金融公司	銀行（含國內外銀行）兼營票券業務	證券公司兼營票券業務
家數	8	43	4
開放時程	民國65年開放票券公司。83年開放新設票券公司。	民國81年起	民國92年起

　　由於開放票券公司新設，在高峰期間有多達16家專業票券商，競爭白熱化。民國90年代，票券公司漸漸地被銀行購併，如：萬泰票券併入萬泰銀行、富邦票券併入台北富邦銀行；其後，玉山票券、中國信託票券、華南票券、聯邦票券、台新票券，併入其關係企業之銀行或是併入金控事業下的銀行，使得專營票券的票券金融公司家數減少，兼營票券金融業務的銀行轉而成為票券業務的主力，到了104年6月，兼營票券金融業務之銀行會員增至43家。金控公司納入票券公司，有助於金控公司獲利不如預期、而旗下銀行需要更多資金運作時，銀行業能有效配合客戶需求，積極承作授信客戶發行商業本票之業務。銀行與票券之合併，可以有助金控公司經營發展策略、提昇經營綜效、提升銀行資金運用效能，降低經營管理、及營運作業成本。

　　以玉山票券合併日民國95年12月25日為例，當時玉山銀行之實收資本總額為256億4,490.5萬；玉山票券之實收資本總額為32億6,500萬元整，合併後，玉山銀行之實收資本額為新台幣289億990.5萬。

三、中央銀行的公開市場操作

　　央行為貨幣市場上擔任監督信用管理者、及資金最後調節者，為了刺激景氣及防範通縮，進行貨幣政策操作：

金融焦點Focus

歐央行將推QE：股市漲，公債跌

資料來源：
http://www.ntdtv.com/xtr/
b5/2015/01/22/a1170992.html

1. **公開市場操作**：指央行為公開市場買進或賣出有價證券，透過市場上流通的貨幣數量，間接地影響利率水準。

2. **重貼現政策**：指中央銀行藉由調整銀行之融通利率，以影響銀行的資金需求，可控制銀行體系的資金狀況。

3. **存款準備率政策**：指央行調升或降低銀行存款準備率，以影響銀行在接受民眾存款時，需保留的法定存款準備金，若保留的存款準備金越大，則能創造的貨幣乘數越小。而銀行若資金超過法定要求的法定的存款準備額度，稱爲「超額準備」。

4. **選擇性的信用管制**：如消費者信用管制、不動產信用管制等。

在貨幣政策下，彈性運用公開市場操作，可調節市場資金，引導利率走勢。民國68年，中央銀行首次公開市場操作，民國69年11月中央銀行頒布「利率調整要點」後，存款利率自由化。民國69年4月成立金融同業拆款市場，作爲金融機構間短期資金借貸市場，資金有剩餘的銀行，可以將其「超額準備」的資金貸款給準備不足的銀行，金融同業拆款利率高低可代表市場資金寬鬆的情況[1]，金融機構經營拆款業務而賺得之利息收入，免徵營業稅[2]。

在票券交割作業，採無實體交割方式；買賣雙方的清算作業與拆款市場之交割清算，由央行同資系統進行。

四、貨幣市場之直接金融與間接金融

直接金融係指資金需求者自行發行貨幣市場工具，取得資金者。如：企業發行商業本票、銀行承兌匯票。而間接金融主要係貨幣市場工具被發行後，被持有者又進行轉賣之市場。

五、票券金融公司業務

票券公司的主要業務包括：自營、經紀、承銷票券、及簽證業務、對企業保證、背書其發行的短期票券。在初級市場，103年票券初級市場發行量達10.85兆元，發行商業本票、可轉讓定存單、銀行承兌匯票、國庫券等。在次級市場，即上述工具之流通轉賣，在103年票券次級市場交易量爲35.68兆元（交易量爲初級市場發行量之數倍之多）。

---

1. 可在中央銀行網站上，查得金融業隔夜拆款利率。
2. 票券業務之營業稅率爲2%。

六、常見之貨幣市場工具

(一)國庫券（Treasury Bills, TB）

　　為政府為了調節國庫收支、或穩定金融，而發行到期日短於一年之短期債務證券，發行天期通常以91天為基數倍數發行，即91天期、182天期、273天期及364天期。國庫券發行時，由於金額龐大，發售採標售方式辦理，其發行、買回、還本付息等業務，是委由中央銀行經理，欲購買者以投標方式競買，但購買者僅限由銀行、信託投資公司、保險業、票券金融公司及中華郵政公司參加投標。若自然人及其他法人也想購買，須委託票券商投標，以票券商名義投標。2001年第3期國庫券（財90-3期）開始，採用登錄國庫券的制度，即無實體印製。

■ 圖3-3　中華民國乙種國庫券

實務案例

國庫券標售實務情形

以99年9月財政部委託中央銀行標售182天期（財99-9期）爲例，99年9月29日發行，100年3月30日到期，金額爲新台幣300億元，吸引871億資金前來投標，投標倍數2.9倍。得標利率0.55%，得標者最低投標貼現率年息0.35%，最高投標貼現率年息0.55%（即荷蘭標之得標者），得標者投標貼現率高低利差0.2個百分點，以得標行業別而言，銀行業得標佔92.67%、保險業佔7.33%。（國庫券在民國90年10月即已採用荷蘭標。）

(二)銀行承兌匯票（Banker's Acceptances, BA）

匯票係發票人簽發匯票給執票人，並委託付款人向執票人付款。此票據經銀行承兌，稱爲銀行承兌匯票[3]。匯票之到期日多在6個月內。「承兌」指簽名或蓋章在票據上，承諾到期會支付匯票金額。

銀行承兌匯票可分二種：

1. **買方委託銀行之「銀行承兌匯票」**：指商品交易過程中，賣方（提供商品而欲收款者）簽發匯票，此匯票之付款人爲「買方委託之銀行」，而經銀行承兌者。如：在台灣之賣方（出口商），提供貨物一批給越南買家，賣方簽發匯票，連同貨運單據交給銀行（託收銀行），委託「託收銀行」向越南買家指定的付款銀行提示匯票，出口商指示銀行只有在進口商付清貨款時，才能交出貨運單據。

2. **賣方委託銀行之「銀行承兌匯票」**：指商品交易過程中，賣方（提供商品而欲收款者）將其取得之遠期匯票轉讓予銀行，並依該支票金額，簽發以銀行爲付款人之匯票，而經銀行承兌者。

---

3. 若由買方或賣方承兌，則爲商業承兌匯票，商業承兌匯票常由國內外商品交易或勞務提供，而產生之支付票據。

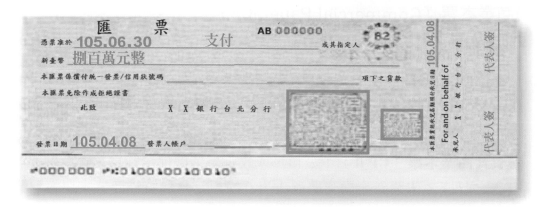

■ 圖3-4　中華民國匯票

區別：銀行承兌匯票vs.銀行匯票

匯票依發票人的不同，可以分為2種：

1. 商業匯票（Trade Bill）：指發票人是企業或個人，付款人可以是企業、個人、或是銀行。

2. 銀行匯票（Banker's Bill）：匯票的發票人和付款人都是銀行。銀行匯票由銀行簽發後，交給匯款人，由匯款人直接寄交國外收款人，向付款銀行收款。

值得注意的是，銀行匯票指其發票人為銀行；但銀行承兌匯票是由銀行承兌的遠期匯票，發票人不一定是什麼身分，即，不一定是商業匯票或銀行匯票。而由於銀行承兌後，票據幾乎確定能被支付（建立在銀行的信用基礎上），所以銀行承兌匯票能夠為投資者接受，而能在匯票到期前，使匯票在貨幣市場上流通。

(三)商業本票（Commercial Paper, CP）

商業本票可分二種：

1. **交易性商業本票（CP I）**：因實際交易行為（如：商品或勞務的提供）所產生之交易票據，具有自償性質。發行者實際可取得的資金為「面額」減去「貼現息」。

2. **融資性商業本票（CP II）**：公司、或政府事業機構單純為了資金融通，所簽發之票據，依票券金融管理辦法第五條規定，融資性商業本票發票人或保證金融機構須經信用評等機構評等，票券商始得辦理保證、簽證、承銷業務，且融資性商業本票的發行，需委由經信用評等機構評等之金融機構保證。

■ 圖3-5　商業本票

(四)可轉讓定期存單（Negotiable Certificates of Deposits, NCDs）

為中央銀行、商業銀行及其他金融機構所簽發之存款憑證，在特定期間按約定利率支付利息。此存款憑證可以在到期日前，於貨幣市場轉讓出售予下一個執票人，在發行期間之先後不同的多個執票人，依其持有的期間長短比例，共同分享發行期間之利息。中央銀行為調節市場資金所發行之發行可轉讓定期存單，僅限金融機構購買。銀行發行可轉讓定存單之發行天期，最低不得低於30天。

報你知

本票、支票

　　本票指的是由發票人簽發一定金額，指定到期日，承諾到期時由自己無條件支付予執票人之票據。若執票人到期提示而未獲得發票人付款，則可以由執票人向付款地法院申請對發票人強制執行。

　　支票指的是由發票人簽發一定金額，承諾到期時由金融機構（如：銀行、信合社）於見票時，無條件支付予執票人之票據。支票不需另外指定票據的到期日，因為支票屬於見票即付之即時性支付工具，而非信用工具，發票人須先在金融機構有支票存款帳戶，由金融機構提供內容為空白之支票，方便發票人簽發支票。

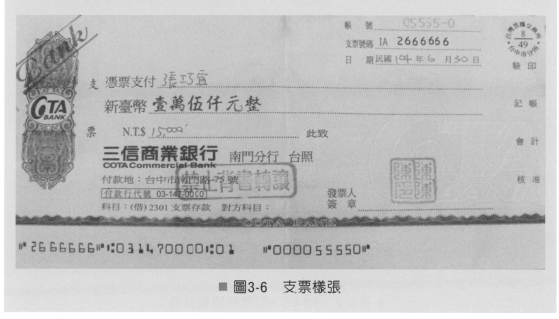

■ 圖3-6　支票樣張

(五)附買回或附賣回交易

1. **附買回交易RP**：指交易商與投資人約定，票券交易商將公債暫時賣給投資人，投資人交付資金，於一定期間後，投資人再將公債交還給交易商，由交易商償還資本及利息給投資人。此種資金流向類似銀行存款。

2. **附賣回交易RS**：指交易商與持票人約定，持票人將公債賣給票券交易商，票券交易商交付資金，於一定期間後，票券交易商再將公債交還持票人，由持票人償還資本及利息給票券交易商。此種資金流向類似銀行貸款。如：主管機關規定，93年1月起，銀行之債票券附賣回，其性質須由「證券投資」改列「放款」。

(六)一年期以內到期之債券

　　民國72年起，票券商可以經營的工具，除了原本的國庫券、商業本票、銀行承兌匯票、可轉讓定存單等，還增加可買賣到期日在一年期限以內之政府債券，為票券金融公司首次跨足債券市場領域，故而一年以內到期之債券也屬於貨幣市場工具。

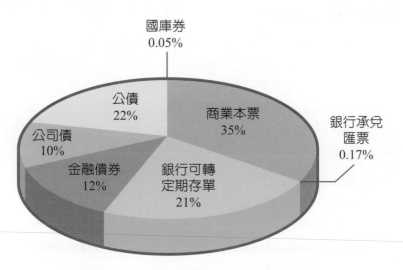

■ 圖3-7　104年6月票券工具持有餘額比重

● 表3-2　104年6月票券持有餘額

	商業本票	銀行承兌匯票	銀行可轉定期存單	金融債券	公司債	公債	國庫券
筆數	544	35	39	47	68	43	1
金額(百萬元)	38,195	184	22,702	13,435	11,399	23,513	56

　　由104年6月票券工具持有餘額（指已經發行流通在外，還沒有到期的票券工具）比重來看，占比最大的票券市場工具為商業本票（占35%），其次為

公債（22%）、銀行可轉讓定存單（21%），三者即超過了市場比重的四分之三，所占最少的是國庫券，此乃由於政府對國庫券的發行量不高。

七、貨幣市場之利息計算

利率常見名詞有：「一碼」，指0.25％，及「一個基本點」（Basis Point）指0.01％。票券的基本交易單位爲新台幣10萬元。

(一)貼現發行

以「貼現發行」所適用的票券工具包含：乙種國庫券、金融業隔夜拆款利息、商業本票、銀行承兌匯票。「貼現發行」指票面不記載利率，到期時償還面額，但發行時以折價方式發行，即票券發行者所收到的資金（稱爲票券的買賣價格），小於票券面額，而在票券的買賣價格與面額之間的差異，即具有利息的性質（雖然它不直接被稱爲利息）。

發行者可得資金＝面額－貼現息

在計算利率時，發行者可得資金，即交易價格、發行價格，有以面額作爲基礎者，如：也有以交易價格作爲基礎者，兩者的計算概念相同，但對於以何者作爲利率公式之「分母」，有不同的定義，說明如下：

● 表3-3　利息計算公式

以面額作為基礎者	以交易價格作為基礎
適用：商業本票、銀行承兌匯票	適用：乙種國庫券、金融同業拆款
貼現息＝貼現利率×面額×(n/365) 交易價格＝面額－貼現息 ＝面額－貼現利率×面額×(n/365) ＝面額×(1－貼現利率×(n/365))	貼現息＝貼現利率×交易價格×(n/365) 交易價格＝面額－貼現息 ＝面額－貼現利率×交易價格×(n/365) →移項 交易價格＋貼現利率×交易價格×(n/365)＝面額 交易價格(1＋貼現利率×(n/365))＝面額 →移項 交易價格＝面額/(1＋貼現利率×(n/365))
貼現利率＝(1－交易價格/面額)×365/n	貼現利率＝(面額/發行價格－1)×365/n

商業本票計算

1. A公司發行90天期商業本票1,000萬元,發行利率為1.25%,則其發行價格、利息為何?

   解:

   每萬元發行單價＝(1－1.25%×90/365)×10,000＝9,969.18

   利息＝10,000,000－1,000×9,969.18＝30,820元

2. A公司發行融資性商業本票200萬元,到期期間90天,貼現率為2.5%,則其貼現息為何?

   解:

   2,000,000×2.5%×90/365＝12,328.8

3. 91天期的商業本票,面額10,000元,發行價9,885元,則投資報酬率為?

   解:

   10,000×(1－貼現率×91/365)＝9,885

   貼現率＝0.0461

銀行承兌匯票計算

1. 銀行承兌匯票的要求貼現殖利率為5%,假設該銀行承兌匯票的到期日為60天,面值為10,000元,則市價為?

   解:

   10,000×(1-5%×60/365)＝9,917.81

(二)面額發行

以「面額發行」所適用的票券工具包含：甲種國庫券、可轉讓定存單、附買回交易。「面額發行」指票面記載利率，到期時償還面額本金及利息。計息的基礎以365天為一年，計算的期間為算頭不算尾。

$$到期本利和＝票面金額×(1＋票面利率) ×n/365$$

 範 例

附買回交易計算

1. 公債附買回交易之交易金額為50萬元，附買回利率為2.8%，期間30天，請問30天後可以收到多少利息？

   解：

   利息＝500,000×2.8%×30/365＝1,150.69

2. A先生與某券商承作公債RS交易，交易面額為5,000,000，RS利率為4.10%，期間90天，則到期A先生須支付給券商多少金額？

   解：

   5,000,000×(1＋4.1%×90/365)＝5,050,548

(三)稅

自96年10月15日起，個人承作短期票券之利息所得（如：債券附買回交易的利息）所得改採分離課稅，適用10%的分離課稅。利息所得指的是短期票券到期兌償金額超過首次發售價格的差額。國庫券除利息所得稅外，免徵或停徵相關稅賦：免徵證券交易稅、營業稅、印花稅。

實務案例

國庫券

　　財99-7期273天期國庫券,發行額:新臺幣300億元。該國庫券吸引的投標總額爲新臺幣1,140.50億元,投標倍數爲3.80倍(=1140.50/300)。

　　國庫券得標行業別:銀行業79.50%、票券業8.83%、保險業11.67%。相關的發行資訊如下:

1.發行日期:99年8月4日;到期日期:100年5月4日;發行期間爲6個月。

2.標售日期:民國99年8月3日。爲發行日的前一天。

3.決標貼現率:年息百分之0.593。

➜3-2 債券市場

一、債券市場的意義

　　債券市場爲可提供長期資金予需求者與供給者之交易市場。其特色爲:

1. 此所稱的「長期」,是指金融契約的到期日在1年以上,「到期」即需還本,在債券發行期間,債務人支付確定收益予投資人,投資人可享有票息收入。

2. 債券市場爲一無形的、僅指概念性的金融市場的一環。

3. 債券市場提供長期資金融通,如:公司欲到中國大陸設廠,而其投資設備等需要三年的回收期,在設廠之初即需投入大量資金,則該公司可發行公司債。又如:政府發行十年期公債,支應重大公共建設所需的資金。此長期的資金爲資金供給者能賺取報酬,也能使長期資金有去路而活絡其流動性。

4. 債券市場的存在,可以觀察其長期利率指標,作爲長短期投資之風險觀察指標。

二、債券市場分類

(一)依是否由發行者取得債券資金，可區分為：

1. 初級市場

　　債券初級市場指的是債券的發行者，第一次發行債券，取得債券的交易價格，滿足其長期資金需求。例如：在初級市場的標售金融龐大的公債，中央公債的發行是由合格的中央公債交易商進行競標，競標者限定公債交易商參加投標，截至104年5月底止，中央公債交易商計61家，自然人及其他法人若欲買賣公債，則須委託公債交易商，以交易商之名義投標。得標者可能為多人，各得標者之可購買金額權重，依投標金額比例分配之。

2. 次級市場

　　債券次級市場指的是債券的持有者，為了滿足其自身資金需求（可能長期、也可能短期），而將手上的債券又轉售給下一手的持債者，轉手債券時，會產生債券的交易市價。

(二)依發行者身分不同，可區分為：

1. 公債市場

　　指公債的發行與流通市場。政府公債由政府發行，中央政府發行者稱為國家公債、中央政府債券，由中央銀行標售。地方政府發行的稱為地方政府債券。公債的流動性佳、市場接受度高，信用風險最低。公債次級市場多以5,000萬為交易單位，因此主要參與者皆為金融機構或法人，如：銀行、證券公司、票券金融公司公債交易部門。金融債券由於公債發行有供給量的限制，發債需考量政府財政狀況及法規上的發債額度限制，因此無法充分滿足想投資安全性高的公債投資者，而中華郵政儲匯處、與人壽保險公司又長期持有公債市場，兩者占公債持有比例即已超過7成以上，使得次級市場上公債可流通的數量稀少，在搶不到公債的心態下，使得其他的交易商對公債次級市場也漸漸地降低其投資興趣，在參與公債買賣之交易人數降低的情形下，將使得市場無法充分反應債券價格。

　　活絡的公債市場有助降低市場參與者的交易成本，在引入購買者之競買的同時，競買者願意以較低利息借錢給政府，有助於降低政府的發債成本。目前

政府公債買賣斷交易在櫃買中心進行，採「中央公債造市商制度」，由債券自營商參與公債市場的報價與交易。櫃買中心自101年起每半年評選公債市場最活躍的造市商，依中央政府公債買賣斷交易市占率最大的前12名，評選為優良中央公債造市商。

「中央公債主要交易商」制度於92年9月建立，93年度新增「中央公債主要交易商遴選作業」，遴選銀行、票券金融公司及證券公司共7~15家金融機構作為中央公債主要交易商。由中央銀行核發的中央公債主要交易商，積極參與公債初級市場之發行競標。

公債的次級市場則於民國90年，由櫃檯買賣中心成立「公債等殖成交系統交易平台」，等殖成交系統限供證券商同業買賣，交易時間為週一至週五，9:00am~1:30pm，交易交割日為T＋2日，目前有近百家參與「債券等殖成交系統」的債券自營商，前述之「中央公債主要交易商」制度，也可活絡公債次級市場交易，主要交易商需履行各期指標公債雙向報價義務。

公債期前交易市場

公債期前交易市場，又稱為預期交易市場，是於2004年所設置的公債發行前交易制度（When-Issued Market），投資人（可以是公債自營商、也可以是一般投資人）可於財政部發佈標售之公告後、而於正式標售公債的前15天（早期僅定為8天，在2008年12月改為15天），先行預約買賣斷交易，實際交割日則在公債發行日後交割。

發行前交易制度具有價格發現功能，一般欲購買公債的民眾，在公債發行前可申購，但僅適用小額投資（購買公債金額在100萬元以下者），投資人可洽郵局或證券經紀商辦理預約申購登記；以10萬元為購買單位，購買價格按每期公債標售之競標最高得標利率換算之價格為準。

而大額投資人，若欲購買公債金額超過100萬元者，可洽交易商進行公債發行前交易，或是委託交易商以交易商名義參加投標。

第二種公債價格決定，則為公債發行額之30%所採用之非競標方式決定價格公債之價格決定可以分為二種，一為複式價格標（Discriminatory Auction），占公債發行額70%，第二種公債價格決定，則為公債發行額之30%所採用之非競標方式決定價格。複式價格標指的是競標者之利率排序後，以最有利於發行者（利率愈低愈好，即得標價格愈高愈好，表示債券投資人願意借愈多錢給政府）為優先得標者，以公債數量（如：1億）全部滿足之各得標人競標數量之加總（如：前3名出價最高者之競標人的欲購買部位為2仟萬、4仟萬、5仟萬，加總超過1億）為止，各得標人的公債成交買價不同。非競標數量中，含發行額2%供小額投資人購買，得標價格的計算，是以各得標者之競標數量作為權重，計算出「一個」加權平均的得標價格（以各得標人之得標金額比重作為權數，乘上各得標人之買價）。

但在民國95年之前所採用的複式價格標，競標得標者依個別得標利率計算應繳價款，在95年之後，改以利率荷蘭標（Dutch Auction），又稱為單一價格標，指的是出價最低利率者得標，但眾競標得標者，依得標利率中之最高利率計算應繳價款（對競標者而言最划算）。

2. 公司債市場

指公司債的發行與流通市場。公司債指由公司發行，公司透過證券承銷商銷售。公司債可以提升企業長期資金籌募便利性，擴大企業直接金融比例。大型企業為公司債券市場的主要發行者，如：台灣電力、中鋼、中油等國營事業，台塑集團、金控公司、大型科技公司如：鴻海、奇美電等。一般投資人可與債券自營商於證券商營業處所議價買賣公司債，而自營商得於債券等殖成交系統買賣、或營業處所議價買賣公司債。

可轉換公司債為持有者在特定期間（稱為轉換期間，通常為發行後三個月起，到期日前10日），依原先已知的約定轉換價格，透過發行公司股務代理部提出申請、或透過集保公司以帳簿劃撥來辦理轉換，將手上的公司債轉換為普通股，可轉債的名稱，常是在其公司名稱後，接上「一」或「二」或

「三」…等的證券名稱，如：「聯電三」是聯電公司所發行的第三次轉換公司債，一張轉換公司債的票面金額爲100,000元。由於轉換期間通常爲發行後三個月起，所以我們把可轉發行後、債券持有人不得將轉換公司債轉換爲普通股的期間，稱爲「轉換凍結期」，在其他條件不變的情形下，若可轉換公司債的凍結期間愈長，則此可轉債的市價愈低。由於近年利率處於低檔，可轉換公司債的票面利率也接近0%，投資人則靠賣回公司債或公司贖回公司債時，由公司提供的利息補償金，作爲投資人之利息收入、另外則是指望公司債轉爲股票時，賺取股票市價與其轉換價之差距。

3. 金融債券市場

指金融債券的發行與流通市場。金融債券由金融機構（如：銀行）發行，銀行自行銷售，其債信等級僅次於政府債券。由於銀行資金主力爲存戶存款，資金充裕，故金融債發行，多半不是爲了資金缺口之彌補較偏向以改善資本適足率（BIS）爲目的之「次順位債」。

(三)依債券交易是否在集中市場區分

1. 債券集中市場

透過證券交易所作公開報價，採價格報價，以轉換公司債的交易爲主。集中市場的交易規模並不大，占整個債市交易總值不到1%，自2008年4月起，可轉換公司債交易也改在店頭市場進行。

2. 債券店頭市場

透過櫃檯買賣中心作公開報價，採到期殖利率（Yield to Maturity, YTM；到期收益率）報價，爲債券交易之主要市場。而債券的價格、或稱爲債券的市場價格，也就是投資人買進債券所需支付的價格，則以到期收益率作爲折現率，以換算出債券價格，換算出來的價格是債券的含息價。

三、債券價格

債券發行時，發行條件上載明的利率，稱爲票面利率，用來計算債券持有人可以自發行人所領到的利息。票面利率與殖利率不同，債券市場的店頭市場，是以到期殖利率報價，其即爲所稱的市場殖利率，報價形式如：買進殖利

率為0.9575、賣出殖利率為0.9475，表示公債交易商以0.9575％的利率買進公債，以0.9475％賣出。

$$P = \sum_{t=1}^{T} \frac{C_t}{(1+r)^t} + \frac{Par}{(1+r)^T}$$

　　債券市場價格，以到期收益率r作為折現率作換算。債券的價格換算，如上式。式中，P為債券的交易價格，其等於未來各其現金流量之加總，債券的現金流量有2種，一為各期的利息收入，C_t，下標t代表第t期，t=1,2,3…T，利息收入共有T期，各期之利息收入由於發生的時點不同，需將各期的C折現到債券的交易時點，折現時使用的折現率r，就是殖利率。債券第2種現金流量便是持有到期時可得的債券還本金額Par，同樣地，也需要作折現到交易時點，所以可看到分母對其持有T期才能收到本金作折現。

債券價格計算

長債利率走高，房貸利率恐上揚
資料來源：
https://www.youtube.com/watch?v=OrgVhUryetk

1. A公司發行一張5年期之公司債，面額10萬元，票面利率3％，每年付息一次。若發行時，市場殖利率為2.5％，則該公司之公司債價格為何？

t	1	2	3	4	5
本金折現值					88385.43
利息折現值	2926.829	2855.443	2785.798	2717.852	2651.563
合計					102322.91

$$P = \sum_{t=1}^{5} \frac{100,000 \times 3\%_t}{(1+2.5\%)^t} + \frac{100,000}{(1+2.5\%)^5} = 102,322.91$$

2. A公司發行一張7年期之公司債，面額10萬元，票面利率3％，每年付息一次（請注意，發行條件除了年限不同之外，其他都與前例相同）。若發行時，市場殖利率為2.5％，則該公司之公司債價格為何？

t	1	2	3	4	5	6	7
本金折現值							84,126.52
利息折現值	2,926.829	2,855.443	2,785.798	2,717.852	2,651.563	2,586.891	2,523.796
合計							103,174.70

$$P = \sum_{t=1}^{7} \frac{100,000 \times 3\%_t}{(1+2.5\%)^t} + \frac{100,000}{(1+2.5\%)^7} = 103,174.70$$

(一)債券價格與殖利率之關係

由公式可知，債券價格與殖利率存有反向關係。當殖利率上揚，分母變大，則債券價格下跌；反之，當殖利率下跌，則債券價格上漲。

● 表3-4　債券發行價格之三種情形

發行情形	市場利率與票面利率之比較
溢價發行	市場利率＜票面利率
平價發行	市場利率＝票面利率
折價發行	市場利率＞票面利率

在其他條件相同下，到期期間愈長的債券，其價格對利率的敏感性愈大，即當利率變動時，如：上升2bp，五年期和十年期的債券價格都會下跌，但是十年期債券價格的下跌程度會大於五年期的債券價格下跌程度，若畫在圖上，十年期債券之曲線較陡。

● 表3-5　不同到期期間、與不同殖利率之債券價格表

殖利率\到期期間	1	3	5	7
2.50%	$100,487.80	$101,428.01	$102,322.91	$103,174.70
3.50%	$99,516.91	$98,599.18	$97,742.47	$96,942.73
4.50%	$98,564.59	$95,876.55	$93,415.03	$91,160.95

上表中，以7年債券為例，當殖利率由2.5%上升到4.5%時，其價格由103,174.70下跌到91,160.95，下跌了12,013.75，而以5年債券為例，其價格由$102,322.91下跌到$93,415.03，下跌了$8,907.88，下跌的幅度較大。

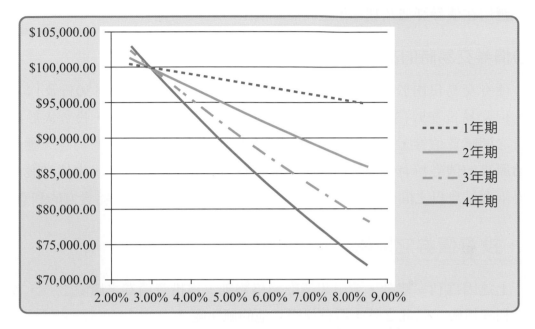

■ 圖3-8　不同年限之債券價格與殖利率之變動

使用殖利率報價，有兩個重要的假設，殖利率才能與投資人之持有實際報酬率相符合：

1. 必須持有至到期日。

2. 在債券持有期間所收到的利息，進行再投資，仍可獲取與殖利率相同的報酬。

由於上述兩個假設不見得成立，尤其是投資人在購買債券時，未必就打算長期持有直到債券到期，故我們可以用「當期收益率」來表示另一種投資的報酬率：

當期收益率＝票面某一期的利息收入/債券交易價格

(二)零息債券

零息債券（Zero-coupon Bond, Discount Bond）指的是發行人不必支付利息的債券，通常為折價發行，交易價格低於面額，兩者差距為利息概念。以零

息債券的到期收益率，可以算出較合理的理論債券價格。但實務上之零息債券數量相當少，因此也無法直接求得殖利率曲線，變通的方式，是以市場上能取得之附息債券資料，估計出零息債券之殖利率曲線，算出合理的理論債券價格，應用在債券評債及利率衍生商品訂價上。

(三)債券交易時的交割款項

　　債券交易日由於不見得剛好會在付息日，如：付息日在6月30日及12月31日，但交易日在5月30日，故實務上交割款項需包含應計利息，投資人於兩付息日之間購買債券，前一付息日起，到債券交割日之間所產生的利息，應先支付給原來的債券持有人（賣方），而債券買方則於下一領息日，由債券發行處取得兩個付息日之間全期的利息時，可回收這筆利息預付出去給賣方的利息。

四、投資債券之風險

　　上述因為利率變動，會引起債券價格變動，為投資債券之風險之一，我們稱為利率風險，除此之外，還有什麼其他的風險呢？

(一)信用風險

　　債券的發行人（如：發行公司債的公司）無法繼續履行還本付息義務，即倒閉風險。

(二)通貨膨脹風險

　　預期通貨膨脹率走高時，債券投資人之實質固定收益（利息）將受侵蝕，利息為固定的數字，考量通膨後的實質購買力將降低。

金融焦點Focus

實質利率變負數，新台幣愈存愈薄！

資料來源：
https://www.youtube.com/watch?v=wF-xJ-YCD6o

(三)再投資風險

　　債券未來在各時點付息時，所收取之利息，可能無法再以來在購買債券時所設算的殖利率進行再投資之風險。

(四)流動性風險

持有債券需要變現時，可能因市場對債券之需求不佳而發生損失，如需降價出售，或根本無法售出。

(五)利率風險

當市場利率上升（下降）時，債券價格下跌（上漲）。

(六)提前還款風險

若債券賦予發行人可以在債券到期前，提前支付本金、買回債券，則當市場利率下跌時，發行人會傾向執行買回權利、提前還款（他再另發行更低利的債券以取代此高利之債券）之風險。

五、債券投資操作策略

(一)交易

債券的次級市場交易方式可以分為兩種：

1. 買賣斷交易（Outright Purchase）

指債券賣方將所有權在交易時，移轉至買方。適合中長期投資，債券持有人可以在領有利息之外，因應市場殖利率的改變，對債券作買低賣高、賺取價差，此觀念與股票之資本利得相同。

在次級市場買賣斷交易所使用的方式有下列三種：

(1)為「固定收益證券交易系統」，此為電腦自動成交系統（等殖成交系統），是類似股票所使用的「等價成交系統」來建立交易，適用於自營商及經紀商交易，一般的自然人及法人則是透過經紀商來參與買賣，如：政府公債、金融債券、台幣計價的外國債券[4]等，其交易時間為一般交易日的9:00～13:30，交易交割日為T+2日，報價方式採用百元報價（可換算為殖利率）。

(2)為適用轉換公司債、附認股權公司債等的「等價成交系統」。

---

4. 自89年櫃買中心推出債券等殖成交系統，提供「公債」電腦電腦議價，約八成之公債買賣透過等殖系統交易，自民國103年12月29日起，櫃買中心更開放金融債券、及地方政府公債、與公司債也可以使用等殖系統交易，公司債雖也可使用等殖成交系統，但實務上多是採營業處所議價交易方式。

(3) 未向櫃買中心申請參加等殖成交系統買賣債券之債券自營商，如銀行業、保險業及其他投資人，可以採用證券商營業處所議價之「證券商營業處所議價系統」（不是交易系統），以方便債券自營商揭示資訊，一般投資人與債券自營商於其營業處所議價交易。其交易時間為一般交易日的9:00~15:00，交易交割日為T+2日，以議價方式成交，自民國97年12月起，櫃買中心強制規定，債券自營商於其營業處所議價確定成交公司債後，60分鐘內需向櫃買中心回報公司債的成交行情，櫃買中心則將該成交行情資訊登告於網站，提升了公司債之即時成交回報的資訊。

2. 附條件交易（RP/RS）

買賣雙方按約定之金額、期間、利率，由賣方「暫時」出售債券予買方，附帶的條件為「約定日到期」後（不是債券的到期日），再由賣方買回原出售之債券。若交易商扮演賣方，稱為附買回交易，若交易商扮演買方，則為附賣回交易。而約定的期間通常少於一年，故此交易方式屬於貨幣市場範疇，但建立在長期的債券工具[5]上。

銀行業、保險業、投信基金及其他投資人，欲承作附條件交易，適用於營業處所議價買賣，交易時間為早上9點至下午12點，附條件契約的交易單位為十萬面額以上倍數。而向櫃買中心申請參加等殖成交系統買賣債券，完成簽定契約者，則可以以等殖成交系統承作附條件交易，交易時間為2階段：上午盤為早上9點至下午1點30分、下午盤為下午2點至3點，附條件契約若以等殖系統交易，則交易單位為五千萬面額以上倍數。

(二)稅金

1. 證券交易稅

政府公債、金融債券及公司債的交易均免徵證券交易稅。

2. 利息所得稅

民96年年1月1日起，個人債券買賣斷利息所得改為「分離課稅」，稅率為10%；自民國96年10月15日起，個人債券附條件交易利息所得，也採分離課稅，稅率同樣為10%。但自102年1月1日起，個人持有債券之利息所得，單次

---

5. 附條件交易可以依附在公債上、也可以依附在可轉換公司債、公司債上。

領息達5,000元者,則需課徵2%之二代健保補充保費。若投資人為法人,則利息收入按持有期間依買入殖利率計算,得自營利事業所得稅結算申報應納稅額中減除。

3. 債券交易所得

　　債券交易所得免課所得稅,損失亦無法抵稅。

六、債券付息變化－連結型之利率

　　計息方式可以是固定利率,也可以是相當具彈性的浮動利率。浮動利率之所以浮動,是因為利率為連結一個會移動的指標,如:90天期的商業本票、或連結指標利率(定儲定存利率、隔夜拆款利率)、股價指數等。

(一)逆浮動利率債券(Inverse Floater)

　　逆浮動利率債券指的是其利率與市場利率走勢,呈反方向變化。其設計是以一個固定數字,減除另一個會變動的指標性利率,如:某債券的利率訂為4%減3個月期LIBOR,3個月倫敦銀行同業拆款利率(LIBOR)是隨著時間而變化之利率,若為2.5%,則此逆浮動利率債券能拿到的利率就是4－2.5＝1.5%;LIBOR會反應市場上利率的變化,若市場利率走低,則LIBOR下降,那麼該逆浮動利率債券的利率就上升,債券得到的利息增加;如果LIBOR上升,該逆浮動利率債券的利息反而會降低,一旦LIBOR超過所設定的固定數字,此債券的利息為零。與逆浮動利率債券概念相反的為「正浮動利率債券」,即為傳統的浮動利率債券概念。逆浮動利率債券適合在利率走勢走低時作投資,隨著利率的下降,投資人的利息收益將愈大,若欲在到期前轉售,其債券的市場溢價也較大。

(二)LIBOR報價的弊端

　　令人惋惜的是,雖然倫敦銀行同業拆款利率廣為金融商品作為指標利率[6],但卻在2012年7月暴發醜聞,英國著名的巴克萊投資銀行(Barclays)因試圖操控LIBOR,遭英美監督機構天價罰款4.5億美元,其他不少大型銀行也都名黑名單裡像,此事件是類似一種共犯結構的聯合壟斷。LIBOR是由10種貨幣的15種貸款利率計算而得的,每日上午11點,由全球最大的20家銀行,將其利率報價給英

---

6. 根據英國學人(The Economist Newspaper)的報導,LIBOR約莫是800兆美元金融商品的基準。

國銀行同業協會。至於爲什麼這些公司想要操縱LOBOR？當然是因爲透過操控LIBOR，可以提升其交易部門的獲利。若想要使得操縱某浮動指標性利率的難度變高，解決的方式，應該要讓多一點的銀行參與浮動利率的報價，並且由外部監督者監控報價的流程。

 加油站

台北金融隔夜拆款利率（Taibor）

➡ 台幣的銀行同業拆款利率

銀行同業拆息（Interbank Offered Rate）爲投資人所重視，國際上著名之浮動利率指標，爲Libor（倫敦金融業美元拆借利率）及Sibor（新加坡金融業美元拆借利率），在台灣，則於2004年12月時，央行發函給16家指定交易銀行，建置台幣拆款利率定價作業規劃，建立台幣「短期利率指標」—台北金融隔夜拆款利率（Taibor，或稱「台北金融業拆款定盤利率」，其名稱與東京銀行間拆款利率（Tokyo Interbank Offered Rate, Tibor）相似，應予區別），銀行公會決議自2005年10月3日正式推出台北金融同業拆款利率，每日上午11點30分揭露利率。

➡ 外匯的同業拆款利率

指標的建立反映市場利率，有利央行掌控貨幣市場利率走向。臺灣外匯市場則有美元之銀行同業拆款利率之報價，即「台北外匯交易中心美金隔夜拆款利率（TAIFX）」。

➡ 短期票券報價利率TAIBIR

另外，由票券公會推出的短期票券報價利率，爲「台灣短期票券報價利率指標」（Taiwan Bills Index Rate, TAIBIR）。是由23家票券商、兼營票券業務銀行及證券商（須在票券次級市場交易量近一年的市佔率達2%以上）、或曾辦理短期票券交易之外商銀行，作爲報價金融機構。依10天、20天、30天、60天、90天、120天、150天、180天及365天，共9種天期，作短期票券市場之牌告利率，於每日上午11點整計算簡單平均法之定盤利率，TAIBIR 01爲初級發行利率報價定盤利率、TAIBIR 02爲次級買賣利率報價定盤利率。

七、存續期間

存續期間（Duration）有兩層意義，第一，其指投資人「持有債券」的平均到期年限，其持有債券的意義為：投資人「拿回本金和利息」的實際平均時間，單位是年。存續期間的第二層意義，在其可以衡量債券價格受到市場利率波動的敏感度。

$$Duration = -\frac{\dfrac{\Delta P}{P}}{\dfrac{\Delta(1+y)}{1+y}} = -\frac{\dfrac{\Delta P}{P}}{\dfrac{\Delta(y)}{1+y}}$$

上式中，y為市場殖利率，P為債券市場價格，存續期間可以是一種「變動倍數」的概念，當市場利率變動1個百分比，對債券價格變動百分比的影響。此「變動百分比」是建立在本期與前期、自己與自己比較的基礎上，是一個「相對比較」的概念，如：債券價格變動百分比指的是：本期債券價格，減去上期債券價格，除以上期債券價格，所以變動1%的意義，指的變動是「上期債券價格乘上1%」的變化。市場利率變動1個百分比指的是：「1＋上期利率後，乘上1%」的變化[7]。

另外，存續期間可以延伸另一個名詞為「修正存續期間」，指：利率變動一單位，對債券價格變動百分比的影響。此利率變動「一單位」，不是「相對比較」的概念，而是絕對數字變動了一單位，所以變動1%的意義，指的單純就是1%的變化。只要將存續期間除上（1＋市場殖利率），就可以得到修正後存續期間。修正後存續期間若為－4.3，那麼當殖利率上升1%時，債券的價格就只會下降4.3%。

八、國際債券市場

「國際債券市場」（International Bond Market）為櫃檯買賣中心於2006年11月推出，允許國內、外發行人在台灣發行以外幣計價的國際債券，並掛牌交易，若是採用人民幣計價發行時，另稱為福爾摩沙債券（Formosa Bond）或寶島債[8]。

---

7. 殖利率y為1.2%時，(1+y)就是1.012，(1+y)上升1%，就等於殖利率上升1.012%，請注意，1.012%不等於1%，請區別「(1+y)上升了一個百分比(1%)」、「上升1.012%」、「絕對數字上升1%」的不同含義。
8. 2013年3月開放人民幣計價債券的寶島債發行。

　　此外幣計價債券，可以是公司債、也可以是具股權性質之債券，如：轉換公司債（以在臺掛牌之股票或臺灣存託憑證為轉換標的）、附認股權公司債（以在臺掛牌之股票或臺灣存託憑證為認購標的）。掛牌的情形，可以只在國內掛牌、也可以是國內外雙邊掛牌。若國外國發行人在台發行國際債券，需符合一定的條件：

1. 屬國際組織或信用評等達AAA級或不低於我國主權評等。

2. 第一上櫃（市）公司[9]。

3. 第二上櫃（市）公司，但發行人之股票須已在經核定之海外證券市場掛牌交易。

4. 金融機構之分支機構、他公司之從屬公司。

5. 若發行人（非大陸地區註冊法人）之股票未經核定之海外證券市場掛牌交易者，僅得銷售予專業投資人。

6. 若發行人符合櫃買中心所定條件之大陸地區註冊法人，僅得銷售人民幣計價普通公司債予專業投資人。

　　投資人可以透過櫃買中心的網頁，查詢盤中報價行情表[10]，再與證券商自營部聯絡下單買賣，由於國際債券為各證券商櫃台議價交易，而盤中報價之概念為「成交前」之參考價格，各證券自營商可自行針對投資人過去往來狀況、或交易量大小對債券作價格調整。交割時間由投資人與券商自行約定交割，但最遲應於T＋3日前完成交割。

(一)債券的信用評等（Credit Rating）

　　債券的評等，是評等公司綜合考量債券發行人的債務違約風險、各項信用屬性（如：獲利能力、經營管理能力、資產負債管理能力、因應景氣循環能力、市場競爭情況、籌資之財務彈性等），以及若一債務人發生破產時，債權人求償的順位，將受評等對象的各項信用條件予以量化，再計算其評分、給予等第之評比。美國的國際投資公司Standard & Poor's Corporation標準普爾與Moody's Investors Service穆迪對於具有投資價值的債券予以如下的評等：

---

9. 2008年3月5日行政院通過「推動海外企業來台掛牌一二三計劃」。

10. http://www.tpex.org.tw路徑：櫃買首頁>債券市場資訊>交易資訊>即時行情>國際債券當日盤中資訊(含寶島債)>處所盤中報價行情表。

● 表3-6　國際投資公司對有投資價值債券之信用評等代號

投資公司	信用良好			信用佳
Standard & Poor	AAA	AA	A	BBB
Moddy	Aaa	Aa	A	Baa

而債信不佳的、信用風險程度高的垃圾債券，其評等如下：

● 表3-7　國際投資公司對垃圾債券之信用評等代號

投資公司	信用不良				信用很差
Standard & Poor	BB	B	CCC	CC	C
Moddy	Ba	B	Caa	Ca	C

　　另外有一家較具公信力之徵信公司：中華信用評等公司，符合民國86年4月由行政院核定「信用評等事業管理規則」，其股東為證交所、集保公司、櫃檯買賣中心、金融聯合徵信中心、證券暨期貨市場發展基金會，中華信用評等公司為國內首家評等機構。自民國94年11月起，台灣為了推動公司債之信用評等，櫃買中心建置公司債殖利率曲線，並提供四種信用評等：twAAA、twAA、twA、twBBB。

　　雖然著名之評等公司已具一定之信譽，往往由於信評公司的背書，使得債券或是其他的衍生性金融商品熱賣，但在2008年的雷曼兄弟破產事件中，不但未能發揮事先預警的作用，對於雷曼兄弟甚至是給予A級的評價，在雷曼兄弟申請破產保護時，雷曼擁有的債券仍為投資等級商品。使得信評公司的信用受到了投資人的質疑，信評公司採用的各種評價模型，是建立在金融商品「過去的歷史」資料上，缺乏人為對價格之即時性判斷，一但面對市場劇烈而超乎過去歷史可預期的變化時，其評價模型就會失去準確度。更令人詬病的是，信評公司的收入來源，往往是由發債公司資助，而令人不能認同信評公司有道德勇氣對於其「金主」作出不利的評價，這樣的模式使得在業績收入考量下，評級的標準不易客觀，一旦景氣轉壞，則原本有著高評價的金融商品便面臨失敗的高風險。越來越多的投資在投資時依賴信評公司的評等，雖然投資人也可以仰

賴主管機關的消費者保護法規與機制，但在這些評等及法規之外，有沒有可能對於投資標的可以取得更多的細節資料，以保護投資人自身的安全，實值得投資人考量。

實務案例

金融商品時事：股債報酬之關係

投資人常關心股債之間的關係，是不是出現同向變動、股債雙漲?或者兩者為反向變動？

若是股債的走勢具有一致性的關係，不管是齊漲齊跌、或是漲跌互見，只要是一致的，就有助於投資人建立其投資組合的配置，但是，實際上的情況可能要令投資人失望了。

股債有同向變動的情形，如：在民99年下半年起，美國10年期公債殖利率與MSCI全球指數出現反向變動，殖利率上升，則債券價格上漲，也就是說，公債與股票出現同向變動、股債雙漲的現象，過去股債雙漲的歷史，也不只一次出現，如：在民國94年至95年，就多次出現股債同步上揚的情況，一般解讀能使兩市場皆上升的前提，是市場游資充足，如99年時，美歐央行持續維持低利政策，美國聯邦銀行Fed也維持量化寬鬆的貨幣政策，在資金充裕的情況下，有的投資人將資金搶進股市，也有投資人願意將資金配置在債市中。

另外，若股票市場過熱，但瀰漫著不確定性，使投資人對於股市是否能維持榮景抱持不確定、對於未來的景氣情形猶疑，則保守型的資金會同步投入債市避險。

如此看來，股債之間不具有一致性的漲跌關係，投資人要進行資產配置時，可得多費心關心市場走勢了。

1. 貨幣市場指的是提供短期資金需求者與供給者交易的市場。其特色為：到期日在1年內、無形的、可以提供短期的資金融通、建立短期利率指標、可作為中央銀行調整市場資金水位的工具。

2. 中央銀行的公開市場操作：公開市場操作、重貼現政策、存款準備率政策、選擇性的信用管制。

3. 貨幣市場之直接金融指資金需求者自行發行貨幣市場工具，取得資金者。間接金融指持有者又進行轉賣之市場。票券公司與初級市場相關的業務為：承銷及簽證業務，票券公司與次級市場相關的業務為：自營、經紀票券。

4. 常見之貨幣市場工具：國庫券（Treasury Bills, TB、銀行承兌匯票（Banker's Acceptances, BA）、商業本票（Commercial Paper, CP）、可轉讓定期存單（Negotiable Certificates of Deposit, NCDs）、附買回或附賣回交易、一年期以內之債券。

5. 貨幣市場之利息計算：貼現發行(以面額作為基礎者、以交易價格作為基礎)、面額發行。

6. 債券市場為可提供長期資金予需求者與供給者之交易市場。其特色為：到期日在1年以上、無形的、提供中長期資金融通、可以觀察其長期利率指標。

7. 債券依由發行者身份區分公債、公司債、金融債券。

8. 債券價格與殖利率存有反向關係。當殖利率上揚，分母變大，則債券價格下跌。存續期間指當市場利率變動1個百分比，對債券價格變動百分比的影響。

9. 在其他條件相同下，到期期間愈長的債券，其價格對利率的敏感性愈大。

10. 投資債券之風險：信用風險、通貨膨脹風險、再投資風險、流動性風險、利率風險、提前還款風險。

11. 債券的次級市場交易方式可以分為：買賣斷交易、附條件交易（RP/RS）

( ) 1. 金融機構簽發信用狀，擔保此保證的哪一方會履約？　(A)金融機構　(B)賣方　(C)買方　(D)以上皆是。

( ) 2. 票券金融公司向投資社會大眾借錢，但以票券或債券做為抵押，但雙方約定好，票券金融公司會在約定日期將票券及債券贖回，此金融活動稱為？　(A)附賣回　(B)附買回　(C)選擇權　(D)融券。

( ) 3. 下列何者是貨幣市場的參與者？　(A)商業銀行　(B)政府　(C)中央銀行　(D)以上皆是。

( ) 4. 下列何者不是貨幣市場的四大工具？　(A)長期公債　(B)國庫券　(C)商業本票　(D)銀行承兌匯票。

( ) 5. 下列何者中英配對正確？　(A)銀行可轉讓定期存單NTD　(B)銀行承兌匯票TA　(C)商業本票CP　(D)國庫券NB。

( ) 6. 下列何者不是發行融資性商業本票的基本要件？　(A)無擔保　(B)保證　(C)承銷　(D)簽證。

( ) 7. 下列何者不是國庫券的特性？　(A)無風險　(B)免營業稅　(C)長期債券　(D)調節國庫收支。

( ) 8. 中技銀行發行5,000萬元的90天期NCD，利率為10%，則利息支出為？　(A)500萬元　(B)164.38萬元　(C)73.81萬元　(D)123.29萬元。

( ) 9. 當殖利率（市場利率）小於債券的票面利率時，該債券是：　(A)溢價　(B)折價　(C)等同面額　(D)無法判斷折價或溢價。

( ) 10.零息債券的發行價格通常較面額為：　(A)低　(B)高　(C)相同　(D)不一定。

( ) 11.在其他條件相同時，當殖利率改變，到期日較長的債券價格變動的幅度會：　(A)較小　(B)較大　(C)一樣大　(D)不一定。

( ) 12.以下對於存續期間的說明何者為非？　(A)債券到期日　(B)用現值法計算的加權平均貸款到期期限　(C)貸款本金收回期限　(D)零息債券也可以計算存續期間。

( ) 13.以下何者為債券市場功能？　(A)提供中長期資金融通　(B)活絡中長期資金流動　(C)增進中長期資金報酬　(D)以上皆是。

(　　)14.中央公債的競標是由誰執行？　(A)郵局　(B)合格的中央公債交易商進行競標　(C)各地的證券商進行競標　(D)各銀行進行競標。

(　　)15.以下說明何者為非？　(A)交割款項需包含應計利息　(B)存續期間：利率變動1個百分比，對債券價格變動百分比的影響　(C)修正存續期間：利率變動一單位，對債券價格變動百分比的影響　(D)銀行不可從事附買回交易買賣，以防侵蝕票券利潤。

(　　)16.在其他條件相同時，當殖利率改變，到期日較長的債券價格變動的幅度會？　(A)較小　(B)較大　(C)一樣大　(D)不一定。

(　　)17.以下何者在資金流出入的方向，類似金融機構的「存款」？　(A)附買回交易　(B)附賣回交易　(C)贖回金融債券　(D)以上皆非。

(　　)18.若債券付息變化與其所連結的LIBOR利率相反，稱為？　(A)逆浮動利率債券　(B)正浮動利率債券　(C)不定盤利率債券　(D)定盤利率債券。

(　　)19.以下何者為投資債券的風險？　(A)信用風險　(B)再投資風險　(C)提前還款風險　(D)以上皆是。

➡ 習題解答

1	2	3	4	5	6	7	8	9	10
C	B	D	A	C	A	C	D	A	A
11	12	13	14	15	16	17	18	19	
B	A	D	B	D	A	A	A	D	

04

信託與財富管理

◆ 本章目標

1.認識信託業務、相關之金融業者
2.瞭解全權委託業務
3.認識財富管理業務

◆ 本章引言

本章以信託契約的內容開始,介紹信託種類,而經營信託業務之信託投資公司、銀行信託部,應依委託人為專業、或非專業投資人,受託不同複雜程度的商品。實務上金錢信託與各信託業者承辦業務內容種類,如:特定、指定、不指定金錢信託、單獨管理運用金錢信託、集合管理運用金錢信託。並與投信投顧業的「全權委託」作區別。最後,則對銀行經營財富管理業務作介紹,也提到了連動債的糾紛事件。

➔4-1 信託

一、信託的觀念介紹

　　信託的意義，可由信託法第一條之規定明白闡述：「稱信託者，謂委託人將財產權移轉或爲其他處分，使受託人依信託本旨，爲受益人之利益或爲特定之目的，管理或處分信託財產之關係。」

　　在這段說明裡，可以看到兩個重要的主體，一爲委託人、二爲受託人，一個重要的客體，即信託財產。在信託關係中，是以財產權爲中心的法律關係，財產權所有者將原本屬於他的財產權利（Property Rights）全部或一部分，移轉或設定他項權利給受託人。

(一)財產權利

　　財產所有權是指所有人依法對自己的財產享有占有、使用、收益和處分的權利，我們更具體地將四項財產權說明如下：占有權指的是對所有物加以實際管理或控制的權利，「管理」指不改變物的性質，僅對它作保存、利用、改良等行爲；使用權指依照物的屬性及用途，對物進行利用，實現權利人利益的權利；收益權指以合法途徑，收取物所生的「物質利益」，這個物質利益主要指的是孳息；處分權指的是改變物的性質，使它發生消滅或變更效果的行爲，如：出售、贈與、租借、抵押。非所有人不得對所有人的財產享有所有權，故財產所有權具有獨占性。

　　信託關係成立，建立在將財產權移轉、或其他處分、或設定他項權利給受託人。如：不動產的移轉登記、地上權設定。受託人依信託契約，成爲財產的權利人，以使受託人能管理或處分信託財產。信託與民法上的「委任」（民法第528條）不同，委任指當事人約定，一方委託他方處理事務，他方允爲處理之契約，在委任關係時，財產權不需要作移轉，但信託關係則是需要將財產權作移轉或其他處分。

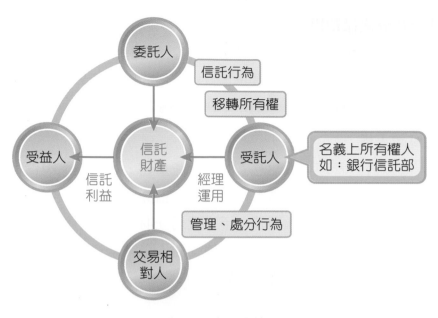

■ 圖4-1　信託關係圖

(二)受益人

　　指依信託契約而享有信託利益之人。受益權是財產權之一種，在信託關係消滅時，受益權也隨之消滅。受益人通常為特定而存在，但在某些情形中，即使受益人不特定、尚未存在，也可以成立信託契約，如：公益信託中，受益人未特定。又如：信託契約中每年發放獎學金給管理學院學業成績最佳者，此信託契約成立時，成績最佳者未確定誰時，但信託契約成立。又如：信託契約約定每年發放一定金額給未出生、但已在其母腹中的孫兒，則信託契約成立時，受益人尚未存在。另外，禁治產人雖無行為能力，但有權利能力，所以禁治產人可以是受益人，只是其信託之利益由監護人代為管理。籌設中之法人、經主管機關許可登記後成立的法人，也可以是信託之受益人。

　　受益人為信託契約之關係人，而不是契約的當事人，信託契約在成立時的當事人、即締約人，為委託人與受託人。受益人主要享有的權利如下：

1. 信託利益的請求權

　　受益人對於信託人管理信託財產之結果，享有受益權。

2. 解任受託人請求權

　　假若受益人認為「受託人」違背職務或有其他重大事由時，得聲請法院解任權，此權利與委託人相同（信託法36條第二項）。

3. 受託人之處分之撤銷權

為保護信託財產，若受益人發現受託人違法信託本旨處分信託財產時，依信託法18條規定：「受託人違反信託本旨處分信託財產時，受益人得聲請法院撤銷其處分。受益人有數人者，得由其中一人為之。」

4. 損害賠償請求權

受託人應以善良管理人之注意來處理信託事務，若受託人因為管理不當而致信託財產損害，則受益人得請求以金錢賠償信託財產所受損害或回復原狀。信託法23條全文為：「受託人因管理不當致信託財產發生損害或違反信託本旨處分信託財產時，委託人、受益人或其他受託人得請求以金錢賠償信託財產所受損害或回復原狀，並得請求減免報酬。」

(三)受委託人

信託之受託人，是基於委託人或第三人利益，依特定目的代為管理、運用或處分信託財產之活動。此信託的目的必須確定，使受託人可以有具體的指示執行信託契約內容。

二、信託的種類

(一)依契約成立的原因可區分為

1. 契約信託

委託人與受託人之間，雙方合意而成立信託契約。當事人雙方的意思表示需一致，屬於雙方行為，且有信託財產的交付（如：信託財產的移轉或處分），信託契約即生效。

2. 遺囑信託

委託人以遺囑設立信託關係，立遺囑人將其財產權信託予受託人，使受託人依信託本指，對財產作管理、使用、處分之行為。遺囑信託之成立，為寫完遺囑之時點，僅需要立遺囑人完成，而不需得到受託人之合意，所以遺囑信託之「成立」屬於單方行為。而遺囑信託之「效力」，自遺囑人死亡時發生。容易混淆的是，若委託人在生前即與他人合意，訂定信託契約，約定將來委託人

死亡後，使受益人取得受益權，此雖然是委託人死亡為受益權之條件，但不是遺囑信託，而為委託人及受託人雙方合意之契約信託。

(二)依信託的目的可區分為

1. 私益信託

指信託的設立，是以自己或特定人之私人利益為目的者。

2. 公益信託

指信託的設立，是以公共利益為目的者，如：促進公共利益、增進社會福祉，以慈善、文化、學術、技藝、宗教、祭祀等目的。此種公益信託的受益人，多為不特定之受益人。

(三)依信託財產的內容可區分為

信託契約成立時，信託依財產之不同，作不同的分類，但應注意的是，信託契約並沒有限制財產型態的變更，我們僅就信託契約成立時的財產種類不同而作分類，如：原本是金錢信託，在委託人交付金錢、成立信託契約後，可以將金錢用以投資為有價證券，或原本是有價證券信託，但在委託人交付有價證券、成立信託契約後，可以將有價證券出售轉為金錢。

1. 金錢信託

指信託契約成立時，委託人所交付或移轉給受託人的財產，為金錢者。金錢信託為實務上運用得最廣之信託，依委託人交付金錢時，是否保留金錢運用方式、及對運用標的（如：以金錢去買的有價證券）的指示程度，可以再細分為特定金錢信託、指定金錢信託、不指定金錢信託。特定金錢信託是委託人保留最大的金錢運用方式（如：委託人指示將金錢用來買進XX投信發行的XX基金、或買進國外某檔XX公司的股票，以淨值或價格XX元買進XX單位，之後再以淨值或價格XX元賣掉此基金或股票的持有部位），指定金錢信託為委託人僅「概括指示」金錢的營運範圍及運用方法（如：委託人指示將金錢買股票，但未言明買哪一檔股票、多少價位買進、多少價位賣出，這些買賣的細部決策是由受託人決定），而不指定金錢信託則是委託人將金錢運用方式交由受託人。關於金錢信託之詳細內容，待後面再說明。

2. 有價證券信託

指信託契約成立時，委託人所交付或移轉給受託人的財產，為有價證券者。實務上，投信公司發行共同基金之受益憑證，募集資金後所購買的有價證券，會交由保管機構（通常為銀行）作保管，所以，投信公司與保管銀行之間，便簽訂有價證券信託契約，投信公司交付有價證券，委由保管銀行保管。

3. 金錢及有價證券以外之其他物的信託

不包括金錢及有價證券以外之其他物，包括：動產信託，如：船舶、汽車、機器設備等。不動產信託，如：建築物、土地。無實體財產權信託，如：專利權、著作權、商標權、特許權、開發權、經營權、地上權、租賃權等。

(四)依受益人是否為委託人可區分為

1. 自益信託

若受益人與委託人為同一人，稱為自益信託，委託人本人享有信託財產之利益。如：投資人透過共同基金的銷售銀行購買國內外共同基金，以自己為共同基金之受益憑證之受益人。在財產權沒有實質移轉時，在

金融焦點Focus

老了也安心，台中開辦身障財產信託

資料來源：
https://www.youtube.com/watch?v=PujJlYfv0Ds

受託人依信託契約作財產權之移轉或返還時，僅為形式移轉，所以沒有課稅問題，但若有受益人收到孳息之所得，則課徵所得稅。實務上有所謂「保險金信託」，指的是要保人（如：父母）購買保險契約，由保險受益人（如：子女）與受託人（如：銀行）簽訂信託契約，即，以保險的受益人，作為信託契約的委託人，當保險事故發生時，以其保險賠償金作為信託財產，由保險公司將保險金交付給受託人（銀行），受託人可以依信託契約的內容，定期支付受益人（子女）的生活費用，直到成人為止，若信託財產還有剩餘，則交付剩餘信託財產予受益人（子女），由於保險金免課贈與稅與遺產稅，具有節稅效果。

2. 他益信託

若受益人與委託人非同一人，稱為他益信託，委託人為第三人的利益而設立的信託。委託人將「信託財產之利益價值」贈與他人，則應依遺產贈與稅法規定應繳納贈與稅，受益人則不必申報所得稅。

3. 部分自益、部分他益

　　有時，信託契約可以約定「本金自益、孳息他益」，或「孳息自益、本金他益」。在孳息他益的情況時，運用信託財產而產生的所得，為受益人之所得，受益人應課徵所得稅。

(五)依信託是否具有營業目的可區分為

1. 非營業信託/非商業信託

　　指受託人並非以營利為目的之信託業者，此可以書面或口頭約定信託，受託人常是律師、會計師、或親友。

2. 營業信託/商業信託

　　指受託人為以營利為目的之信託業者。信託業者應依信託業法成立，經主管機關許可，以經營信託為業之機構。營業信託應以書面為之。依信託業法第16條，信託業經營之業務項目如下：

　　(1) 金錢之信託。

　　(2) 金錢債權及其擔保物權之信託。

　　(3) 有價證券之信託。

　　(4) 動產之信託。

　　(5) 不動產之信託。

　　(6) 租賃權之信託。

　　(7) 地上權之信託。

　　(8) 專利權之信託。

　　(9) 著作權之信託。

　　(10)其他財產權之信託。

　　信託業除了可以經營以上不同財產權的信託業務之外，依信託業法第17條，信託業還可以經營「附屬業務」，項目如下：

　　(1) 代理有價證券發行、轉讓、登記及股息、利息、紅利之發放事項。

　　(2) 提供有價證券發行、募集之顧問服務。

　　(3) 擔任有價證券發行簽證人。

(4)擔任遺囑執行人及遺產管理人。

(5)擔任破產管理人及公司重整監督人。

(6)擔任信託監察人。

(7)辦理保管業務。

(8)辦理出租保管箱業務。

(9)辦理與信託業務有關下列事項之代理事務：

    ①財產之取得、管理、處分及租賃。

    ②財產之清理及清算。

    ③債權之收取。

    ④債務之履行。

(10)與信託業務有關不動產買賣及租賃之居間。

(11)提供投資、財務管理及不動產開發顧問服務。

(12)經主管機關核准辦理之其他有關業務。

三、商業信託之介紹

(一)營業信託業者

依前面的分類，若受託人為信託業，則為營業信託。營業信託業者，或稱商業信託業者，包括：

1. 信託投資業

信託投資業為銀行法中，銀行種類之一種，其以受託人角色，指定用途或代為確定用途方式，運用信託資金與經營信託財產；或以投資人角色，參與資本市場相關特定目的之投資。信託投資業的業務，包括：資產管理業務、投資銀行業務、與自營業務。

專營的信託投資公司，在60年代有8家，如：華僑信託、台開信託、中華開發信託、中國信託、亞洲信託、國泰信託、第一信託、中聯信託等。其後由於主要業務與商業銀行相似，但其營運卻難以與銀行競爭，所以信託投資公司歷經合併、或改制銀行、或轉型，到了89年7月19日，「信託業法」規定： 本法施行前依銀行法設立之信託投資公司，應於89年7月21日起五年內依銀行法及其相關規定申請改制為其他銀行，或依本法申請改制為信託業。」

　　而僅存的幾家信託投資公司，也難敵商業銀行的競爭，例如：自94年8月份起，已看不到臺灣土地開發信託投資公司。96年12月起，中聯信託投資公司消失，由國泰世華商業銀行概括承受，自97年11月，渣打國際商業銀行概括承受亞洲信託投資公司，最後，在97年12月起，即已無專營的信託投資公司。

2. 銀行信託部

　　雖然沒有專營的信託投資公司，但銀行法仍保留了信託投資公司之專章法規，因為依銀行法第二十八條規定，商業銀行及專業銀行可以經營信託業務，其營業及會計必須獨立；且兼營信託業務之銀行皆準用「信託投資公司」之法規，且視為信託業者，應依「信託業法」規定，營業項目依信託業法第16條、第17條規定。

最後一家信託投資公司、中央信託局

➡ 最後一家信託投資公司－亞洲信託

　　由於一般民眾對於「銀行」這塊招牌的信賴感，難以延伸到「信託投資公司」，加上其他法規的設限，使得信託投資公司在中長期資金的吸收，並不理想，多數的信託投資公司之營運情況並不佳。97年11月27日起，渣打國際商業銀行合併最後一家僅存的亞洲信託投資公司（亞洲信託）的特定資產、負債暨營業部分，此使得渣打國際商業銀行在台北市增加9家分行，從88家增至95家，98位亞洲信託員工加入渣打銀行，至此，專營之信託投資公司暫時走入歷史。

➡ 專營之信託投資公司自此一家不剩

　　值得一提的是，常有人將「中央信託局」與信託投資公司混為一談，依民國36年所公布的中央信託局條例，第一條明定：「國民政府為執行國策，辦理特種信託保險儲蓄業務，設中央信託局，受財政部之監督，依本條例規定辦理之。」民國39年行政院所頒布「調整國營事業機構方案」，規定中央信託局業務限於購料、易貨、儲運與保險，中央信託局陸續奉令辦理軍人保險、再保險、輸出入保險及公務人員保險等政策性業務。其後，並於民國40年核辦信託業務。

民國92年，中央信託局因應金融改革，依公司法改制為股份有限公司，民國96年，政府推動公股金融機構民營化，由於中央信託局與臺灣銀行業務具互補性、可多元化發展，最後政府核定中央信託局與臺灣銀行合併。中央信託局人壽保險處改制為「臺灣銀行股份有限公司人壽保險部」，中央信託局信託處與臺灣銀行合併後，併入原「臺灣銀行信託部」。自此，中央信託局也走入歷史。

(二)委託人分為專業、非專業投資人

依「信託業營運範圍受益權轉讓限制風險揭露及行銷訂約管理辦法」，將投資人分為專業、非專業投資人，不同的投資人，其可以委託的信託業務之可投資標的不同：

1. 委託人為「專業投資人」

專業投資人，係指投資人符合以下條件之一者：

(1) 專業機構投資人：係指國內外之銀行、保險公司、票券金融公司、證券商、基金管理公司、政府投資機構、政府基金、退休基金、共同基金、單位信託、證券投資信託公司、證券投資顧問公司、信託業、期貨商、期貨服務事業及其他經本會核准之機構。

(2) 最近一期經會計師查核或核閱之財務報告總資產超過新台幣5,000萬元之法人或基金。但中華民國境外之法人，其財務報告免經會計師查核或核閱。

(3) 同時符合以下三項條件的自然人，並以書面向受託或銷售機構申請為專業投資人：

①提供新台幣3,000萬元以上之財力證明；或單筆投資逾新台幣300萬元之等值外幣，且於該受託、銷售機構之存款及投資（含該筆投資）往來總資產逾新台幣1,500萬元，並提供總資產超過新台幣3,000萬元以上之財力聲明書。

②投資人具備充分之金融商品專業知識或交易經驗。

③投資人充分了解受託或銷售機構受專業投資人委託投資得免除之責任，同意簽署為專業投資人。

2. 委託人爲「非專業投資人」

非專業投資人指前項專業投資人條件以外之投資人。其規範如下：

(1) 專業與非專業投資人之轉換：專業投資人得以書面向信託業申請變更爲非專業投資人，但未符合前項規定之非專業投資人不得申請變更爲專業投資人。

(2) 非專業投資人之信託限制

「非專業投資人」可委託之信託業務可投資標的範圍較小，相關之規範如下：

① 對於「國外或涉及外匯」之信託投資限制

要求外國證券交易所交易之股票、認股權證、及存託憑證、指數股票型基金（ETF）等有價證券的範圍限縮得較嚴格、債券要求其信用評較高，其運用範圍並不包括衍生性金融商品交易，唯一例外的衍生性金融商品交易，只有「境外結構型商品」，且其須另適用特別規範[1]。

② 建立特定金錢/有價證券信託商品的適合度規章

信託業辦理特定金錢信託業務、或特定有價證券信託業務，以受託投資國內外有價證券、短期票券或境內結構型商品時，信託業應建立商品適合度規章，如：風險承受等級、及個別商品風險等級之分類，以確認「非專業投資人」委託人足以承擔所投資標的之風險。信託業者應以合適風險等級之商品，對「非專業投資人」推介，並應建立事前及事後監控機制。以避免不當推介或受託投資之情事。

③ 告知特定金錢/有價證券信託商品的交易主體

信託業辦理特定金錢信託業務、或特定有價證券信託業務，以受託投資國內外有價證券、短期票券或境內結構型商品時，信託業應以淺顯文字明確告知「非專業投資人」委託人，該投資標的之交易，係信託業依據委託人之運用指示，信託業者爲以受託人名義，代替委託人與交易相對人進行該筆投資交易。

④ 投資境內結構型商品之特別規定

以宣讀或電子設備說明方式，向非專業投資人告知「客戶須知內容」，並以錄音方式保留紀錄或以電子設備留存相關作業過程之軌跡。

---

1. 適用境外結構型商品管理規則。

(三)商業銀行常見的信託業務介紹

實務上，銀行信託部常見的信託業務為：

1. 金錢信託

屬於「信託業經營之業務」，在金錢信託業務中，又有兩種類別：

(1) 擔任基金銷售機構：「證券投資信託公司」發行國內共同基金時的「銷售機構」、或是擔任國外基金公司之「銷售機構」，而與投資人簽訂「特定金錢信託」。

(2) 發行銀行自己的金錢信託商品：如：共同信託基金、集合管理運用帳戶等。

2. 保管業務

屬於信託業法中的「附屬業務」，這也是實務上銀行在擔任「證券投資信託公司」發行共同基金時的「保管銀行」業務，負責保管共同基金收到的資金或投資的金融資產，向基金投資人收取保管費。

四、金錢信託之說明

實務上最常被運用的，當屬金錢信託。以下依金錢信託之種類，及其實務上可見之契約商品，說明如下。

(一)金錢信託之種類

實務上，若是由委託人決定信託財產的運用權，而受託人（如：銀行）沒有決定權，僅為協助委託人（如：客戶）投資各項金融商品（如：國內外基金或結構型債券），賺取申購手續費、信託管理費，稱為「特定金錢信託業務」。

若委託人只作某些程度範圍的運用決定，受託人可以參與決定信託財產之運作，則又可區分為兩種，第一種為，委託人指定營運範圍或方式，稱為指定金錢信託，其二為，委託人不指定營運範圍或方式，由受託人決定營運範圍或方式，稱為不指定金錢信託。

不指定金錢信託看似賦予信託公司很大的彈性運用信託財產，但實務上為了保護信託財產，也有配合的法令對於信託財產之運用予以限制，如：銀行

法中，對於由信託投資公司代為確定用途之信託資金，雖然沒有規定要如何運用，但是信託投資公司管理規則第25條則限制了運用範圍為：生產事業之中長期放款、辦理興建自用住宅或辦公用房屋之貸款、公債、國庫券等較具安全性之短期貨幣市場工具、投資於生產事業之上市證券、或存放於金融機構等。

另外，「不指定」營運範圍或方法之金錢信託，依信託業法規範，信託業之營運範圍以下列為限：現金及銀行存款、投資公債、公司債、金融債券、短期票券、其他經主管機關核准之業務。

金錢信託之種類，依「孰者運用財產決定權」來區分，分類如表4-1所示。

● 表4-1　依金錢信託委託人是否保有運用決定權之類別與實務

常見金錢信託業務	對信託財產的運用權	信託實務
特定金錢信託業務	依「信託業法施行細則」第7條，受託人對信託財產不具有運用決定權之信託。	1. 94年8月未有「境外基金管理辦法」時，透過銀行「特定金錢信託」的方式投資境外基金。 2. 銀行另經主管機關核准辦理之「信託資金投資國內證券投資信託基金業務」[2]。
指定金錢信託	受託人對信託財產具有運用決定權。且委託人指定營運範圍或方法	銀行之「指定用途信託資金投資共同信託基金業務」。依信託業法對投資大眾所設計之信託商品：信託資金集合管理運用帳戶（信託業第28條）、共同信託基金（信託業法第8條及29條）。
不指定金錢信託	受託人對信託財產具有運用決定權。且委託人不指定營運範圍或方法，由受託人於授權範圍內自行運用信託財產。	銀行法中，信託投資公司的代為確定用途金錢信託。

---

2. 「信託業法施行細則」通過前，銀行辦理客戶申購國內外基金，賺取申購手續費與信託管理費，但經理費用則由實務的基金管理公司賺取，此業務稱為「指定用途信託資金投資國內外有價證券」，而「信託業法施行細則」通過後，則改稱為「特定用途信託資金投資國內外有價證券」。

　　金錢信託之種類，依「信託資金是否設立單獨帳戶」區分，如下所示：

1. 單獨管理運用金錢信託

　　指受託人與委託人個別訂定信託契約，受託人依信託契約目的管理信託財產，且其管理為單獨管理運用者。

2. 集合管理運用金錢信託

　　指受託人與委託人簽訂信託契約，受託人依信託契約目的管理信託財產，受託人將信託資金與其他不同信託行為之信託資金，就其營運範圍或方法相同之部分，設置集合管理運用帳戶加以運用者。

　　依「孰者運用財產決定權」與「信託資金是否設立單獨帳戶」之分類方式，金錢之信託不同的組合類別如下：

1. 單獨管理運用之指定金錢信託

　　受託人與委託人個別訂定信託契約，由委託人概括指定信託資金之營運範圍或方法，受託人依該營運範圍或方法，對信託資金具有運用決定權，並單獨設帳以管理運用信託資金者。

2. 集合管理運用之指定金錢信託

　　由委託人概括指定信託資金之營運範圍或方法，受託人依委託人之指定，對信託資金具有運用決定權，並由受託人設置集合管理運用帳戶，將信託資金與其他不同信託行為之信託資金，就其營運範圍或方法相同之部分集合運用。

3. 單獨管理運用之不指定金錢信託

　　指委託人不指定信託資金之營運範圍或方法，由受託人於信託目的範圍內，於授權範圍內自行運用信託財產。並為單獨管理運用者。

4. 集合管理運用之不指定金錢信託

　　指委託人不指定信託資金之營運範圍或方法，受託人對該集合管理運用帳戶具有運用決定權者，並由受託人將該信託資金與其他不同信託行為之信託資金，於信託業法第32條規定之營運範圍內（現金及銀行存款、投資公債、公司債、金融債券、短期票券、其他經主管機關核准之業務），設置集合管理運用帳戶。

5. 單獨管理運用之特定金錢信託

指委託人對信託資金之信託資金之營運範圍或方法，作出具體特定之運用指示，如：約定由委託人本人或其委任之第三人，指示投資標的、運用方式、金額、條件、期間等事項，委託人保留運用決定權，受託人依該運用指示為信託資金之管理或處分，並單獨設帳以管理運用信託資金者。

6. 集合管理運用之特定金錢信託

指委託人對信託資金之信託資金之營運範圍或方法，作出具體特定之運用指示，如：約定由委託人本人或其委任之第三人，指示投資標的、運用方式、金額、條件、期間等事項，委託人保留運用決定權，受託人依該運用指示為信託資金之管理或處分，受託人並將該信託資金與其他不同信託行為之信託資金，就其特定營運範圍或方法相同之部分，設置集合管理帳戶者。

以上六類可以匯整如表4-2：

● **表4-2　金錢信託依委託人是否保有運用決定權、及是否單獨設帳之類別**

<table>
<tr><th colspan="3" rowspan="2">金錢信託之分類</th><th colspan="2">信託財產之管理運用方法</th></tr>
<tr><th>單獨管理運用</th><th>集合管理運用</th></tr>
<tr><td rowspan="3">信託財產之運用決定權歸屬</td><td rowspan="2">受託人</td><td>指定金錢信託：委託人指定營運範圍或方式</td><td>單獨管理運用之指定金錢信託</td><td>集合管理運用之指定金錢信託</td></tr>
<tr><td>不指定金錢信託：委託人不指定營運範圍或方式</td><td>單獨管理運用之不指定金錢信託</td><td>集合管理運用之不指定金錢信託</td></tr>
<tr><td>委託人</td><td>特定金錢信託：委託人保留運用決定權或委託人委任第三人</td><td>單獨管理運用之特定金錢信託</td><td>集合管理運用之不指定金錢信託</td></tr>
</table>

(二)金錢信託之實務商品

實務上，銀行信託部承作的金錢信託業務，常見的有：依信託業法第28條之「信託資金集合管理運用帳戶」、及信託業法第8條及29條之「共同信託基金」。

　　銀行信託部向主管機關申請設立集合管理應用帳戶者，如：XX銀行受託精選全球基金組合信託資金集合管理運用帳戶、XX銀行受託債券型信託資金集合管理運用帳戶、XX銀行受託全球均衡增長信託資金集合管理運用帳戶、XX銀行受託全球股票型基金信託資金集合管理運用帳戶、XX銀行受託台灣精選貨幣信託資金集合管理運用帳戶…等。由各帳戶名稱可知，信託資金可以是再投資於其他基金、或者直接購買股票、債券等金融商品。

　　共同信託基金，則為信託業者依「信託業法」第8條第1項，向不特定多數人募集，發行受益證券或記帳方式，取得資金來運用投資在一定之投資標的上。最早銀行法於101條第7款即規定，「信託投資公司」可以募集共同信託基金，且115條對於信託投資公司，代為確定用途之證券投資信託基金，應向主管機關報請核准。其後，89年通過的信託業法，其第29條授權於90年發布「共同信託基金管理辦法」，使得共同信託基金的規定愈趨完備。

　　要再次強調的是，此所說明的共同信託基金，指的是信託業者所募集發行，而不是投信公司。「共同信託基金」之募集，與投信業的「共同基金」不同，共同信託基金是信託業者發行，而共同基金是投信公司發行，兩者的法源規範也不同。信託業者募集「共同信託基金」時，應先擬具發行計畫，載明該基金之投資標的及比率、募集方式、權利轉讓、資產管理、淨值計算、權益分派、信託業之禁止行為與責任及其他必要事項，報經主管機關核准。信託業非經主管機關核准，不得募集共同信託基金。信託業應依主管機關核定之發行計畫，經營共同信託基金業務。但此項業務，並沒有受到市場上廣大投資人的青睞，比起投信業的共同基金，其發行量不大，如：XX銀行貨幣市場共同信託基金。

　　銀行信託部所募集發行之共同信託基金，為「信託業法」中，信託業得經營之信託業務，是以信託業法為法律依據。其信託關係是委託人（投資人）與銀行信託部簽訂信託契約，並以銀行信託部為信託財產之名義上的所有人。信託基金所投資的資產，不須另約定保管機構保管。

　　投信的共同基金的法源，是證券交易法所規範之證券投資信託業務（證券交易法第18條、第18條之1及第18條之2），信託契約是存在於投信公司、證券與保管銀行之間的「證券投資信託契約」，委託保管機構保管基金所投資的各

項資產。信託業法第1條第二項規定，依證券交易法核准設立之證券投資信託事業不適用信託業法之規定。

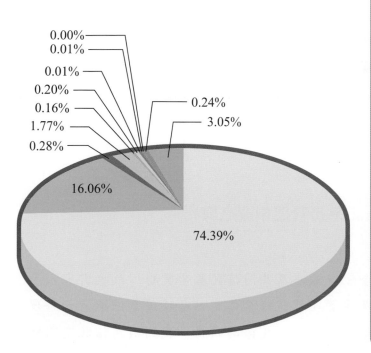

0.00%
0.01%
0.01%
0.20%
0.16%
1.77%
0.28%
16.06%
0.24%
3.05%
74.39%

☐ 特定金錢信託投資
國外有價證券 74.39%
☐ 特定金錢信託投資
國內有價證券 16.06%
☐ 員工福利信託 3.05%
☐ 不動產投資信託 1.77%
■ 指定營運範圍或方法之
單獨管理運用 0.28%
☐ 生前契約信託 0.24%
☐ 集合管理運用帳戶 0.20%
■ 特定金錢信託投資國內
券商結構型商品 0.16%
■ 保險金信託 0.01%
■ 共同信託基金 0.01%
☐ 不指定營運範圍或方法之
單獨管理運用 0.00%

■ 圖4-2　金錢信託業務統計

資料來源：信託業同業公會；單位：新台幣百萬元

(三)常見金錢信託業務之區別

以下區別常見之金錢信託業務：

1. 「共同信託基金」和「集合管理運用帳戶」之不同

共同信託基金和集合管理運用帳戶的法源依據相同，都是「信託業法」，但共同信託基金為定型化契約，委託人為不特定多數人；與集合管理運用帳戶的不限定契約是否為定型化契約，且委託人為特定多數人不同。

2. 「全權委託」和「集合管理運用帳戶」之不同

「全權委託」和「集合管理運用帳戶」兩者看起來很像,但「集合管理運用帳戶」是特定人之金錢信託業務,而「全權委託」則是適用委託關係[3]。全權委託最低委任金額為1,000萬元。所以主管機關規定,若「集合管理運用帳戶」投資國內外有價證券,超過新台幣1,000萬元時,應先取得以信託關係兼營證券投資顧問執行辦理全權委託業務,並受「證券投資顧問事業證券投資信託事業經營全權委託投資業務管理辦法」(簡稱「全權委託投資業務管理辦法」)之規範。

與信託業務營運相關之職務

➡ 信託交割結算專員

銀行信託部由於有集合管理帳戶及共同信託基金業務,故也需有人承辦這兩項專戶之款券收付及淨資產價值評算作業,有時還需依此負責辦理國內、外有價證券買、賣等下單作業,這樣的職務,我們稱為信託交割結算專員。

一般來說,需要的證照為銀行內部控制人員、信託業務人員、投信投顧業務員證照。而充實證券投資信託基金會計作業、中等會計的能力,更有助於勝任這個工作內容。

➡ 信託商品企劃人員

在銀行信託部,除了金錢信託之外,也有價證券信託、員工福利信託或外資保管等業務,這個職務則需依據客戶的需求,作出切合客戶需要的金融商品,所以職務性質比較偏向產品開發、行銷企劃及推廣顧問,我們稱這個職務為信託商品企劃人員。一般來說,需要的證照為信託業務人員、證券商高級業務員、投信投顧營業員證照。

另外,若是針對一般公司已設計好的員工持股、員工福利信託商品,而處理相關的股務作業事宜,此人員稱為信託作業專員,其所需的證照為信託業務人員。

---

3. 中華民國信託業商業同業公會90年5月28日中託字第九○○○六四函,提及:信託業法第18條後半段規定「信託業得全權決定運用標的」係指信託業辦理全權委託投資業務,惟因該業務並非屬信託業法第16條規範之信託業務,而係信託業依信託業法第17條第十二款規定「經主管機關核准辦理之其他有關業務。」

➔4-2 全權委託

　　全權委託屬於投信投顧業的業務範圍，不是信託業務，但其針對大額資產客戶之財產管理，在性質上很類似金錢信託，所以本書將全權委託單元放在信託之後，以增加讀者的理解。

一、全權委託的意義

　　全權委託投資業務，指對客戶委任交付、或信託移轉之委託投資資產，進行價值分析、投資判斷，並基於該投資判斷，投資於有價證券、證券相關商品或其他經主管機關核准項目，為客戶執行投資或交易之業務。

二、全權委託（代客操作）之操作結果歸屬

　　投信或投顧業經營全權委託，乃是基於其專業及資訊，對有價證券買賣，代為決定種類、數量、價格、或買入、賣出，但其交易結果的盈虧，是由投資人負擔。

三、全權委託特色

　　全權委託的投資範圍含括國內證券交易所、證券櫃檯買賣中心交易之有價證券、政府債券、公司債券、經證期會核准之承銷有價證券、經證期會核准之股價指數期貨。此種資產管理之型態為「代客操作」，其與共同

金融焦點Focus

▶ 類全委保單

資料來源：
https://www.youtube.com/
watch?v=yKvk0q4ZdlM

基金最大之不同，在於共同基金是集合多數人的資金，由資產管理機構（基金公司）集中管理的業務，而代客操作為一對一的個人理財服務，全權委託最低委任金額為1,000萬元，委託人可以是政府基金、機構法人、高資產自然人、退休基金。另外，共同基金受到法令的限制，會有投資持股比例的限制（如：股票型基金在成立滿三個月後，持股需達70%，且單一持股上限10%），而全權委託則無此限制，但有單一持股上限20%的規範。與基金類似的是，全權委託業者會與投資人約定，由投資者支付經理費及保管費。

爰此，全權委託業者應按客戶別設帳，每日登載委託人的交易情形、委託投資的資產庫存數量及金額。而若有手續費的折讓，應作為委託人的買賣成本減少。委託人於每月終了後7個營業日內及每年終了後15個營業日內，會收到由全權委託業者發出的月報及年報。

另外，投資人的資金依法交由保管機構保管，不直接由全權委託業者保管，簽訂全權委託業者、保管銀行、與投資人的三方委任契約，保管銀行可有效控管投資人資金之安全。

四、誰可以承作全權委託業務

民國89年2月，證基會核准證券投資信託公司辦理「全權委託投資業務」。此種業務在觀念上，屬於「委託業務」，在法規上，原本並不是由「信託業」來承作，不屬於「信託業法」之範疇，而主要是由投信投顧公司承作。

投信或投顧應與客戶簽訂全權委託投資契約，在契約中明定各種權利與義務。證券投資信託公司屬於直接金融機構，除了可以發行受益憑證、管理共同基金或私募基金外，也可以經營全權委託業務。另外，證券投資顧問公司，除了提供證券投資顧問業務外，也可以經營全權委託業務。

依據全權委託管理辦法第8條第1項規定，全權委託應有「專責部門」，在此部門中，應配置適足及適任之主管及至少1名業務人員，另外，於投信事業至少須包含1名投資決策人員；於投顧事業至少須包含投資決策1名、及買賣執行之人員1名。信託業兼營全權委託投資業務，其全權委託專責部門若配置有研究分析「人員」，則主管機關未強制要求須另設置投資研究「部門」。

「全權委託」是適用委託關係，資金以新台幣1,000萬元為門檻。信託業者之金錢信託業務，可依其契約內容又分為特定、指定、不指定金錢信託，且不限金錢金額，無論金錢信託業務係單獨管理運用、或集合管理運用，若信託業者欲兼營「全權委託」業務，信託業經營業務涉及得全權決定，將信託財產按帳戶別、運用於有價證券達新臺幣1千萬元以上者，則應依所以主管機關規定，應另申請兼營全權委託投資業務，先取得以信託關係兼營證券投資顧問執行辦理全權委託業務，並受「證券投資顧問事業證券投資信託事業經營全權委託投資業務管理辦法」（簡稱「全權委託投資業務管理辦法」）、「信託業兼營全權委託投資業務操作辦法」之規範承辦業務。

　　證券商或期貨商經紀商在接受客戶下單時，應忠於客戶的交易指示，但實務上由於與客戶接觸頻繁，往來內容又是股票或期貨等有價證券，故而較有機會代替客戶決定投資標的，法令則明白禁止，而「證券商」或「期貨商」從業人員，不得接受客戶對有價證券之全權委託，亦不得與客戶有資金借貸行為。如：證交法159條及期交法73條，禁止證券經紀商或期貨商接受全權委託。

　　綜上所述，誰可以承作全權委託業務？

1. 投信。

2. 投顧。

3. 向主管機構申辦經營全權委託業務之信託業者（銀行信託部）。

五、管帳的不管錢，管錢的不管帳

　　基於保管與財產管理者應分開之原則，管理經營財產的投信或投顧，不應直接保管財產，故規定保管機構與客戶另外簽訂委任契約或信託契約。

　　全權委託保管機構，指全權委託相關契約，保管「委託投資資產」，辦理相關全權委託保管業務。全權委託保管機構，可以是信託公司、或兼營信託業務之銀行。此與投信發行的「共同基金」相類似，共同基金也有基金保管機構，其也可以是信託公司、或兼營信託業務之銀行。

六、全權委託之決策四步驟

　　這種全權委託契約，由於管理者與管理結果的主體不同，容易延伸糾紛，在訂定契約時應謹慎。全權委託投資業務訂有「證券投資信託事業證券投資顧問事業經營全權委託投資業務操作辦法」，以周全權委託業務的辦理。

　　全權委託投資或交易決策，應以下四個步驟進行：

1. 投資或交易分析

　　此投資或交易分析，為投資或交易決定之基本依據，分析應有合理基礎、根據，為免口說無憑，受任人應撰寫書面報告，記載分析之根據、分析及投資或交易建議。書面報告應有市場總體分析、及個別證券投資分析不同層次，個別證券也可以用「證券相關商品交易分析」替代。

2. 投資或交易決定

投資或交易決定，應由業務負責人（如：投資經理人） 考量客戶各項委任條件後，依據投資或交易分析報告，作成投資或交易決定書，其判斷態度，應客觀、公正。

3. 投資或交易執行

由業務負責人作出投資或交易決定後，再交由業務員依不同的客戶別，執行買賣動作。

4. 投資或交易檢討

定期對以上步驟作出檢討。

投信或投顧應訂定以上各步驟的負責人員及其分層負責內容，並建立負責人不能執行業務時之代理人制度。

七、報告代客操作結果

投信或投顧代為操作投資，應核實向客戶告知其操作成果，此項報告則又可分為以下二者：

1. 定期報告代操結果

全權委託業者每月應編制客戶資產交易紀錄、現況報告書送達客戶。

2. 即時（不定期）報告代操結果

有特殊情形時，應「即時」報告操作結果，此項特殊情形，包括客戶委託的資產價值，累積減損到原投資資產的20%以上，或是每達前次資產淨值減損10%以上。而所謂「即時」報告，指的是二個營業日內，全權委託業者應將客戶資產交易紀錄及現況報告書書件送達客戶。

投資人在可在投信投顧公會網站上，查詢哪些投信、投顧公司已獲核准得經營全權委託投資業。

→ 4-3 財富管理

一、財富管理的意義

　　依「銀行辦理財富管理業務應注意事項」，財富管理（Wealth Management）業務係指銀行針對高淨值客戶，透過理財業務人員，依據客戶需求作財務規劃或資產負債配置，以提供銀行合法經營之各種金融商品及服務。這些金融商品可

金融焦點Focus

 財富管理，量身訂做規劃

資料來源：
https://www.youtube.com/
watch?v=OGfPX3TDrJ8https://
w w w . y o u t u b e . c o m /
watch?v=OGfPX3TDrJ8

以結合現金、信用卡或貸款、保險、基金、外匯、稅務、其他投資組合等，對於客戶資產作全方位設計，包括資產、負債、流動性，方便客戶隨時檢視其財富組合與結算其資產水位。

　　而高淨值之客戶條件，是由各銀行依據其經營策略而訂，並沒有一定的金額門檻，一般銀行以台幣300萬元為淨值門檻，也有少數銀行以100萬即可。但銀行應區分高淨值客戶及非高淨值客戶，針對高淨值客戶才能規劃或銷售金融商品之範圍應明確訂定。

二、為什麼要區分高淨值客戶呢？

　　銀行區分高淨值客戶，並不是因為單純地要針對目標客群強力銷售特定商品，以增加銀行利潤。由於高淨值客戶其財力較為雄厚，一般而言，也較有能力負擔高風險商品，銀行對非高淨值客戶並應注意避免銷售風險過高，結構過於複雜之金融商品。

　　銀行在接受客戶投資前，應對評估客戶之投資能力，如：客戶資金操作狀況及專業能力、客戶之投資屬性、對風險之瞭解及風險承受度、客戶服務之合適性，合適之投資建議範圍或交易額度。

　　銀行若要經營財富管理業務，應設立獨立於其他部門外之專責部門及人員，由該部門負責業務之規劃與執行，及理財業務人員之管理。非財富管理業務專責部門之人員，不得以財富管理之名義進行商品銷售行為，亦不得以理財

業務人員名義執行業務。以避免不具一定資格條件的理財業務人員,執行財富管理業務。

　　即便客戶可以承擔的金融商品風險較高,也難免有客戶紛爭出現,銀行應對於客戶的紛爭建立合適的處理程序,且應將受理客戶意見、申訴之管道,調查、回應及處理客戶意見等與維護客戶權益之相關資訊納入客戶權益手冊中,提供予客戶。

　　銀行對於高淨值客戶可能進一步作分類,如:一年內往來資產達1,000萬以上者、300~1,000萬之間者、或300萬以下者。若一年內往來資產未達門檻者,則銀行可能視客戶往來情形密切與否,而註銷其財富管理的客戶身份。而往來的資產包括國內外貨幣存款、信託基金、共同基金、保險、其他金融商品。

　　銀行為了吸引高淨值客戶不被其他銀行搶走,常提供各類手續費優惠(如:國內ATM跨行提款手續費優惠、外匯匯兌手續費、國內外基金手續費優惠)、或是免費停車位給客戶,其他還有如:匯率優惠、消費性貸款利率優惠、保管箱租金優惠。

三、理財專員

　　由於是財富管理全方位的理財業務,故承辦人員需對於國內外的證券商品、衍生性金融商品、保險商品、信託商品、結構型商品皆具備專業能力,始能推介給投資人。銀行由於擁有現成的外匯交易平台與服務人力,成了財富管理最好的執行單位。理財專員除了要求要有合格的金融證照外,還需定期作金融教育訓練。如:成為正式的理財專員前,須參加銀行內部或銀行同業公會認可之金融專業訓練機構舉辦之財富管理業務訓練課程至少達8小時以上。成為理財專員後,則理每年應參加銀行內部自行舉辦、或金融專業訓練機構舉辦之財富管理業務有關訓練課程,累計至少二十四小時。

四、商品適合度政策

(一)客戶風險承受度

　　銀行對於其財富管理業務，應建立一套商品適合度政策，主要的目的在考量客戶不同的風險承受度，依據客戶風險之承受度提供客戶適當之商品，此適合度之內容至少應包括客戶風險等級、產品風險等級之分類[4]，而為了瞭解客戶的風險等級，對於客戶所得狀況、家庭背景、生涯規劃、現金流量之期望、預定投資期限等，可以藉由「客戶資料表」來幫瞭解客戶的投資屬性。

(二)客戶資料表

　　客戶資料表除了客戶的基本資料（如：出生年、月、日）及個人/家庭年收入、職業外，可以依客戶的性別、年齡（愈高齡愈保守）、教育程度（普遍認為，學歷越高，則投資人能接受的風險等級越高）、投資目的、投資經驗（包含投資時間及投資商品）、現金流量期望、期望報酬、預計投資期限來協助判斷客戶對於投資金融商品的偏好、投資屬性及風險承受等級，最重要的，還有客戶的風險偏好如何。若銀行在推介投資人金融商品時，若銀行判斷商品適合度之評估項目有缺漏，而造成投資人認為銀行所推介的金融商品不適合其風險，並致生損害，投資人可以主張損害賠償。

　　關於客戶的風險偏好，一般的做法，是由銀行設計風險偏好問卷，問卷的內容以選擇題為主，每題選擇題的選項都有分數，若銀行將客戶的風險屬性分為四級，則銀行信問卷之評分結果，將分數分為四個級距，分數落在哪一個級距，投資人便屬於某一種風險偏好。如：

➡ **保守型**投資人：對於風險忍受度偏低，理財及投資方式應以保守型商品為佳。

➡ **穩健型**投資人：希望能達到中長期穩健報酬率，對於短期之高報酬率不追求，財富希望能隨時間穩健成長。

➡ **積極型**投資人：能接受較大的短中期風險，以得到高報酬率。

➡ **強積極型**投資人：對衍生性金融商品有相當接受度，認同高風險高報酬，且希望財富能積極成長。

---

4. 銀行同業公會訂有「銀行辦理財富管理業務作業準則」，但其後此準則在101年廢止。改依「納入各業別作用法之規範」，如：信託業有「信託業建立非專業投資人商品適合度規章應遵循事項」。

問卷的內容，包括像是：

1. 投資人是否須負擔家人生計：（負擔人數愈多，表示愈保守）。

2. 過去曾經買過定存、股票、基金、債券哪些金融商品？（債券型表示保守，股票、選擇權表示積極）。

3. 投資人希望的投資方式是穩定收益、稍高報酬但有點風險、較高報酬但較高風險？（若喜歡高風險高報酬，表示投資人愈能承擔風險）。

4. 投資人可以接受的金融商品價格虧損爲10%、20%、30%、或更高？（若能接受的價格虧損愈高，表示投資人愈能承擔風險）。

5. 投資人是否願意多承擔風險以換取投資報酬？（意願愈高，表示，表示投資人愈能承擔風險）。

6. 投資具有價格波動性的資歷（時間愈短，表示投資人愈保守）。

7. 目前持有的資產有多少比例具有價格波動性（愈少，表示投資人愈保守）。

8. 投資人月收入中，可用於投資的比例（愈少，則應推介愈保守的商品）。

9. 生活備用金額多寡（愈少，則應推介愈保守的商品）。

但問卷究竟能不能有效分出投資人的風險偏好屬性？是否真的保險年齡真的愈高愈保守、教育程度真的愈低愈保守？對投資人風險偏好的鑑別程度實在有待商榷。

有些問卷的題目則較爲具體，避免抽象式的回答，較能客觀地看出客戶的投資決策；也是較佳的問卷。如：

➡ 〔抽象式提問〕您是否願意多承擔風險以換取投資報酬？

➡ 作答：十分願意/尚可/不願意。

➡ 〔具體式情境〕假設您投資的股票型基金在一個月內已增值了20%。對這一大筆投資，您會作何處理？

➡ 作答：獲利了結/賣掉一半投資獲利/投入更多的錢在該投資上/先不動它。

五、結構債糾紛

在民國97年時發生銀行銷售國外結構債糾紛，發生不少投資人實際未閱讀合約即簽名的問題。當時由於著名的外國投資公司雷曼兄弟倒閉，使得該公司所發行的結構型商品無法還本，變成廢紙，許多投資人血本無歸。

所謂結構債，或者常稱為連動債，指的是結合傳統固定收益型商品（如：債券）與衍生性金融商品的複合式商品，而當年度信託業公會統計，特定金錢信託投資於國外結構型約7,936億元。在民98年起的二年間，由各地地方法院起訴並判決之結構債案件超過100件，其中也不乏投資金額超過1,000萬者，這些糾紛案件，多以銀行為被告，少數則以理財專員為被告，銀行依賴僵化的客戶風險屬性判斷結果，使得投資人權益受損，使得投資人主張銀行有違反注意義務、違法說明義務、或違反相關法令，而應負起投資人的損害賠償責任，總求償金額高得嚇人。

常見的銷售糾紛，源於許多理財專員為了達到順利銷售的目的，在開戶時，準備全部的書面文件，在投資人須簽名、蓋章處以鉛筆「打勾」，請投資人在勾選處蓋章簽名，投資人基於信任理財專員，便依其指示簽章，而未仔細詳閱內容，或者，一般投資人也無專業能力閱讀全部的冗長又複雜的契約內容。

或者，上述極為重要的KYC（Know Your Customer, 認識你的客戶）問卷，為事後由理財專員自行為客戶填寫，而不是由客戶自行勾選，理財專員則刻意完成較高的投資人風險屬性。

又或者，理財專員並沒有說明結構性商品是否保本、是否有減損本金的可能性，違反金融消費者保護法中，第10條的「金融服務業與金融消費者訂立提供金融商品或服務之契約前，應向金融消費者充分說明該金融商品、服務及契約之重要內容，並充分揭露其風險。」投資人對於商品則缺乏全部保本、部分保本之觀念，以為號稱「保本」二字即為全部保本，實際上，部分保本僅能對於其契約上所稱之「最低保本率」保本，即使全部保本，也建立在有價證券發行人具有償債能力，而不是銷售銀行之償債能力。

此外，投資人若年齡較高，理財專員則建議用子女的名義購買，以規避其因高齡而不合適高風險商品之相關規範[5]。

---

5. 投資人70原則。

其後，金管會為了亡羊補牢，於99年公布「境外結構型商品管理規則」，加強銀行的「說明義務」，如：規定應編製投資人須知、中文產品說明書等，且銀行不得以詐欺、或虛偽、使他人誤信、或其他不當方式進行結構型商品交易。信託業公會也訂定「境外結構型商品中文產品說明書應行記載事項」、「境外結構型商品中文投資人須知應行記載事項」等。

六、銀行「客戶風險屬性評估不完整」的缺失

民國101年底、102年初時，金融檢查局曾經對36家本國銀分行作抽樣檢查，發現各銀行「客戶風險屬性評估不完整」的缺失。直指出，客戶風險屬性評估問題，主要是由於銀行問卷項目的權重設計不當，使得多數的客戶評估出來的結果都是「積極型」，而銀行也順勢推介高風險商品。實務上，銀行也沒有查證理查專員是否銷售不當，或者，即使投資人之風險屬性不是高風險，但在投資前理財專員給予投資人相關之風險確認書，內容為投資人認知某金融商品之風險等級高於其所願意承受之等級，以聲稱投資人應自行負責。

 實務案例

現況反思時事

在98年有不少因直接間因為投資到雷曼公司連動債損失慘重的投資人，為主張自己的權義，串連起來向金管會陳情抗議、街頭遊行。主管機關金管會則是協助當事人雙方構通，即假成連動債受害人與銀行協商，金管會要求銀行建立連動債爭議案件評議機制。銀行公會通過雷曼連動債之爭議態樣及其處理原則，促請銀行自依爭議態樣之性質主動規劃提供慰問金、補償金或其他個案和解之方式，各爭議態樣包括：

1. 未定期寄送有關資產淨值之對帳單，亦無其他公告方式，致委託人無從知悉連動債淨值（或最新參考報價）者。

2. 委託人投資雷曼不保本連動債時，年齡70歲（含）以上，或教育程度為國中畢業（含）以下，無股票投資經驗，且屬第一次投資連動債者。

3. 未執行充分瞭解委託人程序，如：保守型委託人投資雷曼不保本連動債時，資產配置60%以上集中於不保本連動債者。

4. 雷曼商品DM與商品說明書使人誤信能保證本金之安全或保證獲利。

5. 雷曼商品年限加上信託時年齡超過我國生命表之生命年限，教育程度為國中畢業（含）以下，無發行人中途買回機制，且屬第一次投資連動債，並未簽署同意書者。

6. 更換連動債發行機構為雷曼公司而未通知委託人。

7. 其他不當銷售者、或個別銷售案件經金融檢查確認有缺失。

　　銀行每週約以400餘件速度，與客戶達成和解，金管會進行專案檢查，若銀處理符合爭議態樣的連動債爭議案件，與客戶達成和解的件數不理想，金管會則祭出暫不予核准銀行各項業務申請，待金管會認可該銀行後續的處理情形後再行恢復銀行業務申請。

1. 稱信託者,謂委託人將財產權移轉或為其他處分,使受託人依信託本旨,為受益人之利益或為特定之目的,管理或處分信託財產之關係。

2. 金錢信託指信託契約成立時,委託人所交付或移轉給受託人的財產,為金錢者。

3. 營業信託業者包括:信託投資業、銀行信託部。中央信託局辦理特種信託保險儲蓄業務,業務為信託、購料、易貨、儲運與軍人保險、再保險、輸出保險,及公務人員保險。中信局與臺灣銀行合併後,走入歷史。

4. 銀行信託部擔任基金銷售機構,與投資人簽訂「特定金錢信託」。也可發行共同信託基金、集合管理運用帳戶等。銀行信託部透過保管業務,向基金投資人收取保管費。

5. 金錢信託之種類依「孰者運用財產決定權」區分為:特定金錢信託業務(如:國內外基金或結構型債券)、指定金錢信託(如:向不特定多數人募集之共同信託基金、特定人之集合管理運用指定金錢信託、單獨管理運用指定金錢信託)、不指定金錢信託(如:信託投資公司代為確定用途金錢信託)。

6. 「全權委託」則是適用委託關係,由投信投顧、或銀行信託部承作,最低委任金額為1,000萬元。

7. 財富管理(Wealth Management)業務係指銀行針對高淨值客戶,透過理財業務人員,依據客戶需求作財務規劃或資產負債配置,以提供銀行合法經營之各種金融商品及服務。

8. 銀行對於其財富管理業務,應建立一套商品適合度政策。

( )1. 請問民國幾年起已經沒有信託投資公司？ (A)90年10月起 (B)97年12月起 (C)94年12月起 (D)95年12月起。

( )2. 下列何種基金分為指定用途和確定用途？ (A)國內信託基金 (B)共同基金 (C)海外共同基金 (D)以上皆非。

( )3. 不動產證券化的目的為何 (A)專業經營並提升效率 (B)擴大不動產投資之參予層面、平均財富 (C)促進公共建設順利進行 (D)以上皆是。

( )4. 以下關於REATs的敘述何者正確 (A)性質類似債券商品或定存單 (B)有具體的標的物，且收益穩定 (C)以租金收益做保證，承諾投資人每年給予一定利率報酬 (D)以上皆是。

( )5. 以受託人之地位，按照特定目的，收受、經理及運用信託資金與經營信託財產的金融機構，是屬於何種事業？ (A)證券投資顧問事業 (B)信託投資事業 (C)證券集保公司 (D)證券投資信託事業。

( )6. 受託人將特定委託人投資於相同投資組合標的的信託資金，為受益人的利益，作集合式管理運用，這種投資工具稱為下列何者？ (A)信託帳戶 (B)信託集合管理基金 (C)資金整合帳戶 (D)信託集合管理帳戶。

( )7. 銀行以受託人地位，收受信託款項，依照信託契約約定之條件，為信託人指定之受益人之利益而經營之資金，是屬於下列何者？ (A)定期儲蓄存款 (B)定期存款 (C)綜合存款 (D)信託資金。

( )8. 信託契約的當事人包括了哪些人，下列何者正確？①委託人、②受託人、③監察人、④受益人。 (A)①② (B)①②④ (C)①②③④ (D)①③④。

( )9. 關於信託與委託的敘述，下列何者為非？ (A)有財產管理權或處分權的是受託人 (B)委託關係中之財產權不需要由委任人移轉給受任人 (C)信託關係中之財產權須由委託人移轉給受託人 (D)委託關係中之財產管理或利益歸屬受任人。

( )10.以慈善、文化、學術、技藝、宗教、祭祀或其他以公共利益為目的之信託，稱為下列何種信託？ (A)遺囑信託 (B)不特定人信託 (C)公示信託 (D)公益信託。

► 習題解答

1	2	3	4	5	6	7	8	9	10
B	A	D	D	B	B	D	A	D	D

05

共同基金與ETF

◆ **本章目標**

1. 認識共同基金
2. 瞭解ETF

◆ **本章引言**

本章說明了共同基金的基本概念，包括了誰發行了共同基金、投資共同基金有什麼好處，並延伸共同基金與「金錢信託」有關的內容，說明投資人與證券投資信託公司、銷售機構（銀行）、基金保管機構的關係。另外，以共同基金的各種類別，使讀者能據以掌握投資實務。接續則說明指數股票型基金ETF、不動產投資信託基金（REITs）與不動產資產信託（REATs）的組成與種類。最後，說明投顧公司的業務內容。

→5-1 共同基金

一、共同基金的基本概念

(一)什麼是共同基金

「信託」是一種財產的管理制度，由財產所有權人（稱委託人），將財產委託給信託業（稱受託人）管理，未來財產的管理或處分利益則歸受益人享有。所謂「投資信託」概念，指的是投資者將資金委託專業機構代為管理，而共同基金為資產管理概念，為信託業務中結合金錢信託與有價證券信託之業務。

(二)共同基金的發行人－證券投資信託公司

在台灣，證券投資信託公司，簡稱投信公司、或俗稱基金公司，取得營業執照後，向主管機關申請募集「共同基金」，一般共同基金的最低發行金額為6億元[1]，募集期間30日。投信公司募集共同基金，應在投資人投資前，交付公開說明書。公開說明書是指投信公司為使投資人能充分瞭解該共同基金所製作的刊物，通常會記載基金運作的相關事項。

明確地說，「證券投資信託公司」指：向不特定多數人募集基金發行受益憑證，或向特定人（35人以下）私募基金，交付受益憑證，從事於有價證券、證券相關商品或其他經主管機關核准項目之投資或交易。

證券投資信託事業經營之業務種類，除了證券投資信託業務之外，尚有「全權委託投資業務」，此部分已於第四章探討。

(三)證券投資信託基金之運作

指證券投資信託契約之信託財產，包括因受益憑證募集、或私募所取得之申購價款、所生孳息及以之購入之各項金融資產，這些金融資產常是有價證券，用以計算基金的價值，我們稱為基金的淨值。

投信公司募集資金後，便依專業判斷代為投資各項金融商品，這些金融商品則另外委託「基金保管機構」（通常是兼營信託業務之銀行），由於金融商品幾乎就是有價證券，所以，基金保管機構（受託人）與投信公司（委託人）所簽訂之信託契約，為「證券」投資信託契約。用以規範投信公司、基金保管

1. 依定型化證券投資信託契約的規定，

機構及受益人間權利義務之信託契約。基金保管機構是基於「證券信託」關係，依投信公司之運用指示從事保管、處分及收付共同基金，並辦理相關基金保管業務。

　　投信公司通常會透過銷售機構（如：銀行有多個營業分行，方便擔任銷售機構）募集資金後，而投資人與銷售機構（銀行）之間的關係，則屬於「特定金錢信託」的業務，因為投資人是將「金錢」交予銷售機構，銷售機構代為向投信公司購買依投資人之指定的某特定基金。

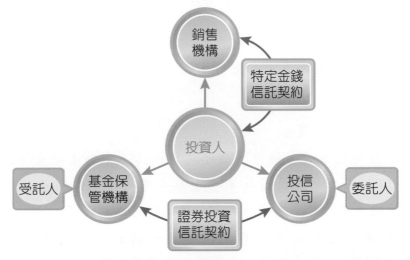

■ 圖5-1　共同基金與金錢信託、有價證券信託之關係圖

　　受益憑證指「證券投資信託事業」為募集「證券投資信託基金」而發行之有價證券，用以表彰受益人對該基金所享權利之有價證券。

(四)共同基金與代客操作之不同

　　共同基金是集合多數人的資金，由資產管理機構（基金公司）集中管理的業務。另一種資產管理之型態為「代客操作」，其與共同基金最大之不同，在於代客操作為一對一的個人理財服務。

(五)共同基金淨值

1. 基金淨值總額：

　　是指在某一時點下，某檔共同基金所持有的總金融資產價值，減去總負債價值。淨值總額反應了某檔基金所持有的金融資產價值。

2. 單位淨值：

共同基金的每單位淨值＝基金淨值總額/流通在外的受益憑證數量。

由於共同基金發行流通在外的單位數眾多，基金持有者可以以某檔共同基金之單位淨值，作為其持有基金價值之參酌。

「受益憑證」與「受益證券」不同

在台灣，受益憑證這個名稱指的是共同基金發行的有價證券，而另一個相似的名詞為「受益證券」，與受益憑證並不同，常見之受益證券介紹如下：

1. 不動產證券化受益證券

(1) 不動產投資信託受益證券：指受託機構為「不動產投資信託基金」（REIT）而發行或交付，表彰受益人享有該信託財產及其所生利益、孳息及其他收益之受益權持分之權利憑證或證書。

(2) 不動產資產信託受益證券：指受託機構為「不動產資產信託」（REAT）而發行或交付，表彰受益人享有該信託財產本金或其所生利益、孳息及其他收益之受益權持分之權利憑證或證書。

2. 金融資產證券化受益證券

指受託機構依「資產信託證券化計畫」所發行，以表彰受益人享有該信託財產本金或其所生利益、孳息及其他收益之受益權，所持分之權利憑證或證書。此受託機構是因應某特殊目的信託而設立。

(六)共同基金好處

共同基金是匯集眾多小額投資人的資金，委託專業經理人代為操作投資金融商品，其好處如下：

1. 可彌補投資人專業能力的不足或投資時間不足

　　由專業經理人每日代為關心盤勢或各項市場資訊，節省投資人親自投資之成時間成本，或者投資人自身知識經驗之不足。

2. 可有效分散風險

　　由於共同基金的金額龐大，可以購買多種不同的金融投資標的，讓任一投資人可以只以小額投入，持有多種不同的金融商品，這些金融商品不會同時齊漲齊跌，而達到有效分散風險的目的。

3. 可以小額資金持有金融商品

　　一般股票若是50元一股，則投資人光投資在一檔股票上，即需花5萬元才可購買一個交易單位（一張），但若是以基金作投資，則最低可以僅3千元（如：定期定額，每月扣款3千元）或1萬元（單筆投資），即可以依其持有單位，持有多種股票所構成的投資組合之一部分，適合作為小額投資人的理財工具。

二、共同基金信託關係的介紹

　　我們所熟悉的共同基金，可以依投資人與銷售機構間（通常是銀行）、投資人與基金發行公司間的信託關係，分別說明之。首先，我們先瞭解投資人與國內之基金發行公司（投信公司）之關係。

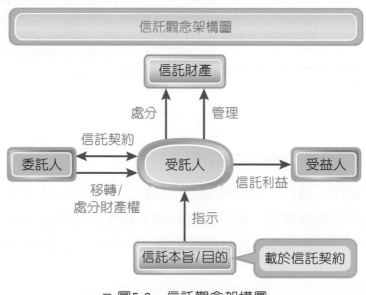

■ 圖5-2　信託觀念架構圖

(一)投資人與證券投資信託公司的關係

投資人購買共同基金時，信託人或公司會發行受益憑證給投資人，以表彰受益權。受益憑證在法律上被視為有價證券。

(二)投資人與銷售機構（銀行）之間的關係

共同基金，在投資人與銷售機構（銀行）之間的關係，屬於特定金錢信託的業務，依「信託業法施行細則」第7條第2款規定，即委託人（投資人）以金錢交付信託，且為受託人對信託財產不具有運用決定權之信託；亦即對信託財產之運用決定權，乃保留給委託人，約定由委託人本人（或其委任之第三人），對信託財產之「營運範圍或方法、投資標的之運用方式、金額、條件、期間」等事項，為具體特定之運用指示，而由受託人依該運用指示，對信託財產作管理或處分。

我們可以由下表來區別「特定、指定、不指定」金錢信託：

● 表5-1 「特定、指定、不指定」金錢信託之區別
（依91年7月頒布信託業法施行細則第8條）

委託人/受託人之決定權	受託人對信託財產具有運用決定權之信託	受託人對信託財產不具有運用決定權之信託
委託人指定或特定營運範圍或方法	指定金錢信託（委託人概括指定信託基金的營運範圍及方法）→受託人可以在這個被指定的範圍或方式內作運用決定。	特定金錢信託業（委託人保留對信託財產之運用決定權）→根據被指定的營運範圍或方法（如：投資標的、運用方式、金額、條件、期間等事項），受託人為信託資金之管理或處分。
委託人不指定營運範圍或方法	不指定金錢信託	--

(三)投資人與基金保管機構之關係

本於信託關係，擔任「證券投資信託契約」受託人，依「證券投資信託事業」之運用指示，從事保管、處分、收付證券投資信託基金，並辦理相關基金保管業務者，基金保管機構可以是信託公司、或兼營信託業務之銀行。

三、共同基金的託買實務

(一)海外共同基金的託買實務

但實務上在執行時，「委託的程度」就又細分為好幾種，而不是直覺地以為把錢「全權委託」給受託機構（如：銀行信託部、投信公司）就好。

境外基金或海外基金，指於中華民國境外設立，具證券投資信託基金性質者。央行於民國74年12月發函臺灣銀行、中央信託局和中國國際商業銀行等三家銀行，同意自民國75年元月起可開辦「指定用途信託資金投資國外有價證券業務」，銀行可以代客戶投資國外有價證券，此後，各銀行之信託部也紛紛申請中央銀行核可辦理此業務。

於76年11月「證券投資顧問事業辦理外國有價證券顧問業務應行注意事項」頒布後，投顧公司可以透過提供境外基金顧問服務，向投資人提供海外基金的投資資訊，而投資人則於考量各海外基金資訊後，自行匯款辦理購買海外基金，或透過銀行以「指定用途信託資金」方式投資海外基金[2]，所以，之前投資人一直有「買海外基金找投顧，買國內基金找投信」的舊習慣。

且為了能保障國內投資人購買海外基金，所以94年8月所施行的「境外基金管理辦法」，納入了「特定金錢信託業務投資境外基金業務」，信託業94年3月18日，中央銀行發函「指定金錢信託投資國外有價證券」正名為「特定金錢信託投資國外有價證券」。「境外基金管理辦法」其中第3條規定，信託業依特定金錢信託契約受託投資境外基金者，除該辦法另有規定外，應適用總代理人或銷售機構之相關規定。

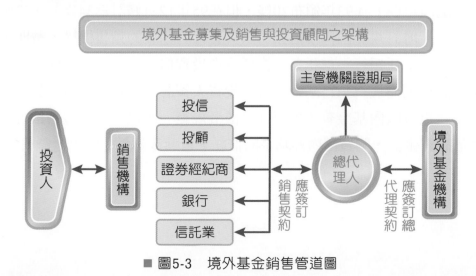

■ 圖5-3 境外基金銷售管道圖

2. 77年4月起。

所謂總代理人制度，指的是在民國95年8月後，對境外基金的銷售，在台灣必須有「唯一」的總代理人，此總代理人可以是國外基金公司在台灣的分公司或子公司、也可以是國外基金公司授權國內的投信、投顧、證券經紀商或其他金融機構擔任。總代理人有義務將每日基金訊息公開（如：基金淨值、基金投資組合與規模等），此制度可以保障投資人在日後若境外基金發生問題，有特定的總代理人為其代理的境外基金處理事宜。不過，這不代表某檔基金只能向其總代理人購買，因為總代理人可以與多家其他金融機構（如：銀行）簽訂銷售契約，一家銀行也可以為多家總代理人代為銷售境外基金。

(二)國內共同基金的託買實務

民國80年新銀行設立後，各銀行為了方便客戶購買投信公司所發行的國內基金，則經過財政部核准後，提供投資人透過銀行之「指定用途信託資金」投資國內基金，受託銀行辦理業務前，應先與委託人簽訂信託契約。由委託人基於自行判斷後，指定投資標的，受託銀行不得為委託人提供投資判斷及有任何推薦之行為，委託人可以採定期定額或定期不定額之方式辦理，委託人應支付受託人信託管理費。受託人則於每日就指定投資同一基金之信託資金，向基金相關機構辦理投資手續，再將所購得之單位數記錄於每一委託人帳戶。

到了民國90年代，也將結構型商品、連動式債券等多樣化的金融商品，納入銀行「指定用途信託資金」可供投資的標的。91年施行之信託業法施行細則第8條，將金錢信託分為指定、不指定、特定三類。

國內投信公司依95年12月主管機關修訂「證券投資信託事業募集證券投資信託基金處理準則」（93年頒布20條，但在95年12月修訂為34條），參照境外基金之規定，增訂規範國內投信公司對其發行之基金的銷售機構，載明證券投資信託事業得委任銀行、信託業，擔任證券投資信託基金之銷售機構。並規定信託業依該準則而代為銷售基金，得與投資人簽訂「特定金錢信託契約」，使信託業受託投資國內基金有了更明確之法令規範。所以，原來透過銀行以「指定用途信託資金」，購買國內外基金的信託，目前改稱為「特定金錢信託」。

四、國内證券信託投資公司及投資顧問公司家數的發展狀況

截至2015年6月，國內的投信公司共有37家。

五、共同基金的種類

(一)依「募集的對象」分為公募及私募基金

共同基金的募集方式分為公募及私募兩種。投信公司若募集的對象為不特定人，則為公募的共同基金；若投信公司向特定人私下募集，則為私募的共同基金。公募基金必須先向金管會申請或申報，私募基金則待募集完成後，再向金管會申報備查，稱為事後申報制。

➡ 私募基金**的特性**

1. **募集對象的身分**：由於私募基金是投信向特定人募集，此募集對象常為金融機構，法規只限於銀行、票券商、信託業、保險公司、證券商或其他經金管會核准之法人或機構；若為其他法人、或基金、或自然人，則需符合特定條件。

2. **募集對象的人數**：其應募人總數不得超過35人。應募人係指在基金成立前申購基金者，而購買人則是指基金成立後申購基金者，應募人與購買人之權利義務相同。由於基金特性為集合眾人之投資，再委託專業投資機構管理，私募基金私募之對象即應為1人以上，35人以下，否則與「全權委託投資業務」難以有別。

3. **私募基金不得廣告**：投信公司向特定人私募基金時，於招募及銷售期間，不得為一般性廣告或公開勸誘之行為。

4. **事後申報制**：投信公司於私募基金之價款繳納完成日起5日內，應填具申報書及檢附相關書件，向金管會申報備查。

(二)依「發行單位是否固定」分為開放型及封閉型基金

1. 開放型基金

開放型基金的發行架構與封閉型基金不同，開放型基金在基金發行之後，投資人可直接向投信公司申購或贖回共同基金的受益憑證。流通在外的受

益憑證數量，會隨著投資人的申購或贖回而變動。開放型基金之交易價格，則依其基金所持有之金融資產，所換算的每單位基金之淨值，作為其交易價格。目前台灣開放型基金的銷售管道，主要有投信公司、銀行或證券商。開放型基金之交易費用包括了申購費、每期的管理費及保管費，最後投資人想結束其投資，則要支付基金的贖回費。

2. 封閉型基金

封閉型基金在基金發行之後，投資人並無法直接向投信公司申購或贖回，而必須在證券集中市場下單買賣，故發行流通在外之受益憑證數量，不會隨時變動。封閉型基金之交易價格，乃依市價、隨市場供需而變動，如前所述，淨值乃代表基金持有金融資產之市值，封閉型基金也每日公告其淨值，但封閉式基金之交易價格與往往與淨值不相等。封閉型基金之交易費用包括了經紀商手續費、賣出時要交證券交易稅。

雖然封閉型基金在交易方式上，與股票相同，十分方便，但卻需要面臨「我想賣時，可能沒人承買」的可能性，所以，封閉型基金的市價，通常比其淨值還低，投資人有降價求售的傾向，亦即，封閉型基金為折價的情形較為普遍，與開放型基金比起來，也較不受到投資人青睞，在民國89年時有快20檔的封閉基金，但隨著時間經過，都被陸續清算而消失，最後一檔封閉型基金為「富邦證券投資信託基金」，其在民國82年2月9日成立，合作金庫商銀為保管銀行，主要投資標的為國內上市公司股票，其在103年2月19日終止上市。

基金終止上市後，受益人可依『證券投資信託暨顧問商業同業公會證券投資信託基金募集發行銷售及其申購或買回作業程序』、信託契約，在103年2月24日~4月8日向富邦證券投信公司辦理基金贖回，贖回的價格則是依投資人申請日的次一營業日之基金淨值，計算受益人的基金買回金額。

(三)依基金「投資標的」區分

1. 股票型共同基金

股票型基金係指投資股票總額，應達基金淨值70%以上之共同基金。

2. 貨幣型共同基金

貨幣型共同基金的收益率與貨幣市場利率走勢連動，貨幣型共同基金可投資的標的為：(1)銀行存款；(2)短期票券；(3)有價證券，如：政府公債、公

司債、金融債券、外國債券以及金融資產證券化之受益證券與資產基礎證券等，但只限於到期期間僅剩1年內之債券；(4)附買回交易。

　　貨幣型基金與債券基金的投資標的性質相近，但貨幣型基金以高流動性貨幣市場商品為主，持有銀行存款、附買回交易、票券及證券總額需超過70%以上，基金投資組合之加權平均存續期間不得超過180天。由於貨幣型共同基金所投資的標的皆為短期之還本性高的金融商品，故其具有保本特性。

3. 債券型共同基金（Bond Fund）/固定收益基金（Real Bond Fund）

　　債券型基金主要以政府公債、公司債、可轉換公司債、或金融債券等債券商品為投資標的，投資組合之加權平均存續期間須達1年以上。對於開放型債券基金，投資人是以淨值買賣，一買一賣之間的價差，屬於資本利得，無須課稅，享有節稅利益。由於債券型基金投資的債券期限在1年以上，存續期間較長，市場利率波動對債券型基金之淨值具影響力，風險與預期報酬率高於貨幣型基金。

　　金管會於民國95年開始，執行債券基金分流方案，依據持有內容，將當時在市面上所存在的債券基金分流：類貨幣市場基金、固定收益基金（指債券投資比重須在50%以上）。

4. 類貨幣基金（Quasi Money Market Fund）

　　類貨幣基金是主管機關為了區別債券型基金，為台灣市場獨有，是民國95年時期，債券型基金轉型貨幣市場基金的過渡性分類。類貨幣基金是於民國95年後才出現的基金類別，由於當時的「債券型基金」與「貨幣型基金」在實質持有的金融工具上，有混淆的問題，故主管單位新增了「類貨幣型基金」，供原來的「債券型基金」作申請轉換為「類貨幣型基金」。其特色為持債比率低，其對債券投資比重須在30%以下，且其平均債券存續時間不得超過3年，新購債券的到期日應在5年以內。其他70%以上的基金須投資在銀行存款、債券附買回交易、商業本票等1年期以下的貨幣市場工具。

　　實務上類貨幣型基金的投資標的大多是銀行定存單、商業本票、承兌匯票等。類貨幣型基金屬保守型商品，風險低，報酬波動低，類貨幣型基金跟定存的報酬率差不多，但基金的隨時申購、隨時贖回特性，又使得投資人能夠保持其流動性的彈性，此類貨幣型基金能夠保持「正報酬」的特性，使得股市處於空頭市場時，常受到投資人的歡迎。

值得注意的是，類貨幣市場型基金僅是過渡時期的基金轉型類別，已於民國95年2月首度出現後，到了民國96年1月時，最多的67檔，10,739億的基金規模（大於同期的債券固定收益型基金的6檔、117億的基金規模），到了99年12月僅剩4檔、到了民國100年1月時則不存在此「類貨幣市場型基金」了。

5. 衍生性金融商品型

基金將其資產投資於衍生性金融商品，例如期貨、選擇權、認購（售）權證等。

(四)依基金的「發行地點」區分為海外基金與國內基金

1. 海外共同基金

若共同基金的發行公司，為國外的基金公司，則稱為海外共同基金。這種基金的定義，並不是其所投資的標的要是海外的有價證券，海外共同基金也可以投資在台灣的股票市場中。由於海外共同基金是以外幣作為計價，故投資人在計算報酬率時，會受到所用幣別的「匯兌損益」影響。

金融焦點Focus

境外基金撤離中國股市

資料來源：
https://www.youtube.com/watch?v=DCQ-zctceV0

國外的基金公司由於不是依台灣投信相關法規而設立，其公司名稱是依國外基金公司名稱直譯過來，故可能是某投信公司，也可能是某資產管理公司、某銀行、某投資公司等。投資人在購買這類基金時，一定要小心查明是否有通過主機關的核可來台販售，否則有可能是非法的騙局。

2. 國內共同基金

若共同基金的發行公司，為國內的基金公司，則稱為國內共同基金。

(五)依基金的「投資範圍」來區分

1. 單一市場基金

基金的投資標的，為單一國家的金融工具。由於單一市場基金因將資金全放在一個國家內，故風險高，但預期利潤也最高。

2. 區域型基金

　　基金的投資標的，為某一地區的金融工具，如：亞太區、南歐區、北美區等等，其風險及報酬介於單一市場基金與全球型基金之間。

3. 全球型基金

　　基金的投資標的，為全球各國的金融工具，因其標的所處區域廣泛，可充分達到分散風險的目標，基金淨值的波動相對前兩種基金波動來得較小。

主權基金

　　與單一市場基金常混淆的一個名詞，是「主權基金」。主權基金指主權財富基金（Sovereign Wealth Fund, SWF），指由單一國家政府所建立並擁有的基金，其用於長期投資在金融資產上，主要來源於國家財政盈餘、外匯儲備等，一般由專門的投資機構管理，其持股策略為長期穩定持有。世界上主權財富基金規模最大的幾個國家有：阿拉伯聯合大公國、沙烏地阿拉伯、科威特、挪威、中國、俄羅斯和新加坡等。

　　國內的金控公司，是上市公司中最受到國外主權基金青睞的股票，如，在2014年，沙烏地阿拉伯央行主權基金持有玉山金控（持股比例3.77%）、國泰金控（1.04%）、F-中租（3.46%）的股票。新加坡政府主權基金也持有國泰金控（持股比例1.30%）、元大金控（2.24%）。阿布達比投資局主權基金持有玉山金控（持股比例2.11%）。

　　台灣截至2015年止，尚未成立主權基金，若未來要成立主權基金，是否要動用外匯存底，目前也尚未有一致的看法，因為一個國家的外匯存底，在會計帳上屬於國家的負債，目前僅中國主權基金採取此模式，向5大銀行籌立金融主權基金，若以外匯存底作為主權基金投資，相當於是融資率達100%，故而中國財政部也編了10年的債務預算作為外匯存底墊借的償還。

六、（開放型）共同基金的投資方式

申購開放型基金的方式，一般可分為三種：單筆投資、定期定額投資、定期不定額投資。基金的報酬，簡單地可以想成是購買與贖回基金時，單位淨值之差異，當投資人低買高賣，即可賺取資本利得，另外，基金配息收入可以依基金種類而不同：固定收益型基金、貨幣型基金有利息收入；股票型基金則有股利收入。配息收入分兩種，可以現金分配、或轉入基金再投資（不另作現金分配）。

(一)單筆投資

單筆投資是投資人一次拿出一筆金額，自行選擇適當時點，買進基金，並自行決定何時贖回基金，在市場高點時獲利。若投資人選擇進場的時點不當，則單筆基金投資的風險常顯得較高。由於單筆投資所需的金額較大，國內基金通常最少要一萬元。

(二)定期定額投資

定期定額指每隔一段時間（如：每月），投資固定金額（如：每月3,000元）於固定的某檔基金上，不必在意進場時點，時間到了就固定投入資金購買，如此一來可以藉由時間的分散，不會買在價格的最高點，也不會買在價格的最低點。定期定額應為中長期投資，每月強迫儲蓄投資，市場行情好，而使基金淨值上揚時，定期定額投資法買到較少的基金單位數，反之，在市場行情不佳時，淨值下跌時，定期定額投資法買到較多的單位數；符合「貴則少買，便宜則多買」的投資原則，成本及風險攤低。

(三)定期不定額投資

結合以上兩者之優點，投資人在約定之扣款日，依約定之調整機制，計算每次扣款金額，並自投資人指定帳戶扣款以購買基金。而每次扣款金額，則依市場行情而不同。若市場行情好，則當月扣得金額少，可購得的基金單位數比定期定額投資法更少，若市場行情不佳，則當月扣得金額多，可購得的基金單位數比定期定額投資法更多。如：設定基準扣款金額為每月5,000元，當基金投資的淨值漲幅/跌幅為達「5%」，扣款金額依「基準扣款金額」減少/增加「10%」，即扣款金額為4,500元/5,500元。

(四)基金報酬率

 範例

基金報酬率計算

定期定額投資5,000元，3個月期，市場為多頭時，其基金報酬率及淨值變動率如何？

定期投資	單位淨值	購得單位
5,000	10	500
5,000	12	416.7
5,000	13.5	370.4

解：

投入總成本：5,000×3＝15,000

基金總值：依贖回時的單位淨值計算

13.5×(500＋416.7＋370.4)＝13.5×1,287.1＝17,375.6

投資報酬率：(17,375.6－15,000)/15,000＝15.84%（假設不考慮相關費用）

基金淨值變動率：(13.5－10)/13.5＝25.93%

→ 5-2 指數股票型基金

　　「指數股票型證券投資信託基金」（Exchange Traded Funds, ETF），簡稱為「指數股票型基金」。其特色為將指數予以證券化，透過持有表彰指數標的股票權益的受益憑證來間接投資。可以滿足一次想投資「一籃子」股票的投資人。

一、ETF的組成程序

　　ETF的創始機構（發起人）會將一籃子的股票投資組合，委託一受託機構託管，由受託機構控制此一籃子股票投資組合的所有資產。並以此一籃子股票

資產，作爲「實物擔保」，據以發行「指數股票型證券投資信託基金」。通當這一籃子股票即爲某種指數中的成分股票，故稱之爲指數股票型基金，如：標準普爾500指數、台灣50指數。

「指數股票型證券投資信託基金」（即ETF），其投資單位單價較低，是將原本一籃子股票資產這一個大單位，分割成許多的小單位，讓投資人購買。對於沒有時間研究個別股票的散戶投資人，與「整體市場」具有一致績效的ETF，是一個不錯地投資標的。

二、ETF特色

1. ETF基金以持有與指數相同之股票爲主。優點是可以以一筆投資，作到分散個股風險的效果。

2. ETF實體資產爲組成標的指數之一籃子股票。優點可免除選股煩惱。

金融焦點Focus

 投交超級熱，陸股ETF爆量居冠

資料來源：
https://www.youtube.com/
watch?v=HJPV67spS2Y

3. ETF分割成眾多單價較低之投資單位，發行受益憑證。優點是可以小額投資參與股市整體表現。

4. 投資內容透明，績效可隨時觀察其連結的指數，故而容易掌握基金績效。

三、開放型指數基金vs. ETF之比較

由於此基金內容，即爲某種指數之成分股，所以此基金的績效表現，與某指數極爲相似，ETF可以提供投資人參與指數表現的基金。

另一種也可以追蹤指數漲跌的基金，爲傳統的開放型指數基金。兩種的異同爲：

1. 開放型指數基金與ETF相同之處

由於開放型指數基金與ETF，對同一檔指數而言，其績效相同，所以報酬/風險，並非兩者的考量因素，投資人可以依自己的方便，買到追蹤指數的工具。

2. 開放型指數基金與ETF不同之處

在於購買的途徑不同，開放型指數基金是向發行的基金公司申購或贖回，而ETF則常在證券交易所掛牌交易。以下即說明ETF的購買途徑。

3. 投資人購買ETF途徑

ETF常在證券交易所掛牌交易，可以追蹤某一指數或股票投資組合的績效表現。投資人可以透過證券交易所買賣ETF，受益憑證採無實體發行，以集保帳簿登載，不得領出。每1,000受益單位為一交易單位（一張）。買賣ETF方式就同買賣股票一樣，透過於一般證券經紀商開立之證券交易帳戶即可委託下單，不需要另外特別開戶。交易時間、漲跌停板幅度、成交價格決定方式、盤中買賣價量資訊揭示、結算交割等，均與股票相同。

金融焦點Focus

中國熱！陸股瘋！ETF燒滾滾！

資料來源：
https://www.youtube.com/
watch?v=uHzGkbScjAo

ETF同時具備開放式基金的能夠申購和贖回的特性，也具有和封閉式基金的交易特性——每天都有收盤價格，開盤時間內當然也會有不同的成交價格，這個價格與淨值，通常相似，但難免也會有一點點的折溢價。

投資ETF之益處，在於交易方式簡單，如同股票，其流動性比傳統開放式基金高，變現簡單，可於盤中隨時買賣交易，而開放式基金則每一日只有一個淨值的報價，無法在盤中隨時有新的報價，也就是說，ETF沒有一日一價的限制。

以追蹤同一個指數的ETF而言，其投資成本開銷會比開放型指數型基金來得低。如：ETF的每年管銷成本約為0.07%~0.30%，而指數型基金的年度成本約為0.19%~0.42%。基金每年的管銷費用越低，對投資人的報酬越有利，假若基金每年費用為2%，則其侵蝕報酬的程度，可能使得基金表現低於整體市場報酬。如此看來，成本低的ETF或指數型基金，相當合適懶人投資。知名的先峰集團（Vanguard）推出的「Vangard Total Stock Market ETF」，追蹤的是CRSP US Total Market Index績效[3]，每年的費用率為0.05%。

---

3. CRSP是Center for Research in Security Prices，為芝加哥大學專門搜集與研究股市價格資料的機構，其商學院於1960年成立此證券價格研究中心，為證券領域相當具權威的機構，其收錄了美國上市公司的股票價格和交易數據。

四、ETF成本真的低廉嗎？

所以，是否投資人應該買ETF呢？答案也不是如此直覺。若投資人想採定期定額來作某筆指數之長期投資，則ETF在每次買賣時，雖然沒有一般傳統基金申購與買回之手續費，但與股票一樣會有手續費（經紀佣金）及證交稅；而指數型基金除了一開始購買的申購手續費，每月在作定期定額扣款時，則不必手續費，所以，端看投資人的購買策略，若是單筆購入，則買ETF較佳，若是想定期定額投資、長期規律地購買，應買指數型基金，指數型基金雖有較高的年度管銷成本，但是每月省下的交易手續費很可觀，長期且定時買入基金，雖然無法保證買在低點，但也不會總買在高點。

有趣的是，常常投資人一開始想作單筆購入，想賺取指數的長期報酬，但後來卻往往由於ETF每天都有市價，可以像股票一樣地交易，在交易日盤中任何時候買賣，投資人心緒上受到市價高低起伏的影響，使得投資人容易頻繁交易，而侵蝕其報酬率。相反地，開放式指數型基金只在每日市場收盤時計算價格。

在信用交易方面，ETF並不受一般股票必須上市滿半年後，才可信用交易的限制。

五、ETF依發行公司國別之不同之分類

ETF依其發行公司國別之不同，可以有境外基金機構、與國內投信公司發行的ETF之分：

1. **境外指數股票型基金**：指的是將國外ETF直接跨境來台上市交易之ETF。

2. **（國內）指數股票型基金**：指數股票型基金，指國內投信公司在台募集發行及上市交易之ETF，依其追蹤的指數，又可再分為3種；

(1)國內成分證券指數股票型基金：指該ETF之標的指數成分證券全部為國內證券。如：寶來台灣卓越50基金（簡稱：台灣50（股票代碼0050））、寶來台灣中型100基金（簡稱：中100（股票代碼0051）、富邦台灣科技指數基金（簡稱：FB科技（股票代碼0052））、寶電子（0053）、S&P台商收成指數ETF（簡稱：台商50（股票代碼0054））、寶金融（0055）、高股息（0056）、富邦台灣摩根基金（簡稱：FB摩台（股票代碼0057））、FB發達（0058）、FB金融（0059）。

報你知

臺灣50指數ETF、臺灣中型100指數ETF

➡ **名稱代號：** 寶來台灣卓越50基金（證券代號：0050）

　　追蹤標的為證交所與FTSE合編之臺灣50指數，若投資此指數型基金，相當於一次買進台股市值最大的50家上市公司股票。持股內容每季調整，標榜用小錢即可投資50檔績優股票，有效分散個股投資風險。

➡ **名稱代號：** 寶來台灣中型100基金（證券代號：0051）

　　追蹤標的為證交所與FTSE合編之臺灣中型100指數，一次買進100家中型上市公司股票，標榜特色為中型指數成長動能強勁，比起大型股，報酬率漲幅較大。

➡ **名稱代號：** 富邦台灣科技指數基金（證券代號：0052）

　　追蹤標的為證交所與FTSE合編之臺灣資訊科技指數，就臺灣50指數及臺灣中型100指數合計150支成分股中，選擇產業分類為科技類之股票為成分股。投資此指數型基金，相當於一次買進多家科技產業績優上市公司股票。

(2) 國外成分證券指數股票型基金（Cross Listing ETF）：指該ETF之標的指數分為證券含有國外證券，或連結式指數股票型基金。如：中華投信募集恒生H股指數ETF（簡稱：恒中國，恆生H股ETF為標的）、恆生指數ETF（簡稱：恆香港，以恆生指數為標的）。國外成份之ETF之交易單位可不以1000單位為一交易單位。如：恒生H股指數ETF以200基金單位為一交易單位，恆生指數ETF以100基金單位為1個交易單位，且國外成份之ETF之漲跌幅度可不受國內漲跌幅限制。

(3) 連結式指數股票型基金（Feeder Fund）：指國內投信公司將國外ETF重新再包裝後，於台灣上市交易之ETF。如：首檔跨境ETF基金「寶來標智滬深300ETF」2009年7月29日募集完成，8月中旬掛牌。有9成的資金跨海投資香港「標智滬深300基金」，另外保留1成資金作為港股期貨

交易或現金部位，以達避險效果可以看作是「基金的基金概念，因爲香港「標智滬深300基金」，又是追蹤滬深300指數，該指數的成分股爲上海、深圳股市市值前300檔股票。滬深300占中國A股市值最高，占滬深A股市值比重高達9成，涵蓋率也高達8成，成分股產業也分布在中國10大重要產業，其中高達40％比重是金融地產，其次爲工業、原物料產業。所以也最具中國A股指數之代表性。在中國股市熱絡時，如自2006年至2009年6月30日，滬深300漲幅高達242.9％，所以，該指數也相當受到投資人歡迎。

那麼「寶來標智滬深300ETF」與香港的「標智滬深300基金」之不同在哪兒呢？其特色爲，可用新台幣投資中國股票，但不是直接購買香港或A股股票，投資人不是直接持有標智滬深300基金或其成分股票。台灣投資人透過基金模式投資港股ETF，投資人可以直接買到與A股連結的ETF基金。而不需再透過複委託或到香港開戶繞道投資。

六、ETF的市價，為什麼會貼近標的一籃子股票──談「實物申購」

由於ETF有「實物申購」機制，所以ETF雖然與封閉式基金相同有每天由投資人自由買賣的市價，但這個市價卻很貼近它的「標的一籃子股票」。而一般的封閉式基金沒有「實物申購」機制，所以市價與其基金的淨值差距比較大。

(一)ETF之「實物申購」

指的是投資人可以交付「一籃子股票」，以交換「一定數量」之ETF（如50萬或100萬單位），「一定數量」即進行申購買回程序之最小單位。ETF發行人訂定實物申購的買回基數，申購買回只能以此基數或其整數倍進行。

與「實物申購」相對的是，以「一定數量」之ETF換回一籃子股票，我們稱之爲「實物買回」。

實物申購買回機制，可降低基金的溢折價。當ETF的市場報價，高於其資產淨值（NAV），而此資產淨值反應的是它的標的一籃子股票的市價，此爲基金溢價旳情況，投資人（通常是機構投資人）可以在次級市場買進一籃子股票（市價較低），並將此一籃子股票在初級市場申購ETF（交付一籃子股票以交

換「一定數量」之ETF），作ETF之「實物申購」，將取得之ETF同時在次級市場賣出（市價較高），以賺取價差。

以上機構投資人對ETF賣出的動作，就使得市場上ETF價格下滑，進而使得ETF市價與其一籃子股票所計算出的淨值差距變小，溢價縮小。相反地，若是折價的情況，則機構投資人便作出相反的買賣動作，以賺取價差。

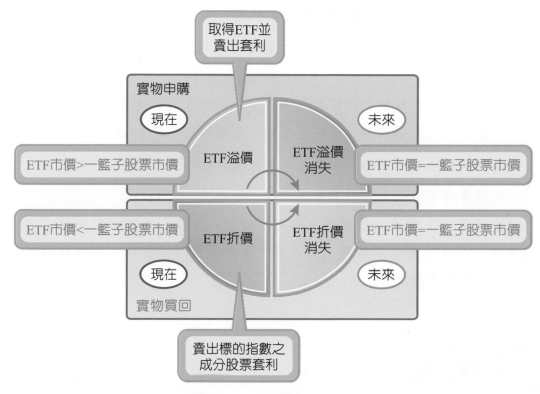

■ 圖5-4　ETF實物申購流程

(二)實物申購買回的好處

實物申購買回的好處，有利於市場價格的平衡，縮小基金的折溢價。而投資人因為知道這個特性，也會較樂於購買ETF，而增加ETF市場之流動性。

個股績效vs.標竿指數

到底是好好的研究個股去找尋好的投資標的，還是放輕鬆，直接買進指數型基金就好呢？後者感覺不必花那麼多的時間成本去關心股市行情，但是不是因此也要付出績效較差的代價…

答案可能會令你感到十分驚訝，根據富邦投信之統計，以上市股票684檔股票計算：

連續二季表現優於加權指數之個數，僅佔34%（約233檔）。

連續三季表現優於加權指數之個數，僅佔23%（約157檔）。

連續四季表現優於加權指數之個數，僅佔7%（約48檔）。

連續五季表現優於加權指數之個數，僅佔2%（約14檔）。

也就是說，您以為投資績效超越大盤是一件容易的事嗎？顯然答案不是如此，擊敗大盤並不容易，尤其是，當觀察期間拉長時，長期超越大盤績效，更顯得十分困難。

共同基金績效vs.標竿指數

那麼，基金經理人受過專業訓練，由他們來花時間選擇值得投資的股票，結果如何呢？

以2008年上半年為例，根據理柏（Lipper）統計，台股基金股票型基金績效平均為-19.51%，是虧損的，同期間大盤報酬指數報酬率為-11.76%，也就是說，基金虧得比大盤還嚴重，而且，僅有16檔基金打敗大盤。16檔基金算不算多呢？基金可是有數百檔之譜呢！

知名國際指數與股票成交量的關係

　　知名國際指數，往往是由多個國家的指數加權平均計算而得，如：取了23個新興國家的指數，計算興新市場指數，而在採樣上，某個國家並不是所有股票都納入，例如：MSCI台灣指數則有96檔成份股。不少「指數型基金」因爲其追蹤標的爲這指數，使得指數的成分股在變動時，此指數型基金會作出什麼動作以因應呢？

　　如你所想的，以聯結這些國際指數的「指數型基金」當然也會跟著改變其基金持股，以達到「追蹤指數」報酬的效果。這使得著名國際指數在其「定期調整」（如：每半年度對國際指數的持股內容作更動）某股票指數權重時、或調整其成分股時，以符合其國際指數的設計（如：若國際指數想要取某國家股市中，市值最大的股票，而市值最大的股票名單，每季/半年會有不同），往往引起廣大投資者的注意，因爲，若某檔股票被別除在指數成分股名單之外，表示也會有「指數型基金」隨後將這檔股票的持有股數降爲零，這種指數型基金的調整持股，則會帶動個股的股票價格波動。如：在2015年5月29日收盤後，「MSCI全球新興市場指數」將調整其最新權重，台股在此次MSCI調整權重中，在「MSCI全球新興市場指數」權重由12.15%調降至12%、被調降0.15%，另外也有多國的權重調整，如：巴西調降權重0.20%，增加的權重則有印度、中國及菲律賓的權重，分別增加了0.48%、0.32%及0.04%，。每次可能會有些微的不同，如：新增2檔（F-鎧勝（5264）及豐泰（9910））、刪除7檔個股（華新（1605）、遠百（2903）、欣興（3037）、藍天（2362）、晶華（2707）、神隆（1789）及遠雄（5522））。

➔5-3 不動產投資信託基金(REITs)與不動產資產信託(REATs)

在臺灣2003年7月通過「不動產證券化條例」後，由該條例衍生兩種不動產相關之信託商品：「不動產投資信託（Real Estate Investment Trusts, REITs）」，以及「不動產資產信託（Real Estate Asset Trusts, REATs）」。

一、REITs「不動產投資信託」

不動產投資信託基金（REITs），先發行證券募集資金，再以「投資受益憑證」等證券化方式投資於不動產，其信託關係存在於「投資人（委託人）」與「受託機構」之間；這種不動產投資信託基金，在證券交易所集中場交易，其漲跌幅限制、股價升降單位等皆適用於一般封閉型基金的規定，REITs係為「股權」型的基金（Mutual Fund）商品，性質類似持有一般股票或封閉式之共同基金，投資人可以依照投資股權的比率，擁有不動產所有權。

加油站

REITs的誕生

國內第一檔以不動產投資信託基金（REITs）：「富邦一號」基金，在公開募集完成後，2005年3月10日正式於集中市場掛牌交易，受益證券簡稱為「富邦R1」，交易代碼證券編號為「01001T」。該基金投資於台北市熱門地段之三棟大樓，分別為敦化南路的「富邦人壽大樓」之A級辦公室、中山北路的「富邦中山大樓」一般辦公室及「天母富邦」高級住宅大樓，均是整棟分層出租之用。受益憑證發行總額新台幣58.3億元，為封閉型基金型態。

REITs的報酬率

按公開說明書所揭示的資訊，主要的收益為房租收入。2005年至2007年的租金收益率分別為3.8408%、3.8567%及4.0271%。

二、REATs「不動產資產信託」

　　向不特定人募集發行、或向特定人私募交付不動產投資信託受益證券，以投資不動產、不動產相關權利、不動產相關有價證券及其他經主管機關核准投資標的而成立之信託，其信託關係存在於「不動產所有人」與「受託機構」之間。由於有具體的標的物，發行初期，不動產持有者將此標的物交信託業者（受託機構）作資產信託，受託機構將所募集而來的資金交給原不動產所有人，在契約期間內，不動產淨收益由受託機構定期支付給投資人，最普遍的不動產淨收益為租金收益，收入穩定，投資人每年可享有一定利率報酬。由於目前法令規定壽險業不能把持有的不動產，作為抵押、向銀行融資，所以透過REATs募資對壽險業者具有一定吸引力，可以活化資產流動性。

　　「不動產資產信託」性質類似債券商品或定存單，為以「債權」的方式，會設有到期日，未到期前由發行機構支付利息，到期時REATs的投資人應作還本，由發行機構支付本金，那麼，發行機構哪來的龐大資金支付投資人本金呢？可以由發行機構在到期時將不動產公開出售，原來的信託人（原不動產所有人）也可以買回，所售得的價金即可以支付本金；或者由發行機構將不動產歸還給原不動產所有人，由原來的不動產所有人還付本金。

　　過去如：新光人壽的敦南大樓資產信託受益證券（發行金額30.8億元，土地銀行於94年5月26日發行，99年中到期）、嘉新國際公司的萬國商業大樓、富泰建設的宏泰世紀大樓、遠雄人壽大都市國際中心的資產信託（發行金額5.3億元，在民國100年到期），都據以發行過REATs。

　　我們以新光人壽的敦南大樓資產信託受益證券為例，說明資產持有者、發行者、與管理者之關係；民國94年，新光人壽持有於台北市中山北路、長春路交叉口的「中山大樓」主要部分（除一樓至三樓及地下一樓外之全棟大樓），受託機構為土銀，由土地銀行承作發行28.3億元REATs不動產資產信託，發行期間為5年期，新光人壽相當於是透過不動產資產信託賣斷給投資人，取得28.3億元資金。投資人大多為大型金融機構等法人，也有少部分是自然人，投資人取得包裝成各種不同條件的受益證券，包括A系列受益證券、B系列受益證券、C系列受益證券，以及給付順位屬次順位的受益證券。

在這5年期間，不動產管理機構為嘉新國際，負責這棟大樓的租賃業務等事宜，各系列受益證券投資人，靠著嘉新國際（不動產管理機構公司）打理中山大樓的辦公室租金，每年大約有2%投資收益。在99年1月到期前10個月（如：98年3月30日開標），由土銀將以底價32億9,291萬元公開標售中山大樓，土銀則用賣樓所得來支付投資人當初的投資本金。底價的決定，是由土銀與嘉新國際參考98年3月之台北市商辦行情，把標售價訂在市價的九折，約32.9億元；共有包括壽險公司內在的四組人馬競標，結果被「新光一號REITs」標得，得標價為38.02億元，溢價15.5%，比起94年發行REATs時的價值，增值約35.8%。得標者是REITs，也是首度由REITs以公開標售模式取得不動產。

38.02億元比當初發行金額28.3億元來得高，這部分未來將分給投資人做為賺取的資本利得。

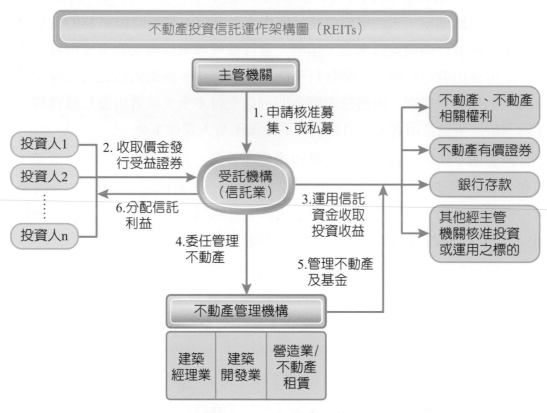

■ 圖5-5　REITs運作架構圖

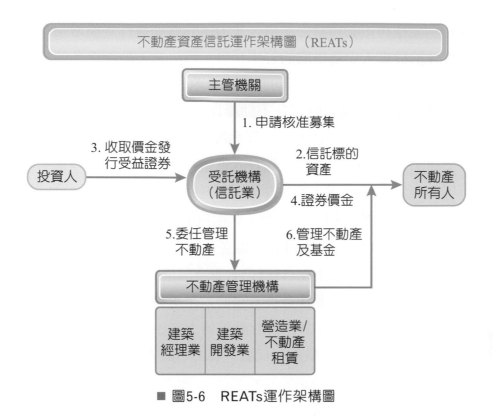

■ 圖5-6　REATs運作架構圖

三、REITs與REATs的區別

REITs是將集中市場上募集來的錢（先），投資購買不動產、不動產相關權利（後）等。REATs是原本有不動產之委託人，先有不動產，把不動產交給受託機構去發行證券來募集資金（後），以支應委託人之資金需求。

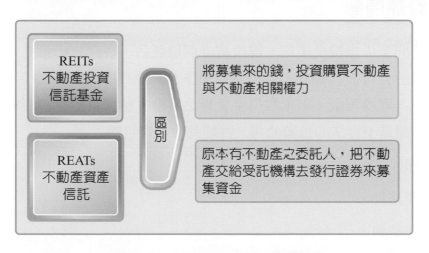

■ 圖5-7　REATs與REITs的區別圖

REATs到期標售不動產時之所得，比REATs當初發行金額增加的部分，這部分未來將分給投資人做為賺取的資本利得，所以在不動產為多頭行情時，投資REATs的投資人除了賺取投資期間的租金收入外，在受益證券到期時，還能享有不動產的漲價利益。但若在不動產即將下跌時，REATs則不會受到投資人的青睞，因為可知未來到期時，若不動產的價格下跌，可能賣樓的收入不足以支付受益證券的應還本金時，投資人就等著賠本，這樣的考量，使得不動產證券市場的金管會核准量、發行量在民國94年達到最高峰，分別為341.4億元、375.4億元，之後便開始下滑，96年跌破百億元，97年核准案件量則為0。

那麼，不動產市場行情與REITs的關係如何呢？當市場熱絡時，持有資金的新發行REITs、或已發行的REITs但仍有資金部位的REITs，則要審慎評估較貴的不動產投資標的，也因此往往在取得時被別更積極的投資者購進不動產投資標的。而市場較弱時，則REITs更有動機擴大其不動產資產，如上例中，新光一號REITs（由兆豐國際商業銀行代表）買下中山大樓即為一例。

➡ 5-4 投資顧問公司

除了證券投資信託公司，可以替投資人經理資金投資之外，另有投資人希望詢求財務建議，自己再綜理判斷投資策略。而「投資顧問」即為可滿足這類投資人之需求。

一、投資顧問業

投資顧問業係指接受委任，提供證券價值評估、研究分析意見、投資判斷建議，或基於分析而為委託人從事證券操作者。證券投顧公司直接或間接自委任人或第三人取得報酬，若未取得金管會之核准，卻提供證券投資顧問服務之投顧公司，都是不合法的投顧公司。其經營的內容包括：

1. 投資管理。
2. 風險管理諮詢。
3. 企業顧問諮詢。
4. 稅務規劃諮詢。

5. 境外公司諮詢。

6. 從事全權委託投資業務。

二、證券投資顧問契約

指證券投資顧問事業與客戶簽訂投資顧問之委任契約,載明投顧事業接受客戶委任,對有價證券、證券相關商品或其他經主管機關核准項目之投資或交易有關事項,提供分析意見或推介建議。

以上這些諮詢項目,是用什麼型態提供給客戶呢?依2004年10月所頒布的「證券投資顧問管理規則」中,投顧事業所經營的業務包括:對證券投資有關事項提供及建議;發行有關證券投資的出版品;舉辦有關證券投資講習;其他經證管會核准之有關證券投資顧問事業。也就是說,以投資講習、書面或電子式出版品為最多。

三、是否為合法的投顧公司

市面上打著投資顧問的旗號,向投資人解盤股市行情,自稱「老師、顧問」者,所在多有,要如何才能區辨是否為合法、經過主管機關核准承辦投顧業務的公司呢?投資人可以至投信投顧公會網站之會員資料區[4],查詢該公司是否為合法之投顧公司,取得該公司之聯絡電話後,再致電至該投顧公司,詢問該投顧老師是否受雇於該投顧公司。

設立投顧公司的最低資本額為5,000萬元,另應提存營業保證金,保證金的標準為實收資本額未達1億元者提存1,000萬元,未達2億元者提存2,000萬元,未達3億元者提存3,000萬元,超過3億元以上者提存5,000萬元。

此外,對於投顧老師的推介建議不應毫思考就全盤接受,平常投資人應多多花時間了解市場趨勢與資訊、多閱讀專業財經報導及雜誌、公司財報,以具有判斷投顧老師推介建議是否合理之能力。

截至2015年6月,國內的投顧公司共有92家,兼營投顧之公司共有67家,而兼營投顧者,為銀行、證券商、期貨商、投信四類,詳見表5-2投顧公司分類內容表。

---

4. http://www.sitca.org.tw/Menu_main.asp

● 表5-2 投顧公司分類內容表（截至2015年6月止）

類別		投顧公司
投顧公司		日盛投顧、富邦投顧、元大投顧、康和投顧、台新投顧、鑫圓滿投顧、富蘭克林投顧、第一金投顧、萬寶投顧、華信投顧、禮正投顧、宏遠投顧、顧德投顧、永豐投顧、法銀巴黎投顧、啓發投顧、亞洲投顧、凱基投顧、安睿投顧、美盛投顧、大華銀投顧、統一投顧、華冠投顧、兆豐國際投顧、亨達投顧、萬通國際投顧（原名：寶成）、宏觀投顧、運達投顧、豐銀投顧、中華投顧、華南投顧、大宇國際投顧、群益投顧、大展投顧、倫元投顧、霸菱投顧、元富投顧、大昌投顧、亞東投顧、台灣工銀投顧、瑞聯全球投顧、普羊萬寶投顧、正鑫投顧、鼎燁投顧、國票投顧、承通投顧、富友投顧、先鋒投顧、聯華投顧、國泰投顧、第一國際投顧、玉山投顧、理周投顧、君安投顧、永誠國際投顧、大華國際投顧、富晨投顧、品豐投顧、鉅亨網投顧、（原名：可締恩）瑞資投顧、天達投顧、新光投顧、鋒裕環球投顧、首華投顧、廣源投顧、捷城投顧（停業中）（原名：玉峰）、磐石百利投顧（停業中）、高欣投顧、大來國際投顧、（原名：旺達）安本國際投顧、富盛投顧、富鼎投顧、（原名：乾景投顧）福邦投顧、聚揚投顧、法儲投顧、容海國際投顧、先進全球投顧、葛洛斯投顧、桓宇投顧、瑞邦投顧、英傑華投顧、信誠環球投顧、百達投顧、丹尼爾投顧、誠創投顧（停業中）、向威國際聯合投顧、天利投顧、駿利投顧、路博邁投顧、東方匯理投顧、富利國際投顧、時間投顧
兼營投顧之公司	投信兼營	第一金投信、匯豐中華投信、元大寶來投信、景順投信、保德信投信、富邦投信、摩根投信、新光投信、瑞銀投信、群益投信、聯博投信、日盛投信、柏瑞投信、復華投信、永豐投信、宏利投信、貝萊德投信、野村投信、未來資產投信、德盛安聯投信、國泰投信、德銀遠東投信、凱基投信、施羅德投信、華頓投信、富蘭克林華美投信、台新投信
	銀行兼營	永豐商銀、中國信託商銀、第一商銀、臺灣銀行、台新國際商銀、玉山商銀、上海商業儲蓄銀行、台北富邦商銀、華南商銀、凱基商銀、元大商銀、高雄銀行、國泰世華商銀、遠東國際商銀、臺灣土地銀行、兆豐國際商銀、法商法國巴黎銀行、匯豐（台灣）商銀、日盛國際商銀、瑞士商瑞士銀行、渣打國際商銀、德商德意志銀行、合作金庫商銀、星展（台灣）商銀、澳盛（台灣）商銀、彰化商銀、大眾商銀
	證券商兼營	富達證券、中國信託綜合證券、國票綜合證券、東亞證券、兆豐證券、德信綜合證券、遠智證券
	期貨商兼營	凱基期貨、國泰期貨、富邦期貨、永豐期貨、華南期貨、群益期貨

本章重點

1. 共同基金為資產管理概念，為信託業務中結合金錢信託與有價證券信託之業務。

2. 證券投資信託公司，簡稱投信公司、或俗稱基金公司，取得營業執照後，向主管機關申請募集「共同基金」，或向特定人（35人以下）私募基金。

3. 基金淨值總額是指在某一時點下，某檔共同基金所持有的總金融資產價值，減去總負債價值。淨值總額反應了某檔基金所持有的金融資產價值。

4. 共同基金好處：可彌補投資人專業能力的不足或投資時間不足、可有效分散風險、可以小額資金持有金融商品。

5. 民國75年元月起各銀行之信託部開辦「指定用途信託資金投資國外有價證券業務」，94年8月施行「境外基金管理辦法」，之後正名為「特定金錢信託業務投資境外基金業務」，適用總代理人或銷售機構之相關規定。原80年代透過銀行以「指定用途信託資金」，購買國內基金，95年「證券投資信託事業募集證券投資信託基金處理準則」載明銀行擔任銷售機構，與投資人簽訂「特定金錢信託契約」。

6. 境外基金的銷售，在台灣有「唯一」的總代理人：國外基金公司在台灣的分公司或子公司、國外基金公司授權國內的投信、投顧、證券經紀商或其他金融機構擔任。

7. 封閉型基金在基金發行之後，投資人並無法直接向投信公司申購或贖回，而必須在證券集中市場下單買賣，故發行流通在外之受益憑證數量，不會隨時變動。

8. 貨幣型基金投資組合之加權平均存續期間不得超過180天。債券型基金投資組合之加權平均存續期間須達1年以上。

9. 「指數股票型基金」（Exchange Traded Funds）。為將指數予以證券化，透過持有表彰指數標的股票權益的受益憑證來間接投資。

10. ETF特色：分散個股風險、免除選股煩惱、小額投資、績效可隨時觀察其連結的指數。

11. ETF依其追蹤的指數，可分為：國內成分證券指數股票型基金、國外成分證券指數股票型基金、連結式指數股票型基金。

12. 實物申購買回機制，可降低基金的溢折價。「實物申購」指股資人可以交付「一籃子股票」，以交換「一定數量」之ETF（如50萬或100萬單位），以「一定數量」之ETF換回一籃子股票，我們稱之為「實物買回」。

13. 不動產投資信託基金（REITs），先發行證券募集資金，再以「投資受益憑證」等證券化方式投資於不動產，其信託關係存在於「投資人（委託人）」與「受託機構」之間。不動產資產信託（REATs）向不特定人募集發行、或向特定人私募交付不動產投資信託受益證券，以投資不動產，其信託關係存在於「不動產所有人」與「受託機構」之間。

( ) 1. 下列哪個是共同基金的好處？　(A)分散風險　(B)可作為小額投資人理財工具　(C)可提高資金效率　(D)以上皆是。

( ) 2. 下列何者不是開放型基金的交易費用？　(A)保管費　(B)經紀商手續費　(C)管理費　(D)申購費。

( ) 3. 共同基金的最低發行額為多少？　(A)2億　(B)5千萬　(C)3億　(D)6億。

( ) 4. 下列何種是申購共同基金的方式？　(A)單筆投資　(B)定期定額投資　(C)定期不定額投資　(D)以上皆是。

( ) 5. 何者是ETF的優點？　(A)一張股票即為一籃子股票　(B)成本低廉　(C)交易方式簡單　(D)以上皆是。

( ) 6. 寶來滬深ETF漲跌幅限制為何？　(A)5%　(B)7%　(C)9%　(D)無限制。

( ) 7. 下列何者非實物申購買回的好處？　(A)避免折溢價　(B)增加ETF市場之流動性　(C)降低基金之交易成本　(D)無最低購買限制。

( ) 8. 下列ETF交易規則何項錯誤？　(A)1,000受益權單位為一交易單位（一張）　(B)漲跌停板幅度為7%　(C)以集保帳簿登載，不得領出　(D)融券賣出，平盤下不得放空。

( ) 9. a.國內成分證券指數股票型基金；b.國外成分證券指數股票型基金；上述何項是國內投信公司在台募集發行及上市交易之ETF？　(A)a　(B)a&b　(C)b　(D)以上皆非。

( ) 10.何者非國內成分證券指數股票型基金？　(A)台灣50　(B)聯福生　(C)寶電子　(D)FB發達。

( ) 11.信用評等業是針對哪一項風險進行評估？　(A)信用風險　(B)利率風險　(C)作業風險　(D)市場風險。

( ) 12.那一項是財務顧問業的業務範圍？　(A)風險管理諮詢　(B)企業顧問諮詢　(C)境外公司諮詢　(D)以上皆是。

( ) 13.下列何者不是私下募集的特色？　(A)可以避開繁雜的公開發行手續　(B)可以避開主管的監督管理　(C)流動性太低，以致投資人需要現金時可能有困難　(D)對象為不特定的所有投資大眾。

▶習題解答

1	2	3	4	5	6	7	8	9	10
D	B	D	D	D	D	D	D	B	B

11	12	13							
A	D	D							

06

銀行實務與國際外匯市場

◆ **本章目標**

1.認識銀行資金之來源與運用
2.瞭解外匯市場

◆ **本章引言**

本章由銀行之資金來源與運用開始,說明銀行的授信內容,也釐清易混淆名稱的國內銀行與國外銀行分行。並藉由資本適足率討論銀行會不會倒閉。最後,本章介紹了外匯市場功能及常用的匯率表示法。

➜ 6-1 銀行之資金來源與運用

一、銀行之資金來源

　　銀行之主要資金來源即為民眾存款，一般占其資金來源的9成以上，而股東之出資則為1成以下，若以商業銀行法定資本額最少100億計，而無其他股東權益項目時，則吸收存款為900億，總資產為1,000億。

資產（Asset）＝負債（Liabilities）＋股東權益或自有資本（Equity）

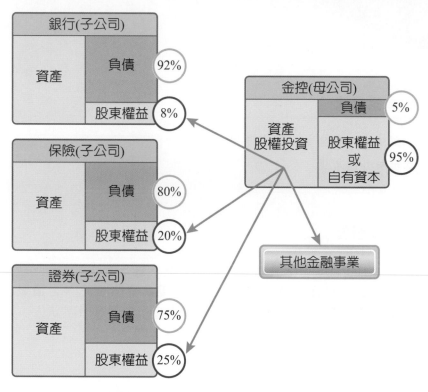

■ 圖6-1　金融業之負債比率示意圖

　　台灣於89年9月通過「金融控股公司法」及「金融合併法」，90年7月實施，開啟金融控股公司在台灣金融市場的紀元，金融控股（母公司）公司可直接控制股權，為其投資業務，股權可以包括銀行（子銀行）與非銀行金融機構（子公司），金控公司本身不涉及直接營運，而是僅就各子公司的金融資源作出合適的配置與股權操作，由於不從事營運，故金控公司通常為一總公司，無分設據點，而旗下子公司，在非銀行金融業方面，可以是保險、證券、票金

公司、投信、創投、財務顧問、資產管理、租賃、分期付款公司、應收帳款公司、期貨公司、保險經紀公司；也可以有其他的非金融事業投資。

　　若某銀行為金融控股母公司旗下的子銀行，指的是此銀行的大股東為某家金融控股公司，如：臺灣金融控股股份有限公司持有臺灣銀行100%股權（股數70億股），資本額為700億元，加計其他股東權益項目後（如：資本公積、保留盈餘、金融商品未實現損益等），股東權益為2,518.7億，而其負債（以存款為大宗）為36,152億，股東權益與負債分別約占資產38,670億的6.5%與93.5%，臺灣銀行的股東權益甚至占不到資產之一成；負債達9成以上。

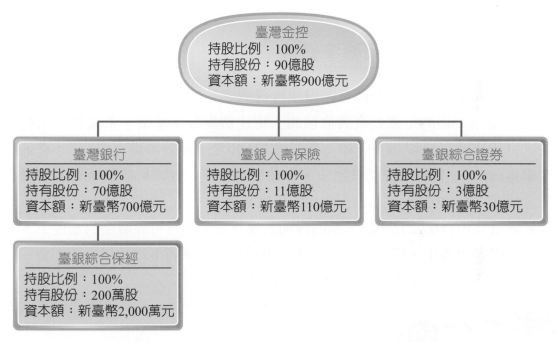

■ 圖6-2　台灣金控母公司旗下之各事業體持股情形

　　銀行負債之性質與一般公司很不相同，一般公司若是負債比太高，須負擔高額之利息費用，即便本業有盈餘，常也被高額利息費用侵蝕其淨利，而使得其經營風險較高，因為一但淨利若隨景氣下滑，每期固定支出之利息費用未隨之減少，很快就會出現資金缺口而有經營困難。反之，君不見有哪家銀行，會因為收受存款過多（存款為銀行之負債，存款越多，銀行之負債越大）而宣告經營不善而倒閉。故，在作負債比率或與負債相關之財務分析時，常將銀行與一般行業分開來列示，理由即在此。

二、銀行之資金運用

銀行收受存款後，可以將資金用於放款、投資、購買固定資產等用途。當然，在將資金投注出去之前，銀行需保留一部分之現金供作存戶隨時提領之用，此為存款準備金。準備金由於存在銀行內，無法賺取收益，但同時需負擔存戶這部分的利息成本，故準備金越高，對銀行經營越不利，準備金常被主管機關用來作為政策性工具，藉由對銀行準備金的要求，可以控制銀行流入市場上之貨幣數量，也可以達到間接影響利率的手段，當市場上的貨幣數量緊峭時，利率便隨之上升。

三、存款準備金與呆帳準備金

前段所提及之存款準備金，與銀行提列之呆帳準備金為不同項目，所謂呆帳準備金，指的是銀行取其放款的一定比例提取準備金，未來若有呆帳發生，可用來沖抵呆帳損失。如：銀行收取100元，存款準備金為8元（準備金比率為8%），貸放92元房貸出去，由於沒有十足把握能夠收回所有的房貸金額，故而針對此92元，又提列了1%的呆帳準備金，為0.92元，同時也增加了本期呆帳費用項目0.92元，讓本期的淨利是建立在呆帳有可能發生的基礎下，未來若呆帳真的發生，則可以以過去逐年提列的呆帳準備金作沖抵，而不會一口氣在呆帳發生當年度造成銀行大額的呆帳損失。

預防房價下跌之警示放款比率

隨著台灣房地產價格高居不下，於103年，要在台灣置產房屋，與其收入相比，房價所得比竟高達15.73倍。

不動產放款包含房貸、建築融資，若不動產價格居於高檔，可預見的是，不動產價格在日後下跌，而銀行可能面臨房貸戶無力繳納，在拍賣房貸戶所抵押的房地產時，發生拍賣價格小（市價）於銀行貸放金額（依過高的房屋歷史價格核貸），而使銀行承受損失。金管會在民國100年起，針對銀行之不動產放款，提出相關的監理指標，以防未來房價下跌時引起銀行逾放損失，如：限制大型銀行其「房貸加修繕貸款佔總放款」的警示比率為30%。

　　105年底前，各銀行的不動產授信提存呆帳準備金的比率，須達到1.5%的比率，金管會於104年4月研擬，而對於不動產放款達到警示比率的銀行，即不動產放款較高的7家銀行（如：土銀、渣打銀和滙豐銀行），金管會要求增提0.75%~ 0.8%的準備金比率，一旦增提準備金，將侵蝕銀行獲利。

四、授信

　　銀行的主要業務為授信，即授予信用，包括放款透支、貼現、保證、承兌。銀行法依「授信」的長短天期分為短天期信用（1年以內）、中期信用（1年到7年），及長期信用（7年以上到20年）。

　　常見之信用卡業務，信用卡具備「先享受，後付款」的特性與循環信用之功能，屬於授信業務的一環，在信用卡業務中，涉及五大主體：

1. 品牌所有者，如Visa、MasterCard、JCB、Diners、AMEX、UnionPay等。

2. 發卡機構。

3. 收單機構。

4. 特約商店。

5. 持卡人。

➤6-2 銀行的種類

　　本節將說明銀行的種類，藉由各類銀行的認識，我們可以了解銀行的業務。

一、銀行法之銀行分類

(一)商業銀行

　　以收受支票存款，提供短期信用為主的銀行。包括本國一般銀行及外商銀行在台分行。

(二)專業銀行

以融資給特定產業爲主，爲專業信用之供給，中央主管機關准予設立專業銀行，或指定現有銀行擔任該項信用之供給。專業銀行類型：

1. 工業銀行。

2. 輸出入銀行。

3. 中小企業銀行：

中小企業銀行可提供給中小型企業融資服務；另外，中小企業信用保證基金（信保基金）則可以提供信用保證服務，以分擔銀行放款風險。而中小企業聯合輔導中心提供了融資診斷服務。

4. 不動產銀行。

5. 農業銀行：

調節農村金融，以及供給農、林、漁、牧生產與有關事業所需農業信用（銀行法第92條），這種具有支援特定產業之銀行，原先有土地銀行、農民銀行（已於95年併入合庫）及合作金庫等三家，但都已經改爲商業銀行。另外，於94年5月成立全國農業金庫，能夠收受農漁會信用部轉存款與進行放款，所以，全國農業金庫與農漁會信用部，屬於上下游的互補合作關係。

6. 國民銀行：

目前無專營之國民銀行，但功能類似的有基層金融機構，包括信用合作社、農會信用部、漁會信用部、郵政儲金匯業局，從民國86年開始，財政部核准經營良好的信用合作社改制爲商業銀行。

合作金庫

在民國35年，合作金庫的主要股東包含臺灣省政府以及各合作社、農會、漁會、農田水利會等，於74年5月，依據《銀行法》第52條：「依本法或其他法律設立之銀行或金融機構，其設立標準，由主管機關定之。」取得法人資格。合作金庫依中央銀行法第83條：「中央銀行對信用合作社

及農會信用部之檢查，得委託公營金融機構辦理。」故中央銀行委託合作金庫辦理基層金融的檢查；因此合作金庫又有「基層金融之中央銀行」的角色，其後於87年，改由中央存款保險公司負責信用合作社、農會信用部及漁會信用的金融檢查工作。90年元旦，合作金庫配合政府的金融改革政策，改制爲合作金庫銀行。95年5月1日，合作金庫與中國農民銀行合併，同時更名爲合作金庫商業銀行，轉型爲商業銀行。100年12月1日，改組爲合作金庫金融控股公司，旗下有合庫銀行、保險、證券、票券、投資信託等公司。

中央信託局

中央信託局在最早設立時，定位爲中央銀行之附設機構，在「中央信託局章程」中，指出：中央銀行特設中央信託局經營信託業務，40年在台復業時，政府核准其辦理信託業務、及軍人保險、再保險、輸出保險、公保等業務，中央信託局人壽保險業務以「中央人壽」爲其商標名稱，並協助政府機關及公營事業採購物資。之後於民92年配合金融改革，依公司法辦理公司登記，改制爲中央信託局股份有限公司。民國96年則被台灣銀行整併，原有的信託、採購、保險、及銀行業務併入台灣銀行各部門。

(三)信託投資公司

以受託人之地位，按照特定目的，吸收信託資金後經理及運用，辦理中長期信託與投資業務爲主，其角色以專業投資爲主，站在投資中間人之地位，從事與資本市場有關之特定目的投資。信託投資公司在實務上的經營型態，包括專設的信託投資公司（目前已不具有專設之信託投資公司），及各銀行附設的信託部，後者準用銀行法中信託投資公司的規定。

名詞解釋

信託投資公司

信託投資公司雖沒有「銀行」兩字，卻是銀行的一種，早期有多家信託投資公司，如：第一信託（民國60年5月成立）、中國信託（民國60年7月成立）、國泰信託（民國60年7月成立）、華僑信託（民國60年8月成立）、中聯信託（民國60年10月成立）、亞洲信託（民國61年7月成立）、土地開發信託公司（民國61年7月成立）。但之後紛紛轉型爲商業銀行或由於經營不善遭到接管，使得目前已無專設之信託投資公司。

證券投資信託公司

指的是投信公司，即俗稱的基金公司。

二、依設立限制之銀行分類

銀行業在台灣的發展，最早是在台灣光復初期，由日據時代設立的金融機構改組，包括了七家銀行：台灣銀行、第一銀行、合作金庫、台灣土地銀行、彰化銀行、華南銀行、及台灣中小企業銀行。這七家行庫俗稱「省屬七行庫」，屬於政府官股爲大宗之公營銀行。之後，政府准許原在大陸設立的金融機構復業，分別有中央信託局（於民國38年遷移來台）、交通銀行、中國銀行（民國60年改組爲中國國際商業銀行）、郵政儲金匯業局、中國農民銀行、上海儲蓄銀行。

(一)老銀行

老銀行指在民國80年開放新銀行申設前所存在之銀行，當時政府同意原本在大陸設立的金融機構復業外，對於新銀行的設立的態度相當保守。新設立的金融機構只有華僑銀行、世華銀行（此兩家屬於僑資設立的銀行）、台北市銀行（民國58年由台北市政府成立，82年改名台北銀行，爲今日台北富邦商業銀行之前身）、高雄市銀行（民國69年由高雄市政府成立，83年改名高雄銀

行，88年9月民營化）、中國輸出入銀行、若干家信用合作社、及農漁會信用部等。

其後，爲增進銀行之競爭力，推動官股銀行民營化，於民國88年推動中國農民銀行、交通銀行民營化、民國87年華南銀行、第一銀行、彰化銀行三家銀行也民營化。

(二)新銀行

80年起開放商業銀行之新設，積極推動金融自由化政策，民國80及81年通過15家新商業銀行設立。加上民國86年開放信用作社改制爲商業銀行[1]，使台灣短期內增加很多銀行。

三、依總行之設立國家之銀行分類

(一)本國銀行

銀行之總行設立在我國，即爲本國銀行。台灣之銀行成立的資本額，依「商業銀行設立標準」規定，設立商銀的最低實收資本額爲100億元，而「工業銀行設立標準」規定，設立工銀的最低實收資本額爲200億元。

(二)外國商銀

銀行法第116條所稱之外國銀行，指依照外國法律組織登記之銀行，經中華民國政府認許，在中華民國境內依公司法及銀行法登記營業之分行。其設立分行的標準，依「外國銀行設立分行及代表人辦事處審核準則」，規定資產或資本排名世界前500名、或往來業績在10億美元以上的外商銀行，申請來台投入1.5億元資本額，可設立第一家分行；每增設一家分行需再投入1.2億元資本額。

---

1. 爲了避免由於體質不良的信用合作社倒閉，政府希望能讓信用合作社改制、合併，以健全其經營業務，在改制爲銀行後，便適用銀行法，能對於問題授信的問題更增加法令的限制與規範。民國84年12月6日訂定實施「信用合作社變更組織爲商業銀行之標準及辦法」，鼓勵信用合作社合併、改制爲商業銀行，其改制爲銀行的標準較新銀行設立的標準寬鬆許多，信合社合併後只要最低實收股金達20億元且無累積虧損，或其中一家逾期放款比率在2.5%以下，且合併後逾期放款比率在5%以下，即可改制爲銀行。如：誠泰銀行、板信銀行。

金融實務補充：本國銀行與外國銀行的本尊與分身！？

在中央銀行網站上（http://www.cbc.gov.tw/mp1.html），可以查詢到本國銀行與外國銀行之家數、名稱。如：本國銀行有臺灣銀行、第一商業銀行、彰化商業銀行、花旗（台灣）商業銀行等。有趣的是，有些銀行的名字很類似，但卻分屬於本國銀行及外國銀行在台分行，如表6-1：

● 表6-1　本國與外國銀行

本國銀行	外國銀行在台分行
花旗（台灣）商業銀行Citibank Taiwan Ltd.	美商花旗銀行Citibank N.A.
渣打國際商業銀行Standard Chartered Bank（Taiwan）Ltd.	英商渣打銀行Standard Chartered Bank
匯豐（台灣）商業銀行The HSBC Bank（Taiwan）Limited	香港上海匯豐銀行The Hongkong and Shanghai Banking Corp. Ltd.

若為國外金融集團直接來台設立分行，為外國銀行在台分行，其分行決策者為分行經理，直接隸屬於國外公司。

若為依銀行法設立，為本國銀行，而此本國銀行中，以某國外金融集團為持股大股東之一，並命名該本國銀行的名字很相似於其國外金融集團，其仍屬於本國銀行。該銀行各分行的分行經理，隸屬於其在台灣之銀行總部之董事長、總經理下。

工業銀行即將走入歷史

台灣的工業銀行有兩家，一為中華開發工業銀行，前身為中華開發信託股份有限公司，於48年5月行政院經濟安定委員會與世界銀行合作成立，為民營信託金融機構。於88年改制為「中華開發工業銀行」，為臺灣

第1家取得工業銀行執照之專業銀行。第二家工業銀行爲台灣工業銀行，乃於民國89年新設之工業銀行。

　　而於104年5月起，開發工銀將其各地分行、企業金融等業務，讓與凱基銀行（爲開發金控旗下之子銀行），而比較等殊的「直接投資」業務，則轉型爲開發金控母公司下的創投子公司，承辦創業投資及股權投資業務。開發工銀將於105年9月向金管會繳回工業銀行執照，改制爲商業銀行。

　　而台灣工業銀行則於104年3月已向金管會申請轉型爲商業銀行，如此一來，使得台灣工業銀行即將步向歷史。工業銀行在轉型爲商業銀行後，可以承作個人的存放款業務。

四、以官股過半之銀行分類

(一)公營銀行

　　政府資本超過銀行資本額50%者，稱爲公營銀行，目前公營的銀行爲台灣銀行、土地銀行、中國輸出入銀行、及中央信託局。其握有過半持股者之政府部門爲財政部。

(二)民營銀行

　　除了一開始申設即爲民營者外，已民營化之公營銀行有：中國農民銀行、交通銀行（併入中國國際商業銀行，現爲兆豐國際商銀）、合作金庫銀行、彰化商銀、華南商銀、第一商銀、台灣中小企銀、台北銀行、高雄銀行。

五、以銀行是否有金融控股公司作爲其母公司之銀行分類

(一)金融控股公司旗下之銀行

　　由於金融控股公司經營模式，能發揮金融綜合經營效益，也能擴大經營規模及範疇；「金融控股公司法」於90年11月1日開始實施。最早於民國90年 12月後，銀行紛紛以合併方式成立金融控股公司，如：台新銀行合併大

安銀行，91年台北銀行與富邦銀行合併，中國商銀與交通銀行合併、世華銀行與國泰銀行合併等；於民國90年宣佈核准首批13家金控公司籌設許可：華南、國泰、中國信託、富邦、建華、中華開發、第一、交銀、台新、玉山、日盛、復華、新光。這些金融控股公司之下，銀行為其子公司，並能藉由其他兄弟，如：同為金控媽媽底下之其他證券公司、投信公司、保險公司等，一起分享客戶、共擔業務，以達金控經營效益。

(二)非金控旗下經營之中小型民營銀行

由於沒有金控母公司旗下之其他子公司相互支援，在經營上需尋求市場利基或市場區隔，如：京城銀行、安泰銀行、遠東銀行、台中銀行、聯邦銀行、大眾銀行、高雄銀行，未來也可能會尋求與其他銀行整併，增加市場競爭性。

六、銀行之組織

由於在個別銀行下多設有各地分行，且金融業務日益複雜，要掌理龐大的銀行業務，需設多層組織，以專業分工，各司其職，一般而言，銀行之組織中，設有董事長、總經理、副總經理、稽核處（總稽核），其下設有經營管理各子部門，如：

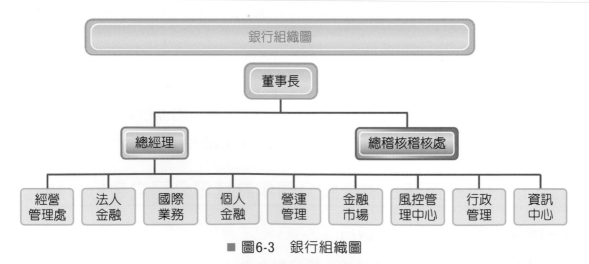

■ 圖6-3　銀行組織圖

銀行各部門，大致可以分為：

1. 依業務服務對象，分為法人金融（或企業金融）、個人金融（消金、信用卡、信託處、理財業務）。

2. 依特殊業務屬性，設有國際業務（負責外匯營運、海外業務）、電子金融、投資交易部門（如；金融交易、資金管理）。

3. 業務支援屬性之資訊中心（系統營運、系統開發）、風控管理中心（風險管理、授信審核、徵信處、債權管理）。

4. 行政管理後援部門（會計、總務、公關、人力資源）。

兩岸銀行互動合作

根據「兩岸金融業務往來許可辦法」規定，大陸銀行來台參股金融機構（如：金控公司、銀行等），只限上市櫃的金控或銀行，且單一陸銀參股上限是5%，服貿協議放寬參股上限，但尚未通過。

■ 圖6-4　兩岸銀行參股合作案

兩岸金融業務持續發展，成立於2002年5月之中國信託金控公司，在2015年5月下旬，規劃首度之「兩岸銀行參股合作案」，與成立於1979年10月的大陸中信集團參股策略聯盟，由陸銀以私募方式參股中信金3.8%股權，中信金則以新台幣116.7億元取得大陸中信銀行香港子行的子公司信銀國際（中國）100%股權，成為兩岸金融業雙向參股合作首例。

七、基層金融機構

基層金融包括農漁會信用部、信用合作社、及郵政儲金匯業局。

(一)信用合作社

信用合作社是以其社員為營運對象，具有社員間彼此互助、彼此融通的精神，故而稱為信用合作社，其存放款均限於社員，然而，由於信用合作社不

屬於銀行法管轄之銀行類別,在缺乏嚴格法規限制下,使得信用合作社超貸或關係人貸款等不當授信情事時有所聞,問題基層金融機構層出不窮,爲解決問題,除了由政府主導農會信用部彼此合併之外(如:如屏東縣農會合併鹽埔農會),也透過公營行庫合併信用合作社。而爲鼓勵信用合作社自願改制爲商業銀行,而其資本額又難以達到商業銀行設立資本額之100億門檻,財政部於民國84年12月6日實施「信用合作社變更組織爲商業銀行之標準及辦法」中,放寬有關條件,合併後僅需最低實收資本額達20億元,且無累積虧損或其中一家逾期放款比率在2.5%以下且合併後逾期放款比率在5%以下即可,以鼓勵信用合作社自願合併並改制商業銀行。民國84年至89年間改制爲商業銀行之信用合作社家共計有7家,如:台北三信改制爲誠泰銀行、板橋信合社改制爲板信銀行。另,財政部也放寬信用合作社可將資產負債讓與商業銀行,在84年至89年時期,信用合作社被一般商業銀行合併或概括承受共有17家,如:合作金庫併彰化四信、臺灣銀行併東港信合社。截至104年7月爲止,信用合作社仍在營運者,計有23家。

金融機構家數

截至103年2月底,共有39家本國銀行、16家金融控股公司、28家外國銀行在臺分行、3家大陸地區銀行在臺分行、24家信用合作社、8家票券金融公司及中華郵政公司等金融機構,資產總額達51.1兆元。

(二)郵政儲金匯業局

由於台灣早期銀行未能開放新銀行設立,銀行家數不多,而偏遠地區或山區若有存匯款需求,便仰賴遍佈全國各地之郵局了,此爲台灣郵局之特色,國外郵局則爲單純之收寄郵件服務,不若台灣之郵局還具有存匯款功能。甚後,主管機關更開放郵局能承作核貸業務,如:定存質押、壽險保單質押放款,少數的郵局據點更能承作房屋抵押放款業務,但爲考量郵局資金之安全性,郵局所收受的資金,大多轉存中央銀行或商業銀行、提供中長期專案融資,支持重大公共建設。

(三)農漁會信用部

　　農漁會向主管機關申請，並獲許可設立信用部者，應撥充信用部事業最少1,000萬元資金，另可收受會員存款，用以提供會員及其家屬所需之農、漁業產銷資金等。

→6-3 數位銀行與行動支付發展

　　本節將說明第三方支付與數位銀行近年之發展。

一、由數位支付時代的來臨

(一)數位支付之趨勢

　　由於國內的ATM分布密度高（約2.7萬台），在各銀行分行與便利超商皆可輕易地提領現金，使得過去台灣民眾習慣使用現金，與鄰國相比，韓國的電子支付比率為77%、香港為65%、中國為56%、及新加坡為53%，但台灣的電子支付比率則不及三成。然而，電子商務之日漸普及，交易金額年年增加[2]

　　所謂「電子支付工具」包括了：

1. 信用卡

2. 轉帳卡（Debit card）

3. 票證（如悠遊卡）

4. 第3方支付（指網路儲值或代收付）

(二)國內電子支付機構之放寬情形

　　為了使數位金融環境能順利推行，於2015年5月3日已施行「電子支付機構管理條例」（俗稱第三方支付專法），開於專兼營的電子支付機構設立，預期會有7家以上的專營電

金融焦點Focus

 金管會電子支付5年內佔5成

資料來源：
http://www.ntdtv.com.tw/
b5/20151102/video/159455.
html?FinTech金融科技%20台
拚電子支付5年倍增

---

2. 根據資訊工業策進會統計，2014年電子商務交易規模約8,800億元，2015年則衝破1兆元。

子支付機構[3]，與19家以上的兼營銀行，開放電子票證（如悠遊卡公司）也可以經營第三方支付業務。

　　將來為消費者帶來的便利，包括在記名式電子票證中的儲值金額（如：一卡通、悠遊卡），在每日的移轉上限3萬元、每月的總額上限30萬元內，可移轉到同名的電子支付帳戶內。而電子支付帳戶則可利用第三方支付平台交易，第三方支付平台扮演買賣方交易的中間者，當買賣雙方合意成立契約後，買方不直接支付予賣方，而是將交易金額暫時先交給第三方支付平台，由第三方支付平台通知賣方出貨，在確認出貨後已由買方確實收貨，再由第三方支付平台向賣方付支貨款。由於第三方支付平台既不是買方、也不是賣方，故稱為第三方。至於買方為何不直接未付予賣方，常見的是網路商城交易，一來雙方缺乏互信基礎，若付款後未出貨，或出貨後不付款，在徒生爭議下將不利雙方交易進行；二來買賣方可能缺乏付款或收款之整合性工具或技術（如：賣方於網路販售，但網頁缺乏網路刷卡功能），透過第三方支付可以達到付款安全、收付方便的好處；最後，第 方支付平台也可以應用於網路銷費之外，如：第三方支付結合手機的行動支付功能，提供實體商店的購物便利性，稱之為「線上結合線下交易（Online to Offline, O2O）」。中國的第三方支付平台則發展得較早，如：著名的阿里巴巴施下之「支付寶」即為中國市場市占率最大的第三方支付平台，其下之用戶數量超過4億人。第三方支付平台除了在網路上作為方便交易的支付媒介外，未來可透過手機中的第三方平台之行動APP作付款，消費者只需要帶著手機，即可以支付計程車費、超市小額購物、連鎖速食業消費、甚至是支付水電費、手機費等，省去回找現金，十分便利。

　　其加值功能，可以是由第三方支付整合特約商店，提供優惠活動，利用手機的GPS定位功能，讓消費者得知其所在區域附近之商家優惠，達到買賣方、第三方支付三方皆贏的局面。

　　目前電子支付仍有些困難有待解決，如：電子支付工具繁多、規格尚未統一，及相關的手續費和稅務成本，但可預見的未來，待電子支付普及後，可能重組金融市場生態，未來金融業將面對更多樣化產業（如：第三方支付業者）一同競爭。未來誰能夠擁有廣大會員的線上商業平台、或者廣大會員的社群APP，便是能夠取得電子支付的版圖。

---

3. 如：歐買尬之子公司「歐付寶」、遊戲橘子之子公司「樂點行動支付(Gash Pay)」、智付寶、藍新科技之子公司「ezPay」、玉山銀行、永豐銀行。

二、數位存款帳戶使銀行行員人數減少

除了前面所提到的電子支付，還有不可忽視的「數位存款帳戶」所帶來的數位金融時代。2015年9月由銀行公會通過「數位存款帳戶」作業範本草案，並預定2016年6月前，可在網路上開立銀行帳戶。

金融焦點Focus

銀行貼心服務，提供數位化行動開戶

資料來源：
https://www.youtube.com/watch?v=VwTDvIOhxHQ

未來在網路上可開戶後，可不受銀行3點半之營業時間限制，利用網路就能線上開銀行戶頭，開戶後，便可利用線上的網路銀行功能，如：網路銀行帳戶可繳信用卡款、下單買基金、甚至能貸款[4]。

在開戶安全控管方面，則可以利用存戶提供的身分認證程度，開放不同的線上功能，如：認證身分程度最高者，採自然人憑證加上影像檔，其帳戶功能和一般親赴銀行開戶一樣，可存款、繳卡款和貸款、買基金、轉帳等。 又如：以其他銀行已申辦之信用卡或的存款帳戶作為線上開戶之認證，這種網路銀行帳戶則限縮每可交易的金額。

未來這種新興的線上開戶，將使重視零售銀行業務之銀行分行價值消失，數位化的改革將是銀行減少員工數量之主要動力，一但銀行獲利遭到景氣、利差縮小之擠壓，銀行便會考慮裁員。

金融焦點Focus

銀行雲端戰！
指紋辨識轉帳、ATM貸款

資料來源：
https://www.youtube.com/watch?v=twO5b5GZqI4

---

4. 每筆轉帳繳款限5萬元，每天限10萬元，每月限20萬元。

➜6-4 外匯市場

一、外匯市場意義與功能

外匯市場（International Currency Market, Foreign Exchange Market），或稱為「國際通貨市場」；是一個供外國貨幣買賣交易之場所，兩種國家貨幣交易便為外匯交易，只要透過各地之銀行聯網，互相報價，便可以在全世界各地發生外匯交易。一國貨幣及他國貨幣的兌換比率，即為外匯匯率（Foreign Exchange Rate），代表著國與國之間貨幣折算的價格，或該國貨幣的相對購買力。

外匯市場之交易場所可以包括任何發生外匯交易之處，如：各銀行臨櫃之櫃檯，也可以是指專門的外匯交易廳，如：「外匯期貨」於外匯交易所之電子交易系統撮合。自電子交易的盛行，使得外匯交易不僅只於銀行內，全球的投資者於外匯市場投資，並不受到時間或空間的限制，其為二十四小時均可開放予投資人之市場。

(一)外匯市場的分類

不論是實質對外匯有交易需求，或是希望賺取匯率價差之投資者，皆可為外匯市場的參與者，其身份則有個別顧客、外匯銀行、外匯經紀人、中央銀行。這些參與者身份，可作為外匯市場交易之類別基礎，外匯市場包括以下三種類型：

1. **散戶市場**：指銀行與顧客間交易，沒有最低交易金額之限制。

2. **銀行間市場**：在銀行與銀行間的外匯拋補（Cover）市場，參與者為商業銀行、投資銀行、機構法人，需經由電子交易系統執行作業，但不需要一特定集中市場，透過網路及交易系統，使得買賣雙方可以確認身份，在交易對象為可知下，進行交易，通常交易單位很大，有最低交易金額的限制，一百萬美元為一交易單位（一支）。

3. **全球市場**：各國皆有外匯市場，無地域性限制，以四個主要的市場：澳洲區（威靈頓、雪梨）、亞洲區（東京、香港、新加坡）、歐洲區（法蘭克福、蘇黎士、倫敦）、美洲區（紐約、芝加哥、洛杉磯），形成國際性的交易市場，為全球最大的金融市場。

(二)外匯市場的功能

1. 提供國與國之間的支付功能。

2. 提供國際外匯融通功能。

3. 提供貨幣購買力功能。

(三)熱錢與政府態度

由於外匯市場之匯率，關係著進出口廠商的購貨成本與收取貨款之金額大小，當台幣升值，則出口商收取的美元可換得的台幣數量變少了，不利出口，而進口商支付的美金，則不需要原先那麼多的台幣作兌換，有利進口。所以，穩定外匯價格穩定與否，為各國政府所重視。而國際熱錢（Hot Money），為快速在國際投資市場中流動之資金，只要哪裡有可賺取之報酬，熱錢便向那裡流去。

熱錢流動的副作用是什麼？舉例來說，若台灣的股票市場現在正值熱絡期，國際投資家認為現在購買股票，可在短期賺取正報酬率，而在購買台灣股票時，當然需先將手中的外幣（如：美元）換成台幣，方能購買股票，若真的如其所料，待股票上漲後，此熱錢便理所當然會要匯出台灣，尋找下一個投資標的。在離開台灣時，台幣又要換成美元，再匯出台灣，而此（放出）台幣換（收取）美元的舉動，在金額龐大時，將會影響台幣匯率，放出台幣使台幣數量增加，台幣貶值。而外匯市場忌諱的，便是熱錢「買股之名、行炒匯之實」。外資看好台灣市場，來台投資，這並不是主管單位顧忌的，而是不希望外資是來炒作匯率，若是如此，主管單位（如：金管會、央行），將採取行動因應。在台灣，中央銀行及金管會，對於炒作外匯之投機行為也常祭出喝止政策，如：限制外資匯入台灣後，其可以投資的標的，只能達到某上限，目的在控制其換匯數量，不使匯率波動劇烈。

央行管控熱錢進出

　　熱錢進出，為牽引短期匯率走勢的重要因素，為了對抗熱錢在短時間內大量的進出，進行投機套匯，央行曾採取一連串的管控：

1. 外資從事借券須以美元為之：借入股票需支付保證金，若規定以美元為之，可以避免轉換新台幣炒匯。

2. 外資投資公債不得超過匯入資金的3成，另外，外資若匯入台灣後，不買股票，則令其匯出。

3. 央行舉行不定期專案金檢，查核外資匯入台灣後的資金用途、廠商買賣美元實質單據，防範讓廠商「假避險、真炒匯」，造成匯市波動也查核銀行衍生性金融商品操作是否與用途相符，和美元交易部分。

4. 金管會配合央行，金檢外資保管銀行：央行發現有外資機構資金停泊在活存帳戶太久，或帳戶餘額偏高，就會將外資機構名單移送金管會，金管會會發文給這些外資機構的保管銀行，要求銀行說明。

　　104年3月至4月，外資賣超台股超過500億，但卻沒有立即匯出台灣，而當大批外資累計到一定數量，若一口氣匯出，將可能使台幣貶值，故主管單位會希望這些外資可以分批、緩慢地匯出，若已於台股賺錢，即應匯出，不要再「待在台灣不走」，熱錢為躲避央行查緝而轉往躲進債市，如：一些久未交易、較為冷門公債也跟著轉熱，價格飆漲；除了公債之外，主管單位觀察到這些外資還轉買公司債，於是金管會便於104年4月中下旬發文，限縮外資匯入後可以投資的固定收益市場數量，金管會將公司債、金融債券，計入外資匯入後可投入固定收益及貨幣市場工具的3成上限規範（原此可投資的標的，不計入公司債、金融債券）。此規定使得部分外資達到3成上限規範，只好匯出台灣，帶動104/4/21新台幣貶值7.1分，達到31.173元兌1美元，兩大外匯經紀公司—台北及元太，總成交量為11.96億美元。雖然小貶，但此小幅匯率波動為外匯市場可接受之常態，有效防範之後的熱錢炒匯，而造成大幅貶值的可能。另外，在此規定下，外資匯出台灣時，外資放出台幣買進美元，央行也可以配合跟進，使得匯率波動在當天更小，也墊高了外資匯出成本。

(四)外匯市場的特色

1. **隨時交易的市場**：各國輪流交替其外匯交易時間，使得外匯市場24小時皆可交易，投資者可隨時買賣外匯。

2. **市場交易限制少**：外匯市場無漲跌幅限制，且可配合投資人對匯率之預期，對外匯作多（如：買入美元）或作空（如：賣出美元，買入台幣），也由於其無漲跌停限制，使得人爲操控的疑慮很低。

3. **變現容易**。

二、外匯制度之演變與實務

(一)外匯制度之演變

初期採固定匯率制度，隨著台灣經濟成長，對外貿易蓬勃發展，賺取不少外匯累積外匯存底，後因美元貶值，而使得採固定匯率制度蒙受台幣升值的壓力，時至民國68年改採機動匯率，台灣正式成立外匯市場，76年6月外匯管制放寬，對於出口、留學、個人對外投資有更大的彈性。

(二)外匯市場實務

在台灣可以透過外匯指定銀行、國際金融業務分行辦理外匯相關業務。以下分別介紹外匯指定銀行、國際金融業務分行，並說明常見的外匯業務。

(三)外匯指定銀行（Domestic Banking Unit, DBU）

依據「中央銀行管理指定銀行辦理外匯業務辦法」，指境內獲得中央銀行外匯局指定，得辦理「境內」之外匯業務資格的銀行，服務對象主要針對國內自然人與法人。其可以辦理的項目，包括以下業務：

1. 買賣外匯商品（如：外幣現鈔、外幣存款、旅行支票、銀行匯票、外幣本票、外幣支票等）。

2. 進出口外匯業務（如：信用狀簽發、託收、出口結匯、應收帳款收買業務等）。

3. 一般匯出及匯入匯款。

4. 外幣貸款、外幣擔保付款保證及其他。

(四)國際金融業務分行（Off-shore Banking Unit, OBU）

又稱境外金融業務單位，此依據民國61年12月實施「國際金融業務條例」與62年4月財政部頒佈「國際金融業務條例實施細則」，台灣設立國際金融業務分行，可經營境外金融業務，可接受境內外的個人、法人的單純的外匯匯兌、外匯存款，也可經辦授信業務、信用狀簽發及押匯、進出口託收、外幣有價證券買賣手續。

(五)外匯市場常見業務

1. 即期交易：在外匯交易簽約日（成交日）後的第二個營業日交割者。

2. 遠期外匯市場：在外匯交易簽約日（成交日）後，未來某一日（於第二營業日之後）完成交割者。

3. 換匯市場：同時買入或賣出等額之同一貨幣，但交割日不同之外匯交易。

(六)替銀行服務的外匯經紀商

外匯經紀商，指的是經營仲介外匯交易業務，經中央銀行許可之外匯經紀商僅有兩間：台北外匯經紀公司、元太外匯經紀公司。其服務的對象為國內外銀行及其他金融機構。

名詞解釋

換匯與換利

➡ 利率交換業務IRS：交易雙方相互交換某段期間內之同一種幣別，該貨幣之計息方式不同，且不涉及本金交付。

➡ 換匯換利業務CCS：兩種不同幣別之交換，且此二種幣別之計息方式亦不同。涉及本金交付。

遠期外匯與遠期利率協定

➡ 遠期利率協定FRA：交易雙方約定未來某一段期間內，特定之利率水準之合約。

> ➡ 遠期外匯：在外匯交易簽約日（成交日）後，未來某一日（於第二營業日之後）完成交割者。

三、匯率的意義及表示方式

匯率指兩個幣別間之兌換比率，或者，也可以想成是用本幣來買賣外幣的價格，匯率為兩兩之間的交換比率，所以會依不同的國家有個別的匯率報價，以下介紹匯率報價法：

(一)間接報價法

以一單位本國貨幣，值多少他國貨幣的之報價方法。此是以本國貨幣為基礎，可以將本國貨幣想成是一種商品，又稱為被報價幣（Reference Currency, R.C.）、基礎貨幣。如：1TWD＝3.9日幣。

(二)直接報價法

以一單位他國貨幣，值多少本國貨幣之報價方法。此是以他國貨幣為基礎，可以將他國貨幣想成是一種商品，需花費多少本國幣來購買，如：1USD=30.5TWD。

(三)升值與貶值

若本國貨幣升值，在間接報價法下，匯率「變大」、「漲」，如：原本的1TWD＝3.6日幣，升值為1TWD＝4.2日幣。在直接報價法下，則，匯率「變小」、「跌」，如：原本的1USD＝31.5TWD，台幣升值為1USD＝30.5TWD。

本國幣貶值的好處，除了對於出口商品較有利外，還可以吸引國際觀光發展，如：2014年歐元貶值，幾個觀光聖地（如：希臘、冰島、拉脫維亞）的飯店價格跟著下滑，使得外國觀光客成長幅度大增，帶動就業市場需求。

外匯對貿易的影響：出口國或進出國

　　若本國貨幣升值，不利本國出口，有利本國進口。若是本國貨幣貶值，則有利本國出口，不利本國進口。

　　即使是強勢貨幣如美國，也是如此，如：2014年年中至2015年4月，美元升值25%，2014年7月到2015年2月的出口金額連續下跌6個月，出口減少傷害美國經濟，出口約占美國經濟產值的13%，而經濟成長減少，將連帶使得就業市場萎縮，貿易—經濟成長—就業市場，息息相關。

　　美元升值使得美國中小企業出口商，面臨獲利壓縮的痛苦。出口商出貨的金額較小，以美金計價的關係，使得原本1000美元的貨品，若想賣出到國外A國，原本A可能可以以較低的匯率（如：1美元兌A國幣30元），向美國出口商以30,000的A國幣/1000美元購買，在美元升值後，須以較高的匯率（如：1美元兌A國兌32元），以32,000的A國幣/1000美元購買，使得A國客戶感受到商品變貴了，而減少購買，甚至是流失A國客戶，對美國出口商而言，卻如啞吧吃黃蓮，因為他什麼也沒有做，喪失了商品的競爭力，客戶可能轉向其他相對變便宜的國家購貨，若是加上又是中小型公司，產品種類較少，只向一、兩個外國市場出口商品，更有可能在客戶流失的情況，影響公司生存。最快的解決之道，便只能調降美元價格。當然，美元升值對於出口商而言，其進口原料或產品原型是有利的，進口產品變得便宜，但是美國政府為了保護國內產業，往往制定規範，需向美國自家公司訂購原料，此舉將使得出口商無法享受進口原物料價格下降，雪上加霜。這類的中小企業公司（員工人數低於500人），占美國2013年出口金額的比重將近三分之一，其比重不低。

　　而對美國的跨國企業來說，雖然在海外的獲利縮水，但由於跨國企業的客戶遍及全球，出國市場分散，支付是以各國貨幣作為兌換基礎，各處的海外營運據點，可以使得跨國企業容易轉換客戶市場，可以有效多角化美元升值的風險，此其一，且跨國企業的生產工廠大都居於海外，所以可以有美元升值而讓購貨/加工成本下降的好處，用更少的美元就足以支付貨款或加工成本，此其二，所以能較靈活地處理升值的問題。

在政府希望出口大於進口值來賺取貿易財時，將傾向本國幣貨幣貶值，較不希望本幣升值。

1. 直接報價法之升貶程度

本國貨幣升貶（%）＝（1/新匯率－1/原匯率）/（1/原匯率）

他國貨幣升貶（%）＝（新匯率－原匯率）/原匯率

2. 間接報價法之升貶程度

本國貨幣升貶（%）＝（新匯率－原匯率）/原匯率

他國貨幣升貶（%）＝（1/新匯率－1/原匯率）/（1/原匯率）

 加油站

計算升貶的技巧

在計算升貶時，若想瞭解某幣別的升貶程度，則該幣別一律將之作為基本幣（即：被報價幣），再用（新匯率－舊匯率）/舊匯率。

如台幣與日幣間的匯率，台幣為基本幣，而已知1TWD＝3.6日幣，新匯率為1TWD＝4.2日幣，則台幣升值的幅度為＝（新匯率－舊匯率）/舊匯率＝（4.2－3.6）/3.6。

如台幣兌美元匯率，由32變成30，由於台幣不是被報價幣，故先該台幣作為基本幣：

➡ 1USD：32TWD→台幣作為基本幣：1TWD＝1/32USD（原匯率）

➡ 1USD：30TWD→台幣作為基本幣：1TWD＝1/30USD（新匯率）

➡ 則台幣升值的幅度為＝（新匯率－舊匯率）/舊匯率＝（1/30－1/32）/（1/32）。

1. 銀行之主要資金來源即為民眾存款、股東權益或自有資本。銀行之資金運用為放款、投資、購買固定資產等用途。

2. 金融控股（母公司）公司可直接控制股權，為其投資業務，股權可以包括銀行（子銀行）與非銀行金融機構（子公司），金控公司本身不涉及直接營運。

3. 呆帳準備，指的是銀行控其放款的一定比例提取準備金，未來若有呆帳發生，可用來沖抵呆帳損失。

4. 授信，即授予信用，包括放款、貼現、保證、承兌。

5. 銀行的種類：商業銀行、專業銀行（工業銀行、輸出入銀行、中小企業銀行、不動產銀行、農業銀行、國民銀行）、信託投資公司。

6. 基層金融機構：信合社、郵政儲金匯業局、農漁會信用部。

7. 有些銀行的名字很類似，但卻分屬於本國銀行及外國銀行在台分行，如：花旗（台灣）商業銀行vs.美商花旗銀行。

8. 巴塞爾協定為國際清算銀行為了確保國際銀行有適當資本水準，要求風險調整後的資本適足率。資本適足率＝合格資本／風險調整後資產。

9. 在風險調整的資產計算，包括了三類風險：信用風險、市場風險、作業風險。我國於民國91年1月實施「銀行資本適足性管理辦法」，規定資本適足率不得低於8%～10.5%。

10. 在99年1月生效的兩岸MOU「備忘錄」（Memorandum of Understanding），使國內金融機構擁有和其他外資「同等」規格的待遇。兩岸得以互設金融營業據點，開放金融市場雙向往來。

11. 兩岸經濟合作架構協議ECFA（Economic Cooperation Framework Agreement），或稱兩岸的雙邊經濟協議，規範於兩岸之間之經濟合作活動基本協議。在此架構下的「金融服務業早期收穫清單協商」，可以使台資銀行可享有「優於」外資銀行的經營條件。

12. 外匯市場是一個供外國貨幣買賣交易之場所，兩種國家貨幣交易便為外匯交易，只要透過各地之銀行聯網，互相報價，便可以在全世界各地發生外匯交易。

( ) 1. 依管理外匯條例規定，境內新台幣多少元以上之外匯收支須申報中央銀行？
(A)35萬　(B)50萬　(C)60萬　(D)100萬。

( ) 2. 如要設立銀行，無法向哪一單位取得設立許可？　(A)經濟部　(B)中央銀行
(C)金管會　(D)以上皆可取得許可。

( ) 3. 已上市的金控公司是受到哪一個機關的規範？　(A)證券交易所　(B)櫃買中心
(C)中央銀行　(D)金融監督管理委員會。

( ) 4. 已上櫃的金控公司是受到哪一個機關的規範？　(A)證券交易所　(B)櫃買中心
(C)中央銀行　(D)金融監督管理委員會。

( ) 5. 「表示一單位的外國貨幣所能兌換若干單位本國貨幣的數量，例如一美元兌
換33元新臺幣。」這是哪一種匯率報價法？　(A)直接報價法　(B)間接報價法
(C)美元報價法　(D)以上皆非。

( ) 6. A外匯市場：USD1=TWD30，B外匯市場：EUR1=USD1.4，請問EUR1=多少
TWD？　(A)TWD51　(B)TWD38　(C)TWD42　(D)TWD60。

( ) 7. 外匯指定銀行簡稱為　(A)DBU　(B)OBU　(C)BDU　(D)UDB

( ) 8. 下列何者是外匯指定銀行可以辦理的業務？　(A)授信業務　(B)外幣保證
(C)央行特許業務　(D)買賣外匯商品。

( ) 9. 外匯指定銀行是指經何者指定辦理業務之銀行？　(A)中央銀行　(B)財政部
(C)金管會　(D)國貿局。

( ) 10.台灣外匯市場成交量最大的為何種交易？　(A)遠期外匯交易　(B)換匯交易
(C)外匯選擇權交易　(D)即期外匯交易。

( ) 11.何謂MOU？　(A)為經貿合作協定　(B)為自由貿易協定　(C)為金融監理備忘
錄，是國際普遍的金融監管協議　(D)為「兩岸經濟合作架構協議」。

( ) 12.ECFA的全名為　(A)Economic Cooperation Framework Agreement
(B)Economic Commical Framework Agreement　(C)Economic Cooperation
Facebook Agreement　(D)Economy Cooperation Framework Agreement。

( ) 13.所謂「電子支付工具」包括了以下何者？　(A)轉帳卡　(B)票證（如悠遊卡）
(C)第3方支付　(D)以上皆是。

➡ 習題解答

1	2	3	4	5	6	7	8	9	10
B	B	A	B	A	C	A	D	A	D
11	12	13							
C	A	D							

07

金融機構管理

◆ **本章目標**

1.認識金融機構之風險與獲利來源
2.認識銀行放款與存款之定價因素
3.認識國際上對於金融機構（銀行業）之資本適足率要求

◆ **本章引言**

本章先以銀行之資產與負債內容為始，讓讀者了解銀行之資產（放款）與
負債（存款）之利率，其所考慮的因素，並由存款的定價策略、及成本控
制，進而對於銀行利差構成能有概念。最後，並藉由資本適足率的規範，
以考量銀行倒閉之情況。

→7-1 銀行資產負債管理與利率自由化

一、由「資產管理」到「資產負債管理」

　　銀行之經營，與其他的企業有根本上的差異，主要在於銀行決策必須兼顧安全性、流動性和獲利性，若三者有所抵觸，則不應偏重獲利性，以免傷及銀行信譽。銀行在資本適足性限制下，經營目標為營運資金成本與破產風險最低下，選擇最適財務結構。

　　早期的傳統銀行，面對著金融主管機關的各項金融管制，相對也對銀行業較為保護，銀行為一特許經營行業，故銀行的資金來源單純，多為存款，此時只需要重視資產面的投資及放款，配置最適資產組合，在既定的風險範圍內，追求利潤極大的目標，並同時維持資產的流動性，此階段強調較為嚴格之貸放審查、放款之安全性與資金來源成本，如：抵押品之品質高、貸放成數低、信用放款比率低，以能達到既定的、可掌控之風險範圍。

　　隨著金融市場的自由化、1980年代末期解除外匯管制、經濟成長使得資金投資需求大增（相對地使得銀行存款減少）、金融市場籌資管道的多元化，非銀行業亦加入金融版圖，使得銀行面臨其資金來源不足，故轉而重視其資金來源之管理，亦即負債管理，以求流動性不虞匱乏。早期的資產管理忽略資產負債管理的動態關係，可能導致資金配置失當，也使得資產管理策略在此時期逐漸為銀行所修正。銀行負債管理，指的是銀行多元化其取得資金，採取積極購入資金策略，除了傳統上的央行融資（重貼現與短期擔保融通）、附買回交易、可轉讓定存單之外，也可考慮其他資金新來源，如：發行金融債券、將抵押放款轉作金融資產證券化，作資金金額與時點的再包裝、甚至是由國際金融市場購入資金，擴大銀行資金來源。然而，多元之資金管道，也帶來銀行資金成本之波動日趨擴大，若加上外在環境的催化，如：金融自由化之利率與匯率之變動、經濟循環衝擊資金來源的穩定性，則銀行若偏重負債管理，而未配合資產端資金貸放投資面之運用，便面臨利率變成風險難以轉嫁出去、或者銀行整體資金流動性難以掌握。

　　近來，銀行則轉為同時重視負債端與資產端，兩者同時運作，其資產與負債期限之靈活度、與缺口管理、存續期間管理之配合，並搭配銀行風險之管

理，使得銀行從而能彈性面對多變多元之金融時局。此「資產負債管理理論」為1970年代中期後所重視，銀行從事資產負債管理活動的類型主要包括：

(一) 缺口管理（Funding Gap Model）或稱重新訂價模型（Repricing Model）

由於銀行收益以賺取存放款利差為主，市場利率變動，會使得銀行的利潤與淨值受到影響。銀行預測利率變化，並依此對利率的預期，計算銀行生息資產及付息負債因利率波動而跟著變化的敏感程度，積極調整銀行資產負債結構比率，稱為缺口管理。亦即，運用利率敏感性以作為資金缺口管理，達到控管風險與銀行獲利的目標。其步驟包括四個部分：1.衡量資金缺口，即估算資產與負債金額，將存放款以期間長度進行分析，檢視哪些付息負債之利息支出與生息資產之利息收益會隨市場利率變動而出現改變；即是判斷哪些為利率敏感性存款與放款。2.估計利率，會以此利率作為重新訂價金額的基礎；3.預測銀行未來利差收入；4.驗證各種不同的策略。

上述步驟1中，銀行可將利率敏感性之生息資產（Rate Sensitive Asset, RSA）及付息負債（Rate Sensitive Liability, RSL）的到期日，分為1日、1日至3個月、3～6個月、6個月至1年、1～5年，以及5年以上等，如下表所示：

● 表7-1　資產與負債之缺口

期間	資產	負債	缺口
1日	260	390	-130
1日至3個月	390	520	-130
3～6個月	910	1100	-190
6個月至1年	1150	900	250
1～5年	540	400	140
5年以上	120	60	60
總金額	3370	3370	0

最簡單的缺口管理，為採取維持缺口為零的避險操作。如上表所示。較進階之缺口管理則可採取循環性缺口管理（Cyclical Gap Management），此針對利率預估未來走勢，進而調整資金缺口為正或負以賺取利潤。當預期利率上升

時，銀行維持正缺口，利率敏感性資產多於利率敏感性負債，使得利率上升會帶來的利息收入增加金額，大於升息所帶來的利息費用增加金額，銀行便可賺取利差收入；當預期利率下降時，銀行維持負缺口，利率敏感性資產少於利率敏感性負債，使得利率下降會帶來的利息收入減少金額，小於降息所帶來的利息費用減少金額，銀行仍可賺取利差收入。

(二)存續期間管理（Duration Management）

上述的缺口管理較重視現金流入和流出，而存續期間管理則較重視銀行資產現值與負債現值受到市場利率影響的程度，亦即，計算銀行資產與負債之存續期間。存續期間能表達持有債券之回收本息之實際平均年限，另也代表著價格風險，其代表「當利率變動1個百分比，引起銀行資產或負債市價變化的百分比」，銀行可藉由積極調整資產與負債的期間結構，擴大或縮小資產與負債之利率敏感性差距，當資產與負債之利率敏感性差距愈小，則表示利率變化時，銀行之利差收入可愈不隨之波動，銀行利潤愈穩定。

值得注意的是，銀行在追求其他營運目標時，往往也對銀行資產與負債之存續期間造成影響，如：銀行為了降低資金成本，希望以吸收證券商收付處之證券戶存款，提高活存比例，而活存之低利率性質便能有效降低資金成本，但此舉將導致銀行付息負債（存款）的存續期間縮短。故銀行在進行經營策略時，應同時作出資產負債存續期間影響效果之考量。

(三)金融衍生性商品之彈性運用

雖然以上提及的存續期間管理可以協助銀行因應利率風險，但實務上，銀行資產與負債之存續期間難以一致，銀行之生息資產（放款）普遍為浮動利率性質，而付息負債（存款）則常為固定利率性質。若銀行妥善運用衍生性金融商品（如：利率遠期契約、期貨、選擇權與利率交換），可達到移轉利率風險之效果，衍生性金融商品可以補足銀行資產與負債之存續期間難以一致之問題。

二、流動性管理

當銀行由傳統只操作資產的策略，改變為結合資產與負債調整的策略後，連帶地也影響了流動性管理，銀行流動性由被動性質的「儲藏流動性」，轉為具主動性質之「購入流動性資金」。

(一)儲藏流動性

　　「儲藏流動性」指為了滿足每日交易需求與銀行之「準備部位」，銀行會持有高流動性之資產、或短期借款，如下表：

● **表7-2　銀行高流動性資金**

銀行高流動性資產	銀行高流動性負債
庫存現金 短期放款 貨幣市場工具（國庫券、商業本票、銀行承兌匯票、可轉讓定存單、附賣回交易） 其他一年期以下的交易帳戶資產	央行與其他銀行之應付款 （含央行融資之重貼現與短期擔保融通） 支票存款、一年以下定存 政府存款 貨幣市場工具（發行可轉讓定存單、債券附買回交易） 證券化金融資產

(二)購入流動性資金

　　除了高流動性之資產及負債之持有，另因應動態之流動性資金存取，則銀行可採積極之「購入流動性資金」策略。例如，存戶之提款會使準備部位流失，因應每日之存戶提款增加時，可能使銀行準備暫時不足，銀行可以金融業拆款或短期借款作為抵用，另外，若銀行授信金額因為政策改變而增加時，銀行可承作債券附買回協議，以取得資金來因應，並同時考量短期還款性質之「債券附買回協議」與銀行之授信用途期間若不能配合，則應有後續調整銀行「購入資金」種類之調整，以達到資金來源與放款需求期間能配合，擴大負債的平均期限，避免破產風險。

三、利率自由化

　　早期於1950到1960年代，央行採取選擇性信用管制，對存放款利率設定上限，希望能達到抑制利率水準上揚之目的。然而，利率上限的機制，將干擾市場自由：

1. 不利未具聲譽之新銀行：對於規模較小或剛設立的銀行，難以藉由利率定價取得資金來源。

2. 非銀行之資金吸納：使得地下金融或非銀行金融業者，反而能得到資金吸納之「反金融仲介現象」，使資金配置扭曲。

3. 不利信用差之借款戶取得信用：利率上限的限制下，銀行無法採取利率差別訂價，銀行未能對客戶作充分的利率定價彈性，而優先將資金低利貸放給信用較良好的客戶，餘額再放款予信用其次之客戶，然對於信用較差之借款戶，則在不能以高利對其放款的考量下，可能直接拒絕其借款。另外，銀行也易另外巧立名目以達到實際放款利率提高效果，如：高補償餘額比率與每月收取手續費等。

其後，央行在1975年推動利率自由化，放寬利率管制：

1. 過去銀行的放款利率釘住央行所訂的最高水準，直到1974年修訂銀行法四十二條：「銀行利率應以年率為準。各種存款之最高利率，由中央銀行定之。各種放款利率由銀行公會議訂其幅度，報請中央銀行核定施行。」銀行利率調整作稍許放寬。各種短期金融工具也逐漸開辦，如：1973年央行發行國庫券。1975年國內銀行發行可轉讓定存單。1977年「短期票券交易商管理規則」修訂，將商業承兌匯票列為貨幣市場工具。

2. 1975年底頒布「短期票券交易商管理規則」，1976年至1977年，特許票券公司營業，國際、中興（改名為兆豐）與中華等三家票券公司陸續受財政部核准經營，票券公司與銀行所組成的貨幣市場，活絡了短期資金供需，由短期貨幣工具之報價決定利率。1979年央行首度實施公開市場操作，調節市場需求。

3. 1980年後，央行公布「銀行利率調整要點」，銀行公會可依據金融市場資金情形小幅調整利率，且銀行放款利率之上下限差距可予擴大，使得各銀行對於放款利率的訂價有更大自由，此後銀行正式進入利率自由化時期。銀行發行可轉讓定存單及金融債券之利率，由銀行自行訂定，不受最高存款利率之限制。1980年銀行公會設立同業拆款中心。

4. 1989年7月修正銀行法，央行不再核定各種存放款利率上下限。

5. 大額存款與票券市場存在替代性，故央行對於大額存款另有規範，央行於2001年3月修正「大額存款利率自由牌告要點」，更名為「金融機構利率牌告要點」，取消300萬元為大額存款制度，銀行可以百萬元為級距單位，自由公告牌告各類存款利率，同一類別存款按存款對象、性質牌告不

同利率，但應函報中央銀行備查。銀行訂定大額牌告利率時，會參考銀行同業水準、與票券市場利率（如：180天期初級票券市場利率），一般情況下，大額存款利率通常低於小額存款利率，此乃因大額存款穩定性較差、易受到其他銀行同業較高的牌告利率吸引而移轉的緣故。

四、存款之非價格競爭策略

除了法令上或央行作出之實務限制外，一般而言，存戶存款的意願會受到存款利率、其他替代性資產報酬率、所得、財富多寡而有不同。銀行除了以利率吸引存戶資金流入外，也可以運用「非價格競爭策略」來吸收存款，如：積極地促銷與廣告，增加銀行正面形象與親切感；提供方便性（如：網路銀行交易、手機APP交易，ATM於便利商店設點、延長銀行營運時間、分行增設）；創新性的存款商品設計。

金融焦點Focus

 金融科技趨勢爆發，顛覆你我交易方式

資料來源：
https://www.youtube.com/
watch?v=RG84wS52nDU

金融焦點Focus

 景氣冷謀求生／陸銀行競爭！「書房、藝廊」，富邦、華一拼差異化

資料來源：
https://www.youtube.com/
watch?v=XN1jAWAR-Iw

五、銀行資金來源的選擇與資金成本

除了存款利率定價之外，也有其他的因素會影響資金成本，銀行的資金來源雖主要為存戶存款，但仍有其他多元的選擇性，銀行在選擇其「購入資金」來源時，會因為其來源之不同而有資金成本高低的差別：

1. 提高「活期存款」之資金來源比例，使資金成本降低：

銀行提高吸收支付利率最低的活期存款，能有效降低資金成本，如：爭取與證券經紀商合作，建立券商收付處的成立，以吸收證券戶存款。

2. 提高「非存戶存款」資金來源之比例，使資金成本提高：

「非存戶存款」中，包括可轉讓定期存單之發行、向中央銀行作貼現融資、金融同業拆款市場借款、承作債券附買回、發行金融債券、國際金融市場融資等，此些資金來源之支付利率高於存款利率，將使銀行負債資金成本上漲。

六、授信利率的決定

授信指銀行辦理放款、透支、貼現、保證、承兌及其他經中央主管機關核准之業務,銀行以其所有資金貸放予需要者,以賺取利息。銀行在放款授信時,依銀行法第34條之1條文,明訂銀行辦理授信應訂定合理的定價,並考量「市場利率、本身資金成本、營運成本、預期風險損失、合理利潤及客戶整體貢獻度」等6大因素。傳統上銀行在授信時,需評估信用之五項原則(5P)如下:

(一)借款戶(People)

評估借款戶之誠實信用與其他包括經營能力、關係企業情況、營業歷史、銀行之往來情形等經營成效事項。

(二)資金用途(Purpose)

資金的運用計畫是否合法、合理、合情以及是否與銀行放款政策一致。資金運用的目的常見者為購買資產、償還既存債務、以銀行的融資,替代原本應由股東提供之股款。

(三)還款來源(Patment)

銀行評估信用的核心,是否借款人能有足夠的能力還款,如:穩定的薪資收入。

(四)債權保障(Protection)

擔保品、或連帶保證、票據背書等外部保障。

(五)授信展望(Perspective)

借款人的行業別前景,以及借款人本身將來的展望性(如:年齡、學歷、職別等)。

→7-2 銀行財務比率與信用風險管理

一、銀行之經營管理之效率性（Effectiveness）指標

銀行成本包括外露費用（Explicit Cost），如：利息支付、作業成本，及隱含成本（Implicit Cost），如：銀行需為存款計提存款準備率、潛在壞帳費用、繳交存款保險費用。利息定價策略如前一小節說明，而作業成本則可以採以下方式以達減輕作業成本目的：

1. **帳戶區隔化策略**：將資金區隔成帳戶群，用以對應特定的銀行流動性需求，如：將存戶存款凍結在特定期限上，設定存戶提前解約之門檻或懲罰措施。用意在使得銀行在調整存款利率以吸收新存款時，原存戶跟著調整其帳戶資金之意願低落，降低原存款帳戶轉出轉入之作業成本。

2. **鼓勵單一存戶之帳戶集中化**：存款者若基於安全性考量，於銀行中有多個帳戶分散其存款，如：存款保險之保額自民國100年1月1日起提高為新臺幣300萬元，早期為100萬元，使得存戶將其存款分別存在甲銀行250萬元、乙銀行120萬元。若存款者將分散在不同帳戶之資金存放於共同帳戶，則可使得銀行能節省人力時間、電腦儲存設備與負荷，亦即，減少作業成本。

3. **達到經濟規模**：銀行吸收存款與放款的過程中，若能達到經濟規模，將使邊際成本遞減，就能有效減少作業成本。

4. **設立自動化作業降低作業成本**：如，自動櫃員機提供存款者自行操作，網路銀行之鼓勵使用，以降低作業成本。

銀行業之經營績效是否理想，有其較特殊而不同於一產行業的比率，這些比率，常將銀行的利息收入、利息費用等都考量進去。銀行在整體經營上，可以將相當於資產報酬率概念之「全行經營效率」來看：

$$全行經營效率 = \frac{營業收入 - 營業成本 - 營業費用}{總資產} \qquad （公式7-1）$$

上式中，分子為銀行之獲利來源，與一般行業之

資產產酬率（ROA）$= \dfrac{稅後淨利}{總資產}$，觀念近似，可以看出每一元的資產投入可

以替銀行賺得多少的獲利來源。另外，若探討銀行主要的二項業務獲利：利息業務與非利息業務，則可以改以下二式觀察：

1.利息業務經營效率 $= \dfrac{\text{利息收入} - \text{利息費用}}{\text{總資產}}$　　　　　（公式7-2）

上式相當於是一般企業之營業利益率，衡量「本業」經營之績效，以最主要之銀行利息業務之收入與成本作為分子，除以總資產來衡量管理效率。銀行衡量報酬，常重視短期報酬，此可用以下觀察：淨利息所得（NII）＝資產利息收入減去負債利息支出。淨利息所得為利息業務經營效率的分子概念。

2.手續費業務經營效率 $= \dfrac{\text{手續費收入} - \text{手續費支出}}{\text{總資產}}$　　　　　（公式7-3）

上式所討論的則是每一元資產的投入可以創造多少之手續費之利潤。

不同於以全銀行之「總資產」作為經營投入衡量，若討論「生利資產」作為投入，則可以有以下獲利指標：

(一)利息差距率（Earnings Spread）

利息差距率 $= \dfrac{\text{利息收入}}{\text{生利資產}} - \dfrac{\text{利息費用}}{\text{生利資產}}$　　　　　（公式7-4）

本比率可以衡量銀行借入資金之成本、距離貸出資金之獲益率之間之差距，比率愈大，則對銀行愈有利。本比率在探討投入項時，不是將全銀行之資產皆計入，而是針對不同的分子，選取其相關性質之資產投入。在第二項中，利息費用是存款資金主要的成本項目，在本公式中，銀行的負債項（以存款為主），並不納入「非附息負債」，僅將附息負債作為分母；利息費用對附息負債的比率愈高，意味該銀行之存款成本愈高。若是銀行市場競爭激烈，則生利資產收益率及附息負債成本率之差幅將會縮小，呈現銀行之利息差距率隨著競爭愈激烈，則其愈為降低。當銀行之利差縮小時，則銀行可以拓展其他金融業務或從事新種商品，以爭取更多財源。

(二)淨利息利潤率（Net Interest Margin）

淨利息利潤率 $= \dfrac{\text{利息收入} - \text{利息費用}}{\text{生利資產}}$　　　　　（公式7-5）

本比率與「利息業務經營效率」相較，差別只在於分母之生利資產，本比率指淨利息利潤對生利資產的比率，能夠衡量生利資產所帶來的淨利息利潤。

二、流動性指標

由於銀行隨時都有可能發生之資金提領需要，故銀行特別需要有相當之資金、或可變現資產，以因應資金需求，甚至，銀行可以其迅速向外借入資金之能力，作為其流動性之第二道準備。

(一)流動性覆蓋率（Liquidity Coverage Ratio, LCR）

$$流動性覆蓋率 = \frac{流動資產}{30天淨現金流出（或資金缺口）} \qquad （公式7-6）$$

短期概念，本比率應大於或等於100%，銀行之流動性需求應要滿足30天期之資金缺口需求。

(二)股東權益對放款比率

$$股東權益對放款比率 = \frac{股東權益}{放款} \qquad （公式7-7）$$

衡量銀行的自有資金，可用來支應放款業務之額度；比率愈高，則即使放款成長快，也有較高的自有資金可支援，若此率愈低，則放款若成長過快，需注意能有足夠的存款成長以支應，否則可能面臨放款資金來源不足之困境。

(三)存款對股東權益比率

$$存款對股東權益比率 = \frac{存款}{股東權益} \qquad （公式7-8）$$

本比率可用來衡量股東權益對存款之保障程度；比率愈高，存戶權益愈難以銀行的自有資本保護。

(四)存款對放款比率

$$存款對放款比率 = \frac{存款}{放款} \qquad （公式7-9）$$

　　本比率可用來衡量閒置資金的多寡；也可以看出放款占最主要之資金來源（存款）之比重，比率愈高，表示銀行有愈多的資金可供作未來放款業務。存放款比率可以有效看出整體的流動能力、也可作為經營績效的預警指標。

(五)放款對總負債比率

$$存款對總負債比率 = \frac{放款}{總負債}$$ （公式7-10）

　　本比率的分母為總負債，除了放款之外，此比率兼顧「非存款資金」對流動性的重要。但由此比率難以看出不同的負債來源對於放款之比重，未能將不同性質之負債來源納入。比率愈高，顯示銀行對外舉債的比重相對較低，籌資之多元性與自主力較低。

三、信用風險管理

　　實務上，銀行在銷售金融商品或投資、授信時，應考量信用風險，並據此提列呆帳準備、在期末時認列未實現損益，如：銀行銷售衍生性商品的呆帳準備，稱為「衍生工具貸方評價調整」（CVA），估算CVA金額方式為違約機率、違約損失率及違約暴險金額三者相乘，作為資產的調整項，並認列損益。以下說明此三項內容。

(一)違約機率（Probability of Default, PD）

　　違約機率，是指借款人於借款期間之內，有可能無法清償的或然率。另，依據巴塞爾協定，則需另外估計時點當時起算的一年之內之違約機率，依此計提最低的適足資本。不同的放款業務當中，應依不同的客戶群，作出至少八個等級的客戶分類，以制定不同級別的違約機率。

(二)違約損失率（Loss Given Default, LGD）

　　違約損失率的定義，當違約事件發生時，違約轉成呆帳這兩個金額，除以貸款客戶之貸出總金額。例如某公司向銀行貸了100萬，違約轉呆時的金額尚有40萬無法清償，這時LGD=40%。目前多數銀行採用衍生性商品的損失率為60%，金管會於2015年12月研擬，未來將提高至75%，其至特別情形出現時，違約率需提高到100%的情形。

(三)違約暴險額（Exposure after Default, EAD）

違約暴險額，指的是當違約事件發生時，違約轉成呆帳的總金額。實務上，除了呆帳金額本身以外，其他所有因為違約債務催討而產生的成本，包括催繳相關費用、律師與法院出庭費用、逾期的利息等等，都應當計入違約暴險額之內。

另外，巴塞爾協議中，有「風險權數（Risk Weight, RW）」之概念，其指的相當於時PD與LGD兩者相乘後概念，所換算之權重，亦即，LGD與PD作為風險權數函數之輸入參數，而可求算得出風險權數。實務上，為了強化控管，金管會也會直接公告風險權數，如：依金管會發布「為控管銀行承作不動產貸款風險所採行措施之問與答」中，於「銀行自有資本與風險性資產計算方法說明及表格」規定，如：借款人以購置住宅或房屋裝修為目的之住宅擔保貸款，自用住宅貸款適用45%風險權數，100年4月21日起新承作之非自用住宅貸款則適用100%風險權數。有了個別資產之風險權數之後，再使用這個風險權數乘上EAD，可得到風險資產值（Risk Weighted Assets, RWA）。最後依據風險資產值再乘上風險計提比率（如：8%），就可以得到最低的資本計提金額。

➜7-3 資本適足率

由於自有資本在金融機構非常重要，其關乎著經營者之道德危機，當金融業的自有資本高時，不但可以確保金融機構的償債能力，也可以藉由出資者對於「自身」資金的切身關係，促使其避免金融機構的不善經營、甚至是惡意倒閉。然而，一但要求金融機構的自有資本過高，將使其經營成本增加。在考量經營成本下，究竟資本多少才夠？

一、資本適足率需要多高？絕對數字vs.相對數字的概念

過去對於自有資本，採的是絕對數字觀念，要求「資本資產比率」需達一定比率：

$$資本資產比率＝\frac{自有資本}{資產}$$ （公式7-11）

例如，要求自有資本（其後延伸爲「信用風險的資本計提」），需達到應爲全部資產（以名目本金衡量）的8%，也就是說，每100元的金融機構資產，如：放款，就要有8元來自股東自身所出，92元爲金融機構負債（如：存款）。或者，我們也可以說，若某銀行有100億元資本，則其放款不得超過100乘上12.5倍，即1250億元，如此也可以維持1250億的8%爲100億的自有資本。早年銀行法中更直接規定，銀行的資本適足比率必須達到8%（其後則有修改銀行法，不於銀行法中直接對比率門檻作規範）。近年則對此比率有了更延伸、更周全的改善，我們稱之爲資本適足率（Capital Adequacy Ratio, CAR），其爲相對數字觀念：

$$資本適足率 = \frac{合格資本}{風險調整後資產} \qquad （公式7\text{-}12）$$

請注意這個新比率，自有資本係指合格自有資本淨額。由於資本可以用金融機構面對可能損失時的最後一線防備，在清算時，對資產的請求權列在最後順位。依此概念，並不是只有單純的股東出資才能作爲「合格資本」，若能擴大資本額範圍，則可以更充分地描述金融機構的「可能損失時的防備資金」，所以除了股本、非累積特別股、資本公積、保留盈餘（我們稱爲第一類資本（Tier I）:核心資本），也會納入其他類型、與資本性質相類似的項目，我們稱爲第二類、第三類資本（Tier II、Tier III），如：「銀行次順位債券」，它指的是銀行爲支應中長期資金之需，而發行之還本付息中長期債務，求償順位次於普通債權人，但高於普通股股東，銀行發行之次順位債券，得做爲該銀行合格自有資本。

資本適足率分母爲風險調整後資產。此乃因爲並不是每一元的銀行資產都會具有風險性，若不具有風險性，則自然沒有經營者存在經營不善的風險問題，而也不必要求金融機構需照一定比率作其出資，以爲正派經營的擔保。最早在1988年國際清算銀行（BIS）的巴塞爾銀行監理委員會（Basel Committee on Banking Supervision；簡稱BCBS），制定巴塞爾資本協定（Basel Capital Accord），公布風險調整後的資本適足率，希望能確保國際銀行有適當資本水準，有效規範金融機構的資本風險。要求G10（G10國家包括加拿大、法國、德國、義大利、日本、英國、瑞典、比利時、荷蘭與美國）銀行依據各行

風險情況衡量其資本適足率，其衡量方式不論是否相同，資本適足率應維持至少8%的最低標準。

在原始版本中，只規定信用風險，爾後，由於銀行內部經營複雜度增加，國際清算銀行於2001年1月訂定第二版、新的資本協定，2004年6月發布，取其會議地點巴塞爾命名，簡稱為Basel II，仍維持自有資本與風險性加權資產之比率至少8%，增加作業風險、市場風險，也對信用風險作更詳細規定。在風險衡量上，以金融機構合併基礎，延伸至銀行集團之控股公司資本與風險估算，將整個銀行集團內之風險都包括進去。新版協定舊版資本定義，在風險調整的資產計算，包括了三類風險：

1. **信用風險**：自1988年發佈之第一版巴塞爾資本協定，即有此信用風險概念，不採用全部資產，是以不同風險級別的資產，以授信資產的信用評等、或信用等級，來決定風險權數的大小。給予不同的風險權重，所加權平均計算出一個「風險調整後資產」。其概念很簡單，以有擔保或抵押品的債權為例，其風險較低，則賦予這類資產的風險權重也較低。風險較大的資產的權數應較大，風險小的資產的權數應較小。可以想見，企業貸款與消費金融貸款之暴險度各所不同，被給定的風險權數也應該不同。另外，銀行從事保證、信用狀、衍生性金融商品交易時，銀行收取手續費，但同時，銀行沒有買入任何資產或使得負債增加，我們稱為表外項目，這些表外項目，雖不改變銀行的資產負債表，但是銀行的風險在承作這類業務時，已然改變，所以，風險情資產也將這些表外資產含納進去，而在計算時，這些表外資產需先乘上一個信用轉換係數，再如同表內資產一樣，乘上風險權重，作為調整風險後的資產金額。

    風險性資產＝表內資產×風險權數＋表外資產×信用轉換係數×風險權數

2. **市場風險**：1996年的修訂版本，將銀行持有之市價波動會影響其價值之資產，獨立於信用風險之外，提出市場風險概念，如：固定收益證券、股票、外匯與商品等等，從信用風險架構中獨立出來。由於此類風險，不容易以資產估算，故以資本計提加權資產，即以市場風險計提的資本，乘上12.5倍，作為考量市場風險下的資產金額。

3. **作業風險**：Basel II時期新增訂作業風險概念，作業風險對銀行，十分重要，在銀行從事業務時，可能因為人為疏失、或是電子系統的不足，致使

銀行蒙受損失，要能有效衡量作業風險，需蒐集足夠的損失資料，並正確區分各種作業風險類別，巴塞爾委員會希望在新版協定下，與市場風險類似，此作業風險也以的資本計提加權資產，即以作業風險計提的資本，乘上12.5倍後，作為考量市場風險下的資產金額。

綜合考量前三類風險，則可以規範「最低的資本需求額」：

合格自有資本對風性資產的比率＝

$$\frac{合格資本}{信用風險加權風險性資產＋【市場風險＋作業風險】之資本計提額12.5}$$

 實務案例

銀行會不會倒？

 巴克萊銀行傳營運不佳，今退出台灣市場

資料來源：
https://www.youtube.com/watch?v=gMpojY0sFGM

➡ **在美國的銀行倒閉情形**

金融海嘯即便已經過數年，但是美國銀行仍屢傳出倒閉消息，2010年9月，美國共有6家位於喬治亞州、紐澤西州、俄亥俄州和威斯康辛州銀行倒閉，總計美國光是2010年1月至9月中旬，就有125家銀行倒閉。

這些倒閉的銀行，造成美國聯邦存款保險公司（FDIC）的存保基金大幅損失。根據FDIC統計，2009年倒閉銀行家數為140家，創18年來新高紀錄，2010年前三季則有125家銀行倒閉。

過去國際上也屢次出現重大的金融危機事件，使地區性銀行與其他市場連動、並使市場風險增加的可能性，國際上重大事件如下表：

● 表7-3　台灣與各國重大財務危機

年度	地區與事件
1987	美國，股票市場大跌
1990	日本，股票市場大跌

年度	地區與事件
1992	歐洲，貨幣市場危機
1994-1995	墨西哥，貨幣市場危機
1997	東南亞，亞洲金融風暴
1998	台灣，本土型金融風暴
1998	莫斯科，金融危機
1999	巴西，金融危機
2000-2001	美國，科技網路股崩盤
2009-2010	美國，金融海嘯
2015.6	中國，股票市場大跌

➡ **台灣經營不善銀行之情形**

　　在台灣，若經營不善之銀行，由金管會銀行局協助標售其資產，以維持金融穩定，如近年有7家金融機構，概括承受經營不善之銀行：

● 表7-4　經營不善銀行之標售情形

經營不善金融機構	概括承受基準日	概括承受金融機構
花蓮企銀	96.9.8	中國信託商業銀行
台東銀行	96.9.22	荷商荷蘭銀行（現為澳商澳盛銀行）
中華銀行	97.3.29	香港上海匯豐銀行
中聯信託	96.12.29	國泰世華商業銀行
寶華銀行	97.5.24	新加坡商星展銀行
亞洲信託	97.12.27	渣打國際商業銀行
慶豐銀行	99.3.6 99.4.5	台新國際商業銀行、台北富邦銀行、元大商業銀行、遠東商業銀行

➡ **台灣的存款保障**

　　若是銀行、信合社倒閉，則存戶之存款可以受到存款保險之保全，而平時銀行及信合社必須繳交存保費，要保機構之費率不全部相同，費率反映其經營風險及財務狀況。

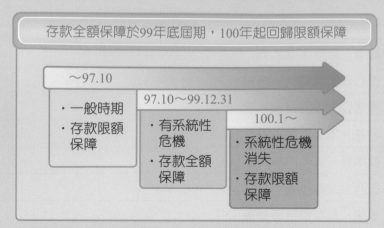

■ 圖7-1　存款保障措施

　　在97年10月前，若存款在台灣之銀行，每一帳户可以有台幣100萬元的限額保障，若是銀行倒閉，則由存款保險保障每一存款帳户之安全，但最高只能提供到100萬元。其後由於民國97年發生金融風暴，為了穩定存户之信心，在97年10月宣布98年12月31日前實施全額保障制，每一存款帳户之安全，不管存多少，就保障多少，不因金融機構倒閉而有領款不足的情形，後來在98年10月時又將全額保障實施期間延長到99年12月底，並在99年12月29日修正「存款保險條例」，將外幣存款及存款利息納入存款保障的範圍。時至民國100年，由於金融風暴之系統性風險解除，復又回到原本的存款限額保障，但存款保險最高保額提高為新台幣300萬元。

　　資本等級可以分為以下幾種級別：

1. 資本充足（Well Capitalized）：CAR>10%

2. 資本適足（Adequately Capitalized）：CAR>8%

3. 資本不足（Undercapitalized）：CAR<8%

4. 資本顯著不足（Significantly Undercapitalized）：CAR<6%

5. 資本嚴重不足（Critically Undercapitalized）：CAR<2%

　　除上述最基本的資本適足規定之外，巴塞爾協定的精神是較為全觀性的，說明如表7-5：

● 表7-5　巴塞爾協定精神

	強調	說明
第一支柱	最低資本適足率	實施：2007年1月
第二支柱	主管機關的監督	監理主管機關對各銀行是否備有完善的資本適足率內部評估程序，兼負監理覆核之責。
第三支柱	市場制約、市場紀律	增加銀行資訊公開性，藉由無形的經營聲譽，強化市場自律。

　　國際清算銀行（Bank for International Settlements）於2010年9月，在瑞士巴塞爾達成「新巴塞爾協議」（Basel III）共識，要求銀行依照新規定，大幅提高儲備。「新巴塞爾協議」（Basel III）將強迫銀行提高他們的儲備至原來的3倍多，台灣為了與國際接軌，也顧及銀行的經營壓力，希望銀行能在2013年至2015年逐年推行Basel III。

二、若達不到「夠高」的資本適足率會如何？

　　我國資本適足性管理，於民國91年1月實施「銀行資本適足性管理辦法」，並規定資本適足率不得低於8%~10.5%（分年逐漸提高對資本適足率的要求），97年12月修正銀行法，銀行資本適足率低於2%須退場，主管機關應自列入90天內派員接管；銀行經主管機關派員接管者，銀行經營權及財產管理處分權均由接管人行使。

　　而依「金融控股公司合併資本適足性管理辦法」，只要是金控集團底下的金融機構，就應該要符合各業別資本適足性之相關規範，否則，不可以分配現金或其他財產給股東，且主管機關得視情節輕重作出處分，如：命令金融控股公司或其負責人限期提出資本重建或其他財務業務改善計畫、限制給付董事、監察人酬勞、紅利、報酬、車馬費及其他給付、限制申設或命令限期裁撤子公司之分支機構或部門、甚至是對管理團隊作出解任董事及監察人、撤換經理人的處分。

報你知

次順位長期債券實例

　　合作金庫為了配合政府政策，辦理十五項政策性貸款，由於這些貸款所需資金龐大，光是以民眾存在合作金庫的存款不足以因應這些貸款需求，所以在民國98年1月，合作金庫向財政部申請發行「國內長期次順位債券」新台幣二百二十億元，為國內銀行首度發行之國內次順位債券。

　　類似地，台灣中小企銀在99年9月也發行無擔保長期次順位債券60億元，每張面額為壹仟萬元，發行期間為七年，發行利率採用固定利率，年息1.92%，募得價款之用途主要是用於提高銀行的資本適足率、及籌措長期資金。

　　由於2013年起國際實施Basel III，為此，金管會銀行局修正「銀行資本適足性及資本等級管理辦法」，資本組成項目及定義又作了修正，明定普通股權益比率、第一類資本比率及資本適足率之最低標準，增訂槓桿比率計算標準、並增加資本扣除項目，建立抗景氣循環緩衝資本架構，以強化銀行資本品質。

三、金融業國外經營

　　由於台灣金融業之家數與市場胃納量相比，相對眾多，若能開放本國金融機構到國外進行金融業務，有助於金融業之利潤績效，在維持國內金融穩定的前提下，主管機關規劃漸次開放國際金融業務，尤其是為服務廣大在大陸經營之台商，國內銀行辦理兩岸匯款及進出口外匯業務量日漸龐大，兩岸金融機構之業務往來更顯重要。

🔊 報你知 🔍

銀行在大陸申設分行與子行不同

　　子行指的是在台的銀行之國外分支據點，而子行則是指在台的銀行，以持股的方式擔任國外子銀行的母公司，以達到子銀行的經營控制權，而國外子銀行有獨立的董事會及股東會，以該當地的本地銀行為營經型態。

　　在大陸，銀行子行與分行的差異，主要在分行的擴點速度、營運範圍、客戶受限較大。比較如下表：

● 表7-6　中國銀行分行與子行差異

	分行	子行
客戶	以台商客戶為主	客戶擴大到大陸企業及個人。除了企金之外
業務	以企金業務為主	可發展消費者金融業務
業務承作幣別	多為外幣	經營人民幣與外幣業務
擴點	一家、一家向大陸銀監會申請	一次可申請6家分支機構，擴點速度較快

　　而申設子行的方式，目前國內的銀行可以直接向大陸銀監會申請以子行方式經營（如：永豐銀行），或是以收購大陸原本的銀行（如：台北富邦銀行收購華一銀行）後，再以子行形式經營，或是申請以分行轉為子行，亦即，同一家台灣的銀行，可以同時以子行和分行的形態在大陸經營。

　　MOU名為「備忘錄」（Memorandum of Understanding），於99年1月16日生效，MOU可以形容為金融業者得以進入中國市場之入場券，使國內金融機構擁有和其他外資「同等」規格的待遇。在MOU後，兩岸得以互設金融營業據點，開放金融市場雙向往來，大陸的中國銀行台北分行擔任在台人民幣的清算行，並於102年2月6日開辦在台的人民幣清算業務，國內銀行可與該行簽署協議以擔任「參加行」，辦理人民幣存放款及匯款業務。目前DBU（國內銀行之外匯指定銀行）、OBU（國際金融業務分行）及海外分支金融機構均可辦理人民幣業務。大陸銀行也可來台執行，比照外商銀行，開辦存放款等業務。

ECFA（Economic Cooperation Framework Agreement）兩岸經濟合作架構協議[1]，或稱兩岸的雙邊經濟協議，規範經濟合作活動於兩岸之間之基本協議，其內容可能包括早期收穫[2]、商品貿易（排除關稅和非關稅障礙）、經濟合作、服務貿易、投資保障、防衛措施，以及爭端解決機制。兩於民國99年6月29日簽訂第一次兩岸經濟協議，在此架構下的「金融服務業早期收穫清單協商」，可以使台資銀行可享有「優於」外資銀行的經營條件。

金融業常見職務

金融事業體下常見之職務與工作內容、所需證照，如表7-7所示：

● 表7-7　金融事業體下常見之職務與工作內容

	銀行櫃員	企金行銷人員	外匯作業專員	外匯交易員
工作內容	一般收付作業、銀行商品推廣、轉介	拓展企業金融授信相關業務	負責外匯進口、出口業務、熟進、出口貿易作業流程	外匯交易操作增進獲利、提供外匯相關商品報價
證照	信託業務人員			
	資深理財顧問	銀行房貸業務專員	信貸業務專員	呆帳回收專員
工作內容	客戶關係維護與理財諮詢、各項金融商品業務之推廣及銷售	房貸業務開發及銷售	信貸業務產品銷售、提供顧客產品服務與資訊，達成銷售目標	針對借款逾期6個月以上客戶進行電話溝通，協助帳款繳納
證照	人身保險業務員、投資型保險商品業務員、信託業務人員、投信投顧業務員、結構型商品銷售人員資格測驗		人身壽險、產物保險等證照尤佳	
	金融商品清算人員	風險整合規劃人員	Trader（交易員）	

---

1. 由於協商簽署「正式協議」曠日廢時，為了考量實際較為迫切之需要，綱要式的「架構協議」可以提供折衷的解決方式，加構協義是指在正式協議簽定之前，由雙方協商決定，僅先定架構及目標，具體內容日後再協商。過去東協各國與中國大陸已簽署了全面經濟合作架構協定。

2. 因為WTO規定經濟合作協議「必須」達到九成雙方貿易產品的免關稅，而九成的產品可以分階段達成；而先期協議的產品內容，簡稱為早期收獲清單。

	銀行櫃員	企金行銷人員	外匯作業專員	外匯交易員
工作內容	辦理台、外幣票債券、同業拆款及股票交易之清算交割業務	規劃風險管理機制、協助Basel II相關專案建置（平台系統）、協助風險管理作業流程改善、金控風險管理報表之設計	負責金融商品之交易，包括利率衍生性商品、外匯、債券、股權及股權衍生性商品等。執行風險部位拋補，嚴守交易紀律	
證照		具財務風險管理師（FRM）證照為佳		

1. 早期的傳統銀行，面對著金融主管機關的各項金融管制，相對也對銀行業較為保護，重視「資產管理」，隨著金融市場的自由化，故轉而重視其資金來源之管理，亦即負債管理，1970年代中期後所重視，則轉兼顧「資產負債管理理論」。

2. 銀行從事資產負債管理活動的類型主要包括：1.缺口管理（Funding Gap Model）或稱重新訂價模型（Repricing Model）。2.存續期間管理（Duration Management）。

3. 簡單的缺口管理，為採取維持缺口為零的避險操作。進階之缺口管理則針對利率預估未來走勢，進而調整資金缺口為正或負以賺取利潤。當預期利率上升時，銀行維持正缺口，當預期利率下降時，銀行維持負缺口。

4. 銀行流動性管理，包括被動性質的「儲藏流動性」，銀行持有高流動性之資產、或短期借款，與具主動性質之「購入流動性資金」，其指的是調整銀行「購入資金」種類之調整，以達到資金來源與放款需求期間能配合，擴大負債的平均期限，避免破產風險。

5. 授信利率的決定，需評估信用之五項原則（5P）：借款戶（People）、資金用途（Purpose）、還款來源（Payment）、債權保障（Protection）、授信展望（Perspective）。

6. 信用風險管理估算，包括違約機率、違約損失率及違約暴險金額三者相乘，作為資產的調整項，巴塞爾協議中，有「風險權數（Risk Weight, RW）」之概念，其指的相當於時PD與LGD兩者相乘後概念，所換算之權重。

7. 巴塞爾協定為國際清算銀行為了確保國際銀行有適當資本水準，要求風險調整後的資本適足率。資本適足率＝合格資本／風險調整後資產。

9. 在風險調整的資產計算，包括了三類風險：信用風險、市場風險、作業風險。我國於民國91年1月實施「銀行資本適足性管理辦法」，規定資本適足率不得低於8%～10.5%。

（　　）1. 銀行多元化其取得資金，採取積極購入資金策略，指的是以下何者管理策略？　(A)銀行資產管理　(B)銀行負債管理　(C)銀行負債與資產管理　(D)銀行流動性管理。

（　　）2. 銀行從事積極購入資金策略，以下何者不為其可購入之來源？　(A)央行融資（重貼現與短期擔保融通）　(B)附買回交易　(C)金融債券　(D)以上皆是。

（　　）3. 以下何者為缺口管理之正確執行步驟？　(A)預測銀行未來利差收入→衡量資金缺口→估計利率→驗證執行　(B)衡量資金缺口→預測銀行未來利差收入→估計利率→驗證執行　(C)衡量資金缺口 估計利率→預測銀行未來利差收入→驗證執行　(D)衡量資金缺口 驗證執行→估計利率→預測銀行未來利差收入。

（　　）4. 銀行從事循環性缺口管理，在預期利率上升時，銀行應作何策略？　(A)維持正缺口　(B)維持負缺口　(C)維持缺口為零　(D)擴大牌告利差。

（　　）5. 存續期間管理中，若希望利率變化時，銀行之利差收入不隨之波動，銀行利潤愈穩定，則應如何操作存續期間？　(A)擴大資產與負債之利率敏感性差距　(B)縮小資產與負債之利率敏感性差距　(C)擴大資產之存續期間　(D)擴大負債之存續期間。

（　　）6. 銀行若採積極之「購入流動性資金」策略，以下何者不包括在內？　(A)以金融業拆款支應存戶提款　(B)承作債券附買回協議支應授信金額增加　(C)承作附賣回協議支應存戶提款　(D)以短期借款支應存戶提款。

（　　）7. 銀行的大額存款與以下何者具有替代性？　(A)黃金市場　(B)金融債券市場　(C)銀行同業拆款市場　(D)票券市場

（　　）8. 銀行進行以下何項活動時，會使資金成本提高？　(A)提高「非存戶存款」資金來源比例　(B)提高「活期存款」之資金來源比例　(C)降低「非存戶存款」資金來源比例　(D)以上皆會使資金成本提高。

（　　）9. 授信利率需評估信用之五項原則不含以下哪一個？　(A)還款來源　(B)經濟景氣　(C)資金用途　(D)借款戶。

（　　）10.銀行可以採以下什麼方式，以達減輕作業成本目的？　(A)鼓勵單一存戶之帳戶集中化　(B)帳戶區隔化策略　(C)設立自動化作業降低作業成本　(D)以上皆是。

(　　) 11. 淨利息利潤率指？ (A)（利息收入－利息費用）/生利資產 (B)（利息收入－利息費用）/總資產 (C)（利息收入－利息費用）/風險性資產 (D)（利息收入－利息費用)/放款。

▶習題解答

1	2	3	4	5	6	7	8	9	10
B	D	C	A	B	C	D	A	B	D
11									
A									

08

期貨與選擇權

◆ 本章目標

1.認識期貨
2.瞭解選擇權、結構型商品

◆ 本章引言

本章對於衍生性金融商品之定義與常見的遠期契約、期貨、選擇權、交換作說明。並且針對期貨與選擇權的功能進一步解釋,以計算的實例,讓讀者瞭解,為什麼這兩個商品可以達到避險與投機獲利的功能。並說明實務上的期貨投資,如:保證金制度、基差風險;與實務上的選擇權投資,如:影響交易價格的因素。最後也重點介紹了結構型商品。

→8-1 期貨

一、衍生性金融商品

期貨與選擇權,都屬於衍生性金融商品的一種。衍生性金融商品是一種附屬性的契約,在契約上載明到期日,一般在到期時需交付標的資產(稱為「交割」)。依此附屬性的金融契約將負擔權利義務,投資人基於此權利義務而想要持有此金融契約時,便可以產生衍生性金融契約的交易價格。這交易價格指的是此金融契約,而不是其未來需交付的標的資產,衍生性金融契約的價值(或價格)會隨著其所依附之證券或資產價值(標的資產)的價格而波動。

衍生性金融商品的「標的資產」可以是其他的金融商品、指數、或實質的貨品等,實務上的法規,依「銀行辦理衍生性金融商品業務應注意事項」訂定之子法「辦理衍生性金融商品自律規範」中,對於衍生性金融商品之定義為:「所稱衍生性金融商品係指其價值由利率、匯率、股權、指數、商品、信用事件或其他利益及其組合等所衍生之交易契約及結構型商品。」[1]

由於商品的複雜度較高,實務上規範銷售銀行對於一般的自然人客戶所提供的,應該要以較單純的衍生性金融商品為主,如:外幣匯率選擇權[2]。且辦理衍生性金融商品業務之行員,應具專業能力才可辦理。[3]而主管機關也建立店頭衍生性金融商品交易資訊儲存制度(Trade Repository, TR),委託櫃買中心自101年4月起至102年6月止,依商品別分三階段上線,以求能更有效強化監理OTC店頭衍生性金融商品,建立相關預警制度及監控措施。

---

1. 原法規中,對衍生性金融商品的範疇,「不含資產證券化商品、結構型債券、可轉(交)換公司債等具有衍生性金融商品性質之國內外有價證券及「境外結構型商品管理規則」所稱之境外結構型商品」,是因為這些商品另有法規規範之,不適用「銀行辦理衍生性金融商品業務應注意事項」,而不是指這些商品不為衍生性金融商品。
2. 「辦理衍生性金融商品自律規範」第21條:「銀行對屬自然人之一般客戶提供單項衍生性金融商品(非屬結構型商品之衍生性金融商品)交易服務以外匯保證金交易、陽春型遠期外匯、買入陽春型外幣匯率選擇權及買入轉換/交換公司債資產交換選擇權為限。」
3. 銀行辦理衍生性金融商品業務應注意事項(94/11/21修正)第15條:「銀行辦理衍生性金融商品業務之人員應具專業能力,並應訂定專業資格條件、訓練及考評制度。」,另依「銀行業辦理外匯業務管理辦法」第12條:「指定銀行辦理衍生性外匯商品業務之經辦及相關管理人員,應具備下列資格條件之一:
   一、在國內外金融訓練機構主辦之衍生性商品及風險管理課程研習三個月以上。
   二、持有衍生性外匯商品之相關業務執照。
   三、在國內外金融機構相關衍生性外匯商品業務實習一年。
   四、曾在國內外金融機構有半年以上衍生性外匯商品業務之實際經驗。

在各衍生性金融市場，皆有避險者以及投機者兩類之主要參與者。避險者指的是其交易衍生性金融商品的目的是「降低持有的整體投資組合的價格波動」。而投機者交易衍生性金融商品的目的是「賺取因投資組合價格波動而得的利潤」。兩者差別顯而易見。常見的衍生性金融商品為：遠期契約、期貨、選擇權、交換契約。概述如下：

1. 遠期契約（Forwards）

由交易雙方約定在某一特定日，以約定的價格買進或賣出某標的資產的契約，標的資產之交割品質、數量等細節，由雙方直接協議以滿足雙方需求，不是標準化的契約，到期日交割價格於遠期契約訂立時即預先約定。通常遠期契約於櫃台買賣（店頭市場）市場交易，遠期契約是否能成功的被履行，須視交易雙方的信用而定，遠期契約須面對違約風險。

2. 期貨（Futures）

在未來的某一特定日，期貨的買方以約定的價格買進一定數量與品質的標的資產，期貨的賣方以約定的價格賣出一定數量與品質的標的資產，由擔任中介的交易所「標準化（Standardized）」其標的資產之交割品質、最小交易數量等細節，而期

金融焦點Focus

全球股市動盪！善用期貨操作避險

資料來源：
https://www.youtube.com/watch?v=PB8Eww8bnkI

貨契約的買賣雙方均要繳交保證金，以確保商品交易在到期日能被交割。期貨於期貨交易所被交易。期貨契約幾乎都能成功的被履行，因為有期貨交易所作為買方的賣方、賣方的買方。

期貨與遠期契約非常類似，但期貨是透過交易所作為中介而需支付保證金，保證期貨交易會如期履約，但遠期契約則不必支付保證金。

3. 選擇權（Options）

在未來的某一特定日或期間內，選擇權的買方支付權利金，有權利以約定的價格買進或賣出（擇一）標的資產。選擇權契約之發行人則收受權利金，有義務以約定的價格買進或賣出（擇一）標的資產，選擇權可以於交易所或店頭市場交易。

選擇權與期貨的差別，在於選擇權為一權利，而期貨則為義務，購買選擇權要支付權利金，而購買期貨則支付保證金，權利金有去無回，保證金只是用來保證履約。

4. 交換契約（Swap）

交易者約定在一段存續期間內交易特定資產（常為金融資產，如：外匯交換、利率交換），再於未來特定期日依資產價格波動，作損益結算，結算時以差額抵銷的方式作現金給付。

二、期貨的種類

1. 依期貨標的商品，期貨可區分為

(1) 商品期貨（Commodity Futures）：農作物、牲畜類、金屬、能源等。

(2) 金融期貨（Financial Futures）：外幣期貨、利率期貨、股價指數期貨等。

2. 依期貨契約交易處所，期貨可區分為

(1) 國內期貨契約

期貨商可交易的期貨商品可以包括國內的期貨相關商品，其指在「臺灣期貨交易所」交易的國內期貨、選擇權等各項衍生性商品；目前期交所[4]總計上市300多項商品，包括股價指數期貨類、股價指數選擇權類、個股期貨類、個股選擇權類、利率期貨類及商品期貨與選擇權類等6大類商品。

(2) 國外的期貨契約

國外期貨及選擇權等各項衍生性商品，須經「金管會證期局」核可，於國外各期貨交易所交易。期貨商以複委託之方式，經上手期貨商在國外各期貨交易所交易之國外期貨。

金融焦點Focus

 國外成分指數第一檔，東證期貨上市

資料來源：
https://www.youtube.com/
watch?v=e6DsxQ5BqkE

---

4. 截至104年6月底止。

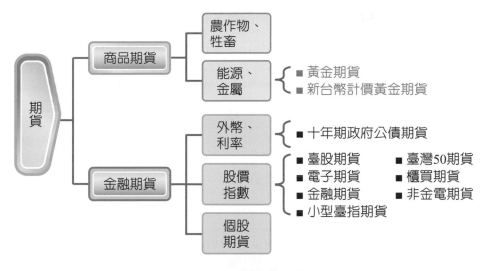

三、期貨的功能

　　以下以一簡單之例子，說明期貨契約的避險功能。由於農作物從栽種到收割往往需要數月之久，而農夫在栽種時不能預見3個月後的價格，若市場供給太多，穀賤傷農，若市場供給太少，雖可大賺一筆，但又需面臨因利潤好引起其他農夫跟進栽種而使下一回的價格下跌。為了避免這種「三個月後的價格不確定」的果困擾，所以農夫簽訂了期貨契約，約定好3個月後的交易價格，如：依目前的稻米價格每公斤120元作為期貨3個月後所約定的交易價格，我們來看看3個月後的情形（假設只討論農夫只栽種1公斤的米）：

● 表8-1　存在期貨契約對各交易人之賺賠情形

	現在稻米價格	情形一：3個月後稻米漲價	情形二：3個月後稻米跌價	說明
稻米價格：/每公斤	120	150	100	
1.傳統情況，沒有期貨契約	農夫還沒種。無稻米（現貨部位＝0）	150	100	農夫與糧商皆面對3個月後的價格有漲、或跌的可能性。
2.有期貨契約　實物交割	糧商「買入」期貨契約。	付120，收稻米。	付120，收稻米。	避險者買期貨，目的在提早確定價格。
	農夫「賣出」期貨契約。	收120，交付稻米。	收120，交付稻米。	
現金交割	投資人「買入」期貨契約	付120元買進市價150稻米，賺價差30。	付120元買進市價100稻米，賠價差20。	投機者買期貨，若現貨3個月後漲價→期貨契約能賺錢。
	投資人「賣出」期貨契約	收120元賣出市價150稻米，賠價差30。	收120元賣出市價100稻米，賺價差20。	投機者賣期貨，若現貨3個月後漲價→期貨契約賠錢

　　在傳統情況、沒有期貨契約時，農夫與糧商皆面對3個月後的價格有漲、或跌的可能性。若有了期貨契約，則糧商「買入」期貨契約，約定3個月後「買入」以每公斤120元稻米，農夫「賣出」期貨契約約定3個月後「賣出」以每公斤120元稻米，3個月後稻米漲價或跌價將與之賺賠無關，其已提早確定交易價格。不管是糧商或農夫，在3個月後期貨到期時，皆有實際上稻米的交易，我們稱為「實物交割」。糧商「買入」期貨契約以提前確定價格，我們稱之為多頭避險，農夫「賣出」期貨契約以提前確定價格，我們稱之為空頭避險。

實物交割vs.現金交割

實物交割，期貨契約持有到期時，期貨賣方將期貨標的物交付期貨買方，而期貨買方支付交割價款給賣方。期貨標的物的交付，須根據期貨交易規定的交割時間、交割地點、及品質。

現金交割，期貨契約持有到期時，配合每日結算制度，故以期貨到期時的最後結算價為基礎，以現金的形式收取價差，不作實體標的物的交付。

值得一提的是，雖然避險者在這個例子，一開始手上沒有現貨部位，但這並不是判斷一個交易人是否為避險者的前提，例如，若某甲現在持有一倉庫的米，以市場售米的速度，這一倉庫的米肯定無法在短期出售，3個月後仍有待售的米，對於現在就持有3個月後要賣的米，我們稱某甲的「現貨部位為正」，他若想提早鎖定3個月後售米的價格，可以現在「賣出」期貨契約，持有現貨部位的某甲，採用期貨交易來規避其價格波動的風險。

● 表8-2　存在期貨契約對有現貨部位的情形的交易人之賺賠情形

有現貨部位的情形	不同時點	現在：稻米價格作為比較基準	情形一：3個月後稻米漲價	情形二：3個月後稻米跌價
	稻米價格	120	150	100
	某甲「賣出」期貨契約。	現貨部位為正	手上稻米賺150－120＝30	手上稻米賠120－100＝20
		期貨部位：「賣出」	期貨：收120，交付市價150稻米。賠30	期貨：收120，交付市價100的稻米。賺20
	不管情形一或情形二，某甲都是不賺不賠。期貨使某甲規避了價格變動風險。			

　　除了農夫或糧商之外，一般的投資人則可以利用期貨契約來賺錢，如：投資人「買入」期貨契約，約定3個月後付120元買進稻米，若屆時稻米的市價為150元，則投資人可以左手支付120元買進稻米後，右手旋即在市場上以市價150元出售，賺取價差30元，但實際上，期貨交易所則免除這種麻煩，而以「現金交割」，即投資人可以僅就現貨到期價格（150）與期貨約定價格（120）之間的差價（30）作交割即可，不必真的作實物的收付。

　　上例中，若屆時稻米的市價不漲反跌，投資人「買入」期貨契約，約定3個月後付120元買進稻米，若屆時稻米的市價為100元，則投資人作現金交割，相當於是交付120元買進市價只值100元的稻米，賠價差20。投機者「買」期貨，若現貨3個月後漲價，則投資人透過這個期貨契約能賺錢，但他在買入期貨時，也面臨到期後現貨跌價而虧損的風險。

　　（至於投資人賣出期貨契約的例子，請讀者自行參考表中說明，在此說明從略。）

 **報你知**

期貨的交易策略

1. 多頭避險策略：若投資人想要規避的是「現貨價格上漲風險」，如：糧商怕3個月後的小麥大漲，不利其3個月後購買小麥，則可以利用現貨的價格與期貨價格之間的連動性，在期貨市場建立多頭部位（買進期貨）。

2. 空頭避險策略：若投資人想要規避的是「現貨價格下跌風險」，如：麥農怕3個月後小麥大跌，不利其3個月後出售小麥，則可以利用現貨的價格與期貨價格之間的連動性，在期貨市場建立空頭部位（賣出期貨）。

3. 投機策略：指投資人買低賣高，賺取因期貨價格變動而產生的利潤。

4. 套利策略（Arbitrage Strategy）：指當投資人認為現貨價格相對較低，而期貨價格相對較高時，則投資人放空期貨同時買進現貨；或是投資人認為現貨價格相對較高，而期貨價格相對較低時，則買進期貨同時放空現貨。在期貨現貨同時作出部位相反的動作，以賺取利潤。

故期貨之交易動機包括了欲規避現貨價格波動風險之避險動機、爲獲取高額報酬但也願意承擔風險的投機動機。最後，還有一群套利交易者，時時刻刻在注意著期貨價格與現貨價格，一但兩者失衡，交易立刻進行買低賣高的套利行爲，其交易期貨具有套利動機，而市場的價格可以透過其套利的行爲獲得均衡。

四、與期貨相關之金融機構

我國期貨交易之目的事業主管機關爲「金融監督管理委員會」，「期貨商業同業公會」爲期貨商之自律組織。

(一)臺灣期貨交易所

「臺灣期貨交易所股份有限公司（TAIFEX）」成立於1997年9月，爲具有會員制精神的「公司制」，其股東組成包括了期貨業、證券業、銀行業、證券暨期貨相關機構等，共同出資20億元。在期貨交易機制裡，非常重要的結算工作，是由期貨交易所的「結算部」負責，結算部的業務包括了結算交割作業、結算保證金管理、及結算會員風險管理。

報你知

期貨交易的「結算機構」

結算機構在台灣是由期貨交易所的「結算部」負責，結算部，承擔期貨買賣雙方履行契約的義務，爲一個具有「保證」交易順利進行的機構。

(二)期貨商

期貨商依其是否爲該公司之主要業務，又分爲二種，一爲「專營期貨商」，其開設有最低實收資本額，如：專營期貨經紀商最低實收資本額爲新台幣2億元，專營期貨自營商最低實收資本額爲新台幣4億元。期貨商須經主管機關之許可並發給許可證照，始得營業，期貨商非經主管機關核准，不得兼營他業。另一種期貨商爲「他業兼營之期貨商」，現僅開放「證券商」兼營期貨業務，且證券商須設立獨立部門專責辦理期貨業務。

　　而期貨商若以其經營的業務的內容，有「期貨經紀商」及「期貨自營商」兩種。期貨經紀商為接受客戶開戶，依客戶委託而買賣期貨、選擇權契約之公司。期貨自營商本著自身之利益，自行買賣期貨、選擇權契約，買賣期貨的盈虧自負。同一期貨商可以申請兩項業務皆為其經營內容，但依期貨交易法第69條：「期貨商兼營期貨自營及經紀業務者，應於每次買賣時，以書面文件區別其為自行買賣或受託買賣。」

五、其他的期貨服務事業

(一)期貨顧問公司

　　依「期貨顧問事業設置標準」第2條：「本標準所稱期貨顧問事業，指為獲取報酬，經營或提供期貨交易、期貨信託基金、期貨相關現貨商品、或其他經主管機關公告或核准項目之交易或投資之研究分析意見或推薦建議者。」實收資本額應達5,000萬元。期貨經紀商、期貨經理事業、證券經紀商及證券投資顧問事業，得申請兼營期貨顧問事業。

(二)期貨經理公司

　　依「期貨經理事業設置標準」第2條：「期貨經理事業，指經營接受特定人委任，對委任人之委託資產，就有關期貨交易、期貨相關現貨商品或其他經主管機關核准項目之交易或投資為分析、判斷，並基於該分析、判斷，為委任人執行交易或投資之業務者。」簡單地說，期貨經理公司可以代客操作（或全權委託）期貨[5]，其實收資本額不得少於新臺幣1億元。期貨經紀商、期貨信託公司、證券投資信託公司及證券投資顧問公司，可以申請兼營期貨經理事業。

(三)期貨信託公司

　　依「期貨信託事業設置標準」第2條：「期貨信託事業，指以經營募集期貨信託基金發行受益憑證，並運用期貨信託基金從事期貨交易、期貨相關現貨商品或其他經主管機關核准項目之交易或投資為業者。」簡單地說，期貨信託

---

5. 比較全權委託之法規：投信投顧經營全權委託投資業務管理辦法：「全權委託投資業務，指證券投資信託事業或證券投資顧問事業對客戶委任交付或信託移轉之委託投資資產，就有價證券、證券相關商品 或其他經金融監督管理委員會（以下簡稱本會）核准項目之投資或交易為價值分析、投資判斷，並基於該投資判斷，為客戶執行投資或交易之業務。」

公司可以發行共同基金以投資期貨，其實收資本額不得少於新臺幣三億元。期貨信託事業目前主要為他業經營[6]，如：期貨經理事業、證券投資信託事業、信託業。

(四)期貨交易輔助人

其為「仲介經紀商」的性質，主要是依其服務據點多為優勢，能就近提供欲交易期貨之投資人服務，一般多為證券公司，可以方便股票投資人也想要投資期貨時，方便客戶操作期貨以留住客戶（如：元大證券公司全省皆有經營經紀業務的據點多處）；或較小型的銀行、或銀行底下之證券部（如：台灣中小企業銀行、台灣土地銀行證券部、聯邦銀行）[7]。期貨交易輔助人從事期貨交易之招攬業務，應以委任期貨商名義為之，期貨交易輔助人與期貨經紀商的不同，在於再轉單給期貨經紀商（如：轉單給元大期貨經紀商全省只有5家經紀商服務據點），並不得經手保證金業務，只能「通知」期貨投資人繳交追加保證金。也就是說，交易輔助人能接受客戶開戶但不收取保證金，其所接受的委託單，轉由期貨經紀商執行。

● 表8-3　期貨相關服務機構
可承作業務（V：主要業務　兼：可兼營之業務）

承辦業務 公司業別	期貨顧問業務	期貨經理（全權委託期貨）業務	期貨信託（期貨共同基金）業務	期貨商業務
期貨顧問公司	V			
期貨經紀公司	兼	兼		V
期貨經理公司	兼	V	兼	
證券經紀公司	兼			兼
證券投資顧問公司	兼			
期貨信託公司		兼	V	
證券投資信託公司		兼	兼	
信託業			兼	

6. 截至104年5月為止，期貨經紀商專營者為17家，兼營者為20家，期貨自營商專營者為10家，他業兼營者為22家。期貨顧問公司有33家，期貨經理公司多為他業經營(8家)，期貨信託事業主要為他業經營(9家)，期貨交易輔助人共有49家。
7. 證券商經營期貨交易輔助業務管理規則：「申請為期貨交易輔助人，以經營證券經紀業務者為限。」

(五)期貨的每日結算及保證金制度

期貨與遠期契約最大的不同,在於其為標準化合約,如同「成衣」的概念,而遠期契約則是類似量身訂作的套裝,除此之外,也在於期貨有保證金制度,但遠期契約無,那麼,什麼是期貨的保證金制度呢?

依期貨交易法第67條,期貨商受委託進行期貨交易時,應向期貨交易人收取交易保證金或權利金,並設置客戶明細帳,逐日計算其餘額。

六、期貨的交易機制

(一)每日結算之意義

期貨的每一份契約,我們稱為「一口」。由於期貨是約定未來(如:三個月後)才到期交割,在此之前,理論上不需要付錢,假定現在是4月份,小麥時價200美元/英斗,某甲便約定:7月21日以一英斗200美元出售小麥。時間來到5月份,某甲發現由於今年氣候非常商合小麥生長,眼看7月應該會大豐收,小麥市價在5月時下跌了,為180美元/英斗,某甲當然暗自竊喜,其先知卓見的「出售」小麥「期貨」,即將在7月時可以保住他所期待的200美元/英斗。

但世事難料,若情況不是如此,若時間來到5月份,某甲發現由於今年氣候異常,小麥市價在5月時上漲了,為210美元/英斗,某甲在5月時(期貨契約還沒有到期)即預見7月即將到期的期貨契約可能會有虧損,必須用200美元低價出售到時可能市價會高漲的小麥。當然7月的小麥價格在5月時並不能預知,但合理地可以用5月份的小麥市價來猜測,若某甲在5月猜測7月的價格為210美元/英斗,則他在帳面上就虧了10美元/英斗(因為7月還沒到,期貨還沒有交割,所以是帳面上的盈虧,不是實際的盈虧)。

什麼情形下投資人會想臨陣脫逃,乾脆不交割期貨契約呢?我們可以想像,若在7月時,某甲大幅虧損,7月的小麥市價為250美元/英斗,使得某甲有50美元/英斗,他可能會違約不交割。所以,我們需要某甲提交保證金,以確保他會如期交割。期貨的買賣雙方均要繳交保證金,以確保交易能執行。

但是,保證金需要多少呢?

如上例,若某甲有交保證金,且金額大於50美元/英斗,則某甲自然會乖乖在7月時履行期貨契約,若他不履行,其保證金剛好用來強制期貨契約履行。

問題是，沒有人能在7月「未到期時」就先預知到期的小麥價格，而要先預收的保證金，是準備用來彌補投資人的可能損失，若不知道到期的小麥價格，如何能知到損失？

　　有個很聰明的方法！即是「每日結算」。如下例：

某甲於4月21日賣出期貨	小麥時價	期貨價格	方法一：到期結算盈虧的賺賠情形	方法二：期前先分期結算盈虧的賺賠情形
4月21日 5月3日 5月21日 7月21日	200美元/英斗 250美元/英斗	200美元/英斗 185美元/英斗 210美元/英斗 250美元/英斗	0 0 0 －50	0 ＋15 －25 －40
總盈虧			－50	－50

　　在表中，分了四個時點（4/21, 5/3, 5/21, 7/21），在期貨到期前，分期計算結算盈虧的賺賠情形，我們發現「各期分期結算盈虧的加總，會等於到期結算的盈虧」。在表中最後一列，方法一的到期結算，與方法二的期前分期結算，獲得相同的總盈虧（＝－50）。

　　也就是說，只要我在期在到期前，收取保證金，供作各期分期的賺賠扣款，就可以確保期貨交易人不會在到期時違約。而最保守的作法，便是「每日」都結算。期貨每日結算制度，可以即時地反應期貨部位的損益，每日於期貨交易結束後，期貨結算機構會以當日期貨的結算價，計算投資人持有部位的損益，計算保證金餘額。

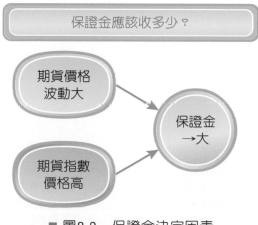

■ 圖8-2　保證金決定因素

　　所以，保證金的多寡，應視期貨價格波動大小、或期貨價格水準而定[8]，只要保證金的水準足夠抵付分期計算盈虧即可。若保證金不夠扣款，便得通知期貨交易人補交保證金。

(二)保證金

　　交易時，期貨的買賣雙方都要繳交，期貨契約一開始收取的保證金，稱為原始保證金，而既然保證金需要每日供作期前結算的賺賠扣款，所以依每日期貨價格的變化，當原始保證金被扣到一個低限時，期貨經紀商就應通知期貨交易人補繳到原始保證金的水準，才可繼續持有該期貨部位。這個保證金的低限，稱為維持保證金。

● 表8-4　各期貨之維持保證金與原始保證金（單位：元）

商品別	原始保證金	維持保證金
臺股期貨	83,000	64,000
電子期貨	68,000	52,000
金融期貨	53,000	41,000
小型臺指期貨	20,750	16,000

　　期貨契約的標的，若為金融商品，如：大盤指數，要怎麼交割「1點」呢？由於有了現金交割的機制，並不需要真的有「大盤指數」這個商品來交割，只需要規定好「1點」指數換算成多少新台幣，在計算期貨損益時，僅就點數的差異乘以新台幣即可。如下例。

 範例

台指期貨

1. 某甲以8,200點買進1口2015年3月到期台指期貨，（若原始保證金以83,000計算，維持保證金以64,000計算），當大盤指數跌到幾點時，他會收到期貨經紀商的追繳通知書？

   解：

   （83,000－64,000）/200＝95點

   故當期貨跌破8,200－95＝8,105點時，會收到追繳通知書。

2. 承上，若某甲將期貨持有至到期，最後交易日的結算價7950，為其損益情況為何？（暫不考慮交易費用及稅負，一點為新台幣200元）

   解：

   8,200－7,950＝250，250×200＝50,000（損失）

(三)期貨的價格觀念釐清

你發現了嗎？在交易期貨時，交易人會指定到期日，如：7月到期的契約，接著在市場對「現貨標的未來在到期日的價格」作猜測或預期，如：我預期未來7月的台股指數為8,100點，然後以此預期價格，作為我「買進」7月到期期貨下單價格，假若此價格也被期交所順利撮合了，那麼此期貨契約「被買賣雙方交易出來」的市場價格，就是所謂的期貨價格，也是我們一開始在說明，期貨買方約定到期日，以「特定價格」交割標的資產，此「特定價格」在期貨被投資人交易時，是由投資人自己同意而以此價格下單、也成功地被期貨交易撮合出來的期貨市價。

期貨價格＝期貨契約到期時要交割的「特定價格」＝對未來到期日的現貨預期價格

各種期貨下單型態

期貨單是採價格優先、時間優先的成交順序，以下說明各種期貨下單型態。

➡ 市價單（Market Order）

若投資人急著想成交，可以下「市價單」，它將以市場價格成交，會最優先被交易所成交。若是下市價買單，會以下單當時，市場已掛出的最高委託單價格做爲買入的成交價格，若是下市價賣單，會以下單當時，市場已掛出的最低的委託單價格做爲賣出的成交價格。

➡ 限價單（Limit Order）

若投資人下限價買單，則只有在買得比此限定價位來得便宜才成交，若投資人下限價賣單，則只有在賣得比此限定價位來得昂貴才成交。能爲投資人爭取到較好的價格。

➡ 停損（利）單（Stop Order）

停損（利）單有兩種，一種是觸及設定價格後成爲市價單，另一種是觸及設定價格後成爲限價單。當市價觸及停損（利）單的設定價格時，委託單自動成爲市價或限價單。不過目前台灣期貨市場尚未開放此種單。

七、期貨的交易操作策略

(一)可以結清手上的期貨部位的兩個方式

在買入或賣出期貨契約後，有兩個方式可以結清手上的期貨部位，即結束期貨投資的意思：

1. **持有到期貨到期日**：進行實物交割或現金交割。

2. **在期貨尚未到期之前**：作「平倉（Offset）」或沖銷，投資人可進行與原持有期貨部位之相反方向的交易，了結契約持有部位。

平倉（Offset）

　　「平倉」指一個動作，對於期貨持有人原本持有的部位，作出相反的買賣動作，使與原先部位沖銷，讓持有部位為0。

原本持有的部位	多部位（曾經作過期貨買進）	空部位（曾經作過期貨賣出）
平倉動作	賣出期貨，或稱放空期貨	買進期貨，或稱作多期貨
平倉後部位	0	0

　　平倉這個特殊的名詞，是因為買入期貨時，其實沒有持有任何的現貨部位，只是「承諾要在到期日買入現貨」，所以，如何「取消」原先的承諾呢?要出清部位，必須透過持有另一口反向的部位，以作為取消原先期貨契約的意思。

● 表8-5　台股指數期貨及小型台指期貨內容

中文簡稱	臺股期貨	小型臺指期貨
交易標的	臺灣證券交易所發行量加權股價指數	
交易時間	•交易時間為營業日上午8:45～下午1:45。 •到期月份契約最後交易日之交易時間為上午8:45～下午1:30。	
契約價值	臺股期貨指數乘上新臺幣200元。	小型臺指期貨指數乘上新臺幣50元。
到期月份	自交易當月起連續二個月份，另加上三月、六月、九月、十二月中三個接續的季月，總共有五個月份的契約在市場交易。	
每日結算價	每日結算價原則上採當日收盤前1分鐘內所有交易之成交量加權平均價。	
每日漲跌幅	最大漲跌幅限制為前一營業日結算價上下10%。	
最小升降單位	指數1點（相當於新臺幣200元）。	指數1點（相當於新臺幣50元）。
最後交易日	各契約的最後交易日為各該契約交割月份第三個星期三，其次一營業日為新契約的開始交易日。	
最後結算日	最後結算日同最後交易日。	
最後結算價	以最後結算日臺灣證券交易所當日交易時間收盤前三十分鐘內所提供標的指數之簡單算術平均價訂之。	
交割方式	以現金交割，交易人於最後結算日依最後結算價之差額，以淨額進行現金之交付或收受。	

(二)基差風險（Basis Risk）

　　基差的大小，可以觀察現貨與期貨之價格之「相對」關係。基差的變化是影響期貨避險效果的主要因素。當基差之絕對值變小時，稱為基差變小；基差之絕對值變大時，則稱基差變大，正常市場下，基差為負值，即期貨價格大於現貨價格。

基差＝現貨價格－期貨價格

　　若想要達到完全避險（Perfect Hedge），在避險期間，基差不變為完全避險之必要條件。

基差計算

某甲在12月份買進1口指數期貨來規避風險，假設在避險期間，基差由－20點變為－10點，請問他的避險損益為何？

解：

多頭避險損益為－10×200元＝－2,000元

若基差為負，表示現貨價格<期貨價格。基差由－20點變為－10點表示：代表在避險期間，期貨的上漲幅度小於股市上漲幅度，或是期貨下跌幅度大於股市的下跌，使得期貨部位的獲利會小於現貨部位的損失，或是期貨部位的損失會大於現貨部位的獲利，不論現貨期貨是漲或跌，皆不利多頭避險利潤。反之，在多頭避險策略中，若基差值為負且絕對值變大，則將有利於避險策略的報酬。

● **表8-6　基差變大或變小與多頭避險之關係**

情形1：基差為負，基差變小，不利於避險策略的報酬。

期貨的上漲幅度比的股市上漲幅度小10點			
【例】	原本	上漲後	變動
現貨	7,000	7,140	＋140
期貨	7,020	7,150	＋130
基差	－20	－10	

【例】	原本	下跌後	變動
現貨	7,000	6,800	－200
期貨	7,020	6,810	－210
基差	－20	－10	

→期貨部位的獲利會小於現貨部位的損失　　→期貨部位的損失會大於現貨部位的獲利

情形2：基差為負，基差不變。

期貨的上漲幅度＝股市上漲幅度			
【例】	原本	上漲後	變動
現貨	7,000	7,140	＋140
期貨	7,020	7,160	＋140
基差	－20	－20	

【例】	原本	下跌後	變動
現貨	7,000	6,800	－200
期貨	7,020	6,820	－200
基差	－20	－20	

→期貨部位的獲利會＝現貨部位的損失　　→期貨部位的損失＝現貨部位的獲利

情形3：基差為負，基差變大，有利於避險策略的報酬。

期貨的上漲幅度比的股市上漲幅度大10點			
【例】	原本	上漲後	變動
現貨	7,000	7,140	＋140
期貨	7,020	7,170	＋150
基差	－20	－30	

期貨下跌幅度比股市的下跌幅度小10點			
【例】	原本	下跌後	變動
現貨	7,000	6,800	－200
期貨	7,020	6,830	－190
基差	－20	－30	

→期貨部位的獲利會大於現貨部位的損失　　→期貨部位的損失會小於現貨部位的獲利

→8-2 選擇權

一、選擇權契約定義

指當選擇權契約的買方付出權利金，享有權利，其權利內容為：在特定期日（內），向契約的賣方（發行人）依事前約定好的履約價格買入（或賣出）一定數量的標的資產。

→ 若是選擇權契約的買方，有「買進」標的資產的權利，稱為買權（Call Options）。

→ 若是選擇權契約的買方，有「賣出」標的物的權利，稱為賣權（Put Options）。

二、選擇權的權利與義務

選擇權的買方並不用繳交保證金，而是繳交權利金，權利金有去無回，選擇權買的是一種可以放棄不執行的權利。相對的，選擇權的賣方才有「義務」交割，而為了避免選擇權的賣方到期時違約，賣方須繳交保證金，以作為履約的保證。

三、選擇權迷人之處－損失有限，獲利無窮

選擇權的買方，其可能之最大損失只限於權利金，為一種虧損有限，而具有獲利極大的可能，以買權為例，只要標的資產價格在選擇權到期時很高，則買權的獲利越大。而若以賣權為例，只要標的資產價格在選擇權到期時很低，則賣權的獲利越大。

選擇權依履約型態可以分為2種：一為美式選擇權（American Option），其特色是只要在契約到期日（或履約日期）之前，不限哪個時點，選擇權之買方皆可要求履約。另一種為歐式選擇權（European Option），其只能限定在履約日期當日要求履約。

四、選擇權的價格

選擇權在購買時，交易人選定標的資產到期時之履約價格後，對選擇權出價，所以選擇權的價格指的是它的權利金，而不是其標的資產的履約價格，此概念與期貨相當不同。相同的標的資產，但不同到期日的選擇權、只要其履約價格不同，就視爲不同的選擇權契約。如：7月到期履約價8,200點的買權，與7月到期履約價8,300點的買權，爲不同的兩個契約，投資人對此兩契約作不同的權利金出價。

五、對市場的預期與操作

由於履約價格是固定的，投資人對標的資產在到期日的價格作出預期，若預期價格會漲，則可以利用選擇權鎖定一個固定的較低履約買價，到期時若標的資產如預期地上漲，就可以賺得利潤。相反地，若預期價格會跌，則可以利用選擇權鎖定一個固定的較高履約賣價，到期時若標的資產如預期地下跌，就可以賣高買低，賺得利潤。我們可以觀察得到，實務上，對於同時到期的買權，若履約價格愈高，則將來能賺錢的機會越愈小，所以投資人願付的權利金也愈低；而同時到期的賣權，若履約價格愈高，則將來能賺錢的機會越愈大，所以投資人願付的權利金也愈高。

● 表8-7　投資人對選擇權的操作策略

	對未來標的資產價格的預期	投資人可操作的選擇權
情況一	預期多頭	買進買權
情況二	預期空頭	買進賣權

選擇權與期貨相同，可以持有到期或期前出售此金融契約，若是持有到期，則到期時決定要不要履約其買或賣的權利，也可以在購入選擇權後、而在未到期前，將此選擇權賣給下一手投資人，再次強調，此時選擇權契約在到期前被交易的價格，指的是選擇權的權利金。

六、選擇權到期時的損益預期情形

在選擇權尚未到期前，若欲知選擇權未來可能的損益，可以以圖形表示。由於尚未到期，所以對於到期日的標的資產價格為未知，我們可以假設在「各種可能的價格情形」下，將到期日的選擇權損益繪在圖上。假設一股票選擇權，到期的履約價格為20元，以下分別以買權及賣權說明：

(一)買權

假設已知權利金C為2元，履約價格K為20元

股票到期價格	...	18	19	20	21	22	23	...	50
Payoff（不考慮權利金）	...	0	0	0	1	2	3	...	30
Profit	...	−2	−2	−2	−1	0	1	...	28

1. 若股票到期價格S＝履約價格K＝20元時，則有沒有履約，其到期收付金額＝0，但若減除在購入選擇權之成本（權利金）C＝2元，則其損益為−2元。

2. 若股票到期價格S＞履約價格K時，如：股價＝30元，投資人可以用比較便宜的履約價格20元「買進」市價比較高的股票，所以投資人會願意履約，其到期收付金額＝30−20＝10，但若減除在購入選擇權之成本（權利金）C＝2元，則其損益為8元。

3. 若股票到期價格S＜履約價格K時，如：股價＝10元，投資人須用比較昂貴的履約價格20元「買進」市價比較低的股票，所以投資人不願意履約，其到期收付金額＝0，但若減除在購入選擇權之成本（權利金）C＝2元，則其損益為−2元。

·⑤·範例

買權

有兩個特別的股價，值得注意：

1. 到期收付金額＝0時，股價是多少？其損益為多少？

2. 到期損益＝0時，我們稱為損益兩平點，股價是多少？其收付金額為多少？

解：

當S＞K，買權的履約價值＝S－K，

當S≦K，買權的履約價值＝0，

買權之損益兩平點：S＝K＋C

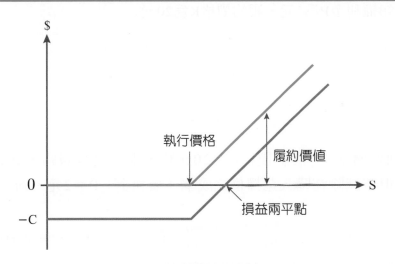

■ 圖8-3　買進買權的到期損益

　由於選擇權的發行人與投資人之間的收付是相對的，投資人支付權利金給選擇權的賣方（發行人），所以賣出買權之到期損益，在圖形上看起來，與買進買權的到期損益是上下相反的。

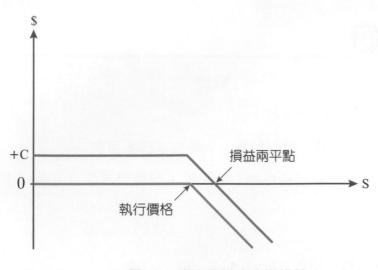

■ 圖8-4　賣出買權的到期損益

(二)賣權

假設已知權利金P為2元，履約價格K為20元

股票到期價格	…	18	19	20	21	22	23	…	50
Payoff（不考慮權利金）	…	2	1	0	0	0	0	…	0
Profit	…	0	−1	−2	−2	−2	−2	…	−2

1. 若股票到期價格S＝履約價格K＝20元時，則有沒有履約，其到期收付金額＝0，但若減除在購入選擇權之成本（權利金）P＝2元，則其損益為−2元。

2. 若股票到期價格S＞履約價格K時，如：股價＝30元，投資人須以比較便宜的履約價格20元「賣出」市價比較高的股票，所以投資人不願意履約，其到期收付金額＝0，但若減除在購入選擇權之成本（權利金）C＝2元，則其損益為−2元。

3. 若股票到期價格S＜履約價格K時，如：股價＝10元，投資人可以用比較昂貴的履約價格20元「賣出」市價比較低的股票，所以投資人會願意履約，其到期收付金額＝10，但若減除在購入選擇權之成本（權利金）C＝2元，則其損益為8元。

 **範例**

> ### 賣權
>
> 有兩個特別的股價，值得注意：
>
> 1. 到期收付金額＝0時，股價是多少？其損益為多少？
>
> 2. 到期損益＝0時，我們稱為損益兩平點，股價是多少？其收付金額為多少？
>
> **解：**
>
> 當S＜K，賣權的履約價值＝K－S，
>
> 當S≧K，賣權的履約價值＝0，
>
> 賣權之損益兩平點：S＝K－P

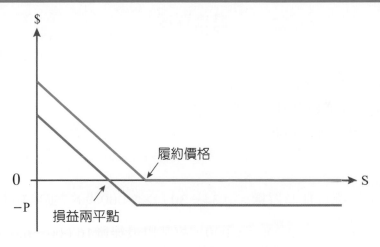

■ 圖8-5　買進賣權的到期損益

　　由於選擇權的發行人與投資人之間的收付是相對的，投資人支付權利金給選擇權的賣方（發行人），所以賣出賣權之到期損益，在圖形上看起來，與買進賣權的到期損益是上下相反的。而股價愈高時，買權愈賺，但賣權則為固定的權利金損失，相反的，當股價愈低時，賣權愈賺，但買權則為固定的權利金損失，所以買賣權的損益圖形「看起來」是左右相反的，但應注意，在損益兩平點的轉折處，買權與賣權的數字仍有不同，應仔細區別。

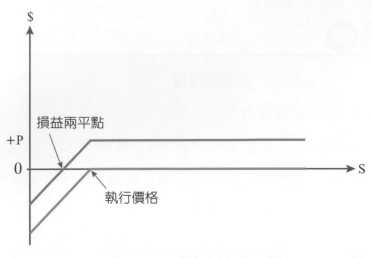

■ 圖8-6　賣出賣權的到期損益

股票買權

某甲買進了2張A公司股票買權（契約規模2,000股），每股的履約價格30元，每張權利金1.5點，若到期時A公司股票的市場價格為34元，請問某甲是否應行使該買權？其行使買權的損益情況又是如何？（考慮權利金成本，每點新台幣價值2,000元）

解：

34>30，故某甲應行使該買權。（34－30）×2,000股×2張＝16,000

權利金成本為1.5×2×2,000＝6,000，故某甲最後賺16,000－6,000＝10,000元。

七、選擇權到期前對未來的到期損益說明

　　若不考慮權利金成本，在選擇權尚未到期前，我們可以依未來到期損益（還沒發生）的預期，以「價內」、價外」、價平」來形容。所謂「價內選擇權」（In-The-Money），指的是選擇權的買方未來將因為行使權利而獲利的情況。

● 表8-8　價內、價平、價外選擇權的價格情形

	買權	賣權
價內選擇權	標的資產市價大於履約價	標的資產市價小於履約價
價外選擇權	標的資產市價小於履約價	標的資產市價大於履約價
價平選擇權	標的資產市價等於履約價	標的資產市價等於履約價

　　「價外選擇權」（Out-The-Money）指的是選擇權的買方未來將因為行使權利而產生損失的情況，而若不會產生利潤或損失的情形，則稱為「價平選擇權」（At-The-Money）。

　　在選擇權未到期前，其權利金是由兩部分構成，一為「履約價值」，指的就是「假若選擇權能立即履約」時可以賺得的部份，這個金額每個人都可以看得到，如：大盤指數今天收盤為7,800點，而在下個月到期的買權，其履約價格為7,500點，兩者的差異300點即為履約價值。

　　權利金第二個部分為「時間價值」，指的是由於選擇權還沒有到期，投資人因而能夠對未來獲利的「期待」。實際上由投資人交易而得到的選擇權價格，與已知的履約價值之間的差異，就是時間價值。我們可以將時間價格表示如下：

時間價值＝權利金－履約價值

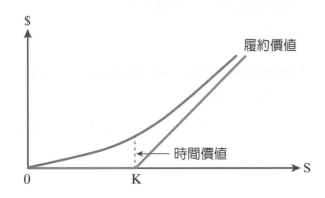

■ 圖8-7　以買權為例的時間價值

  範例

B公司股票買權（契約規格2,000股），每股的履約價格58元，權利金2.5
點，若目前B公司股票的市場價格爲60元，請問該買權的時間價值爲何？
解：
60－58＝2，2×2,000＝4,000，2.5×2,000＝5,000，
時間價值＝權利金－履約價值＝5,000－4,000＝1,000

八、影響選擇權價格主要因素

權擇權價格（即權利金）在到期前，由持有的投資人出售給下一手的投
資人時，價有實際上的交易價格，而此市場的交易價格，會受到下以的因素
影響：

1. 標的資產價格

由於選擇權未來到期時的損益，連結著標的資產，若標的資產現在的價
格愈高，則將來到期時也比較有可能有更高的價格，對買權可以以固定的履約
價買進標的資產，故對買權愈有利，投資人因而願意付多一點權利金去持有買
權，相反地，標的資產價格愈高，對賣權則不利。

2. 履約價格

對買權而言，若履約價格愈高，則標的資產要漲超過這個履約價格，才
開始獲利，故對於高門檻的履約價格，投資人興趣缺缺，不願付高額權利金
去持有選擇權，相反地，若履約價格愈高，則投資人愈願意付高額權利金持
有賣權。

3. 到期期間長短

不管買權或賣權，若到期期間愈長，可以等待標的資產價格漲跌的時間愈
長，有利於投資人持有選擇權未來的可能利潤，故到期期間愈長，原則上有利
於選擇權的價格。

4. 無風險利率

無風險利率越高，履約價格經折現後價值會愈低，因此對買權的影響是正向的影響，即買權價格變高。無風險利率越高，履約價格經折現後價值會愈低，不利賣權價格。

5 標的資產價格變動

標的價格變動，或稱波動性，若愈大，則選擇權愈有可能因為標的資產價格大漲大跌而得到高額利潤，故選擇權的價格愈高。

● 表8-9　影響選擇權價格之因素

因素	買權價格的變化	賣權價格的變化
標的資產價格	+	−
履約價格	−	+
到期期間長短	+	+
無風險利率	+	−
標的資產價格變動	+	+

九、認購（售）權證

由標的股票發行公司以外之第三者（如：證券商）發行之權利證書，買方支付權利金，有權在特別期間或時點，以約定的價格（履約價格）與行使比例，向發行證券商認購（賣出）特定數量的股票，以現金結算方式收取差價。

認購（售）權證的「存續期間」，指權證上市日至到期日之期間。「行使比例」指的是每單位認購（售）權證，可以買進（賣出）標的資產之數量。其發行名稱常為「發行券商＋2英文或數字代碼」，如：富邦GD、群益K8、元大JV。以富邦GD為例，其連結的證券為「聯發科（2454）」。認購權證買賣交易時，以一千認購權證單位為一交易單位，證券交易稅為千分之1，交易手續費為千分之1.425。

→8-3 結構型商品

金管會於民國92年7月1日開放證券商得經營結構型商品業務。結構型商品指的是結合了衍生性金融商品（Derivatives）及固定收益商品（Fixed Income Instruments）之交易契約的創新理財工具。結構型商品的投資報酬可透過衍生性金融商品，與連結的「標的資產」，產生報酬連動效應，又因為結構型商品的部分資金（如70%~90%的資金）在固定收益商品，所以也可以達到「某種程度的保本效果」。

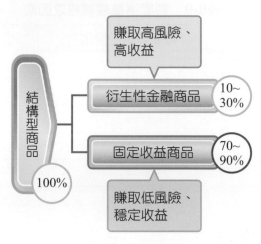

■ 圖8-8　結構型商品

結構型商品可以分為保本型商品、與非保本型商品兩種。由於商品的複雜度較高，實務上規範銷售銀行對於一般客戶所提供的，應該要提供市價評估，提前解約之報價資訊。又依「銀行辦理衍生性金融商品業務應注意事項」第20條：「銀行與客戶承作結構型商品交易，客戶得就其交易請銀行提供市價評估及提前解約之報價資訊。如屬大量標準化之結構型商品，且銷售對象多為個人者，銀行應於其網站揭露報價資料，提供客戶市價評估及提前解約之報價資訊。」

1. 衍生性金融商品是一種附屬性的契約，在契約上載明到期日，一般在到期時需交付標的資產（稱為「交割」）。依此附屬性的金融契約將負擔權利義務，投資人基於此權利義務而想要持有此金融契約時，便可以產生衍生性金融契約的交易價格。

2. 避險者指的是其交易衍生性金融商品的目的是「降低持有的整體投資組合的價格波動」。而投機者交易衍生性金融商品的目的是「賺取因投資組合價格波動而得的利潤」。

3. 糧商「買入」期貨契約以提前確定價格，我們稱之為多頭避險，農「賣出」期貨契約以提前確定價格，我們稱之為空頭避險。

4. 現金交割，期貨契約持有到期時，配合每日結算制度，故以期貨到期時的最後結算價為基礎，以現金的形式收取價差，不作實體標的物的交付。

5. 期貨經紀商為接受客戶開戶，依客戶委託而買賣期貨、選擇權契約之公司。期貨自營商本著自身之利益，自行買賣期貨、選擇權契約，買賣期貨的盈虧自負。

6. 期貨經理公司可以代客操作（或全權委託）期貨，指經營接受特定人委任，對委任人之委託資產，就有關期貨交易、期貨相關現貨商品或其他經主管機關核准項目之交易或投資為分析、判斷，並基於該分析、判斷，為委任人執行交易或投資之業務者。

7. 期貨信託事業，指以經營募集期貨信託基金發行受益憑證，並運用期貨信託基金從事期貨交易、期貨相關現貨商品或其他經主管機關核准項目之交易或投資為業者。

8. 期貨交易輔助人：從事期貨交易之招攬業務，再轉單給期貨經紀商，其為「仲介經紀商」的性質。

9. 期貨商受委託進行期貨交易時，應向期貨交易人收取交易原始保證金，每日結算是利用各期分期結算盈虧的加總，會等於到期結算的盈虧，依每日期貨價格的變化，盈虧每日由保證金扣取，當扣到維持保證金之低限時，期貨經紀商就應通知期貨交易人補繳到原始保證金的水準，以保障期貨契約可順利交割。

10. 選擇權契約的買方付出權利金，享有權利，其權利內容為：在特定期日（內），向契約的賣方（發行人）依事前約定好的履約價格買入（或賣出）一定數量的標的資產。

11. 選擇權的價格指的是它的權利金，在購買選擇權時，交易人選定標的資產到期時之履約價格後，對選擇權出價。

12. 若投資人對未來標的資產價格為多頭預期，則可以買進買權，若投資人對未來標的資產價格為空頭預期，則可以買進賣權。

13. 「價內選擇權」（In-The-Money），指的是選擇權的買方未來將因為行使權利而獲利的情況。「價外選擇權」（Out-The-Money）指的是選擇權的買方未來將因為行使權利而產生損失的情況，而若不會產生利潤或損失的情形，則稱為「價平選擇權」（At-The-Money）。

14. 影響選擇權價格主要因素：標的資產價格、履約價格、到期期間長短、無風險利率、標的資產價格變動。

15. 結構型商品指的是結合了衍生性金融商品（Derivatives）及固定收益商品（Fixed Income Instruments）之交易契約的創新理財工具。

( ) 1. 下列關於認購權證的敘述，何者為非 (A)由標的證券發行公司以外之第三者所發行之權利證書 (B)某一特定期間內或到期時可以依事前敲定的價格與比例，買進（或賣出）特定之上櫃股票 (C)當投資人看漲（或看跌）特定之上櫃股票，可事先付出一筆權利金，向發行證券商預購 (D)以上皆正確。

( ) 2. 下列何者非衍生性金融商品的特性？ (A)附屬性的契約 (B)有期限 (C)以上皆是 (D)以上皆非。

( ) 3. 請問期貨結算制度是在什麼時候做結算 (A)每年期貨交易結束後 (B)每季期貨交易結束後 (C)每月期貨交易結束後 (D)每日期貨交易結束後。

( ) 4. 下列何者為期貨的交易策略？ (A)避險策略 (B)投機與價差策略 (C)套利策略 (D)以上皆是。

( ) 5. 請問下列何者是有益的投機策略？ (A)買高賣高 (B)買高賣低 (C)買低賣高 (D)買低賣低。

( ) 6. 請問股價指數期貨的交易時間為營業日之幾點？ (A)9:00~1:30 (B)8:45~1:45 (C)8:45~1:30 (D)9:00~1:45。

( ) 7. 交易雙方約定於未來某一特定日期，依事先約定價格（遠期價格）買入或賣出某一特定數量之現貨資產之合約，稱為下列何者？ (A)遠期契約 (B)交換契約 (C)期貨契約 (D)選擇契約。

( ) 8. 下列那些不是期貨交易的特徵？ (A)大多為實物交割 (B)期貨是標準化契約 (C)期貨在集中市場交易 (D)買賣期貨必須先繳存一定之保證金。

( ) 9. 買賣期貨之前必須先繳存一定之保證金，此筆保證金係屬何種保證金？ (A)底限保證金 (B)變動保證金 (C)維持保證金 (D)原始保證金。

( ) 10. 期貨契約當原始保證金減少到應予維持最低水準的保證金時，交易所會通知客戶補繳保證金，此一最低水準的保證金，稱為下列何者？ (A)底限保證金 (B)變動保證金 (C)維持保證金 (D)原始保證金。

( ) 11. 選擇權只能於到期日當天執行權利，這是那一種選擇權？ (A)新奇選擇權 (B)亞式選擇權 (C)歐式選擇權 (D)美式選擇權。

► 習題解答

1	2	3	4	5	6	7	8	9	10
D	C	D	D	C	B	A	A	D	C

11									
D									

保險市場

◆ 本章目標

1. 認識保險市場
2. 瞭解保險契約分類

◆ 本章引言

本章建立讀者保險的基礎概念,如保險契約的當事人,保險的種類,並對於擁有龐大資金的保險公司得以投資的標的作說明。對於風險管理上重要的風險類別,如:基本風險與特定風險,及風險控制作說明。另外,介紹安定基金、實務上被接管的保險公司,及未來防範保險公司經營不善機制。最後則分別依人壽保險、投資型保險、財產保險與社會保險分節介紹。

→ 9-1 保險的基礎概念

一、保險的特性

　　若以保障的對象區分，保險可以分為財產保險與人身保險。依「大數法則」與「風險分散原則」，保險可以將「預期損害」轉嫁由多數人共同分攤，其主要目的在於補償被保險人的損失。

二、保險的主體

　　保險契約的當事人為要保人與保險人，保險契約的關係人為被保人與受益人。保險人在保險事故發生時，支付給被保險人或受益人補償金額。

　　被保人為當保險事故發生而使保險標的受到損害時，享有賠償請求權之人。在人壽保險及健康保險，保險標的為被保險人的健康、壽命，被保險人若保險人之要求，被保險人應有配合健康檢查之義務。在財產保險，被保險人與要保人常為同一人，保險標的即為被保險人（即要保人）之財產。

　　要保人指對保險標的（人的健康、壽命、火災保險的房子等）具有權益或者存在利害關係，而向保險人（如：保險公司）申請訂立保險契約，並依保險契約享有權利、負擔義務。在簽訂保險契約後，要保人可以享有指定受益人、變更受益人、享有保單質借、變更保險契約、終止保險契約等權利，負有交付保險費義務、訂約時盡告知義務等。

　　保險人為依保險法設立之保險事業，享有請求保險費之權利；保險公司之組織型態，以股份有限公司或合作社為限（保險法第136條第一項）。在承保危險事故發生時，負有賠償之責任，並依契約可有代位求償權利。保險事業為特許行業，須經主管主管機關核准、完成營業登記、領得營業執照，並繳存保證金，方可營業。

　　受益人為享有賠償請求權之人，並受有賠償。受益人受被保險人或要保人之指定其為受益人，可以是被保人，也可以是要保人自己。由於受益人是否能享有賠償，賴保險事故發生，在人壽保險及健康保險將使得被保人本身直接受到損害，為防止受益人急欲享有保險賠償而加害於被保人，故規範若受益人故意致被保險人於死，或雖未致死，喪失受益權。

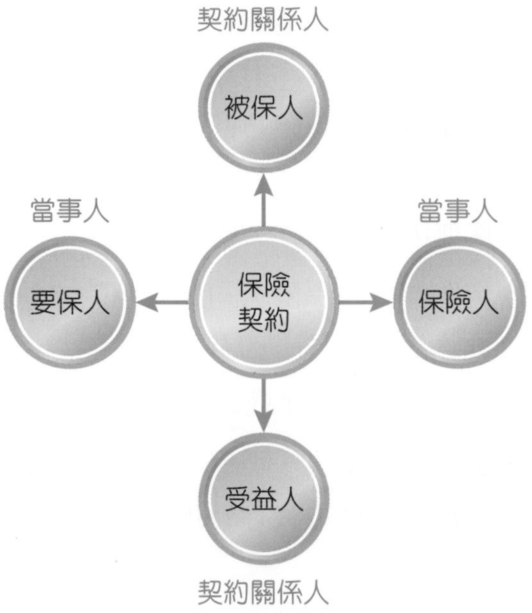

■ 圖9-1　保險主體之關係

三、要保人告知義務（或據實說明義務）

　　要保人及被保險人須在投保時，誠實回答要保書的詢問內容。若要保人沒有盡告知義務，有為隱匿或遺漏不為說明，或為不實之說明，足以變更或減少保險公司對於危險之估計者，保險公司可以依保險法第64條，合法解除保險契約。如：保險公司在保險契約簽訂時，詢問關於「過去5年內是否曾因患有XX疾患，而被建議接受醫師治療？診療或用藥？」，要保人勾選否，之後被保人卻因相關疾病而死亡，則保險公司可以主張解除契約，解除即是指契約一開始就不產生效力。

　　要保人誠實告知其過去的疾病，而保險公司認為其疾病會影響保險承保事件發生的機率，則保險公司可能會拒保、延期承保、要求增加保險費、或者批註除外不保條款後再承保。

　　實務上，金融消費評議中心公告的金融糾紛案件中，以保險最大宗，104年第一季共有902件不分類的申訴案件，屬於銀行業的申訴為80件（8.86%）、但保險業的申訴就有814件（90.24%）。在壽險業之理賠申訴案發生之原因，常見的有：醫療是否具必要性占17%（如：慢性病人想自費住院而被質疑一定有住院的必要嗎？）、殘廢等級的認定占11%、違反告知義務占

9%、事故發生原因的認定占7%、投保時已患疾病或懷孕中占7%。容易發生疑問者,在於要保人沒有告知的內容,有沒有達到「足以變更或減少保險公司對於危險之估計者」,如果發生的保險事故與客戶違反告知義務沒有因果關係時,那麼受益人或要保人可以在自行舉證後(如:沒告知的是A疾,而之後據以理賠的是B疾,且AB疾無因果關係),要求保險公司仍須理賠。

但保險公司的解除契約權,自保險公司知有解除之原因後,經過一個月不行使而消滅;或契約訂立後經過二年,即有可以解除之原因(如:被保人投保二年後死亡),亦不得解除契約,解除權的「除斥期間」為二年。

保險代理人為保險契約之輔助人,與保險人為代理關係,與保險人簽訂保險代理契約或授權書,向保險人收取代理費用,並代理經營保險業務之人。其應具有以下資格:

1. 經專門職業及技術人員保險代理人考試及格者。

2. 前曾應主管機關舉辦之代理人資格測驗合格者。

3. 曾領有代理人執業證書並執業有案者。

保險經紀人亦為保險契約之輔助人,基於被保險人之利益,代向保險人洽訂適當之保險契約,向保險人收取佣金,其應具有以下資格:

1. 經專門職業及技術人員保險經紀人考試及格者。

2. 前曾應主管機關舉辦之經紀人資格測驗合格者。

3. 曾領有經紀人執業證書並執業有案者。

四、風險的概念

(一)風險因素(Risk Factors/Hazard)

指引起或增加風險事故發生的機會、或是使損失幅度擴大的原因。如:投保時人的健康狀況,若有B型肝炎帶原,則可能增加肝癌發生的機會。又如:酒醉駕車、危險的工作環境。風險因素會影響損失幅度。依風險因素,可以將風險分為:基本風險(Fundamental Risks)與特定風險(Particular Risk)。基本風險指的是風險存在可能影響波及整個群體或大部分的人;特定風險指的是風險存在的原因以及可能產生的影響僅限於個人。

(二)風險三要素

風險，指的是「損失的不確定性」（Uncertainty Concerning Loss）。風險三要素包括：

1. 風險標的

為保險契約中，欲保全其經濟價值之被保險標的，如：人的健康、壽命、火災保險的房子等。依此風險標的，可以將風險分為：人身風險、財產風險。

2. 風險事故（Peril）

為造成損失的原因或條件，如：意外事故。依此風險事故，可以將風險分為：事前可以統計方法加以有效的推估的靜態風險（Static Risk）、與由於經濟、社會、科技、政治等因素變遷所產生動態風險（Dynamic Risk）。

3. 風險發生之經濟結果

風險發生後，經濟結果可能會有三種結果：損失、沒損失、獲利。損失是非自願的、非故意（Unintentional）的經濟價值減少，此價值減少可以用貨幣單位衡量。依此風險發生的經濟結果有沒有獲利，可以將風險分為：結果不含獲利的「純粹風險」（Pure Risk），如：工廠發生火災，與經濟結果可能有獲利的「投機風險」（Speculative Risk），如：投資股票、經營進出口生意。

保險事故的承保風險，一般僅限於純粹風險（不具獲利性質）與靜態風險（可有效估計損失、可以預測損失機率）。

(三)風險控制

為了降低損失頻率，縮小損失程度，我們可以採取的以下的風險控制措

1. 風險規避（Avoidance）

對於發生頻率高且損失金額大的風險，可以採取風險規避的措施。如木材工廠外包成品之上漆工作，以避免因油漆作業而增加之火火災危險。

2. 損失控制

包括損失預防（Loss Prevention）與損失抑制（Loss Reduction）。損失預防可以針對損失頻率高、但損失幅度小的風險事件，如：為防止火災，工廠內

禁止吸菸；又如：汽車檢修，可以預防交通事故的頻率。損失抑制如：為防止火災發生時之損害，大樓建物在施工前，考慮防火建材及灑水設備。

3. 風險區隔（Segregation）

如珠寶商將昂貴珠寶分存於兩分店，地以降低風險暴露。

4. 風險轉嫁－控制型（Risk Transfer-Control Type）

針對損失頻率小但損失幅度大的風險，可以利用支付合理對價的方式，將風險移轉到自身以外的其他對象，來降低個別損失幅度，如：保險、投保火險、地震險。

5. 風險自留

若損失幅度不大，且損失成本較以精確估計，則可以自行處理。

6. 風險避免

只有風險避免，可以將損失發生之頻率降為零。而前述的「損失預防」只能將損失頻率降低。

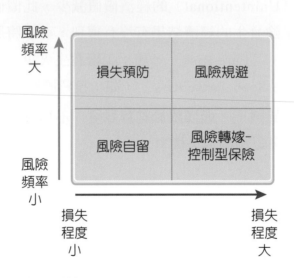

■ 圖9-2 風險象限與風險控制

(四)大數法則（Law of Large numbers）

又稱大數定律，指若某件事件相當多次重複發生，其將這些重複發生的結果作成的機率分配就會很趨近於真實的情形，是保險業賴以建立的數理基礎。

例如：擲銅板出現正反的機率各為1/2，但若只丟銅板2次，並不會總是剛好得到一正一反的結果；而若丟銅板200次，則一正一反的「次數比例」會比較接近1/2，即各100次；若丟2,000次，則一正一反的「次數比例」也會比較接近1/2，即各1,000次，此「次數比例」就是一個簡單的「機率分配」概念。

這個「次數比例」會呈現一個穩定的、能表現真實情況數字（如：1/2），利用這個「穩定的趨近一個數字」的特性，可以應用在估算保險事故的發生率等等。

動態風險是由於經濟、社會、科技、政治等因素變遷所產生，為事前無法以統計方法加以有效的推估的，不適用大數法則，不適合以保險方式加以管理。

(五)分散風險原則

保險人（即保險公司）為了能長久經營，分散風險的範圍應該愈大愈好，若風險過於集中，將使得保險人無力負擔保險賠償。風險分散可以是地理範圍的分散、也可以是時間上的分散。

(六)道德危險之避免－保險利益原則

保險利益原則（Insurable Interest Principle）可作為保險從業人員招攬保險業務時，道德危險的防止之基礎。保險利益原則又稱「可保利益」或「可保權益」原則。由於要保人投保時，要保人對其保險標的（如：被保險人之生命或身體、汽車保險的汽車、火災保險的房子）具有權益或者存在利害關係，當保險事故發生時，使得保險標的受到損害，則要保人因此也會遭受經濟上的損失，因為保險標的的保全而獲得利益，此即為保險利益。

保險利益須在某特定時間存在，才可以防止道德危險：若「人身保險」訂立保險契約時，須存在保險利益；在「財產保險」的保險事故發生時，須存在保險利益，則可以防止道德危險的發生。

不可於保險契約中免除或減輕保險人依保險法應負之義務，只有在有利被保險人的前提下，始可變更契約內容。

五、保險公司之資金來源與應用

　　保險公司為間接金融機構，其資金來源除了自有資金（保險公司的淨值或股東權益）之外，主要的來源為要保人所繳交之保費，此為保險公司之外來資金，也就是負債。而其資金運用，則依各項法規限制，如：保險法第146為規範保險資金運用，可以存放在銀行、購買政府債券、股票或公司債、不動產投資、及有擔保之放款。

　　由於保險業者收受大量的保險費，其可供投資的銀彈相當驚人，故法規在此也明定可以投資的標的範圍：

● 表9-1　保險業可投資範圍

	投資標的	限制
1	公債、國庫券	沒有限制
2	金融債券、可轉讓定期存單、銀行承兌匯票、金融機構保證商業本票	其總額不得超過該保險業資金35%
3	證券投資信託基金、共同信託基金受益憑證	1. 其總額不得超過該保險業者資金10% 2. 也不能超過基金已發行之受益憑證總額10%
4	證券化商品及其他經主管機關核准保險業購買之有價證券	其總額不得超過該保險業資金10%
5	公開發行之公司股票（不能擔任被投資公司董事、監察人。[1]）	1. 股票與公司債投資總額，合計不能超過該保險業者資金35% 2. 每一公司之股票不得超過該保險業資金5%，也不能超過該公司實收資本額10%（但若是公共及社會福利事業則不受限。如：公共建設和長照產業）
6	公開發行之公司債（須有擔保之公司債、或信評等級良好）	1. 股票與公司債投資總額，合計不能超過該保險業者資金35% 2. 每一公司之公司債不得超過該保險業資金5%，也不能超過該公司實收資本額10%

---

1. 未來可能會研擬放寬保險業投資公共建設及社會福利事業時，可行使表決權及擔任被投資公司董事、監察人，及指派人員獲聘為被投資公司的經理人。（截至105年6月仍未放寬）。

六、再保險公司

　　再保險指的風險的第二次分散，又稱為「分保」，保險公司（可稱為分出公司、原保險人）將其所承保的危險責任分擔出去，即再向其他保險人（可以稱為分入公司、再保險人）辦理保險，保險標的是原保險人所承擔的危險責任。當保險事故發生後，依被保險人提出的賠償請求，原保險公司履行賠償義務，同時依再保險契約規定的內容，按事先約定的責任比例，向再保險人請求賠付。

　　由於財產保險之保險金額差距甚大，其依賴再保險的程度較人身保險為大。台灣專營再保險業僅有中央再保險公司一家。

七、安定基金與保險公司倒閉對保單之風險

(一)保險公司的退場機制與安定基金

保險業設有安定基金，其財源主要來源有二，一為來自金融業營業稅提撥2%[2]，此部分每年約200億餘元、二為保險業保單銷售時，壽險公司、產險公司的保費收入分別提撥千分之1、分千之2，此部分每年年約20億元，由安定基金賠付，符合金融業自救自營的精神。

金融焦點Focus

涉掏空幸福人壽，前董座遭求處重刑

資料來源：
https://www.youtube.com/watch?v=QFKiGfq4v88

什麼是安定基金？

依據保險法第143之3規定，安定基金辦理之事項如下：

1. 對經營困難保險業之貸款。

2. 保險業因與經營不善同業進行合併或承受其契約，致遭受損失時，安定基金得予以低利貸款或補助。

3. 保險業依第149條第4項規定：「被接管、勒令停業清理或命令解散，或經接管人依第149條之2第3項規定向法院聲請重整時，安定基金於必要時應代該保險業墊付要保人、被保險人及受益人依有效契約所得為之請求…」

簡單來說，若保險公司倒了，安定基金就能派上用場，不過，要注意的是，安定基金可不保證你手上的保單全部都能獲得足額賠償，如：解約只能領回解約金的2成，醫療給付每年最高以30萬元為限，而身故保障打9折，且以300萬元為限。

---

2. 原本僅由「非銀行業」的金融業營業稅須提撥2%給金融監督管理基金，範圍包括保險、證券、投信、投顧、銀樓，金管會由103年修法，將銀行業等金融業的營業稅2%也納入，合計保險安定基金每年可取得約245億元的金融業營業稅挹注基金。

　　過去保險公司的退場機制並沒有被主管機關重視，由於壽險都是長期契約，客戶動輒上百萬人對於清償能力出問題的壽險公司，採清算處理方式是要付出很大的社會成本的，但在102、103年，主管機關分別啓動安定基金，賠付國華人壽、國寶人壽及幸福人壽，使得安定基金面臨不夠貼補的窘境，對此，主管機關便祭出了保險公司的退場條款，在105年起，保險公司資本適足率（Risk Based Capital, RBC）不到50%，就必須強制增資，若三個月內沒有完成增資，則保險公司就會遭到強制接管。

(二)保險公司倒閉對保單之風險

　　未來在選擇壽險公司時，可以透過公開資訊觀測網站，檢視公司的財務報表，其體質是否較弱，如；每股淨值較低（低於1元）、甚至為負值時，須審慎評估保單投保期間是否過長，長到無法預測該壽險公司未來是否遭金管會接管，則依據保險安定

金融焦點Focus

傳朝陽人壽資本不足，面臨接管危機

資料來源：
https://www.youtube.com/watch?v=8amRFWpk49g

基金管理辦法，未來對問題保險公司將不再全賠。如：解約只能領回解約金的2成，僅提供2成給付主要目的是不希望保戶任意解約。醫療給付每年最高以30萬元為限，而身故保障打9折，且以300萬元為限。

　　另外，105年1月1日起，實施「立即糾正措施」，若資本適足率（RBC）低於50%的資本嚴重不足保險公司，金管會可即時介入，處理的手段為要求保險業者增資、財務或業務改善計畫或合併，不用到淨值為負才處理，若保險業者不能即時改善，則金管會可以接管、勒令停業清理或命令解散。相關條文如下：

　　第143-4條「保險業自有資本與風險資本之比率（以下簡稱資本適足率），不得低於百分之二百；…所稱資本嚴重不足，指資本適足率低於百分之五十或保險業淨值低於零。」資本嚴重不足者，原則上不可以分配盈餘、買回其股份或退還股金（除非以股票股利或以移充社員增認股金）（保險法第143-5條）。又第149條規定，依資本適足率等級為嚴重不足者，金管會可以予以糾正或令其限期改善，而若保險業者未依金管會規定期限完成增資、財務或業務改善計畫或合併者，金管會應自期限屆滿之次日起90日內，為接管、勒令停業清理或命令解散之處分。

安定基金於對每一保險公司單一動用事件的範圍與限額

1 身故、殘廢、滿期、重大疾病（含確定罹患、提前給付等）保險金

以每一被保險人計，每一保險事故；或每一被保險人之所有滿期契約（含主附約），為得請求金額90%，最高300萬元。

2 年金（含壽險之生存給付部分）：

以每一被保險人計，所有契約為得請求金額之90%，每年最高20萬元。

3 醫療給付（包含各項主附約之醫療給付）：

以每一被保險人計，每一保險事故之墊付，每年最高30萬元。

4 解約金給付：

以每一被保險人計，為得請求金額之20%，最高100萬元。

5 未滿期保險費：

以每一被保險人計，為得請求金額之40%。

6 紅利給付：

以每一被保險人計，為得請求金額之90%，最高10萬元。

■ 圖9-3　安定基金於人身保險動用的範圍與限額

　　除了上述的墊付比例與限額，為避免安定基金不足，還有另一重要規定：若安定基金動用當時累積之總額，如有不足支應墊付之虞時，得於墊付開始前，經董事會決議並報主管機關核准後，調降墊付比例及限額，所以，未來安定基金於人身保險動用的範圍與限額，只會比圖9-3所列的內容還要少，我們在購買保單時，可要張大眼睛，連同保險公司自身體質一併考量進去，破除保險公司不倒的神話。

 實務案例

在103年8月由於每股淨值分別為-72元、-39.83元的國寶人壽、與幸福人壽，遭金管會接管，其後於104年3月下旬，金管會祭出獎勵行政優惠誘因，吸引數家保險公司參與「營業讓與案」競標，最後結果由國泰人壽得標，概括承受所有資產與負債，國泰人壽可以在帳上由行政 容條款，添增500~1,000億元利益。

● 表9-2　國寶與幸福人壽被接管時之營運概況

	國寶人壽	幸福人壽 Singfor Life
接管時間	2014年8月～2015年3月	
淨值	-252億元	-239億元
保戶數	36.8萬	13.6萬
得標者	國泰人壽	
安定基金賠付	303億元	
每股淨值	-72元	-39.83元

　　營業讓與後，國寶人壽、幸福人壽原有的保戶權益不受影響，國泰人壽概括承受讓與公司資產、負債及營業後，2家讓與公司的保戶不需要辦理任何手續，原有保單的權利與義務均維持不變。而上述2家壽險公司的淨值在接管時為負值-252億元、-239億，由安定基金賠付303億元，加上在102年時，安定基金已為了標售另一淨值為負的保險公司－國華人壽，保險安定基金賠付金額高達883.68億元。也使得多年來安定基金所收入的資金，在賠付後呈現負債情況，在106年上半年安定基金才可賠付完畢，此也變相由全民買單保險公司不良資產所留下的爛帳。

主管單位（金管會）於104年4月規劃，保險安定基金有可能被存保公司整併，整併後可以精簡存款保險、保險安定基金兩邊的人力與制度，先推動「存保條例」的修法，仿作過去在存款保險基金裡有單獨的基層金融基金一樣，未來若保險安定基金納入存款保險公司管理，也會有獨立運作的專款專用來支應保險公司未來可能的倒閉風險，而合併後，對於存戶或保戶的存款與保單保障的權益以不改變為前提。

 名詞解釋

保發基金

民國59年，國光人壽倒閉，當時財政部要求另外八家壽險業者概括承受了國光人壽的負債，並於同年以（59）台財錢第一二三四八號令：指定中央再保險公司設立「保險業務發展基金」（簡稱保發基金），集中辦理保險業務之統計、研究、訓練、諮詢等事項。保發基金不是政府的特別基金，其資金來源為各保險業者，以產、壽險毛保費中，提撥0.5％金額撥付，作為該基金之經費，爾後，財政部指示改由產壽險公會自行辦理「保險業務發展基金專戶」，且其基金由「保險業務發展基金管理委員會」監督使用。

隨著保險業的發展，保發基金與孳息累積金額逐漸龐大，故財政部於84年5月，以台財保第八四二○二八七九五號函示，自84年7月1日起停徵，接著就靠利息收入維持基金的規模；保發基金並與壽險公司合作，開始提供獎學金培養保險人才。由於不在預算編列之列，保發基金被外界指為財政部保險司的「小金庫」，由當時的財政部保險司調度運用，為杜絕爭議，民國91年時，財政部將保發基金改為信託基金，增加基金的透明度。

由於保發基金不是政府的特別基金，所以金管會認為，保發基金若有盈（賸）餘，也無須依照中央政府特種基金管理準則第10條第3款第3目規定解繳國庫，保發基金目前靠孳息作為其主要收入，每年會提供保發中心、產險公會及壽險公司發展業務及保險研究之用，過去在高利率時期，基金利息收入每年可有1、2億元，足以支付支出，而在台灣進入低利時代，隨著利息下降，保發基金1年的利息收入，也下降到到每年僅剩4、5千萬元。目前保發基金為30億元左右。

➔9-2 人身保險

　　依保險契約之承保危險可以分為人身保險與財產保險，但依其保險費之性質，可以分為儲蓄保險或非儲蓄保險。本節依人身保險之類別說明其重要內容，並解釋其他常見的保險分類。

一、人身保險（Life Insurance）的介紹

　　指承保危險發生在人的身體或生命上的保險。這些與個人之生命、身體有關的風險，包括：死亡太早、活得太久、意外傷害、健康不良、失業。其經濟損失包括導致收入損失與不足，以及額外費用的支出。

二、人身保險性質

1. **保險期間長。**

2. **多屬於個人保險**：特殊情形可有團體壽險，其指稱團體為至少五人以上，承保時僅簽具一張總保險單，被保人通常不須接受體檢，核保簡單便利。

3. **原則上為定額保險（後詳述之），又可分為人壽險、健康保險及傷害保險。**

4. **具有利他性質**：除了利他性質之外，人身保險還具有節稅、維持收入固定、保障生活安定、增強信用等私經濟之效果。

三、人壽險

　　人壽保險之保險標的，指被保人的「生命」，而非死亡。純粹的生存保險，在滿期時給付保險金，其主要的目的為儲蓄，可以預防被保人日後生活的資金需求，如：退休金的的準備、父母為籌備子女教育基金。保險公司所給付的生存保險金是來自所繳付的保費（此保費當然僅限於被保人在保險期間屆滿前死亡者）、與要保人所繳付保費之累積儲存生息。死亡保險是指被保險人於保險契約有效期間死亡時，由保險人給付保險金給受益人，死亡保險以保險期間是否為終身，又分為定期壽險及終身壽險。單純的死亡保險沒有滿期保險金之給付，保費較低。

生死合險為不論被保險人於保險期間內死亡，或是於保險期間屆滿仍生存時，保險公司均依契約給付保險金，等於是結合了生存保險及死亡保險中的定期保險，若在保險期間屆滿後，保險公司給付之保險金稱為滿期金，但此時保險契約效力隨之終止，保戶不再享有保障。若生死合險的保險期間較長，主要的目的兼顧工作年齡保障與晚年生活準備；若生死合險的保險期間較短，主要的目的可以未來時間籌集一筆資金，如：為子女預備學費、壯年死亡使得家庭失去支柱。

● 表9-3　生存險、死亡定期險、生死合險之給付比較

✓：給付 ✗：不給付保險金

保險種類\是否給付	被保險人於保險契約有效期間內死亡	被保險人於保險期間屆滿仍生存
生存保險	✗	✓
死亡保險中的定期保險	✓	✗
生死合險	✓	✓
養老保險	✓	

養老保險結合了「生存保險」與「死亡保險中的定期保險」的性質。定期保險指被保險人於保險契約有效期間內死亡，保險公司給付死亡保險金；定期保險和生存保險相反，被保險人於至保險期間屆滿仍生存，無保險金給付。有些時候，養老保險與生死合險被混為一談，因為兩者的保險金支付時點相同，但嚴格地來說，生死合險可包括生存險與死亡終身險的結合、及生存險與死亡定期險的結合，但是養老保險只指生存險與死亡定期險的結合，養老保險具有一定的保險期間（如：20年）。

四、健康保險

俗稱醫療保險，指於保險契約有效期間內，被保險人若罹患疾病、或遭受意外傷害事故而接受門診醫療、住院或外科手術醫療時，保險公司依約定支付保險金，支付保險金的方式可以是定額、日額、或補償實際醫療費用。健康保險承保的疾病有構成要件，包括內在的原因、非先天的原因、及意外的原因。由於承保當時可能會因要保人隱匿被保人之健保情況的投保道德風險，所以健

康保險契約常設有等待期間（Waiting Period），以一段期間觀察被保人之身體情形是否有保險項目之發生，在等待期間後，保險契約效力開始。

失能保險、癌症保險皆為健康保險之範疇。

五、傷害保險

傷害保險指被保險人遭受意外傷害、及其所致殘廢或死亡時，保險公司須賠償給付保險金額。如：交通事故、墜落及燒燙傷等。傷害保險之保險事故，應為外在原因觸發之意外事故所致，不含因疾病引起之外來突發事故。於保險契約有效期間內，被保險人因遭受意外傷害事故，致其身體蒙受傷害、而致殘廢或死亡時，保險人給付保險金。影響傷害保險費率最大的原因為職業類別；而影響傷害保險的殘廢保險金給付最大的原因為殘廢級數。若因意外事故失蹤，於戶籍資料所載失蹤之日起滿一年，視同死亡。

以旅行為目的且保險期間為旅行期間的傷害保險，稱為旅行平安保險，旅行平安險最長的保險期間通常為180天，醫院給付為實支實付。除了旅行平安保險之外，傷害保險保險期間通常為一年。

國內長期將傷害保險歸類於壽險公司之經營範疇，但民國86年保險法第138條第一項但書修正，開放產險業得報經主管機關核准以「附加契約」方式經營傷害保險，如：強制機車責任保險附加駕駛人傷害保險。之後，又於民國90年7月修正同條保險法，開放產險業經營傷害保險。此後，傷害保險已成為產險公司與壽險公司皆可經營保險。

六、常見與人身保險相關名詞

(一)損害保險vs.定額保險

保險契約保護的內容，可以視其是否具體，分為損失填補保險（又稱損害保險）、及定額保險。原則上，人身保險可能填補的是抽象的損害，但例外也可能是具體的損

金融焦點Focus

 微型保險概念，承保補助原住民中低收入戶

資料來源：
https://www.youtube.com/watch?v=Ja0U7ElmriU

害。對於具體的損害，我們可採「損害保險」（如：死亡給付、限額型醫藥給付、限額型失能給付）；對於抽象的損害，我們可採「定額給付保險」（定額保險）。

(二)主契約vs.附約

若保險公司可以單獨以一張保險契約與要保人簽約，則此可以單獨出單的保險商品稱為「主契約」；若保險公司不允許單獨將保險條約與要保人簽約，而是只能附加於主契約作為附加條款者，稱為附約。附約的保險效力，通常是隨著主契約保險效力停止而停止。

(三)定期保險vs終身保險

定期保險指保險期間固定，若被保險人在保險期間內死亡，保險公司負有給付保險金之責任。反之，若保險期間屆滿而被保險人依然生存，則保險契約終止，保險公司無賠付給付保險金之責任，保障全失。定期保險之保險期間，一般都以年為單位，故通常解釋為：有付保險費那年才享有保障。與終身保險相比，定期保險之保障性質較大，保費較低，不具有儲蓄的性質，中途退保時保費不能退還。

若在定期保險中規定「定期期間屆滿時，要保人有權利繼續投保一定年數。」則稱為「可更新型定期保險」。

依保險金額是否變動，定期保險可區分為：

1. 平準型定期保險

在保障期間內，所投保的保障金額都不變。如：20年期的300萬元定期保險，被保人若在這20年當中發生身故，保險金理賠都是300萬元。

2. 遞增型定期保險

在保障期間內，投保的保障金額會逐漸增加，可以用來配合要保人的保障需求逐漸增加，或是抵抗通貨膨脹，如：投保10年期，每年以10%單利增值理賠保險金的300萬元定期保險，第一年若身故可獲330萬元保險金，第二年若身故可獲360萬元保險金，依此類推。

3. 遞減型定期保險

在保障期間內，投保的保障金額會逐漸減少，可以用來配合保障需求逐漸減少，如：搭配房貸，由於房貸的未償本金，隨著每年都有分期償付本金，使得未償本金的負擔會逐年減輕，所以保障需求也會逐年遞減。

終身保險則是以人的一生為保險期間，只在保險期間內被保險人死亡時，保險公司依約給付保險金給受益人，終身保障，終身保險具有保障與儲蓄的性質。終身保險依繳費方式又可以再區分為：一次繳清所有保費的「躉繳終身保險」、繳費期間有限但保險終身有效的「限期繳費終身保險」、被保險人仍存活即需繳納保費的「終身繳費終身保險」。其中，終身繳費終身保險由於未考量要保人在老年時較無工作能力而難以繳交保費的情況，其平均保險費率較高，故實務上也缺乏此類保險商品。限期繳費終身保險則因為保費負擔平均、具儲蓄性質、保障永久等因素，在終身保險裡最為保戶所接受。

(四)年金保險

保險人於被保人生存期間或特定期間內，保險公司自約定時日起，須依保險契約給付一次或分期給付一定金額，稱為年金保險。如：老年年金為終身年金型態。若以被保險人生存為年金給付期間，稱為生存年金給付期間；若不以被保險人生存期間作為年金給付的期間，而約定特定期間的給付，則稱保證給付期間。

若年金受領人死亡時，仍有一部分尚未支領保險契約中保證給付的金額，則保險人應將未給付之差額給付給原來年金受領人之身故受益人。

(五)儲蓄保險

「保險費」若具有儲蓄性質，即為儲蓄保險。

(六)連生保險（Joint Life Insurance）

如：夫妻兩人投保連生保險，當一方死亡，他可獲得保險金的賠償。

(七)最後生存者年金保險

以二人以上之被保險人，至少有一年生存，始支付年金者，稱之。

七、投資型保險

指保險結合壽險與投資，要保人所繳交的保費，一部分購買單純的保障（稱為：純危險保障），此保費是屬於一般帳戶，剩下的部分在扣除保險公司的管理費用及相關費用後，用來投資，此保費另存在「分離帳戶」（Separate Accounts）中，藉由分離帳戶裡的投資標的累積現金價值，投資由保戶選擇要連結到共同基金、結構型債券、公債、指數型基金、銀行定期存單等，投資績效可以呈現在「保單帳戶價值」中。而「變額」保險[3]指的就是以分離帳戶中的投資結果，來增減保險金額，所以被保人死亡而受給付的保險金額是不一定的。投資型保單若有「萬能」字眼，指的則是其繳費金額具有彈性[4]。

年金保險指的是保險公司應該在於被保人生存期間或特定期間內，須依保險契約給付一次或分期給付一定金額。年金保險不管保險公司收取保費後自行投資的操作績效如何，都應作年金的給付，但若是「變額年金保險」，則保險公司給付的年金會受到分離帳戶內的投資績效而不同。

台灣於2000年發行第一張投資型保單，若是以定期定額方式購買連結到共同基金的投資型保單，可以選擇月扣2,000、2,500、或3,000元，視要保人的保額需求而定，甚至有的保單的繳納金額除了保險公司規定的最低限額外，另外可以設定增加投資的金額以「元」為單位，繳費彈性比向投信、基金公司或銀行申購共同基金還要來得大（向投信、基金公司或銀行申購定期定額投資國內外基金，每月最低約為3,000元門檻），此彈性投資為投資型保單之吸引力之一。還有的投資型保單可以供要保人選擇連結的基金產品一次少則6檔，多則十幾檔基金，可以讓要保人自行建立其資產配置。

● 表9-4　各類投資型保單比較

類型	變額壽險	變額年金險	變額萬能壽險
特色	每期固定繳保險費，死亡最低給付保證，但保單帳戶價值隨績效而定。	繳費彈性，保單帳戶價值隨累積期間的績效而定。	繳費彈性，保單帳戶價值隨績效而定，沒有保證死亡給付金額。
保險金	身故保險金之給付會受投資績效的好壞而變動，但有最低保證保險金額度。	年金給付額隨著年金基金單位的資產價值而波動。	要保人可以任意選擇調高或降低保額。

---

3. 「變額」保險與「增額」壽險不同，增額壽險一般是屬於傳統的儲蓄險種，指的是保險金的保障額度會隨著繳費年度年年增加。

4. 「萬能壽險」非投資型保險，投資型保險應有分離帳戶。但若變額萬能保險，具有分離帳戶，為投資型保險。

變額萬能壽險的保費繳交具有彈性，其保費有兩個部分：一是目標保費，此為購買壽險保額的部分，為要保人於投保當時自訂每年預計繳交之保險費，此目標保險費須高於保險公司所規定之最低保險費[5]。二是超額保費，或稱彈性保費費用，也就是投資在連結金融商品的資金。只要符合保單累積價值不讓保單失效的原則下，投資金額也可視需要調整，保額也隨之可以增減，目標保費與超額保費的繳費都有彈性。

值得注意的是，投資型保單雖然是結合「保險」及「投資」，但其本質仍是「保險」，不能把它當作是存錢或賺錢工具。要保人在購買時能先檢視「是否能承擔投資風險」、「了解相關費用」及「具備長期的繳費能力」，再購入保單。

→ 9-3 產物保險

產物保險（Property Insurance）指承保危險是發生在擁有、使用、或保管各種有形或無形財產的保險，產物保險又稱為財產保險，保險利益一般需在保險事故發生時仍須存在，而非在保險契約訂立時存在，其經濟損失包括：財產之直接損失、財產之使用或收益損失、與因採取施救措施等引起的必要、合理的額外費用之損失。財產保險之契約期間通常為一年、一年以內之短期契約，保險金額則為保險人在保險期間內的最高賠償金額。保險價額（Insurable Value）則指保險標的之價值。

直接損失，又稱具體損害，是指財產受到保險事故的直接作用所產生並存在的損害。例如車子被砸毀、廠房因火災而遭燒毀。與直接損失相對的，為間接損害，承保危險與損失之間需有因果關係，間接損失保險如：營業中斷保險，其可以承保的標的有兩種：一為營業毛利減非持續費用[6]，另一為持續費用，保險金可填補因承保危險的發生而無法繼續使用其營業場所，所造成特定時間內之收入減損。

---

5. 最低保險費，又稱為危險保險費、或保險成本，就是純粹的保障費用，是保險公司依據投險金額、被保險人年齡、性別、預定利率、預定死亡率、預定附加費用率及繳費期間等因素所決定的保險費。一般壽險的保費是每年固定金額（稱為平準保費），而投資型保單中扣除的費用會依年齡增加而增加（稱為自然費用率）。

6. 持續費用又稱為固定費用。

一、財產保險之功能

　　企業在投保財產保險時，能夠達到維持企業利潤、保障企業、提高企業信用等的功能。而個人在投保財產保險時，則可以填補其財產在保險事故發生時之損失，保障家庭生活安定、減少對財富損失的憂慮。財產保險的存在，對國家社會可以提供建設資金、保障社會安定、促進經濟發展。

二、財產保險之種類

(一)依保險標的是否為有形，可區分為：

1. 保障「有形」財產或損失事故之損害

　　如；火災保險、海上保險、汽車保險、存款保險。

2. 保障「無形」財產或損失事故之損害

　　如：信用保險、保證保險、責任保險。

(二)依保險法之分類，可區分為：

　　在保險法第13條，財產保險的分類則有：火災保險、海上保險、陸空保險、責任保險、保證保險及經主管機關核准之其他保險。

(三)依實際上被保險之財產分類，可區分為：

　　火災保險、海上保險、航空險、汽車保險、工程保險等。

(四)依保險金額與保險價額孰大，可區分為：

1. 足額保險（Full Insurance）

　　損失多少即賠償多少的足額保險，其保險金額等於保險價額。

2. 不足額保險（Under Insurance）

　　指保險金額低於保險價額，當保險事故發生時，按保險金額與保險價額之比例負賠償責任。

3. 超額保險（Over Insurance）

指的是保險金額大於保險價額。若超額保險為保險當事人因詐欺而訂立者，他方得解除契約；若非由於詐3者，保險金額最大僅限於保險標的價值之限度（定值保險除外）。

(五)以保險標的數量之多寡，可區分為：

1. 個別保險契約（Single Insurance）

一個保險金額，承保一項標的物之保險。

2. 集合保險契約（Collective Insurance）

由分項保險金額，承保多數標的物之保險。

3. 總括保險契約（Blanket Insurance / Policy）

指以一個保險金額，承保多數標的物之保險，如：承保數個倉庫中貨物之情形。

三、產險的特性

1. 不定值保單（Unvalued Policy）或定值保單（Valued Policy）視「保險標的（如：財產）之價值」而定。

由於財產之理賠金額，需同時考量實際損失、與保險金/保險價值，所以在保險事故發生時，理賠金額常不為固定，保險契約上載明保險標的價值，須至危險發生後才估計，財產保險通常為不定值保單，如：火災保險。但若財產損失難以估計或無法復原，使得並非財產之損失不容易獲得客觀的保險賠償，如：古董花瓶發生破損，無法回到保險事故以前的價值，則採「定值保單」承保，保險契約上載明保險標的一定價值。

2. 損害保險

財產保險為一種「損失填補」保險，是補償具體的損害。與人身保險不同，人身保險可能填補的是具體的損害，也可能是抽象的損害。對於抽象的損害，我們可採「定額給付保險」（定額保險）。

3. 直接損失的承保

財產保險採「損失填補原則」，針對財產本身價值的減損、為了復原而花費的修復成本而予以賠償，為直接損失的承保。

四、火災保險

火災保險主要可以分為住宅火災保險及商業火災保險，住宅火災保險指其承保標的為住宅建築物及其內之財產。其在火災發生時，若保險金額已達到保險標的之實際價值的60%，可以足額理賠。商業火災保險指保險標的為非住宅用之建築物、貨物、機器設備等。

五、海上保險

又稱為水險，為海上運輸保險，其條款內容主要依據倫敦保險協會貨物保險條款（Institute Cargo Clause，簡稱I.C.C.）而訂定，其理賠範圍包含損失與費用。貨物條款之A條款為全險（All Risk）、B條款為水漬險（W.A）、C條款為平安險（F.P.A）。理賠之「損失」與「費用」，說明如下：

(一)海上保險之「損失」，依其程度可分為：

1. 全部損失

實際全損（Actual Total Loss），稱絕對全損，指海上保險之標的因承保之事故發生而全部毀滅、無法復原者；或是被保險人對於保險標的之所有權喪失者。若是海上保險之標的受損之程度甚大，如已達75%，雖然沒有達到實際全損，但保全貨物所需的費用，超過貨物保全後之價值，則為推定全損（Constructive Total Loss）。

2. 部分損失（Partial Loss）

承保之危險事故發生，造成海上保險之標的個別損失事件，為單獨海損。若危險事故發生使得全體船舶及船貨發生共同危險，為了保全全船所產生的費用與犧牲，為共同海損。

(二)海上保險之「費用」可分為：

1. 單獨費用（**Particular Charges**）

指被保險人為了保全海上保險之標的，發生非共同海損及施救費用。如：額外費用（公證、理賠、勘查費用）或損失防止費用。在額外費用中，保險公證人是對保險標的之查勘、鑑定、估價、或賠款理算而出具證明之人，通常是因保險人或要保人之委託而收取委託費用。

2. 施救費用（**Salvage Charges**）

指因非專職救難的中立第三者救助而支付之費用。

(三)海上保險依其「受保障之標」可以分為：

1. 航程保單/貨物運輸保險

指的是保險契約以承保航程中保險標的遭遇損失之保險單，以貨物保險為主，其航程可以是一次航程或多次航程。

2. 船體保險

船體保險指，承保載運貨物之貨櫃船、油輪、或運送旅客之客輪、渡輪、觀光休閒船等，由於遭遇特定海上危險之意外事故，使船舶本身、船上之機械設備、鍋爐及屬具發生之毀損滅失及費用，保險人負補償損失之責任。

六、汽車保險

汽車保險指因車輛所發生的經濟損害，常見者為汽車竊盜損失險與汽車車體損失險，但汽車所有人應負擔基本的自負額（如：10%、20%）。

汽車竊盜損失險指因為竊盜、搶奪、強盜所致之車輛毀損滅失，包含失竊尋回之修復費用。由於汽車常為其所有人之重要代步工具，若所有人因為無法使用汽車而致其須乘坐其他交通工具，可考慮附加「汽車保險代車費用附加條款」，當被保險汽車因失竊而無法找回時，保險人依約定金額每日給付代車費用，支付的期間自向警方報案第三日起之一定期間（如：30日）。

汽車車體損失險指因車輛發生碰撞所發生的修復或維修費用。依承保的內容可分爲甲、乙、丙三式。甲式之承保範圍最大，保障最完整，乙式次之，丙式則在承保程序最爲簡便，其承保範圍較小，另有承保最陽春之限額車對車碰撞險，可由下表作爲比較：

● 表9-5　汽車保險之險種

險種\承保範圍	車對車碰撞	對對物碰撞、傾覆	火災、閃電、雷擊、爆炸、拋擲物、墜落物造成被保險汽車之毀損滅失	第三人非善意行爲或不明原因造成被保險汽車之毀損滅失
甲式	✓	✓	✓	✓
乙式	✓	✓	✓	✗
丙式	✓	✗	只包括火災、爆炸	✗
汽車限額車對車碰撞險	✓	✗	✗	✗

在台灣，汽（機）車所有人應投保強制汽（機）車責任保險；未投保或保險期間屆滿前未再續保者，經舉發者將處以新台幣3,000元~15,000元之罰鍰。以汽車強制險爲例，其給付項目包括：

1. 傷害醫療費用給付

限額20萬元，檢據申請，含急救費用（救助搜索費、救護車及隨車醫護人員費用）、診療費用、於合格醫療院所門診、轉診或出院之交通接送費用、若傷情嚴重所需必要之特別看護費用。

2. 殘廢給付

依殘廢等給給付最高200萬元（殘廢第1等級），最低5萬元（殘廢第15等級）。

3. 死亡給付

每人死忙定額給付最高爲200萬元。每一事故之給付人數不限。

4. 不理賠

因駕駛人的過失而需賠付受害者之財物損失（例如：對方的修車費用）。

七、信用保險（Credit Insurance）

　　信用保險是以銷貨或提供服務之賒銷、債務人的信用作為保險標的，若債務人未能如約履行債務清償責任，如：商品買方的破產及遲繳、或信用貸款之債務人逾時不還款，而使債權人遭致損失時，由保險人賠付損失。常見的有：應收帳款損失信用保險，有些除外事項不在信用保險範圍內，如：若因商業糾紛、政府公權力介入、戰爭及天災使得買方不付款，則信用保險不支付保險金。為了方便計算，應收帳款損失信用保險可以以總營業額為投保基礎，採統包制，將總營業額扣除現金交易、信用狀交易、及關係企業交易，作為信用交易之可投保營業額。

八、保證保險

　　保證保險意指保險人（保證人）向被保險人保證，被保證人如有不誠實行為或未履行義務者，由保險人負擔賠償損害。被保險人為權利人。常見的有「人事保證保險」，又稱為「誠實保證保險」，企業為了保護其資產安全，僱主可投保人事保證保險，被保險人（企業）之被保證員工，若於因職務上之行為致企業受有損失，其保險期間可以約定至被保證員工離職後之一定期日，企業通常須有部分之損失自負額，保險人則理賠超過自負額之損失。其保費可以由僱主負擔，或約定由員工負擔。

九、責任保險（Liability Insurance）

　　責任保險指承保危險是發生在「因為侵權行為或契約行為等風險事故的發生，而造成第三人受到經濟損失」，依法應負賠償責任的保險，故責任保險沒有保險價額的概念。常見者如：汽車第三人責任保險，又分為傷害責任險及財損責任險，在被保險人因所有、使用或管理被保險汽車發生意外事故，被保人依法應負賠償責任而受賠償請求之責任，則傷害責任險理賠第三人死亡或體傷、而財損責任險則理賠第三人財物受有損害。

→ 9-4 社會保險

　　社會保險指由政府強制人民納保之一種社會安全制度。我國的社會保險是依其職業不同而有不同的主管機關。如：衛生福利部所主管的「國民年金保險」、「全民健康保險」、「長期照護保險」，考試院的「公教保險」、行政院勞工委員會的「勞工保險」，以能達到人民的健康照護、老年的基本生活保障。

一、國民年金保險

　　因應高齡化社會，在民國97年10月1日開辦，被保人為年滿25歲以上、未滿65歲，且未參加軍、公教、勞、農保的國民，國民年金可以照顧身為家庭主婦（夫）未有職業保險之國民。為避免經濟弱勢族群，在其支領保險金時還需償還過去之債款，而無法照顧其老年基本經濟生活，於103年1月8日修正國民年金法的第55條明定，年金給付的請領人，得檢具證明文件，於金融機構開立專戶，專供存入年金給付之用，且專戶內之存款，不得作為抵銷、扣押，供擔保或強制執行之標的。保險費補助情形如下：

1. 一般被保險人：由中央主管機關補助40％。

2. 低收入戶：由政府全額補助，在縣（市）由中央主管機關補助35％，縣（市）政府補助65％；在直轄市由直轄市政府全額補助。

3. 身心障礙者：依障礙程度不同，中央主管機關及地方政府補助55％、70％或100％。

4. 所得未達一定標準者：按家庭收入狀況補助55％或70％。

二、全民健康保險

　　民國84年3月我國開辦了全民健保，凡具有中華民國國籍，在臺灣設有戶籍滿6個月以上、及在臺灣已出生有戶籍登記之新生兒、持有居留證明滿6個月之外籍人士（包括港、澳、大陸人士），皆為全民健保納保對象。透過全民繳納保費，大幅降低國民的就醫負擔，特別是弱勢民眾的醫療保障，健保局（全

民健康保險署）規劃及執行全國的醫療體制，控管財務，向納保民眾收取保費，也與醫療院所簽約，而簽約之醫療機構依其規範提供醫療照護，健保局再支付費用給醫療院所。

健保費的負擔，依其職業分為6種，各類別再依其月投保金額支付30%保費負擔，取接近5萬且大於5萬的投保金額為例如下表：（104年7月1日起實施）

● 表9-6　健保費依投保人身份之負擔比率

類別	被保險人的保費負擔比率	月投保金額（指被保人投保的薪資水準）	保費例：被保險人被保險人金額
1. 公務人員、公職人員、志願役軍人	30%	50,600	745
2. 私立學校教職員			
3. 公、民營事業、機構及有一定雇主之受僱者			
4. 職業工會會員	60%		1491
5. 雇主、自營業主、專門職業及技術人員自行執業者	100%		2484
6. 農會、漁會、水利會會員	30%	固定的月投保金額 22,800	336
7. 無職業榮民之眷屬、地區人口	30%	無月投保金額，但有固定的月保險費1249	375

但由於人口的老化、醫療資源的浪費，全民健保開辦20年來，總支出從2,800億元增加到6,000億元，國內平均每人醫療保健支出從18,000元增加到超過40,000元，健保署公布的2014年健保醫療支出的前五名，分別是洗腎花了453億、牙齒相關疾病花了389億元、糖尿病249億元、高血壓231億，急性上呼吸道感染也花了231億元。屢屢登上頭條新文的健保破產議題，短時間仍是有待解決的重要課題。

三、長期照護保險

　　行政院院會已通過「長照保險法草案」，保險費由雇主、個人、政府共同負擔，雇主、個人及政府的分攤比例目前訂為4:3:3，最快107年可以實施。但由於企業分攤員工長期照護保險費之負擔沈重，目前為四成，加上已經由企業負擔的勞工保險費70%、職業災害保險費100%、全民健康保險費60%，有使得員工薪資被侵蝕的潛在疑慮，企業寧可以員工績效獎金或年終獎金作為替代薪資提高的手段，而缺乏提高薪資的意願。

四、公教保險

　　民國47年9月開辦，我國公教保險的主管機關為考試院，承保機關為中央信託局，現改為台灣銀行公教保險部，納保對象為：政府法定機關（構）編制內之有給專任人員、公私立學校編制內之有給專任教職員、其保險費應由被保人自行負擔35%，其餘由政府負擔。給付的項目包括：殘廢給付、養老給付、死亡給付、眷屬喪葬津貼、生育給付（103年6月1日開辦）、育嬰留職停薪津貼。現行保險費率為被保險人每月保俸8.25%，被保險人自付比率35%。以保險俸給41,755為例，每月應交保費為3,455元，被保人自付額為1,206元，補助的保險費為2,239元。

五、勞工保險

　　民國39年開辦，我國勞工保險的主管機關為行政院勞工委員會，就業保險的被保人為受僱之年滿15歲以上，65歲以下本國籍勞工、本國人之外籍配偶、大陸配偶，依法在台工作者。勞保中的職業災害保險之保險費全由雇主負擔，被保人不需負擔；而普通事故保險費率9%、就業保險費率1%，按被保險人負擔20%，投保單位負擔70%，則由被保人與投保單位共同分擔。勞保給付的項目包括傷病給付、眷屬喪葬津貼、生育給付等。以月薪資總額42,000元、投保天數22日為例，勞工負擔保險費每月616元，投保單位負擔2,156元。

● 表9-7　公教保險與勞工保險之給付比較

	殘廢給付	養老給付	傷病及醫療給付	死亡給付	眷屬喪葬津貼	生育給付	育嬰留職停薪津貼	失業
公教保險	✓	✓		✓	✓	（103年6月1日開辦）	✓	
勞工保險	✓註	✓	✓（含職業病預防檢查）	✓	✓	✓	✓	✓

註：勞保年金施行後，將「殘廢給付」名稱改為「失能給付」。除了原本的一次請領保險金之外，增加每個月領年金的方式，也就是「老年年金」、「失能年金」和「遺屬年金」三種給付。

本章重點

1. 保險契約的當事人為要保人與保險人，保險契約的關係人為被保人與受益人。保險人在保險事故發生時，支付給被保險人或受益人補償金額。

2. 若要保人沒有盡告知義務，有為隱匿或遺漏不為說明，足以變更或減少保險公司對於危險之估計者，保險公司可以解除保險契約。

3. 保險代理人為保險契約之輔助人，與保險人為代理關係，與保險人簽訂保險代理契約或授權書，向保險人收取代理費用，並代理經營保險業務之人。

4. 依風險因素，可以將風險分為：基本風險（Fundamental Risks）與特定風險（Particular Risk）。

5. 風險三要素：風險標的、風險事故、風險發生之經濟結果。

6. 風險控制措施：風險規避、損失控制、風險區隔、風險轉嫁—控制型、風險自留。

7. 再保險指的風險的第二次分散，又稱為「分保」，保險公司（可稱為分出公司、原保險人）將其所承保的危險責任分擔出去，即再向其他保險人（可以稱為分入公司、再保險人）辦理保險，保險標的是原保險人所承擔的危險責任。

8. 在102、103年，主管機關分別啟動保險業安定基金，賠付國華人壽、國寶人壽及幸福人壽，在105年起，保險公司資本適足率（Risk Based Capital, RBC）不到50%，就必須強制增資，若三個月內沒有完成增資，則保險公司就會遭到強制接管。

9. 人壽保險（Life Insurance）的種類：人壽險（生存保險、死亡保險、生死合險）、健康保險、傷害保險。另外，養老保險結合了「生存保險」與「死亡保險中的定期保險」的性質。

10. 對於具體的損害，我們可採「損害保險」（如：死亡給付、限額型醫藥給付、限額型失能給付）；對於抽象的損害，我們可採「定額給付保險」（定額保險）。

11. 投資型保險指保險結合壽險與投資，常見有「變額」保險、變額年金險、變額萬能壽險。

12. 產險的特性：通常為不定值保單、「損失填補」保險，是補償具體的損害、為直接損失的承保。

( )1. 人壽保險不包括下列哪一項？ (A)責任保險 (B)人壽險 (C)傷害保險 (D)健康保險。

( )2. 壽險資金的運用不包括下列哪一項？ (A)要保人所繳交的保費 (B)存放銀行 (C)購買政府債券 (D)有擔保之放款。

( )3. 保險公司又可區分為下列何者？ (A)產物保險 (B)人壽保險 (C)以上皆是 (D)以上皆非。

( )4. 在保險公司中，工作內容是協助區域保戶收費、理賠、變更等服務請問為下列哪一個人員所擔任的？ (A)電話行銷專員 (B)服務展業員 (C)人壽保險金融業務 (D)金融商品清算。

( )5. 在保險公司中，工作內容是提供客戶理財規劃服務，請問為下列哪一個人員所擔任的？ (A)電話行銷專員 (B)服務展業員 (C)人壽保險金融業務 (D)金融商品清算。

( )6. 在保險公司中，工作內容是商品研發、各項準備金提存、相關精算統計分析、精算財務報表製作，請問為下列哪一個人員所擔任的？ (A)精算人員 (B)服務展業員 (C)人壽保險金融業務 (D)金融商品清算。

( )7. 與個人生命及健康有關的一切風險，包括死亡、殘廢、退休、疾病、傷害、失業等風險事故，是屬於下列何種保險？ (A)財產保險 (B)責任保險 (C)政治保險 (D)人身保險。

( )8. 對第三人的財產或身體造成損傷，依法對他人負賠償責任的風險，是屬於下列何種保險？ (A)財產保險 (B)責任保險 (C)政治保險 (D)人身保險。

( )9. 對保險標的具有保險利益，與保險人訂立保險契約，並負有交付保費義務之人，是指下列何者？ (A)要保人 (B)受益人 (C)保險人 (D)被保險人。

( )10. 保險契約的當事人，是指下列何者？ (A)要保人與保險人 (B)要保人與受益人 (C)被保險人與要保人 (D)被保險人與保險人。

➡ 習題解答

1	2	3	4	5	6	7	8	9	10
A	A	C	B	C	A	D	B	A	A

10

金融消費者保護規範與告知義務

◆ **本章引言**

本章由各種法令適用的位階開始，帶領讀者認識各種金融從業規範、職業道德與法律規範與基本原則。第二節則介紹了中央銀行、金管會、央行、證券交易所/財團法人櫃檯買賣中心等主管機關。最後，介紹金融消費者申訴的管道與處理流程，並延伸到金融業容易有糾紛的催收業務。最後一節則詳細說明金融從業人員的告知義務。

➜10-1 金融服務業規範與職業道德

　　金融服務業由於關係著公眾利益與財產安全，除了一般商號的規範之外，（如：公司法），主管機關更增加了針對金融服務業特性而制定之管理辦法或各項規則，關於各項法令，凡是在金融業中，有為公司管理事務及簽名權利者，皆應服從金融業職業道德規範，並非僅限於董事、經理人或部門主管。在瞭解各項金融業之規範前，我們先區別各種法規的法律位階如何。

一、各種法令適用的位階

　　法律體系內，憲法的位階最高，法律次之，法律與憲法牴觸者無效，「命令」則為較下方之位階，「命令」不得牴觸憲法或法律。

■ 圖10-1　法律體系之位階

　　除了憲法為最高守則之外，「法律」指的是立法院通過，由總統公布之條文。但在各種法律的命名上，有多種不同的名稱，按中央法規標準法第2條規定：「法律之名稱為法、律、條例、通則。」所以，法律的名稱有四種，依中央法規標準法第2條所規定，地方稅法通則、法院組織法、多層次傳銷管理辦法、都市更新條例，都屬於法律。但由於法律的立法時程過久，為了使行政機關可以較有彈性地配合，所以授權行政機關制定法規命令。

　　中央法規標準法第3條規定：「各機關發布之命令，得依其性質，稱規程、規則、細則、辦法、綱要、標準或準則。」行政機關修改程序較立法程序快，可以增進法規對社會的適應性與時效，符合實際社會需求。「命令」有七種不同的名稱，不論是規則、辦法、準則等，都同屬於「命令」。

　　最低的法律位階，則為「行政規則」，它所規範的內容為機關內部之事務，所以只對內生效，與命令不同，命令是對多數不特定人民就一般事項所作的抽象之對外發生法律效果的規定，行政規則常見的名詞則有「要點」、「原則」、「規定」、「規約」、「規範」、「基準」、「須知」、「程序」、「措施」、「注意事項」、「作業程序」、「守則」、「章程」等。[1]

二、金融從業規範之概說

　　法規的數量，各金融服務事業都是適用多種法令規章。主管機關依據民國100年6月制度公布的「金融消費者保護法」，訂定了二個重要的命令：第一為「金融服務業從事廣告業務招攬及營業促銷辦法」，第二為「金融服務業提供金融商品或服務前說明契約重要內容及揭露風險辦法」。除了這兩個在各金融事業共通的命令外，各金融事業又依其事業的業務特性之不同，有不同的法規及行政規則，我們稱為各金融事業之基本法。另外，各金融事業之公司治理實務守則、及自律規範，也為金融從業人員應遵守之「行政規則」。

　　以投信公司為例，臚列證券投資信託事業之管理法源如下：

1. 【法律】「證券投資信託及顧問法」。

2. 【命令】「證券投資信託事業設置標準」。

3. 【命令】「證券投資信託事業管理規則」。

4. 【命令】「證券投資信託基金管理辦法」，專司規範基金管理。

5. 【命令】「證券投資信託事業負責人與業務人員管理規則」，專司從業人員管理。

6. 【行政規則】「證券投資信託事業管理規則」第十九條第四項，要求投信事業應訂定「內部人員行為規範」，供從業人員遵守。

7. 證券投資信託暨顧問商業同業公會，設有經主管機關核備之以下規章，以加強投資信託事業自律精神。

　(1)【行政規則】「自律公約」。

---

1. 行政程序法第一百五十九條第一項規定：「本法所稱行政規則，係指上級機關對下級機關，或長官對屬官，依其權限或職權為規範機關內部秩序及運作，所為非直接對外發生法規範效力之一般、抽象之規定」。

(2) 【命令】「會員違規處置暨申復處理辦法」。

(3) 【行政規則】「證券投資信託事業從事廣告及營業促銷活動行為規範」。

又如，全權委託業務之管理法源：

1. 【法律】「證券投資信託及顧問法」。

2. 【命令】「證券投資信託事業證券投資顧問事業經營全權委託投資業務管理辦法」，專司規範全權委託投資業務。

3. 【行政規則】證券投資信託暨顧問商業同業公會訂定之相關規章。

「守則的性質」

守則為指引式規範（Guideline），在金融服務業，通常由同業公會制定一個通用版本，形成業界自律規範，而各金融服務公司得依公司本身不同的狀況，自行斟酌而加以修正或增刪，以符合各公司文化或管理政策。若從業人員違反守則規定，則由其任職公司作出警告、處分、或最重解職。

金融業相關的守則有：

1. 金控公司治理實務守則，由14家金融控股公司業者研訂，2003年12月31日由證交所公告施行。

2. 銀行業公司治理實務守則，財政部金融局2003年12月31日發布。

3. 保險業公司治理實務守則，由中華民國產物保險商業同業公會及中華民國人壽保險商業同業公會研訂，2003年12月30日備查。

4. 證券商公司治理實務守則，證交所、櫃買中心及證券商業同業公會研訂，2003年1月29日施行。

5. 證券商風險管理實務守則，櫃買中心、證交所及券商公會研訂，2004年10月12日施行。

6. 期貨商公司治理實務守則，台灣期貨交易所、期貨商業同業公會研訂，2003年3月26日發布。

7. 證券投資信託事業暨證券投資顧問事業公司治理實務守則，中華民國證券投資信託暨顧問商業同業公會研訂，2003年5月9日發布。

在金融業，存在著「自律規範」或「守則」，屬於行政規則之一，為金融業團體對「團體成員」及金融市場的規範，金融從業人員除了遵守法令之外，另有金融業專體的自律公約，以藉由各金融業自我約束力量使市場秩序更臻完善，也希望能提高金融從業人員的職業道德。金融從業人員應操持守法、誠信原則，在其所從事的業務行為上建立誠信與專業精神，以養成自律精神。

若違反金融業自律公約，則由各業公會依規定辦理、或依自律公約規定處分，有的公會設有公會紀律委員會，負責審議會員公司違反相關規範之處分（如：處以違約金、停止其應享有之部分或全部權益、公會責令該公司對於其所屬員工作出處分），處分報經各公會理事會決議後執行，並報知主管機關。萬一遇有經主管機關發函要求金融從業人員暫停職務者，即應依法暫停執行業務並自我改進，不可以不影響客戶權益為理由，而如常執行業務，亦不得借用其他業務人員之名義執行業務。另外，金融從業人員自身所屬公司所制定的規範也應遵守，避免破壞同業和諧及公共利益，若遇到利益衝突事項、或者內部業務人員之違規事件，應主動向上級報告，如：經理人、公司監察人、內部稽核主管等。

金融從業人員應瞭解相關法規，才能避免自己涉及違法情事，既然金融業要遵循的法規這麼多，那麼金融從業人員如何強化自身的法律知識呢？其可以藉由不定期關心相關法令之更新，留意是否有更改與增訂之法律規範、參與公會所舉辦之在職訓練。金融業也應安排教育訓練，以提升員工專業能力及服務品質。若懷疑公司同事涉及違法，則依公司規定，向上級呈報，以防阻非法情事發生。

三、職業道德

　　道德，是一種崇高的人生價值觀，在如何為人之「內在態度」與「外在實踐」之一種判斷的價值系統。道德與法律不同，法律是為了維持社會秩序、保護人民財產及生等基本權利的規範，法律之制度是源於社會常規與道德。既然道德是法律之源頭，自然有較高之標準，法律為道德的基本尺度。如：說謊沒有「說謊罪」，但卻不符一般人的道德觀感，而詐欺罪成立的要件，除了使用詐術外，被害人要陷於錯誤而有財產的損失，即有損害才能成立詐欺罪。此例可明顯得知道德與法律之不同。

　　由於金融事業之從業人員，為替資產之所有人，受託代為保管或管理其資產，金融體制應向社會利益負責，此更需要建立在資產所有人之信賴基礎上，若投資人對於金融從業人員難以信任，則妄言金融事務之承辦，故金融從業人員較其他行業更需建立其職業道德。

　　「職業道德」，可藉由觀察金融從業人員是否不論身處何時何地，均能遵守法規與自律原則，來判斷其是否具有職業道德。職業道德無法以其專業證券多寡、或者工作業績收入高不高、甚至是在業界人脈充足廣闊與否來得知。然而，我們起碼可以先由金融從業人員的法規與自律規範之「瞭解」為起始點，先有所知，而後有所從。由於金融業屬於專門職業，具有維持高職業倫理道德的承諾，與「利他」之胸懷，所以企業在經營上，除了考量自身利益，也應考量公益，以得永續經營。

　　職業道德，可以有消極面與積極面之分，積極的職業道德指的是，無論何時何地，均能遵守法規與自律原則；對一個金融相關從業人員，職業道德為最重要之因素，而不在於其家世背景、人脈如何、儀態服裝等、性別等。消極的職業道德指的是，若有社會大眾或同事監督時能履行職業道德，但在無人監督、或個人獨自承擔工作任務時，就放鬆對自己職業道德的約束。一個人若能「主動地」遵從職業道德，其將職業道德作為自己的一種人生境界，一種人生價值，一種認同感，具有思想上的「剛性」約束。而若是「被動地」遵從職業道德，指的是在客觀行為、人的思想深處、或個人意識中，有職業道德的約束，能夠在關鍵時候，體現職業道德精神。

四、職業道德與法律規範與基本原則

金融職業道德與法律規範與基本原則，包括：

1. **忠實**：忠實執行工作，以事實為執業依據。

2. **守法**：以公司規定、法規規範為行為準則，嚴明紀律。

3. **保密**：對於客戶資料、公司資料、未公開資訊，應予保密。

4. **互敬**：對上級、同事、下屬、客戶，皆互相尊重、相互配合。

5. **專業**：依憑有據的分析，提供合乎客戶需求之適當風險商品予客戶。

6. **公平**：金融同業公平競爭。

實務上的例子，如，金融服務從業人員，堅守對客戶不得有背信、詐欺、或侵害客戶權益之行為。不非法動支或挪用客戶資金、不作誇大不實、偏頗之廣告宣告以吸引客戶，這些價值觀為根深蒂固，在面臨利益誘惑或不當威脅時，不必依其他自律規範或強制規定的存在而遵守，即為該從業人員自發性地體現職業道德精神。而金融業若欲懲戒違反道德行為之從業人員時，也應考量給予申復機會，及救濟管道。

五、金融從業人員之職業道德要求

從95年8月開始，現行金融相關證照考試，都需要加考的共同科目為「金融市場常識與職業道德」。測驗內容包含金融市場常識（金融體系、證券期貨市場、銀行實務、信託實務、貨幣市場實務、保險實務）、及金融市場從業人員職業道德（業務推廣與招攬、受託執行業務、告知義務與通知、誠實信用原則、有關利益衝突、保密原則、遵守法律規範與自律）二部份，配分比重各佔50%，其目的是希望金融從業人員能透過法規的認識，培養高尚的執業道德，以能替投資人管理資金或資產。

 報你知

中華民國信託業商業同業公會會員自律公約

依據「信託業商業同業公會業務管理規則第十五條」，由信託業商業同業公會制定「信託業商業同業公會會員自律公約」，由會員簽署，並承諾共同信守，其原則與上述之金融業職業道德基本原則，大同小異。法規原文如下：

第三條　本會會員應共同信守下列基本之業務經營原則：

一、守法原則：應瞭解並遵守相關法令之規定，不得有違反或幫助他人違反法令之行為。

二、忠實誠信及善良管理原則：於執行業務時，應盡善良管理人之注意義務及忠實義務。

三、謹慎管理原則：處理信託相關業務時，應為客戶最佳之利益，以適當之方式執行，並禁止有誤導、詐欺、利益衝突或內線交易之行為。

四、資訊揭露原則：受託管理及運用信託財產時，應就投資風險、會員財務報表及利害關係之揭露提供客戶充分必要之資訊。

五、專業原則：應聘請符合具備信託專門學識或經驗之人員管理及運用信託財產，並督促其持續充實專業知能。

六、保密原則：對客戶之基本資料、財產、往來交易資料等文件，應妥慎保管，不得有洩漏機密資訊或不當使用之情事。

七、公平競爭原則：應避免相互破壞同業信譽或其他不當競爭之情事。

報你知

中華民國證券投資信託暨顧問商業同業公會會員自律公約

依據「證券投資信託及顧問法八十九條」，由投信投顧商業同業公會制定「證券投資信託暨顧問商業公會會員自律公約」，由會員承諾共同信守。其原則與信託業之自律公約雷同，但以善良管理原則，代替了謹慎管理原則，並增加了公開原則，法規原文如下：

第三條 本會會員應共同信守下列基本之業務經營原則：

一、守法原則：瞭解並遵守相關法令之規定，不得有違反或幫助他人違反法令之行為。

二、忠實誠信原則：確實掌握客戶之資力、投資經驗與投資目的，據以提供適當之服務，並謀求客戶之最大利益，禁止有誤導、虛偽、詐欺、利益衝突、足致他人誤信或內線交易之行為。

三、善良管理原則：盡善良管理之責任及注意，為客戶適度分散風險，並提供最佳之證券投資服務。

四、公開原則：提供客戶充足必要之資訊，告知客戶投資之風險及從事投資決定或交易過程之相關資訊，並向客戶快速揭露最新之資訊。

五、專業原則：督促受僱人持續充實專業職能，並有效運用於證券投資分析，樹立專業投資理財之風氣。

六、保密原則：妥慎保管客戶資料，禁止洩露機密資訊或有不當使用之情事，藉以建立客戶信賴之基礎。

七、公平競爭原則：避免會員之間相互破壞同業信譽、共同利益或其他不當競爭之情事。

→10-2 金融業主管機關

　　金融業務屬於特許事業，並非有資力之任何人皆可經營，未經主管機關核准不得經營，此外，即使核定該金融事業之設立（如：已核定銀行業、或信託業），該事業內之業務（如：外匯相關業務），仍要再未經主管機關核定，應經主管機關核准後方得辦理，不可僅由董事會通過、或股東大會通過、或自行報請公會備查。以下說明金融事業各項主管機關，金融市場之主管機關，為中央銀行、金融監督管理委員會、證券交易所等。

一、中央銀行

　　中央銀行為行政院下所設之國家銀行，為由政府組成、國庫撥給資本之銀行，一國之貨幣供給由中央銀行所控制，掌管有關貨幣、信用及外匯政策事項，其經營目標依「中央銀行法」規範為：

1. 促進金融穩定。

2. 健全銀行業務。

3. 維護對內及對外幣值之穩定。

4. 於上列目標範圍內，協助經濟之發展。

　　中央銀行的業務範圍為政府機關、銀行及其他金融機構（含國際或國外而於台灣營業者）。

二、金管會

　　金管會（金融監督管理委員會）成立於2004年7月，為監督與管理金融事務與規劃金融政策的部會，在金管會成立前，中華民國金融業的管理、監督、檢查、等權力，分別屬於不同的政府機構部門，如：財政部、中央銀行、中央存款保險公司等，我們稱為「多元監理制度」，但在金融業務日漸複雜、而跨金融事業整併或結盟者，需要有一個整合性的監理機構，以避免多頭馬車之缺點，故成立金管會，原財政部保險司、財政部金融局、財政部證券暨期貨管理委員會，改隸行政院金融監督管理委員會，分別為金融監督管理委員會保險局、金融監督管理委員會銀行局、金融監督管理委員會證券期貨局。自

此，進入「金融監督一元化」時代，主管機關由單一主管機關掌理，有利於證券、銀行、保險跨業協調與合作，也可以免於金融業務之主管責任有模糊之情形發生。中央存款保險公司也於2011年1月1日，納入金管會下管理。

　　金管會之目標包含：

1. 維持金融穩定。

2. 落實金融改革。

3. 協助產業發展。

4. 加強消費者與投資人保護與金融教育。

　　與中央銀行之目的相較之下，我們可以看到金管會與中央銀行的幾個差異：

(一)目的不同

　　金管會重視的是「維持」金融穩定，為屬於個別金融事業之經營穩定，進而達到全面金融市場的穩定，而中央銀行則是「促進」金融穩定，此為帶領整體金融業向前進步之總體概念。一般而言，有行政上之主管機關，如：銀行法第19條指出，銀行法之主管機關為金管會，依據「管理外匯條例」第3條之規定，管理外匯之行政主管機關為金管會。

(二)職掌不同

　　若金融業務涉及外匯者，其「業務」是否可以辦理，應向中央銀行申請，如：銀行辦理外匯業務。依「國際金融業務條例」第2條，「國際金融、證券及保險業務之行政主管機關為金融監督管理委員會（以下簡稱金管會）；業務主管機關為中央銀行。」中央銀行下設有「外匯局」，負責關於外匯調度及收支計畫之擬訂事項、關於指定銀行辦理外匯業務、調節外匯供需，關於國外匯款之審核、國外票據、證券及外國貨幣買賣事項、核准銀行辦理境外國際金融業務及督導事項…等等事項。

　　如：依據外匯收支或交易申報辦法第5條及第6條規定，外匯收支或交易有關合約等證明文件，應填妥「外匯收支或交易申報書」，結匯申報若符合：公司、行號每筆結匯金額達一百萬美元以上之匯款。團體、個人每筆結匯金額

達五十萬美元以上之匯款，則須經由銀行業者向中央銀行申報。結匯申報若符合：公司、行號每年累積結購或結售金額超過五千萬美元之必要性匯款；團體、個人每年累積結購或結售金額超過五百萬美元之必要性匯款；未滿二十之中華民國國民，每筆結匯金額達新臺幣五十萬元以上之匯款，則需經中央銀行核准之結匯申報。

若金融業務涉及貨幣供需者，屬於央行之掌理內容，中央銀行為了管制貨幣供需，可以以限制利率、期限、金額等方式，介入銀行之放款業務，如：依中央銀行法第28條：「…於必要時，得就銀行辦理擔保放款之質物或抵押物，選擇若干種類，規定其最高貸放率。」同法第29條：「本行於必要時，得就銀行辦理購建房屋及購置耐久消費品貸款之付現條件及信用期限，予以規定，並管理之。」同法第31條：「本行認為貨幣及信用情況有必要時，得對全體或任何一類金融機構，就其各類信用規定最高貸放限額。」

如：於99年6月25日，房價節節高升，有不少不動產投資人因為房貨利率成本便宜，進入市場，撑高房價，因而中央銀行對金融機構辦理「特定地區購屋貸款業務」規定，臺北市及臺北縣10個縣轄市（板橋市、三重市、中和市、永和市、新莊市、新店市、土城市、蘆洲市、樹林市、汐止市），金融機構承作這些特定地區之房屋之抵押貸款，在付款條件上，不得有寬限期，寬限期指的是房貨戶在借款後，只付利息而不付本金之還款條件。

(三)金融檢查不同

隸屬於央行之金融業務檢查處，其職掌為：

1. 關於金融機構資料之蒐集、檢核及分析事項。
2. 關於金融穩定資料之蒐集、整理、分析及研究事項。
3. 關於金融穩定評估及報告之撰擬、發布事項。
4. 關於金融機構涉及中央銀行貨幣、信用、外匯政策、支付系統及其他本行主管業務之檢查事項。
5. 關於檢查缺失之糾正及輔導改進事項。
6. 關於金融機構違反中央銀行主管法規之處分及處理事項。
7. 關於金融監理之研究及聯繫合作事項。

8. 其他有關金融穩定事項。

　　依此，本國銀行、外國銀行在台分行、票券金融公司需對中央銀行定期作各項報表申報，如：每季損益表、每季資產負債表、逾期放款利息收入、放款呆帳費用、利息收入、利息費用等。

　　在金管會下，設置四個業務局，分別掌管不同的金融事業：銀行局、證券期貨局、保險局、檢查局。隸屬於金管會之檢查局，則掌理下列事項之規劃及執行：

1. 金融檢查制度之建立。

2. 金融機構及其海外分支機構之檢查。

3. 金融機構申報報表之稽核。

4. 金融機構內部稽核報告及內部稽核相關事項之處理。

5. 檢查報告之追蹤、考核。

6. 金融檢查資料之蒐集及分析。

　　由上可知，金融機構之檢查業務屬於金管會檢查局，只有在涉及中央銀行貨幣、信用、外匯政策、支付系統時，其檢查業務才屬於央行。如：金管會對壽險業者進行專案檢查，發現某壽險公司之投資部門，對於國外有價證券之投資，未設有壽險公司本身之帳簿資料，且投資部門沒有每天對帳並將資訊交付給會計部門；對內控與風險管理未能落實，有違反保險法相關法令，核罰鍰120萬元。又如：金管會檢查局發現部分券商出現「殺價競爭」的情況，對下單手續費折扣沒有標準，有些成交量低的客戶卻有高折扣，若情節嚴重可能祭出警告、處份缺失人員、停止部分業務等處份。

三、證券交易所/財團法人櫃檯買賣中心

　　若金融事業為公開發行公司，即受到證券交易法的規範。若金融事業（如：銀行或金融控股公司）為上市公司，凡是上市公司，其股票發行與買賣是透過證券交易所提供的設備、場地（即：集中市場），故上市公司之管理與經營，即受證交所之規範。類似地，若金融事業為上櫃公司，透過櫃檯買賣中心進行股票之發行、交易，則也需受到櫃買中心的規範。如：證交所設有「有

價證券上市審查準則」[2]、「有價證券上市審查準則補充規定」，櫃買中心設有「證券商營業處所買賣有價證券審查準則」[3]、「不宜上櫃規定具體認定標準」。

　　爲符合上市櫃標準，公司需達到相關規定，如：「股權分散」，使多數人持有公司股票。又如：公司需建立獨立董事及監察人制度[4]，獨立董事或監察人負責參與以下事務之處理程序，以增加公司原本董事、監察人欠缺獨立性的問題：公司與「關係人」間重大之資產交易、及訂定內控制度、取得或處分資產、從事衍生性商品交易、公司將資金貸與他人、公司爲他人背書或保證等重大財務業務行爲。獨立董事及監察人制度，可以降低家族企業之內部經營之不客觀問題。爲強化董事、監察人審閱財務報表之能力、才能適當提出建言，保障公司資產安全，故規定擔任初次申請上市、上櫃公司之獨立董事、監察人者，應具有五年以上商務、法律、財務或公司業務所需之工作經驗，且獨立董事及獨立監察人中各至少應有一人爲會計或財務專業人士。

　　又如，金管會督導證交所及稱櫃買中心發布「上市上櫃公司訂定道德行爲準則參考範例」及「上市上櫃公司企業社會責任實務守則，規範上市櫃公司須加強企業社會責任資訊揭露，說明公司爲企業社會責任所擬定之履行目標及措施，宜編製企業社會責任報告書。

　　金融事業在推動其上市櫃時，先要以符合證交所或櫃買中心之規範爲前提，另外，在上市後，還要接受證交所每天對市場交易秩序（如：炒作股票價格）之追蹤。

---

2. 此準則依「證券交易法」第140條而訂定。
3. 此準則依「證券商營業處所買賣有價證券管理辦法」第8條之規定訂定。而此辦法則是基於「證券交易法」第62條第2項之規定。
4. 證交所及櫃買中心分別於91年2月22、25日公告實施，適用對象爲初次申請有價證券上市、上櫃之公司。若在此之前已上市櫃公司、或者及已上櫃公司欲轉申請上市者，得不受規範。

金管會銀行局

　　金管會銀行局雖名為銀行局，但可不是只掌理銀行而已，其下設有法規制度組、本國銀行組、信用合作社組、信託票券組、外國銀行組、金控公司組，負責銀行業及週邊單位、金控公司等之監理，維持金融體系之穩定，促進金融環境之發展，加強消費者與投資人保護及教育工作。

　　銀行設立分支機構之法規、金融電子業務、存款保險、信合社改制之銀行國際金融監理交流等，皆為銀行局之業務執掌，如：網路銀行之線上開戶業務（104年9月開放）。如：國內銀行到大陸申設任一分行，需先得到金管會銀行局之核准。截至104年6月初，本國銀行在大陸，有2家子行、22家分行及8家支行都已開業營運，但還有15家分、子、支行及12家村鎮銀行，已獲金管會核准，但後續仍待中國銀行監督管理委員會核准開業。

►10-3 金融消費者保護規範與金融消費者申訴

一、金融消費者保護

　　近年為了加強消費者與投資人的保護，於100年6月主管機關公布了「金融消費者保護法」，12月施行。立法目的為「強化有關金融消費者保護之規範」、「建立專責金融消費爭議處理機制」。金融消費者保護者的交易主體為金融服務業、金融消費者，客體則為銀行、保險、證券、期貨、電子票證等金融商品，交易行為包括了營業行為、消費行為。金管會依金融消費者保護法，成立財團法人金融消費評議中心，於101年1月2日運作。

 金融消費者保護

 資料來源：
https://www.youtube.com/watch?v=w5DbTGBoNJM

二、規範之金融服務業對象

金融消費者保護法將絕大多數之金融服務業者納入規範[5]，所納的範圍如下：

● 表10-1　金融消費者保護法規範之金融服務業

金融事業	金融機構
銀行業	銀行機構（銀行法）、信用合作社（信用合作社法）、票券金融公司（票券金融管理法）、信用卡公司（銀行法第47條之1）、信託業（信託業法）、郵政機構之郵政儲金匯兌業務（郵政儲金匯兌法）、其他銀行服務業（合作金庫條例、中央信託局條例、中國輸出入銀行條例）
證券業	證券商、證券投資信託公司、證券金融公司、證券投資顧問、都市更新投資信託公司與其他證券服務機構。（證券交易法、證券投資人及期貨交易人保護法）
期貨業	期貨商、槓桿交易商、期貨信託公司、期貨顧問公司與其他期貨服務機構。
保險業	保險公司、保險合作社、保險代理人、保險經紀人、保險公證人、郵政機構之簡易人壽保險業務與其他保險服務業之業務及機構。（保險法）
電子票證業	其他經主管機關公告之金融服務業

以上不包括證券交易所、證券櫃檯買賣中心、期貨交易所、證券集中保管事業，當然也不含地下金融業者。金融消費者保護法保障之消費者，為資力與專業能力較弱勢之金融消費者，不包專業投資機構、符合一定財力[6]或專業能力之自然人或法人。該法明定：金融服務業與金融消費者訂立契約之原則，其契約條款顯失公平者無效，有疑義時應為有利於金融消費者之解釋。第7條第3項規定，金融服務業提供金融商品或服務，應盡善良管理人之注意義務。

另，近年金管會銀行局公告了6項定型化金融契約範本，如圖10-2所示：

---

5. 金管會組織法第2條第3項
6. 專業投資人指有3,000萬元以下的財力證明，或單筆投資逾300萬元。

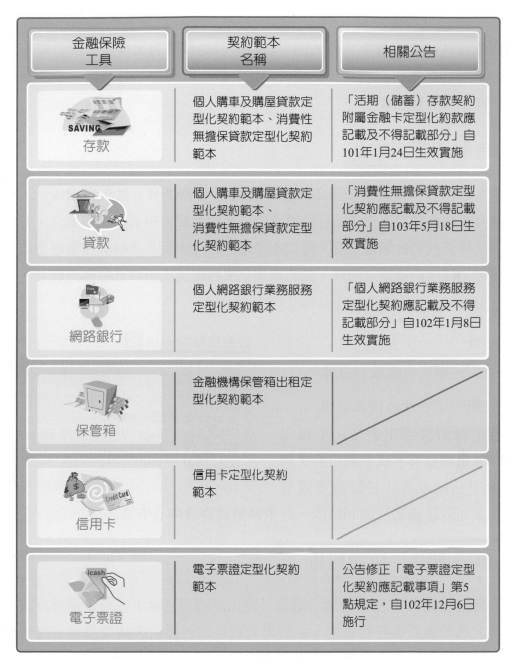

金融保險工具	契約範本名稱	相關公告
存款	個人購車及購屋貸款定型化契約範本、消費性無擔保貸款定型化契約範本	「活期（儲蓄）存款契約附屬金融卡定型化約款應記載及不得記載部分」自101年1月24日生效實施
貸款	個人購車及購屋貸款定型化契約範本、消費性無擔保貸款定型化契約範本	「消費性無擔保貸款定型化契約應記載及不得記載部分」自103年5月18日生效實施
網路銀行	個人網路銀行業務服務定型化契約範本	「個人網路銀行業務服務定型化契約應記載及不得記載部分」自102年1月8日生效實施
保管箱	金融機構保管箱出租定型化契約範本	
信用卡	信用卡定型化契約範本	
電子票證	電子票證定型化契約範本	公告修正「電子票證定型化契約應記載事項」第5點規定，自102年12月6日施行

■ 圖10-2　定型化金融契約範本

範本條款為採對消費者權益保障的最低公平標準,若金融事業所訂出的契約條款條件較範本條件為差,則可認為該契約條款對消費者有失公平,故定型化金融契約範本可以作為簽訂契約時之客觀比較標準,若有發現不公平之契約,可向主管機關檢舉。

三、金融消費者申訴

依金融消費者保護法法第13條第2項規定,金融消費者就金融消費爭議事件應先向金融服務業提出申訴。金融事業對於金融消費者申訴或檢舉案件,若以匿名或不以真實姓名檢舉提供者,可以不受理。該受申訴之金融服務業應於收受申訴之日起30日內為適當之處理,並將處理結果回覆提出申訴之金融消費者。

金融事業因應客戶之申訴,可制定以下措施:

1. 成立客戶申訴中心。

2. 加強對經辦人員的教育宣導。

3. 強化銷售金融商品後之服務。

若金融消費者申訴後,不接受前述申訴處理結果,或金融服務業逾30日而不為處理者,得於收受處理結果、或期限屆滿之日起60日內,向金融消費評議中心申請評議。

金融焦點Focus

 金融消保法設爭議處理機構

資料來源:
https://www.youtube.com/
watch?v=IsfHuEmNzMU

四、爭議處理之迅速原則

爭議處理機構[7]於受理申請評議後,應由評議委員會主任委員指派評議委員三人以上為預審委員先行審查,並將審查意見報告提送評議委員會,以全體評議委員二分之一以上之出席,出席評議委員二分之一以上之同意,作成評議決定。為達到爭議處理之時效,評議決定應自爭議處理機構受理評議申請之日起三個月內為之,必要時得延長一次,整個程序最長不得逾五個月[8]。金融消費者得於評議成立之日起90日內,申請將評議書送法院核可,經法院核可後,即與民事確定判決有同一之效力。

---

7. 金融消費申訴服務專線(0800-7810-885)。
8. 金融消費爭議處理機構評議委員資格條件聘任解任及評議程序辦法。

　　一般各金融事業皆透過同業公會協助處理爭議事件（如：銀行公會、期貨業商業同業公會、信託業同業公會），而保險爭議則是透過財團法人保險事業發展中心協助處理。例如：關於結構型商品若發生爭議時，得金管會申訴、向銀行內部申訴處理部門申訴，或向財團法人金融消費評議中心申訴。又例如：關於境外基金之募集及銷售業務，投資人因境外基金之募集及銷售業務，而與境外基金總代理人或銷售機構發生爭議時，得向金管會申訴、向證券投資人及期貨交易人保護中心申請調處、或向中華民國證券資信託暨顧問商業同業公會申訴。

　　過去在銀行客訴中，銀行局統計於100年第二年申訴案件中，以放款所占比例超過一半為最高，其次為信用卡申訴。

　　對於申訴或檢舉人之資料，如姓名、地址，當予以保密。對於申訴應重視，相關的處理事宜如下：

1. **登載事件發生**：無論是客戶書面或口頭的申訴案件，客戶服務相關部門均應逐日詳細登載。應至少包括以下各項：申訴日期、傳達方式（信件／傳真／電話／會議／其他）、客戶姓名、編號、經辦人員、申訴性質、處理人員、處理結果、回覆日期、類似申訴是否持續發生等。

2. **登載客戶陳述**：為確保其真實性，若陳述與客戶有重大不一致時，應出具所言為實之聲明書。而以言詞提出之申訴或檢舉之案件，應留存談話記錄。

3. **事發處理之員工**：申訴案件應由經驗豐富的資深員工調查處理，且該員工不得為申訴案件中的申訴對象。申訴對象之員工，應全力配合調查。負責處理申訴案件之員工應本懇切之態度深入瞭解整個申訴案件之全貌。

4. **事後檢討機制**：主管應指派資深同仁保管上述檔案記錄，且定期交由部門主管及督察主管核閱（至少每季一次）。

5. **流程定期確認**：督察主管應定期執行查核，以確保客戶申訴案件均依公司所訂之作業程序辦理。

五、爭議處理之有效原則

金融服務業對於評議委員會所作其應向金融消費者給付每一筆金額或財產價值在一定額度以下之評議決定,應予接受。此賠付金融消費者之一定額度金額,可以分為2類:

金融焦點Focus

銀行未保護消費者,處分擬無上限

資料來源:
https://www.youtube.com/watch?v=wg_SxSR08Uk

1. 投資型金融商品或服務,及保險業所提供之財產保險給付、人身保險給付(不含多次給付型醫療保險金給付)、投資型保險商品或服務,其一定額度為100萬元。

2. 其他非投資型金融商品或服務、多次給付型醫療保險金給付及非屬保險給付爭議類型,其一定額度為10萬元。[9]

實務案例

外配買保單有糾紛可申訴

由於外國配偶人數日益增加,由於外配對中文之理解能力較本國人低,對於外配在台買保單,卻看不懂保單的問題,只能相信保險業務員之說法,但醫療險保單在實際上申請理賠時,與保險業務員在保險契約購買前口述常有出入,因而衍生爭議。金管會於104年5月表示,保單的要保人不一定必須是中華民國的國籍,只要是有居留權或透過護照,向國內保險公司購買的保單,保單條款適用國內法規,若是在國內買保單發生爭議,外配可以向金融評議中心申訴。

由於台灣的外籍配偶國籍眾多,包含大陸、越南、印尼等,保險公司是否要提供該消費者所屬國語言的保單條款版本,目前則視保險公司自主性提供翻譯版本或者說明,沒有強制性規範。

---

9. 金管會100年12月30日金管法字第10000423911號公告。

➡10-4 金融消費者居經濟弱勢之催收業務

由於金融業之業務招攬，大多是希望客戶能夠從口袋掏錢出來購買，其相關之招攬規範與限制，於其後幾個章節說明。但有一個比較特別的業務----催收欠款業務，則是不同於熱絡招攬之態度，此與金融消費者難免有矛盾與衝突發生，故本節特別將催收業務，尤其是信用卡發卡機構之催收欠款業務之執業，在本節說明。

「銀行商業同業公會全國聯合會信用卡業務委員會所屬機構辦理信用卡業務自律公約」中，規定發卡機構應嚴恪遵守主管機關對債務催收相關規定，嚴禁暴力或恐嚇討債等不當催收行為，而受託催收機構，對外不得以金融機構名義辦理受託處理事項。若發現受委託機構對委外事項，有重大異常或缺失，應立即主動通知金融機構。金融機構若將催收業務轉由其他機構處理，如發現受委託機構或其受僱人員，於所委託之業務涉有暴力、脅迫、恐嚇討債等情事時，應報請治安單位處理。[10]另外，催收之相關規範如下：

1. 催討舉止之禁止行為

◆ 不得有暴力、恐嚇、脅迫、辱罵、騷擾、虛偽、詐欺之不當之債務催收行為。

◆ 不得有虛偽陳述、或暗示債務人不清償債務將受逮捕、羈押等刑事處分。

◆ 不得告知債務人將查封依法不得查封之財產。

◆ 不得向債務人催收債權金額以外、或法律禁止請求之費用。

◆ 不得虛偽陳述債務人不清償債務，法院將實施拘提、管收、查封或拍賣等執行行為。

◆ 不得以影響他人正常居住、就學、工作、營業或生活之騷擾方法催收債務。而若是具有「持續」性地在債務人居住所、學校、工作、營業地點或其他場所催收，或「於非催收時間」內，向債務人催收，就視為具騷擾之催收。其催收包括電話、傳真、簡訊、電子郵件等通訊方法。

◆ 不得有誤導債務人或造成債務人隱私受侵害之不當之債務催收行為。

---

10. 金融機構作業委託他人處理內部作業制度及程序辦法、金融機構辦理應收債權催收作業委外處理要點。

2. **催收之時間地點**

◆ 催收時間為上午七時至晚上十時止。但經債務人同意者,不在此限。

◆ 受金融機構委託之催收機構,其外訪人員未經債務人同意,不可擅自以任何形式進入其居住處所。

3. **保護債務人之負債及私生活之資訊**

◆ 不得以明信片進行催收。

◆ 不得於信封上使用任何文字、符號及其他方式,足使第三人知悉債務人負有債務或其他有關債務人私生活之資訊。但公司名稱,不在此限。

◆ 不得以佈告、招牌或其他類似方法,致第三人知悉債務人負有債務或其他有關債務人私生活之資訊。

4. **催收過程之留存**

◆ 受金融機構委託之催收機構,其外訪人員需配帶員工識別證,並應將外訪過程中與客戶或其相關人之談話內容全程錄音。

◆ 需所有電話暨外訪時均予以錄音並製作備份且至少保存六個月以上,其錄音紀錄不得有刪除或竄改之情形。

5. **對非債務人之第三人**:僅能對債務人本人及保證人催收。

◆ 不得有誤導第三人之不當債務催收行為。

◆ 不得以任何方式透過對第三人之干擾或催討為之。

◆ 為取得債務人之聯繫資訊,而與第三人聯繫時,應表明身分及其目的係為取得債務人之聯繫資訊。如經第三人請求,應表明係接受特定金融機構之委託,受委託機構之名稱,外訪時並應出具授權書。

➜ 10-5 告知義務

一、告知義務之法源

在金融服務業中的「公開原則」，常見於各金融事業的自律公約中。依據公開原則而使金融從業人員需有「告知義務」。

公開原則指的是金融從業人員提供客戶充足必要的資訊，告知客戶投資的風險、從事投資之決定或交易過程的實質資訊。其法源除了各金融事業之自律公約說明了公開原則之外，還包括：

1. 個人資料保護法第8條第一項，訂有「告知義務」，當金融業者當事人蒐集個人資料時，應明確告知個資法所定相關事項，在本節所稱之告知義務，主要是指個資法的規範，應該要讓金融消費者知道的事宜。金融業者應遵守個資法相關規定，以符合規範。

2. 而金融消費者保護法第10條也明定金融服務簽約前之告知說明義務，即金融服務業與金融消費者訂立提供金融商品或服務之契約前，應向金融消費者充分說明該金融商品、服務及契約之重要內容，並充分揭露其風險。

➜ 行使「告知義務」的時機

由個人資料保護法、金融消費者保護法可知，「告知義務」有兩個行使的時機：

1. 蒐集個人資料時。

2. 金融服務契約簽約前。

以下分別就個人資料使用、及金融契約簽約在執行「告知義務」細節，說明如後。

二、金融服務業違反告知說明義務之無過失責任

為有效保障金融消費者之權益，金融消費者保護法第11條規定，金融服務業違反簽約前告知說明義務規定，致金融消費者受有損害者，應負損害賠償責任。但金融服務業能證明損害之發生，非因其未充分瞭解金融消費者之商品或服務適合度或非因其未說明、說明不實、錯誤或未充分揭露風險之事項所致者，不在此限。

也就是說，若金融消費者受有損害，可歸責於金融服務業應說明而未說明、說明不實、未充分揭露風險者，即屬一種指示瑕疵[11]，即使金融服務業無過失，亦應負責。

三、蒐集個資時之執行告知義務

(一)使用個人資料應注意

在使用個人資料時，有幾項應注意項目：

1. 蒐集、處理及利用個人資料，應尊重當事人權益。

2. 依誠實及信用方法為之。

3. 不得逾越蒐集目的之必要範圍。

(二)「個別通知」並記錄存查

履行個資法規定之告知義務，可以言詞、書面、電話、簡訊、電子郵件、傳真、電子文件、或其他足以使當事人知悉、或可得知悉之方式為之。為免金融消費者遺漏大眾性公告或宣傳，故應以「個別通知」方式使金融消費者知悉，同時宜留存相關證據或紀錄存查。

至於告知金融消費者後，是否一定要金融消費者簽署其已知悉才算數呢？其實只要金融事業有留存已盡告知義務之相關記錄存查，不須金融消費者簽署。

(三)使用蒐集個人資料之應告知事項

向金融消費者蒐集個人資料時，應明確告知金融消費者下列事項：

1. 公務機關或非公務機關名稱。

2. 蒐集之目的。（法務部訂有「個人資料保護法之特定目的及個人資料之類別」，如：人身保險、保險經紀、存款匯款、授信業務、金融爭議處理、金融服務業依法令規定及金融監理需要，所為之蒐集處理及利用、信託業務、證券、期貨、證券投資信託及顧問相關業務）。

---

11. 指的是業者應標示說明、或告知說明。

3. 個人資料之類別。（例如：姓名、身分證統一編號、聯絡方式等）

4. 個人資料利用之期間（金融業因執行業務所需，必須保存的期間也應計入）、地區（金融事業本身之營業處所、與之有業務往來之機構之營業處所）、對象（金融事業本身、金融聯徵中心、票據交換所等與金融事業有合作之單位）、及利用之方式。

5. 金融消費者依個資法第三條規定得行使之權利，如：金融消費者可以向金融業者請求查詢、閱覽或複製本，請求停止蒐集、處理或利用、請求刪除。

6. 金融消費者得自由選擇提供個人資料時，不提供將對其權益之影響，如可能喪失某些金融服務。

若不當使用個資

在104年6月10日，X豐銀行由於將1萬9991名客戶的房貸對帳單資料，被集體寄錯了地址，該客戶資料，如：房貸未還餘額、各期還款金額，被他人閱讀，此為頭一遭發生客戶帳單被集體寄錯事件。此舉不慎外洩客戶資料情事，並非該銀行之初犯，而遭到金管會銀行局的處罰，金管會最後決議處罰X豐銀行400萬元。

在此之前，其他銀行也曾發生過零星的不慎外洩客戶信用卡資料及網銀客戶資料事件，金融從業人員在處理客戶資料時不可不慎。

四、金融服務契約簽約前之執行告知義務

　　依金融消費者保護法第10條第2項規定訂定之「金融服務業提供金融商品或服務前說明契約重要內容及揭露風險辦法」（簡稱金融說明契約及風險辦法）金融商品、服務及契約應說明及揭露之重要內容，應以金融消費者能充分瞭解方式為之，其內容至少應包括交易成本、可能收益及風險等，及其相關應

遵循事項之辦法。在「金融說明契約及風險辦法」中，依金融商品之不同，須提供不同程度的告知內容，以下依一般告知內容、投資型商品告知內容、結構型商品之告知三部分作說明。

(一)不區分金融商品之一般告知內容

所有的金融商品皆應有的基本告知契約重要內容，如；銀行之存款業務、公債買賣契約、全權委託業務等，依金融說明契約及風險辦法第5條，應向金融消費者說明之重要內容如下：

1. 金融消費者對該金融商品或服務之權利行使、變更、解除及終止之方式及限制。

   例：告知客戶簽約後可以要求解約之事由及期限。

2. 金融服務業對該金融商品或服務之重要權利、義務及責任。

3. 金融消費者應負擔之費用及違約金，包括收取時點、計算及收取方式。

   例1：全權委託契約時，可以與客戶約定之管理費用，依金融受託人之操作績效而定，如：操作績效超過15%，則超過部分的20%作為金融受託機構之管理報酬，若投資操作績效未達10%，則管理報酬折半計算。

   例2：共同基金收費基準及數額，向所有客戶之收取費用不必皆須一致，但依符合公平誠信原則。

   例3：若投信業對客戶收取費用有調高時，應事前向客戶揭示。定期於表件中報導予客戶。

   例4：若壽險公司在銷售投資型保單，含有連結結構型商品時，應向客戶說明的各種費用中，須包含通路服務費（指各壽險公司從連結結構型商品發行機構取得之銷售獎金或折讓）[12]。

4. 金融商品或服務有無受存款保險、保險安定基金或其他相關保障機制之保障。

5. 因金融服務業所提供之金融商品或服務所生紛爭之處理及申訴之管道。

6. 其他法令就各該金融商品或服務所定應定期或不定期報告之事項及其他應說明之事項。

---

12. 投資型保險商品銷售自律規範第9條。

例：原來提供服務之營業處所因故無法繼續營業，則應儘速通知客戶。

例：依「信託業應負之義務及相關行為規範」第四條，信託業不得明知委託人或受益人對於信託契約之重大條款、信託行為或信託財產管理之重大事項有「認知錯誤」，而故意不告知該錯誤情事。

(二)投資型商品或服務之告知內容

依金融說明契約及風險辦法第6條，除了前面所述的一般告知內容外，若商品屬於「投資型商品或服務」，還應該向金融消費者揭露可能涉及之風險資訊，投資型商品或服務包括的如下表：

● 表10-2　投資型商品或服務之分類及內容

分類	依金融說明契約及風險辦法第6條之投資型商品內容
信託業（銀行信託部）金錢信託商品	信託業辦理特定金錢信託業務或特定有價證券信託業務，受託投資國內外有價證券、短期票券或結構型商品。
信託業（銀行信託部）金錢信託商品	1. 信託業辦理具運用決定權之金錢信託或有價證券信託，以財務規劃或資產負債配置為目的，受託投資國內外有價證券、短期票券或結構型商品。 2. 共同信託基金業務。 3. 信託資金集合管理運用帳戶業務。
國內外共同基金	證券投資信託基金及境外基金。
代客操作	全權委託投資業務。
保險類	投資型保險業務。
衍生性金融商品	1. 信託業運用信託財產於衍生性金融商品。 2. 銀行與客戶承作之衍生性金融商品[13]及結構型商品業務。 3. 受託買賣非集中市場交易且具衍生性商品性質之外國有價證券業務。 4. 證券商營業處所經營衍生性金融商品及槓桿交易商經營槓桿保證金契約交易業務。 5. 期貨信託基金。 6. 全權委託期貨交易業務。
黃金、貴金屬	1. 信託業運用信託財產於黃金。 2. 黃金及貴金屬業務。

---

13. 「辦理衍生性金融商品自律規範」第21條：「銀行對屬自然人之一般客戶提供單項衍生性金融商品（非屬結構型商品之衍生性金融商品）交易服務以外匯保證金交易、陽春型遠期外匯、買入陽春型外幣匯率選擇權及買入轉換/交換公司債資產交換選擇權為限」。

　　「投資型商品或服務」之風險資訊應包含：

1. 投資風險—最大可能損失。

2. 投資風險—商品所涉匯率風險。

3. 其他風險資訊—如：提前解約風險、交易提前終止風險、利率風險、商品條件變更風險、交易標的之市場流通性（流動性風險）、信用風險、匯兌風險、國家風險、賦稅風險、法律風險及再投資風險等。

　　實務上，這些與風險相關的資訊，由金融服務業提供風險預告書皆有相關風險說明，也就是說，投資型商品（如：期貨、選擇權、全權委託契約）一般都多附給客戶風險預告書。值得注意的是，有些金融商品雖然不是這裡所指稱的投資型商品，但另依法規也須附上風險預告書，如：興櫃股票，依「財團法人中華民國證券櫃檯買賣中心興櫃股票買賣辦法」第15條規定，客戶初次買賣興櫃股票時，應附上風險預告書。

(三)投資型保險商品[14]之告知

　　投資型保險商品為上述投資型商品之一種，但若投資型保險商品含有連結「結構型商品」時，應就所連結之結構型商品作充分說明，如：保本條件與投資風險、警語、投資年期及未持有至到期時之投資本金潛在損失、投資部分不受保險安定基金保障之有關說明。壽險公司並應於網站揭露結構型商品連結標的（如：交易所編製之指數、商品期貨價格或原物料期貨價格、利率、匯率、股票等）之淨值或價格。

　　另外，金融從業人員應於保險契約約定時間，至少每季將保單價值等相關重要事項、及對帳單通知要保人。若投資型保險連結的結構型商品，並非百分之百保本，則除了上述每季寄送對帳單外，當結構型商品虧損達30%時，應以書面或電子郵件通知要保人。

(四)結構型商品之告知

　　雖然結構型商品也屬於投資型商品，應對客戶說明前兩大內容，但由於其商品複雜度高，在雷曼兄弟倒閉之連鎖連動債風暴之糾紛案件頻傳，銀行公會

---

14. 投資型保險商品銷售自律規範。

另針對結構型商品訂定了「辦理衍生性金融商品自律規範」，銀行對一般客戶提供結構型商品，應區分保本型及不保本型[15]，若於到期時、或依合約條件提前到期時，可取回原計價幣別本金100%者，為保本型結構型商品。

在「辦理衍生性金融商品自律規範」中，明定提供結構型商品應提供「產品說明書」、「客戶須知」，特別的是須以錄音方式保留銀行向客戶宣讀「客戶須知」的紀錄，且錄音保存期限不得少於該商品存續期間加計三個月，如未滿五年應至少保存五年以上。

在告知的內容，除了有與投資型商品一樣的告知內容外（如：費用、可能涉及的風險[16]、最大可能損失），在「辦理衍生性金融商品自律規範」特別提及應告知的事項：

1. **應向客戶充分揭露「交易架構」。如**：結構型商品所連結標的類別或資產（例如：匯率、利率、指數或個股名稱等）。

2. **具體化風險的表達**：銀行須建立商品風險分級制度，在「產品說明書」以顯著字體標示本商品「風險等級」，對風險高低作出級次之分類。「客戶須知」應載明「本商品風險程度為＿＿＿＿，銷售對象之風險等級為＿＿＿。」

3. **具體化商品內容**：產品說明書應記載交易的情境說明。

4. **應強調不完全保本**：結構型商品應說明「到期本金保本率」，風險預告書之投資風險警語，應記載「客戶提前終止可能導致可領回金額低於投資本金」、「最大可能損失為全部投資本金」。「客戶須知」應載明警語「貴客戶應自行負擔本商品之市場風險及銀行之信用風險，最大可能損失為全部投資本金」、「貴客戶提前終止可能導致可領回金額低於投資本金」、「交易提前終止風險應特別記載交易提前終止風險提示：「本商品到期前如申請提前終止，將導致您可領回金額低於原始投資金額（在最壞情形下，領回金額甚至可能為零），或者根本無法進行提前終止。」

---

15. 「辦理衍生性金融商品自律規範」第22條。
16. 「辦理衍生性金融商品自律規範」之第9條：可能涉及之風險，係指應向客戶說明下列事項：
    一、該結構型商品因利率、匯率、有價證券市價或其他指標之變動，有直接導致本金損失或超過當初本金損失之虞者。
    二、該結構型商品因銀行或他人之業務或財產狀況之變化，有直接導致本金損失或超過當初本金損失之虞者。
    三、該結構型商品因其他經主管機關規定足以影響投資人判斷之重要事項，有直接導致本金損失或超過當初本金損失之虞者。
    四、該結構型商品之最大損失金額。

五、告知的方法

在前面提及，個資法規定之告知義務，可以以多種方式傳達，如：言詞、書面、電話、簡訊、電子郵件、傳真、電子文件、或其他。那麼金融契約內容及風險呢？

1. 原則上以書面為之

須依按金融商品或服務之性質，於公開說明書、投資說明書、商品說明書、風險預告書、客戶須知、約定書、申請書或契約等，揭露金融商品重要內容。並以顯著字體或方式表達。

2. 例外以網際網路或其他約定方式

須由雙方同意，揭露金融商品重要內容。

3. 電話

依法令規定，金融商品得以電話行銷提供者，或可以採取線上成交者，得由電話行銷人員以電話說明金融商品重要內容。

4. 書面加宣讀

若交易之金融商品為結構型商品，則應以提供「產品說明書」、「客戶須知」之外，尚須對向客戶宣讀「客戶須知」的紀錄。

1. 法律體系內，憲法的位階最高，法律（法、律、條例、通則）次之，「命令」（規程、規則、細則、辦法、綱要、標準或準則）則為下。最下為「行政規則」（「要點」、「規定」、「規範」、「須知」、「注意事項」、「守則」、「章程」）。

2. 各金融服務事業都是適用多種法令規章。

3. 道德，是一種崇高的人生價值觀，在如何為人之「內在態度」與「外在實踐」之一種判斷的價值系統。

4. 金融職業道德與法律規範與基本原則，包括：忠實、守法、保密、互敬、專業、公平。

5. 金融業務屬於特許事業，之主管機關，為中央銀行、金融監督管理委員會、證券交易所等。

6. 金融消費者保護法納入規範有：銀行業、證券業、期貨業、保險業、電子票證業、其他經主管機關公告之金融服務業。

7. 金融消費者就金融消費爭議事件應先向金融服務業提出申訴，應於收受申訴之日起30日內為適當之處理。

8. 金融機構若將催收業務轉由其他機構處理，如發現受委託機構或其受僱人員，於所委託之業務涉有暴力、脅迫、恐嚇討債等情事時，應報請治安單位處理。若發現受託催收機構對委外事項，有重大異常或缺失，金融機構應立即主動通知金融機構。

9. 公開原則法源為各金融事業之自律公約、個人資料保護法、金融消費者保護法。

10. 不區分金融商品之一般告知內容：對該金融商品或服務之權利行使、義務及責任、費用及違約金、保障機制、申訴管道等。

11. 投資型商品或服務，應告知：一般告知內容、及揭露可能涉及之風險資訊。

( ) 1. 「金融重建基金」是屬於金管會銀行局哪一組底下的？ (A)本國銀行組 (B)金融控股公司組 (C)信用合作社組 (D)信託票券組。

( ) 2. 下列何者不是金融消費者保護法所定義的金融服務業？ (A)銀行業 (B)證券業 (C)證券交易所 (D)期貨業。

( ) 3. 我國金融服務業的職業道德規範，主要是規範在何處？ (A)各金融服務業之基本法 (B)各金融服務業之公司治理實務守則 (C)各金融服務業之自律規範 (D)以上皆是。

( ) 4. 關於金融服務業對金融消費者責任之敘述，下列何者為是？ (A)此一責任如果預先約定限制或免除，則該部分約定無效 (B)金融服務業違反適合度考量之義務，致金融消費者受有損害者，不必負損害賠償責任 (C)金融消費者責任可以契約中預先約定限制或免除 (D)金融服務業違反契約內容及風險揭露之權利義務，致金融消費者受有損害者，只有該從業人員負損害賠償責任。

( ) 5. 金融消費者就金融消費爭議事件提出申訴時，應先向下列何者提出 (A)原金融機構 (B)爭議處理機構 (C)評議委員會 (D)管轄法院。

( ) 6. 金融服務業應於收受金融消費爭議申訴之日起多久內將處理結果回覆金融消費者？ (A)十日 (B)二十日 (C)三十日 (D)六十日。

( ) 7. 金融消費者不接受金融服務業的處理結果或金融服務業三十日不為處理者，金融消費者得於收受處理結果或期限屆滿之日起多久內，可以向爭議處理機構申請評議？ (A)十日 (B)二十日 (C)三十日 (D)六十日。

( ) 8. 金融消費爭議經爭議處理機構作成評議決定後，金融消費者得於評議成立之日起多久之不變期間內，申請爭議處理機構將評議書送請法院核可？ (A)三十日 (B)九十日 (C)一百二十日 (D)一百八十日。

( ) 9. 下列那些情形，爭議處理機構會受理金融消費者的申訴？ (A)屬於金融消費爭議 (B)已先向金融服務業申訴 (C)申請評議事件未經法院判決確定 (D)以上皆是。

( ) 10. 投資人因境外基金之募集及銷售業務與境外基金總代理人或銷售機構發生爭議時得以何種方式尋求協助？ (A)向金管會申訴 (B)向證券投資信託暨顧問商業同業公會申訴 (C)向證券投資人及期貨交易人保護中心申請調處 (D)以上皆可。

▶ 習題解答

1	2	3	4	5	6	7	8	9	10
C	C	D	A	A	C	D	B	D	D

11

金融業務招攬

1. 認識金融業務招攬
2. 瞭解以下五個作業流程：登錄、招攬（一般性之文書、
   圖畫、廣告文宣）、介紹商品（個別性之確保商品的適
   合度）、開戶、業務服務。

◆ 本章引言

本章說明金融服務業業務推廣與招攬流程，各節依登錄、招攬（一般性之
文書、圖畫、廣告文宣）、介紹商品（個別性之確保商品的適合度）、開
戶、業務服務，五流程作說明。

Financial Market

▶11-1 金融服務業業務推廣與招攬流程

一、金融服務業業務推廣與招攬法規

　　主管機關依據2011年6月制度公布的「金融消費者保護法」，訂定了二個重要的子辦法：第一為「金融服務業從事廣告業務招攬及營業促銷辦法」，第二為「金融服務業提供金融商品或服務前說明契約重要內容及揭露風險辦法」，這兩個辦法，對於金融服務業的廣告、招攬、促銷活動，及與客戶簽約時應注意的細節，皆有細節規範，為金融服務業在推廣業務的重要方針，需遵守其內容。

　　另外，不止適用於金融業，其他行業也適用的消費者保護法、公平交易法，當然也在適用的法規之列。除此之外，各金融服務業別依其不同，對於公會的自律規範也有須依循的法規。

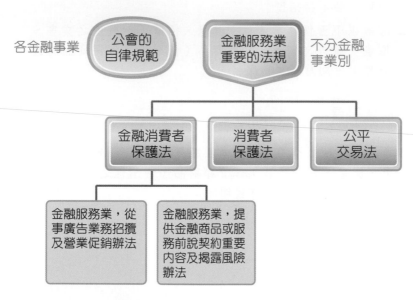

■ 圖11-1　金融服務業重要的法規

二、業務推廣與招攬流程

　　金融業務員在推廣業務時，應要依「金融服務業從事廣告業務招攬及營業促銷辦法」、「金融服務業提供金融商品或服務前說明契約重要內容及揭露風

險辦法」法規切實執行，也由於金融商品常不是一個具體的有形商品，而是需經過一段時間後，提供給客戶報酬的契約，故對於這種契約的風險內容，更是需要先讓客戶瞭解與認同。一般，在推廣業務可以分為以下五個流程：

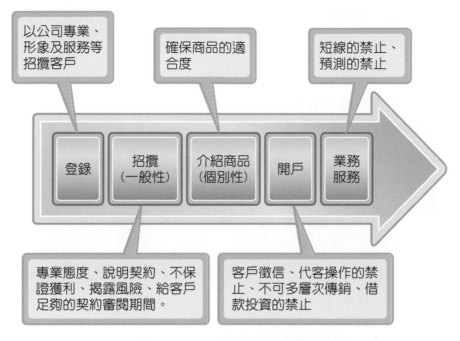

以公司專業、形象及服務等招攬客戶

確保商品的適合度

短線的禁止、預測的禁止

登錄　招攬（一般性）　介紹商品（個別性）　開戶　業務服務

專業態度、說明契約、不保證獲利、揭露風險、給客戶足夠的契約審閱期間。

客戶徵信、代客操作的禁止、不可多層次傳銷、借款投資的禁止

■ 圖11-2　金融服務業務推廣五流程

以下各節依這登錄、招攬（一般性之文書、圖畫、廣告文宣）、介紹商品（個別性之確保商品的適合度）、開戶、業務服務，五流程作說明。

➜11-2 推廣金融業務之登錄流程

金融服務機構之業務人員，在執行其業務的範圍內，依法應該要先在其所屬公會登錄後，始可執業。這個在實質上為執行業務之人，對外是具有代表公司的角色，所以，即使是金融業的第一線業務人員，在法律上也屬於這個金融服務業的負責人。要擔任金融服務業的業務員，不可以是未經資格認定的任何人，由於其販售的商品是具有一定複雜程度的金融商品，所以我們賦予其更高的身份要求，即要作「登錄」！

金融執業人員應登錄之規範

由於金融業執業時之道德危險較其他行業為高，故多有要求從業人員需向同業公會登記，否則不得執行職務，以達有效管理。如：

➡ 信託業

負責應具備資格條件暨經營與管理人員應具備信託專門學識或經驗準則第17條：「信託業經營與管理人員依第十四條至第十六條之一規定應符合之信託專門學識或經驗，應經同業公會審定並登錄之，除初任督導或管理人員得於擔任職務起三個月內調整至符合規定時辦理登錄外，非經登錄，不得執行職務。」

➡ 票券業

票券金融管理法第12條：「票券商業務人員非經向票券金融商業同業公會登記，不得執行職務。」

➡ 銀行業

外匯指定銀行辦理推介外匯相關之結構型商品業務規範第12條第2項：「外匯指定銀行辦理第四條第一款推介作業之人員應符合「銀行辦理衍生性金融商品業務應注意事項」第十七點之資格條件，並應登錄於中華民國銀行商業同業公會全國聯合會」建置之「銀行辦理結構型商品推介人員登錄系統」。

銀行業辦理結構型商品推介人員登錄作業規範第2條：「本作業規範所稱之銀行辦理結構型商品推介人員係指符合「銀行辦理衍生性金融商品業務應注意事項」之資格條件並從事結構型商品推介工作之人員。

前項所稱之結構型商品為依「銀行辦理衍生性金融商品業務應注意事項」第二點第二項規定，係指銀行以交易相對人身分與客戶承作之結合固定收益商品與衍生性金融商品之組合式交易，不包括依信託關係投資之結構型商品。

　　第一項銀行辦理結構型商品推介人員於辦理登錄後，始可執行業務。」

➡ 證券業

　　證券商負責人與業務人員管理規則第12條：「證券商負責人及業務人員於執行職務前，應由所屬證券商向證券交易所、證券商同業公會或證券櫃檯買賣中心辦理登記，非經登記不得執行業務。證券商僱用經本會依本法規定命令解除職務未滿三年之人員，從事第二條第二項各款以外業務者，應向證券交易所申報登記後，始得為之」。

➡ 投信業

　　證券投資信託事業人員申報作業辦法第9條：「申報公司之總經理、業務部門之副總經理、協理、經理及分支機構經理人、部門主管與業務人員，除法令另有規定外，應為專任；其於執行職務前，應由所屬申報公司向本公會登錄，非經登錄，不得執行業務。」

➡ 投顧業

　　證券投資顧問事業負責人與業務人員管理規則第6條：「證券投資顧問事業之總經理、部門主管、分支機構經理人及業務人員，除法令另有規定外，應為專任；其於執行職務前，應由所屬證券投資顧問事業向同業公會登錄，非經登錄，不得執行業務。」

➡ 期貨業

　　期貨商負責人及業務員管理規則第8條：「期貨商負責人及業務員之登記、異動，應由所屬期貨商向全國期貨商業同業公會聯合會辦理，非經登記不得執行職務。」

➡ 保險相關業別

　　保險業、保險代理人公司、及保險經紀人公司之業務員，則依保險業務員管理規則第3條：「業務員非依本規則辦理登錄，領得登錄證，不得為其所屬公司招攬保險。」其核定法源為保險法第177「保險業務員之資格取得、登錄、撤銷或廢止登錄、教育訓練、懲處及其他應遵行事項之管理規

則，由主管機關定之」。無行為能力或限制行為能力之人，申請保險業務員，不予登錄。有重大喪失債信情事尚未了結，或了結後尚未逾三年之已登錄保險業務員，則撤銷其登錄。

金融從業人員於業務員登錄後，取得所屬公司授權從事金融商品招攬行為，其立場，非為了自己個人、當然也不是站在客戶立場招攬，而是應專所屬公司從事招攬，故金融從業人員應以公司專業、形象及服務等招攬客戶。在其未符合相關人員資格時，不得經辦、不得代理各項業務，未來該金融從業人員，便依其品德、專業、相關經驗累積，養成一專業執業之金融人才。

也由於這個登錄證是有認定身份、代表其具一定專業程度的，所以切忌供他人使用，否則可能會受到停止招攬行為、撤銷業務員登錄、甚至情節重大者，得移送法辦的處分。以保險業務員為例，其錯誤或相對處罰如下：

● 表11-1　保險業務員常見之招攬錯誤與懲處

懲處	錯誤行為例
停止招攬3個月。	登錄證到期經通知未辦理換證，而招攬保險。
停止招攬6個月。	未通過非經營同類保險業務之保險業務員測驗及完成登錄，而招攬該類之保險商品。
撤銷登錄。	未通過投資型保險商品業務員資格測驗、銷售外幣收付非投資型保險商品業務員測驗等特別測驗及完成登錄，而招攬該等保險商品者。

→11-3 推廣金融業務之一般招攬

　　為提供多元化之服務，金融從業人員應提供客戶多元化商品資訊。在提供客戶資訊時，可以透過什麼方式呢？

一、廣告、業務招攬的範圍

　　廣告、業務招攬及營業促銷活動，指以促進業務為目的，利用下列傳播媒體、宣傳工具或方式，就業務及相關事務為傳遞、散布、宣傳、推廣、招攬或促銷者[1]：

1. 報紙、雜誌、期刊或其他出版印刷刊物。

2. 宣傳單、海報、廣告稿、新聞稿、信函、簡報、投資說明書、保險建議書、公開說明書、貼紙、日（月）曆、電話簿或其他印刷物。

3. 電視、電影、電話、電腦、傳真、手機簡訊、廣播、廣播電臺、幻燈片、跑馬燈或其他通訊傳播媒體。

4. 看板、布條、招牌、牌坊、公車或其他交通工具上之廣告或其他任何形式之靜止或活動之工具與設施。

5. 與公共領域相關之網際網路、電子看板、電子郵件、電子視訊、電子語音或其他電子通訊傳播設備。

6. 舉辦現場講習會、座談會、說明會、現場展示會或其他公開活動。

7. 其他任何形式之廣告宣傳、業務招攬及營業促銷活動。

　　由以上可知，金融服務業向「不特定多數人」之銷售行為，幾乎所能觸到客戶的管道都算入，若是向少數特定人告知，則不符合廣告的基本精神。舉凡：於電視上播放廣告、透過發言人公佈商品內容、於公開場合舉辦說明會、舉辦講座吸引客戶、透過新聞稿通知媒體商品內容、於廣播電台散播訊息、於傳播媒體宣傳金融商品皆屬之。相反地，若是向已簽約或潛在客戶說明商品內容，則不為不特定多數人之銷售行為。

---

1. 金融服務業從事廣告業務招攬及營業促銷活動辦法。

姑且不論金融商品的類別，在廣告或招攬業務時，應符合以下原則：

1. **廣告不實之損害，應負損害賠償責任**：消費者保護法第23條、公平交易法第21條、金融消費者保護法第8條。

2. **廣告應與商品相符**：消費者保護法第22條、金融服務業從事廣告業務招攬及營業促銷活動辦法第4條，同法第5條。金融消費者保護法第8條。

二、掛羊頭賣狗肉～金融教育賣商品？！

金融消費者保護法有一項特別的限制；不能利用金融教育宣導的機會，引薦個別金融商品或服務。類似地，從事金融業務廣告及公開舉辦投資理財活動，不可直接推薦或勸誘投資個別金融商品。

另外，由於廣告內容常有隱惡揚善的傾向，為了避免於廣告中僅揭示對公司本身有利之事項，所以，限制金融業對金融消費者所負擔之義務，不得低於前述廣告之內容、及進行業務招攬或營業促銷活動時，對金融消費者所提示之資料或說明。也就是說，廣告了什麼內容，就需對消費者負起責任。

為了行銷之便，業務人員本身可以自己製作文宣，但是需注意不可以是誇大的績效文宣，以吸引客戶。在廣告時，金融從業人員從事金融業品招攬所用文書、圖畫、廣告文宣，避免於報章雜誌刊登誇大不實廣告誘導客戶，需基於誠信原則，而誠信原則的法規精神，則留待第十一章再作詳細說明。在促銷資料中，若有引用數據、資料作為促銷資料內容時，須註明出處，不可故意隱匿不利客戶之數據、資料作為促銷資料內容，致誤導投資大眾或客戶。

基於「公平競爭原則」，若涉及比較其他同業，應作公平之比較，如：提供比較同業與自己公司類似產品、及手續費、或經理費費率差異。不可登載損害同業信譽之廣告，如：散佈同業之不實資料。

對於誇大不實之宣傳、廣告或其他不當之方法，為客戶之招攬，則依法作出懲處，以保險業務員為例，作出停止招攬3個月、或1年、或撤銷其保險業務員登錄之處置。

常見之金融從業人員之錯誤招攬

理專不專業！勸買連動債，法院判賠
資料來源：
https://www.youtube.com/watch?v=gbncECHioLI

　　常見之錯誤招攬如：

➡ 例1：未考量（準）客戶之保險需求，而假借節稅、基金、存款等其他名義為招攬之訴求。

➡ 例2：逾越公司授權範圍，擅自利用話術或其他方式進行不當陳述、承諾或保證為招攬行為者。

➡ 例3：未考量客戶需求，唆使客戶以借款、舉債方式購買新契約，嚴重影響保戶權益者。

➡ 例4：未經公司許可，擅自修改、自行製作或委託第三人製作招攬相關文宣。

➡ 例5：有關保險業務員從事保險招攬所用文書、圖畫、廣告文宣，應標明所屬公司之名稱。

➡ 例6：金融業之促銷資料應載明公司相關資料。使用公司名稱應清楚、明確且不得誤導客戶。不可使用類似的、使投資人誤信為其他公司之他人商標，以混淆客戶。向客戶提供有關公司之資料應該充分，以讓客戶瞭解公司，包括公司之營業地址，公司營業之種類與限制。

➡ 例7：保險代理人、經紀人所屬業務員所使用之文書、圖畫、廣告文宣、應經往來保險業同意方可使用。所屬公司為代理人、經紀人者並應標明往來保險業名稱。

➡ 例8：有關保險業務員從事保險招攬所用廣告文宣之內容應與保險業報經主管機關審查通過之保單條款、費率及要保書文件相符。

➡ 例9：若舉辦投資說明會時，若有引用數據、資料作為促銷資料內容時，須註明出處，若發表證券市場之投資意見。涉及市場分析、產業趨勢、行情研判時，應同時說明研判依據。

➡ 例10：投顧業者於傳播媒體從事務證券投資分析意見時，不可以有招攬客戶之廣告行為（即使為主管機關核准之業務、或者經公會報備之業務，亦不可有招攬客戶之廣告行為）。

三、一般性招攬的「應該要做」與「不可以做」

在提供商品並訂立契約前，應讓金融消費者充份對商品有所瞭解，所以對客戶起碼要作到：

(一)從業人員的態度

金融從業人員需秉持專業、代表金融服務機構作招攬，為加強服務，態度應誠懇實在，以誠心來面對客戶。招攬業務時，應該培養本身的專業，是提高業績的根本，若僅以行銷話術，希望以博取客戶的信任，並不能長遠地在金融客戶中建立口碑與良好的關係。

➡ **例1**：信用卡業務代表推廣卡片時，應注意服裝儀容、配戴名牌及名片且明確標示發卡機構名稱。

➡ **例2**：不得惡意毀謗競爭者。

➡ **例3**：不得惡意削價方式招攬。

(二)退手續費的能與不能

雖然不可以削價競爭，但是金融從業人員相關業務時，客戶常會要求折讓，為了要能使客戶開心地購買金融商品，這類的要求，可不可以接受呢…實際上是可行的，在合法的範圍內，可以予以合理的手續費折讓，並且是折讓金額，是回饋給客戶本人即可，如，將折讓金額匯到客戶的帳戶中即可。但以下情形則不被允許：

➡ **例1**：若是保險業務員，則禁止利用退佣、給予保費折扣、折減保險費、或其他不當之折讓方式為招攬行為，否則將保險業務員將被處以停止招攬3個月。亦即，招攬保險相關業務時，對於客戶折讓之要求，由於不可削價競爭，故不可有折讓情事。即使折讓至客戶本人帳戶，亦為禁止。

➡ **例2：**以基金買賣有價證券及相關商品時，不得將退回手續費，歸入客戶資產。

(三)說明該金融商品或服務、契約的重要內容

　　在說明金融商品或服務、契約時，應遵行「公開原則」。所謂公開原則即需要向客戶說明與分析產品特性、明確地，不可模糊其辭，如：向客戶說明與分析產品特性與報酬率，但相關風險、提前贖回罰金及費用成本卻一概省略。或者向客戶說明與分析產品特性，並強調如投資該產品得享有稅負上優惠，卻不仔細說明是基於何種理由及內容，始得享有該項優惠。

　　說明金融商品內容時，應注意的規範如下：

1. 提供的資料銷售文件應用中文表達，力求淺顯易懂，必要時可附註原文。

2. 不得製作易使客戶誤解金融商品交易與賭博雷同之廣告。

3. 金融服務業製播廣告，不得誤導消費者不正確之價值及理財觀念。

4. 不可以宣稱金融商品交易簡明易懂，適合所有人士。

　　商品介紹與風險告知，屬於對新客戶業務推廣的事前作業程序。其他常見之錯誤為：

➡ **例1：**疏漏未向保戶說明保單權利義務，致影響保戶權益。以不實之說明或故意不為說明保單權利義務，致影響保戶權益。

➡ **例2：**未向保戶說明投資型商品『重要事項告知書』之內容。

➡ **例3：**未善盡第一線招攬責任、未於要保書內之『業務人員報告書』中據實報告者。

➡ **例4：**以不實之說明或故意不為說明保單權利義務，致影響保戶權益。

若是為求成交不擇手段，會如何呢？

　　若是業務招攬時，散播不實言論或文宣，擾亂金融秩序，所屬公司除得停止其招攬行為，並得撤銷業務員登錄，這可是很重的處罰喔!因為一旦撤銷登錄，表示不僅不可以在原公司工作，連同同業的其他公司都不可再從事同種業務了呢!這可不是簡簡單單扣扣薪水、罰罰錢就可以了事的了!

(四)禁止使用之文字或訊息內容使人誤信能保證本金之安全或保證獲利

由於投資人無不希望金融商品能夠帶來獲利，故金融機構若是徒畫一個美麗的大餅，使投資人產生獲利的幻想，很可能造成消費糾紛，故不可以僅使用對其有利之資料以誇大其績效，也不可以過去之操作績效，作爲獲利保證。若投顧業者對投資人宣稱：「你應該買XX股票，這檔股票保證三個月給你30%的報酬。」很顯然地，違反了「禁止爲獲利或損失負擔之保證」之原則。

與「禁止使人誤信能保證本金安全或獲利」之相關法規如下：

1. 金融業不分業別

金融服務業從事廣告招攬及營業促銷活動辦法第5條：「金融服務業從事廣告、業務招攬及營業促銷活動，不得有以下情事…(9)使用之文字或訊息內容使人誤信能保證本金之安全或保證獲利。…」

2. 保險業

(1) 保險業招攬廣告自律規範第4條：「保險業從事保險商品銷售招攬廣告，應依社會一般道德、誠實信用原則及保護金融消費者之精神，遵守下列事項：…資本適足性相關規範…（三）不得使消費者誤認政府已對該公司或其相關業務提供保證。（四）不得使人誤信其能保證本金之安全或保證獲利。」

(2) 保險業招攬廣告自律規範第5條：「人身保險業投資型保險商品招攬廣告除前條規定外，並應遵守下列事項.…廣告內容應凸顯保險商品，並對保險保障應有相當篇幅之介紹，且依下列規定辦理.. 不得使人誤信能保證本金之安全或保證獲利。」

3. 期貨信託業

期貨信託基金管理辦法第23條：「期貨信託事業對不特定人爲廣告、公開說明會及其他營業促銷活動時，不得有下列行爲：…使人誤信能保證本金之安全或保證獲利者。」

所以，不可以引用各種推薦書、感謝函、擷取報章雜誌之報導、爲保證獲利或負擔損失之類似文字或表示。尤其是期貨信託事業乃基金銷售機構、投信、總代理人在銷售基金時，不可以擷取報章雜誌之報導作爲其廣告內容，也不可以採訪投資人的方式來促銷廣告基金。

與「禁止使人誤信能保證本金安全或獲利」之實例，說明如下：

➡ **例1**：某證券投資信託公司，擬發行投資在海外股票之證券投資信託基金，廣告宣傳可刊登從成立以來的全部績效資料，如：成立滿三年的基金，應以最近三年全部績效爲圖表或曲線表示；並說明公司以往之經理績效無法保證最低收益率。但不可宣稱該國外區域經濟穩定成長，是「絕對安全、無風險」的投資環境，也不可肯定地宣稱新台幣未來還會貶值，使以外幣投資顯得較有價值，台幣之升貶基本上無人可以百分百地肯定走勢。

➡ **例2**：某證券投資信託公司，可以以「基金績效和業績數字」爲廣告或促銷之內容，但任何基金績效及業績數字，均須註明使用資料之來源和日期，不得爲基金投資績效預測，如：不可宣稱預計年投資報酬率可以達15%以上，會有誤導投資人15%爲最低的報酬率。

➡ **例3**：某證券投資信託公司「保本型」基金，如須採用複雜計算機制者，應須註明。以讓投資人清楚地辨別是全部保本、部分保本等細節。

➡ **例4**：金融業不可以僅以不常見之「特例」，或單筆交易資料，作爲公開招攬業務之宣傳資料及廣告。

(五)揭露金融商品或服務、契約的風險

在說明金融服務業的商品，應按金融商品或服務之性質於公開說明書、投資說明書、商品說明書、風險預告書、客戶須知、約定書、申請書或契約等說明。其內容也應負起責任，若有善意相對人因爲相信這些文件而受到損害，則金融服務業需要負賠償責任。

如：期貨交易採保證金制度，期貨營業員在客戶交易前，應提出「風險預告書」，提醒客戶當行情劇烈波動時，其本金有可能完全損失。

依商品是傳統型、或是投資型商品，由於其本身之風險程度不同，法令上因而要求不同的說明內容，依「金融服務業提供金融商品或服務前說明契約重要內容及揭露風險辦法」第6條規定：

1. 傳統型商品

非屬投資型商品、較爲單純之固定報酬給付之型態。

2. 投資型商品

不以保全本金為主之金融商品，而以投資之資本收益或孳息為獲取目標
者，可稱為投資型商品，如：共同
基金、衍生性金融商品、信託商品
等，這類商品，除了說明與傳統型商
品相同的內容之外，更應揭露其可能
的風險。為了能讓消費者更能具體化
風險，可以以最大的可能損失、或是
可能發生的匯率風險作分項說明。

金融焦點Focus

第52法庭／投資界的「塑化劑」，
連動債受害3年未解決

資料來源：
https://www.youtube.com/
watch?v=iwP-9bQf0G4

何時要交付公開說明書或投資說明書呢…

各金融服務業皆有類似的規範，但何時要交付呢？通當是在募集有價證券
時，也就是在販售一新的金融商品時，如：

1. 證券承銷商募集有價證券，應向認股人或應募人交付公開說明書（證券交
   易法第31條）。這個公開說明書是有價證券的發行人的責任，但由承銷商
   來代理發行人作交付。

2. 在公司被收購的情形，公開收購人須於收購時，交付公開收購說明書。
   （證券交易法43條之4）

3. 投信公司募集證券投資信託基金，應交付公開說明書，而向特定人私募證
   券投資信託基金，則應交付投資說明書。

4. 期貨信託事業於募集期貨信託基金時，應提出公開說明書。

說明文件應該要有哪些內容…

金融從業人員，應請客戶簽約前，詳閱說明書。公開說明書、投資說明
書、商品說明書、風險預告書、客戶須知、約定書、申請書或契約等說明文
件，應要包括以下內容：

1. 權利

消費者對於金融商品或服務之權利行使、變更、解除、及終止的方式及限
制。

2. 義務及責任

消費者對該金融商品之義務及責任。

3. 違約金或費用

消費者應負擔的費用或違約金，應在何時收取，如何計算、收取的方式。

4. 風險

應提醒客戶，財產之管理運用並非絕無風險。若提供的金融商品為「投資型商品」，則還要揭露風險，最大可能損失、商品所涉匯率風險，不能以數額表達者，得以文字表達。至於什麼是投資型商品呢？簡單而言，只要是以財務規劃或資產負債配置為目的，通常是信託業務、衍生性金融商品、全權委託業務等，詳細請見第一章說明。「投資型商品」於平面廣告，應揭示關於風險的警語，有聲廣告應以影像或聲音揭示警語。

另外，還須注意，不可宣稱金融商品交易無風險，適合所有人士。也不可僅強調獲利，但未同時說明相對風險。更不可只告知客戶金融商品交易風險有限。

5. 保障

金融商品或服務有無受存款保險、保險安定基金或其他相關保障機制之保障。

6. 若有交易糾紛時

因金融服務業所提供之金融商品或服務所生紛爭之處理及申訴之管道。為了避免日後有交易糾紛時，公說公有理，婆說婆有理，金融服務業在向金融消費者說明重要內容及揭露風險時，應留存相關資料；依其他法令規定應錄音錄影者，並應依其規定辦理。

● 表11-2　以保險業為例，應說明的金融商品內容

原則	說明
站在保險公司的立場銷售	所屬公司為代理人、經紀人者並應標明往來保險業名稱
說明該金融商品或服務、契約的重要內容	解釋保險商品內容及保單條款
說明該金融商品或服務、契約的重要內容	說明填寫要保書注意事項
法定原則	不可任意將保險業報經主管機關審查通過之保單條款、費率及要保書文件予以更改
其他	轉送要保文件及保險單

至於是否一定要面對面地提供說明呢？金融服務業是可以電話行銷提供金融商品或服務，所以，在電話中若取得客戶的消費承諾，也可以採取線上成交，但是依法規應該要說明或揭露事項，可以由電話行銷人員以電話說明方式。

與「揭露金融商品或服務契約的風險」之實例，說明如下：

➡ **例1**：信用卡發卡機構之行銷人員應該客戶自行選擇其偏好之商品，不可自行勾選未經客戶同意申請之卡片。

➡ **例2**：較為複雜的衍生性金融商品，應提供客戶有關商品之產品內容、交易條件、及特性。也應說明於交易契約中可能發生之風險、其可能的預期收益，對客戶盡到風險告知的義務。

➡ **例3**：保險業務員不可以誇大不實之方式就不同保險契約內容，或與銀行存款及其他金融商品作不當之比較。如：以不同保險契約內容作不公平或不完全之比較，而陳述或散布。又如：以不同保險契約內容作不公平或不完全之比較，提供業務員招攬，致保戶權益受損。另外，也有如：以與銀行存款、基金或其他金融商品作不當之比較，提供業務員招攬，致保戶權益受損。

➡ **例4**：有告知風險，但僅告知客戶金融商品交易風險有限。

➡ **例5**：基金產品廣告、全權委託投資業務廣告，在從事業務推廣招攬行為時，標示關於投資風險之警語。基金廣告若於平面媒體刊登，其警語表示方式應以粗體印刷顯著標示、不得小於廣告上其他部分之最小字體，以求一般人在快速閱覽相關廣告時，均顯而易見。

(六)不得藉主管機關名義

由於政府機關常能增加民眾的信任感，對於金融商品之風險意識因而錯估，故法令對於金融商品皆有不得利用主管機關名義而進行行銷之規範。相關規範臚列如下：

1. 金融業不分業別

金融服務業從事廣告招攬及營業促銷活動辦法第5條：「金融服務業從事廣告、業務招攬及營業促銷活動，不得有以下情事…(7)藉主管機關對金融商品之核准或備查程序，誤導金融消費者認為政府已對該金融商品提供保證。…」

2. 銀行業

銀行辦理財富管理及金融商品銷售業務自律規範第14條：「銀行辦理財富管理及銷售金融商品業務，應依下列原則製作廣告文宣資料…不得藉主管機關對金融商品之核准、核備或備查，而使消費者認為政府已對該金融商品提供保證。」

3. 投信業

(1) 證券投資信託暨顧問商業同業公會「會員及其銷售機構從事廣告及營業活動行為規範」第8條：「證券投資信託事業、總代理人及基金銷售機構從事基金之廣告、公開說明會及其他營業活動時，不得有下列行為：一、藉金管會對該基金之核准或申報生效，作為證實申請（報）事項或誤導投資人認為主管機關已保證基金價值之宣傳。」

(2) 證券投資信託公司不可於其基金募集核准前，先行受理客戶預約認購基金。亦不得以電子郵件促銷未經主管機關核准的業務。

4. 投顧業

「證券投資顧問事業從事業務廣告及舉辦證券投資分析活動行為規範」第4條：「投顧事業從事業務廣告及製發宣傳文件，應遵守下列事項…不得藉證期會核准經營某項業務，作為證實該申請事項或保證投資分析績效之宣傳。」

5. 期貨信託業

期貨信託基金管理辦法第23條：「期貨信託事業對不特定人為廣告、公開說明會及其他營業促銷活動時，不得有下列行為：一、藉主管機關對期貨信託基金募集之核准，作為證實申請事項或保證受益憑證價值之宣傳。」

6. 證券商

　　類似地，在金融商品核准時，由於也是在政府主管機關同意其販售，但同意販售金融商品，不表示這個金融商品之價值保證，所以在證交法40條，有價證券募集的核准，禁止證券商藉「核准」宣傳，來保證其發行證券的價值。

(七)須給客戶足夠的契約審閱期間

　　金融服務業的商品契約，往往牽涉到很多的權利義務，為了避免客戶在訂約當時因促銷、衝動購買，或者時間的不足而對契約內容不甚瞭解，所以法規上規定須給客戶一定的審閱期間，至於多久的時間才足夠？依金融商品不同，有3至7天的期間，如：人身保險業販售傳統型人壽保險，應有3日的審閱契約期。業務人不得以誤導或勸誘方式使要保人放棄行使契約審閱期間的權利。投信業在簽訂「全權委託契約」、投顧業在簽定「投資顧問契約」，應有7天期間提供客戶審閱契約的條款內容。

➤11-4 推廣金融業務之確保個別商品適合度

一、以客戶需求為最優先

　　站在專業服務的角色，我們所關心的，不只是將商品能銷售出去，更重要的是切合客戶的需求，金融從業人員若有發生所推薦產品與消費者需求衝突時，應以客戶需求為最優先，如：優先考量客戶之適切性，及客戶委託規劃之資產成長情形。所以，針對金融消費者的特質，應留意其是否合適金融商品，而不是金融行銷佣金、或津貼較多的商品，或行銷高風險金融商品，只顧提高自己的收入或爭取業績，對於金融業之階段性營業方針應予考量，但不可一昧配合公司的推展利潤高的商品。

　　而客戶的需求，包括了客戶之投資「風險承受度」，及了解客戶過去的「投資經驗」，深入了解客戶需求及客戶財務狀況，審慎客觀評估客戶之財務狀況，甚至可參酌客戶與其他金融機構往來的情形，以提供客戶最有利最合適的商品。

　　在金融從業人員提供客戶相關建議前，應充分收集相關資料，審慎分析各種商品特性。以下分為四部分作說明：

(一)業務員需要留意客戶的身分

1. **客戶的行為能力**：金融消費者為無行為能力人、限制行為能力人、受輔助宣告人或授與他人締約代理權，則業務員應該對這些對象的代理人、輔助人、或意定代理人說明商品特性。

2. **客戶本人的確認**：尤其是信用卡發卡機構之行銷人員，應確認客戶資料無誤才可送件，並確認信用卡申請人本人，以免冒名申請情事發生。若為保險業務員，則禁止未經當事人書面同意授權為要保人、被保險人或受益人代行簽名者；也禁止以任何型式虛構保戶要保資料如年齡、住所或保額等；禁止冒用保戶名義為保戶投保。

3. **客戶資料的真實性**：由客戶所填資料，可知悉客戶狀況，並評估客戶狀況，所以金融從業人員應能掌握客戶資料的真實性。對於客戶「自行填寫」資料時，若發現客戶有違反告知之情事應如何處理，應即時向客戶求證其真實性，切不可為了增進自身業績而協助造假，或自己臆測客戶資料而自行改正。對於客戶開戶之「其他相關文件」，應確實查核客戶提供相關文件之正確性。

4. **客戶的年齡**：由於金融商品須持有一段期間，隨著時間的經過才會有報酬，此投資期間，也許一、二年，甚至長達十餘年或更久，對於年紀較長的客戶，應為其注意投資期間。法律上有70條款的限制，當客戶的年齡加上金融商品的年數，大於等於70，或是客戶本身的年齡達70歲以上，此時，應對這類客戶抱持較保守的態度為其提出服務建議，如：

    (1) 銀行業

    在銀行業，當客戶的年齡加上金融商品的年數，大於等於70時，應明確告知客戶，請其簽署同意書表示其願意承擔投資風險，若客戶不願意出具同意書，則可婉拒該客戶投資。

    (2) 保險業

    在保險業，除了一年期的傷害保險、健康險、借貸保險、傳統可年金險、旅行平安險、團體保險外，保險業務員對於70歲以上的高齡被保險人，應對於其投保的險種、保費、保險金額作評估，以衡量高齡客戶對於保險的需求與保單的適合度，若其保費年繳化達10萬元，或躉繳保費達100萬元以上，則應在契約成立後、但未達契約撤銷權期間內，以電話確認客戶對於此金額較高的保險商品內容及投保意願。

(3) 期貨業

在期貨業，對於70歲以上的高齡交易人，應請其填「70歲以上交易人開戶聲明書」，且應要有一定的期貨專業知識、一定的財力證明、有固定收入，始可接受其開戶。而如何判斷客戶具有期貨的專業知識呢？可以以其曾於期貨、證券交場交易滿10筆、或曾任職於證券、期貨、金融、或保險機構、或有其他學經歷來證明。另外，一定的財力指的是其資產價值達250萬元以上者。

(4) 信託業

在信託業務[2]，對已簽訂信託契約之客戶，得就特定投資標的以當面洽談、電話或電子郵件聯繫、寄發商品說明書之方式進行推介。但不包含年齡為七十歲以上非專業投資人，其他不得推介的對象還有：交易頻率低（最近一年內以信託方式進行投資之交易筆數低於五筆）、教育程度低（國中畢業以下）、或有全民健康保險重大傷病證明之非專業投資人。

5. **禁止多種商品聯合銷售，使商品與客戶風險不符**：金融從業人員提供客戶相關建議前，應考量客戶之經濟能力，為了避免金融從業人員，在推介A商品時，連帶將風險較高的B商品也推介給客戶，規範禁止未事先告知客戶，即自行採取多種商品聯合銷售之行為。各金融業有以下類似的規範：

(1) 信託業不得利用客戶的存款資料，對客戶勸誘或推介與客戶風險屬性不相符的投資商品。

(2) 壽險公司不得以契約轉換的名，勸誘要保人將傳統型保險解約並購買風險較高的投資型保險契約。

(3) 信用卡發卡機構不得主動推介持卡人從事高風險、高財務槓桿之交易（例如期貨、選擇權、股票等金融投資理財商品）。

(4) 銀行辦理現金卡業務時，不可以卡辦卡、以名片辦卡，而應審慎核給信用額度。

(5) 以信用卡定期定額方式所申購之基金，不得動用循環信用功能。

(二)商品本身是否能對所有一般性客戶作行銷

除了客戶的身分是否合適購買金融商品，這個商品本身是否因為其特性較為特別，而不能廣對一般大眾作廣告，也是在販售時需注意的：

---

2. 信託業營運範圍受益權轉讓限制風險揭露及行銷訂約管理辦法。

1. **私募有價證券**：有價證券（如：股票、公司債）的私募，由於其在申請募集時的流程較為簡單，是為了方便發行的流程，而法規對私募的對象與總人數皆有限制，如：以販售予金融業為主，且私募人數不得超過35人，所以，不得為一般性廣告或公開勸誘之行為，否則，就不具「私募」的性質，而該叫公開招募了。（證券交易法43條）。

2. **私募基金**：指經主管機關核准之國內私募基金，不得公開招募，如：不得以網路向多數人推薦國內私募基金。

3. **私募的境外基金**：境外基金的私募，由於其難以管理發行人，對於境外基金要在台灣境內銷售，需要經主管機關核准或向主管機關申報生效後，才可以作募集或銷售，又，當其為私募性質時，更不得為一般性廣告或公開勸誘。

4. **集合管理運用帳戶**：信託業者辦理集合管理運用帳戶，所進行的廣告、業務招攬及營業促銷活動，不可對不特定的公眾作公開招募。

5. **期貨信託基金**：由於期貨為較具風險之衍生性金融商品，一般人對於其實際上的投資內容可能較難理解，故規定期貨信託事業在招募及銷售期貨信託基金的期間，不得為一般性廣告、業務招攬、營業促銷或公開勸誘，只能對符合一定資格條件之人募集期貨信託基金。

6. **較為複雜的衍生性金融商品**：應提醒客戶於交易前充分瞭解商品的性質、相關之財務、會計、稅制、或法律等事宜，請客戶自行審度本身的財務狀況及風險承受度。如：由於期貨交易須先存入保證金，此機制在避免客戶違約，但並非指只要客戶有能力成交，就是期貨交易適合此客戶，仍需對客戶徵信並了解客戶背景。

7. **銀行財富管理業務**：依據客戶風險之承受度，提供客戶適當之商品，必要時，可藉由廣泛了解客戶之家庭背景、生涯規劃等，以得知其風險態度，避免不當銷售或推介之行為。常見之錯誤，在遇到高資產客戶時，如：其年收入達數百萬的客戶，以為不需了解客戶背景，實則都需徵信。

8. **銀行貸放或徵信業務**：應於核貸前先辦理徵信。充分告知客戶應徵提之資料。徵信時須詳實審查客戶財務及信用狀況，並定期辦理覆審。若為利害關係人，則授信須符合法令規定。莫為達成自身績效，而忽視授信客戶可能潛藏之倒帳風險。

(三)依金融業別應作利益迴避

有些特別的情形，金融業在販售商品時，不得自行認購，如；承銷商在承銷期間，自己取得股票的情形，除非承銷商已於契約載明為包銷有價證券，或有在契約訂明保留一部分自行認購，否則不可再取得自身所銷售的有價證券（證交法74條）。

另外，由於金融業者在面對客戶時，可以推介多種商品，而為了避免金融業者在販售商品時，藉機說服客戶（尤其是缺乏專業知識之客）將其投資金額代由金融業者決定投資標的，即全權委託的概念，故特別禁止證券經紀商與期貨商不得承作客戶的全權委託業務（證券交易法159條、期貨交易法73條）、投信投顧業也禁止以任何形式代理客戶從事有價證券或證券相關商品之投資或交易行為（中華民國證券投資信託暨顧問商業同業公會證券投資顧問事業從業人員行為準則第十七條）。

除了證券經紀商之外，對於證券自營商也有規範：不可以將自營商進出的股票推薦給客戶，誘使客戶買賣該種股票，此種行為有共同炒作、哄抬價格的嫌疑；當然也不得與其他自營商或大戶聯合炒作股票。

(四)其他特別手段以招攬業務

1. 不可與客戶為投資有價證券收益共享或損失分擔之約定。

2. 是否得提供贈品招攬業務，依金融商品性質之不同而定。

金融從業人員與客戶維持良好關係，是建立在服務的熱誠、與專業能力的基礎上。而非經常送禮。為了提高客戶的親切感，金融從業人員寄送客戶生日卡片、適時的電話問候，當然是被允許的。但金融業務人員，不得對不特定人，以收取不相當之對價，來參加理財投資分析活動，以招攬客戶。由於依金融商品性質之不同，對於贈品之規定也不同，以下就各不同金融業務作說明。

二、財富管理業務招攬新客戶存款不提供贈品

金管會函示銀行[3]：銀行辦理財富管理業務，或對非財富管理部門客戶銷售金融商品，不得以提供贈品方式招攬新客戶開立存款帳戶，以免違反銀行法第34條之規定，至其餘贈品活動仍須遵守銀行公會會員自律公約之相關規定辦理。

---

3. 金管會95年7月7日 金管銀（五）字第09550002750號函。

(一)銀行之贈品活動

在「銀行公會會員自律公約」，則對贈品之規範較為寬鬆，並非禁止贈品，其原文如下：「舉辦贈品活動之對象以個人戶為限，並應注意左列各款規定：

1. 舉辦贈品之業務以一般大眾往來之業務（如消費者貸款、小額結匯等）或有利於銀行提昇其企業形象之宣導活動為限，惟應注意不得違反銀行法第三十四條規定[4]。

2. 為維持合理競爭秩序，贈品活動應注意避免流於浮濫。

3. 贈品總金額以各銀行上年度營業收入之萬分之五為上限，贈品之單一價格不得超過新台幣伍佰元[5]。

4. 金融性產品不宜作為贈品。」

(二)關於信用卡業務之贈品

而實務上，信用卡業務常以贈品作為招攬，信用卡業務機構管理辦法第19條第2項：「發卡機構不得於辦卡、核卡、開卡、預借現金及動用循環信用時，給予申請人、持卡人或其他第三人贈品或獎品等優惠。」故銀行轉而規定需發卡後，已使用信用卡一段期間後，予使用人贈品。銀行公會對於贈品提供有細節上的規範：

金融焦點Focus

強迫辦卡？申請好市多會員，民眾控行員誤導

資料來源：
https://www.youtube.com/watch?v=4NSgbXyINzc

---

4. 銀行法第34條：「銀行不得於規定利息外，以津貼、贈與或其他給與方法吸收存款。但對於信託資金依約定發給紅利者，不在此限。」

5. 金管會103年4月9日金管銀法字第10310001330號令： 一、為恪遵銀行法第三十四條規定，銀行業舉辦贈品贈獎等業務推廣活動時，不得以吸收存款為目的，並應按業務類別，分別適用各該業務法令規定及自律規範。
   二、銀行業為維持與客戶關係、其他業務推展或企業形象宣導等非吸收存款目的，舉辦與存款業務有關之贈品業務推廣活動時，贈品之單一價格以新臺幣五百元內為宜。
   三、本令適用對象包括銀行及信用合作社。
   四、本令自即日生效。」

1. 發卡機構發卡行銷活動贈送之贈品，需明訂贈送條件和寄送日期等規定，以減少糾紛。

2. 發卡機構應注意遵守行政院公平交易委員會對於贈品贈獎促銷額度案件之相關處理原則。

3. 發卡機構提供贈品、獎品、紅利積點、現金回饋或其他利益時，除應充份揭露兌換之方式、限制、條件、稅賦及有效期限。

4. 發卡機構提供贈品、獎品、紅利積點、現金回饋或其他利益時，應避免有誤導正確消費觀念之行為，並注意社會觀感。

(三)衍生性金融商品不提供贈品

依「銀行辦理衍生性金融商品業務應注意事項第31點：「銀行從事結構型商品之推介或提供相關資訊及行銷文件，不得有下列情形：…（略）

（四）供贈品或以其他利益勸誘他人購買結構型商品。

結構型商品限於專業客戶交易者，不得為一般性廣告或公開勸誘之行為。」

(四)境外共同基金不提供贈品

依「境外基金管理辦法第50條」：「總代理人或其委任之銷售機構從事境外基金之廣告、公開說明會及促銷時，除本會另有規定外，不得有下列行為：…（略）

三、提供贈品或以其他利益勸誘他人購買境外基金。…」

(五)國內共同基金不提供贈品

依「證券投資信託暨顧問商業同業公會會員及其銷售機構從事廣告及營業活動行為規範第8條」：「證券投資信託事業、總代理人及基金銷售機構從事基金之廣告、公開說明會及其他營業活動時，不得有下列行為：…（略）

三、提供贈品、或定存加碼、貸款減碼等金融性產品或以其他利益或方式等，勸誘他人購買基金。但金管會另有規定者，不在此限。…」

同法規第8條之1：證券投資信託事業、總代理人及基金銷售機構從事基金業務之宣導推廣活動時，得在不與基金申購結合之前提下，提供贈品鼓勵投資

人索取基金相關資料，並應遵守下列原則：

1. 贈品活動不得變相誘導投資人購買基金，並應注意避免流於浮濫，以維持合理競爭秩序。

2. 贈品單一成本價格上限為新臺幣二百元，且不得重複領取、累積金額以換取其他贈品或辦理抽獎活動。

3. 金融商品不得作為贈品。

　　證券投資信託事業、總代理人及基金銷售機構提供贈品鼓勵投資人索取基金相關資料時，應確實執行下列控管作業：

1. 應於相關宣傳文件（含電子媒體）上載明贈品活動之期間、人數、數量、參加辦法等項訂有限制條件者，以避免紛爭。

2. 應留存領取贈品之投資人所填寫資料或將投資人姓名、聯絡方式等項建檔留存。但贈品單一成本價值低於新臺幣三十元且印有公司名稱之贈品（例如：原子筆、便條紙等）不在此限。…（略）

　　「證券投資信託事業、總代理人以銷售機構為對象舉辦之贈品活動，不適用第一項至第二項之規定。…」

(六)投顧業招攬不提供贈品

　　依「證券投資信託暨顧問商業同業公會證券投資顧問事業從事廣告及營業活動行為規範第6條」：「投顧事業及其從業人員，從事廣告、公開說明會及其他營業活動，不論係以自行製播、接受媒體連線或現場訪問、call in節目或以其他形式進行，除應符合證券投資顧問事業負責人與業務人員管理規則有關業務人員之資格條件外，並不得有下列行為：…（略）

　　二十三、提供贈品或其他利益以招攬客戶。…」

(七)信託業之信託業務招攬不提供贈品

　　依「信託業營運範圍受益權轉讓限制風險揭露及行銷訂約管理辦法第20條」：「信託業就其公司形象或所從事之信託業務為廣告、業務招攬及營業促銷活動時，除法令另有規定外，應遵守下列規定：…（略）

　　二、不得提供贈品或以其他利益招攬業務。但在主管機關核定範圍內，不在此限。…」

(八)期貨信託營業促銷活動不提供贈品

依「期貨信託事業管理規則第32條、期貨信託基金管理辦法第23條」：「期貨信託事業對不特定人為廣告、公開說明會及其他營業促銷活動時，不得有下列行為：…（略）

三、提供贈品或以其他利益勸誘他人購買受益憑證。但主管機關另有規定者，不在此限。…」

(九)禁止其他與客戶之條件交換

1. 禁止與客戶有借貸款項、有價證券，或為借貸款項、有價證券之居間情事。

2. 禁止與客戶有條件交換：如：金融從業人員向供應商或客戶建議業務時，禁止提出對等交換的建議；或表示可能因為對方不接受某交換條件，而取消服務或業務；或若對方的接受某條件，而給予特別的服務或業務。如：基金買賣時，不得約定或提供特定利益、對價以促銷受益憑證。如：要求客戶辦現金卡否則不核准其房屋貸款、要求客戶辦信用卡否則不與之簽信託契約、要求客戶與子公司開立證券戶否則無法接受委託投資。

➡11-5 推廣金融業務之開戶

金融從業人員在客戶同意購買金融商品後，常需要為客戶開立專門帳戶，以供客戶存作資金，銀行辦理非屬支票存款之一般存款開戶屬於消費寄託之契約行為，而在其他金融業，如證券商、期貨商之交易帳戶、全權委託交易帳戶，其開戶通常附帶其他的委託契約，如：委託購買有價證券。此時，又需要注意什麼呢…

(一)客戶徵信

1. 開戶解說

金融從業人員為客戶開戶時，金融從業人員應為客戶解說開戶文件時，必須告知：

(1) 金融業務相關費用。

(2) 相關交易與作業流程。

(3) 相關的業務風險。

2. 客戶親辦開戶

相關交易流程，且應由客戶親自辦理開戶，不得以郵寄方式開戶。如客戶因遠距或事務繁忙，無法親自前來開戶時，亦不可由金融從業人員代其開戶。即使客戶提出，爲免其舟車勞頓，客戶建議可以由金融從業人員寄發詢證函確認，仍不可應允其逕自以郵寄方式受理者。

3. 客戶身分證明

另外，開戶須應實施雙重身分證明文件查核及留存該身分證明文件，並留存開戶人身分證影本。如：個人開戶，隨了身份證之外，另可以以戶口名簿、駕照、或健保卡當作證明文件。

4. 客戶背景初步了解

金融從業人員還應確實徵信並了解客戶背景，有時客戶自己本身並不瞭解某項金融業務是否合適，購買金融商品並非有錢即可交易，遑論客戶本身的財力有成千成百萬，也應針對客戶作徵信及風險確認。

有些商品即本身是需要提供保證金，作爲未來可能的虧損扣款帳戶，如：期貨，即使客戶有財力可供虧損，不代表客戶有心理準備可以面對虧損、也不代表客戶知道其虧損的風險有多大。此時，金融從業人員在徵信並了解客戶背景後，若發現對於不適合投資之客戶應予以拒絕，而不是爲了能服務更多的客戶，不論其是否合適金融商品。

(二)代客操作的禁止

代客操作指的是，由個別投資人將資金委託資產管理機構管理，需先得到資金所有者之授權，即其需有委託行爲，代客操作契約成立後，才可以由代客操作業者（信託業、及投信投顧業）承辦此項業務。而其他未經投資人授權之金融業者，則不可以逕自代客操作，即使是客戶口頭要求。

有時客戶爲了方便、省卻舟車勞頓，請求從業人員保管客戶之存摺及印章，甚至代其進行資金調度，若是虧損則徒生糾紛。故不得保管客戶之存摺及印章，以代其進行資金調度。類似地，禁止代客戶提領保證金。

(三)不可以多層次傳銷方式（Multilevel Marketing）進行。

(四)不可於開戶時，自行勾選未經客戶同意申請之事項。

(五)對帳單應直接由客戶領取

業務員不得代領對帳單，擅自作主於日後面交客戶。如：某甲透過某金融服務業完成一筆金融商品交易，該金融服務業應依規定製作一份對帳資料，寄送給某甲，而非依客戶要求決定寄送與否。

(六)借款投資的禁止

由於客戶自口袋掏出錢來購買金融商品後，金融服務人員才有手續費等服務收入，故其有動機勸誘客戶集結更多資金購買商品，法規上便禁止金融服務人員鼓勵客戶借款投資，各金融業皆有類似規定。

1. **銀行業**：銀行業理財業務人員及金融商品銷售人員不得鼓勵或勸誘客戶以借款、舉債等方式從事理財投資[67]。

2. **證券商**：避免為金融商品複雜度與客戶投資經驗及專業知識背景不相當之銷售行為，證券商[8]亦不得鼓勵或勸誘客戶以借款、舉債等方式從事理財投資。

3. **信託業**：信託業[9]不得勸誘客戶先融資後，將資金轉作信託財產。

4. **保險業**：壽險公司[10]不得以誤導或不當行銷方式，勸誘要保人以保單質借方式，取得資金購買新保單。也不得鼓勵或勸誘客戶以借款購買投資型保險。

簡言之，對於未能完成開戶手續者、或是金融從業人員評估後，客戶逾

---

6. 銀行辦理財富管理及金融商品銷售業務自律規範第6條。

7. 2008年4月在原有「銀行辦理財富管理及金融商品銷售業務自律規範」中，增訂第五章「加強控管結構型商品（連動債）銷售」，作為連動債自律規範。其後在2012年08月10日廢止，相關作業納入銀行之內部控制及稽核制度及「信託業薪酬制度之訂定及考核原則」等替代。依「金融控股公司及銀行業內部控制及稽核制度實施辦法」第8條規定，金融機構對金融消費者保護之管理，應訂定適當之政策及作業程序，且應適時檢討修訂。同期一併廢止的還有「銀行辦理財富管理業務作業準則」、「銀行對非財富管理部門客戶銷售金融商品作業準則」。

8. 證券商辦理財富管理業務推廣之自律規範。

9. 信託業營運範圍受益權轉讓限制風險揭露及行銷訂約管理辦法第20條。

10. 人身保險業辦理保險單借款自律規範。

越其交易能力而無法提供適當擔保者，或其他原因不適合某特定金融商品交易者，則金融從業人員應拒絕其交易。

→11-6 推廣金融業務之業務服務

對於金融服務業提供金融商品後，是否有些共同的處理原則呢？除了本書在第12章專章討論金融業受託執業的規範之外，於本節中，將二項重要的廣泛性規範說明如下：

(一)短線的禁止

1. 客戶短線投資之禁止

由於客戶短期內若多次透過金融機構操作買賣，除了金融機構可以藉由每次的服務，收取手續費而有所獲益外，對投資的客戶而言，卻是弊多於利，因為每次投資的交易成本（如：手續費、稅），會侵蝕投資利潤，故銀行的理財人員或金融商品銷售人員禁止勸誘客戶於短期內多次申購、贖回金融商品。以國內基金短線交易而言，所謂短期指的是7日。

另外，保險契約在簽訂後，若客戶欲解約，往往在扣除了服務成本後，才退還予客戶剩餘的保單價值，對於保戶而言相當不划算，故保險業的廣告內容不得勸誘保戶提前解約或贖回，也不能以不當行銷方式勸誘要保人辦理契約轉換或作繳費年期的變更。

2. 金融從業人員短線投資之禁止

值得注意的是，若是金融從業人員自己本身的帳戶呢？所謂短期指的是30日。如：投信投顧業之經手人員，為其個人帳戶買入某種股票後，三十日內不得再行賣出，或賣出某種股票後三十日內，不得再行買入。但有正當理出並事先以書面報經督察主管或其他由高階管理階層所指定之人允許者，不在此限。（證券投資信託暨顧問商業同業公會證券投資顧問事業從業人員行為準則第11條）

(二)預測的禁止

1. 匯率走勢預測禁止

關於以外幣計價的商品,其廣告、業務招攬、及營業促銷活動,不可以涉及對於新台幣匯率走勢的預測,此有擾亂匯率市場穩定之嫌。

2. 對信託資金績效預測之禁止

關於信託資金業務,信託業之廣告、業務招攬、及營業促銷活動,不可以涉及對於基金之未來狀況或表現之預測,不管是一般的共同信託基金、不動產投資信託基金、特定信託資金集合管理運用帳戶皆同。但這不並是指不得對市場經濟、股市、債市、未來經濟趨勢作出預測,而是指單就某基金之未來績效或狀況不得預測。類似地,期貨信託事業或其委任的基金銷售機構,對於期貨信託基金進行廣告或製發宣傳文件時,不得對期貨信託基金的績效作出預測。

3. 對共同基金績效預測之禁止

投信公司、總代理人、或是基金銷售機構在從事基金廣告、公開說明活動、其他營業活動時,均不得針對基金投資績效作出預測。

4. 對個別證券價格之預測禁止

投顧公司在其廣告、公開說明會、營業活動,不可以對個別有價證券的價格作出預測,亦即,不提供個股未來買賣價位研判,以免集體炒作或慣殺某檔特定證券,造成證券價格因人為操作而不穩定。類似地,證券商之研究人員或分析人員,在接受媒體連線、採訪時,不得對個股作出建議買賣,也不得預測個股的特定價格。

5. 不涉及指數預期

投顧公司在其廣告、公開說明會、營業活動,不可對不特定人宣稱大盤指數之預期點數。

1. 招攬五流程:金融業務員登錄、一般性招攬、確認個別商品適合度、開戶、業務服務。

2. 金融從業人員於業務員登錄後,取得所屬公司授權從事金融商品招攬行為,以所屬公司從事招攬,故金融從業人員應以公司專業、形象及服務等招攬客戶。

3. 在廣告或招攬業務時,應符合以下原則:廣告不實之損害,應負損害賠償責任。廣告應與商品相符。

4. 一般性招攬起碼要作到從業人員的專業態度、說明該金融商品或服務、契約的重要內容、禁止使用之文字或訊息內容使人誤信能保證本金之安全或保證獲利、揭露金融商品或服務、契約的風險、不得藉主管機關名義、須給客戶足夠的契約審閱期間。

5. 介紹商品時,應確保商品的適合度,以客戶需求為最優先,包括(1)業務員需要留意客戶的身份;(2)商品本身是否能對所有一般性客戶作行銷;(3)依金融業別應作利益迴避;(4)不可其他特別手段以招攬業務(如:贈品);(5)不可與客戶條件交換。

6. 開戶需要注意:客戶徵信、代客操作的禁止、不可以多層次傳銷、不可自行勾選未經客戶同意申請之事項、對帳單應直接由客戶領取、借款投資的禁止。

7. 金融業務服務廣泛性規範:短線的禁止、預測的禁止。

11-32

金·融·市·場

( ) 1. 證券接受下單之從業人員，必須由具有證券業務員資格以上人員才可以辦理，這是哪一種倫理的表現？　(A)道義倫理　(B)商業倫理　(C)專業倫理　(D)企業倫理。

( ) 2. 有關業務員從事保險招攬所用文書、圖畫、廣告文宣，下列敘述哪一項是錯的？　(A)應標明所屬公司之名稱　(B)保險代理人、經紀人所屬業務員所使用之文書、圖畫、廣告文宣、應經往來保險業同意方可使用　(C)廣告文宣之內容可與保險業報經主管機關審查通過之保單條款、費率及要保書文件不相符　(D)所屬公司為代理人、經紀人者並應標明往來保險業名稱。

( ) 3. 有關金融從業人員的行為規範，下列何者不正確？　(A)運用基金買賣有價證券及相關商品時，不得將退回手續費歸入客戶資產　(B)不得約定或提供特定利益、對價以促銷受益憑證　(C)不得轉讓出席股東會委託書　(D)若發現客戶有違反告知之事情應自己改正。

( ) 4. 有關金融從業人員之業務招攬之行為，下列何者錯誤？　(A)不得對過去投資分析之績效作誇大不實之宣傳　(B)以保證獲利的方式招攬客戶　(C)不得對同業為攻訐　(D)業務人員需盡量提供客戶完整且客觀的資訊，不得為了本身業績而做出傷害顧客的行為。

( ) 5. 向金融消費者推薦商品時，應優先考量下列哪些因素？　(A)客戶之適切性，及客戶委託規劃之資產成長情形　(B)收取佣金多寡及客戶委託規劃之資產成長情形　(C)優先推銷給客戶的金融商品所收取佣金高　(D)使用特定利益或不實廣告利誘客戶購買及客戶之適切性。

( ) 6. 下列哪一項不符合廣告的基本精神？　(A)告知銀行的VIP名單　(B)於電視上播放廣告　(C)於公開場合舉辦說明會　(D)於廣播電台散播訊息。

( ) 7. 金融從業人員從事業務推廣與招攬時，應秉持之原則，下列何者錯誤？(A)誠實信用原則　(B)資料保密原則　(C)利益迴避原則　(D)從新從輕原則。

( ) 8. 金融從業人員應以公司專業、形象及服務等招攬客戶，以下說明何者有誤？(A)不得惡意毀謗競爭者　(B)不得惡意削價方式招攬(C)避免以量身訂作活動或誇大廣告方式誘導客戶　(D)未依客戶要求提供詳實充分之訊息，以誤導客戶進行較不利之商品交易。

( )9. 金融從業人員為客戶開戶時，下列敘述何者有誤？ (A)應確實徵信並了解客戶背景，對於不適合投資之客戶應予以拒絕 (B)應由客戶親自辦理開戶 (C)期貨交易須先存入保證金，所以不必徵信並了解客戶背景 (D)如客戶繁忙，無法親自開戶時，不可由金融從業人員代其開戶。

( )10.金融從業人員招攬業務時，以下說明何者為對？ (A)向客戶作不實陳述，僅強調容易獲利未同時說明相對風險 (B)以多層次傳銷方式進行 (C)宣稱金融商品交易簡明易懂，適合所有人士 (D)可以舉辦講座吸引客戶。

▶ 習題解答

1	2	3	4	5	6	7	8	9	10
C	C	D	B	A	A	D	D	C	D

12 從業人員誠信、忠實義務與利益衝突

◆ 本章目標

1. 認識從業人員誠信原則之定義與規範
2. 瞭解忠實義務與利益衝突

◆ 本章引言

誠信原則是一種抽象式之原則定義，在其下可延伸出忠實義務及善良管理人兩個具體的從業行為。本章介紹應該負責的負責人/執行業務之人。之後說明忠實義務的落實執行面，如：客戶利益優先、禁止不當得利、不從事自我交易、透明化自己交易，最後延伸到第三節的利益衝突之規範、實務面與處理。最後一節則說明善良管理人，其與法律上的過失責任程度之關係。

⇥12-1 誠信原則

一、誠信原則

依金融服務業法第10條，金融服務業應以善良管理人之注意義務及忠實義務，本於專業及誠信原則執行業務。誠信原則與忠實有什麼不同？善良管理人之注意義務指的又是什麼？

(一)誠信原則之定義與規範

誠信原則是一種抽象式之原則定義，誠信爲誠實與公正之組合，不能附屬個人利益。在其下可延伸出具體的金融服務業從業行爲，而忠實義務及善良管理人則爲具體化的規範。

誠信原則普遍見於各私法法律裡，爲帝王條款（Empire Provision）的精神，法律的根本原則，是將此一高尚道德給與法律化，其可由民法第一百四十八條第二項規定「行使權利，履行義務，應依誠實及信用方法」誠實給信用原則可以作爲法律補充條款，若法律規範未盡完全，則可依誠實信用原則處理，具有補充的功能，此規範可見其重要性。

(二)金融業之誠信原則

金融業公司負責人及員工行爲應符合誠信原則，在金融業，多爲替客戶管理金融資產，故誠信原則即爲「應爲客戶追求最高利益」[1]。

(三)誠信原則於金融機構之規範

列舉金融服務業法規關於誠信原則之規定：

1. 不分金融業別：

   (1)【金融廣告招攬】「金融服務業從事廣告業務招攬及營業促銷活動辦法」第4條：「金融服務業從事廣告、業務招攬及營業促銷活動，應依社會一般道德、誠實信用原則及保護金融消費者之精神。」

   (2)【金融契約揭露】「金融服務業提供金融商品或服務前說明契約重要內容及揭露風險辦法」第3條：「金融服務業說明金融商品或服務契約之

---

1. 證券投資信託暨顧問商業同業公會證券投資信託事業經理守則

重要內容及揭露風險，應遵守下列基本原則：一、應本於誠實信用原則，並以金融消費者能充分瞭解之方式爲之。…」

(3)【金融契約訂定】金融消費者保護法第7條：「金融服務業與金融消費者訂立提供金融商品或服務之契約，應本公平合理、平等互惠及誠信原則。」

2. 銀行業

銀行辦理財富管理及金融商品銷售業務自律規範第14條：「銀行辦理財富管理及銷售金融商品業務，應依下列原則製作廣告文宣資料一、必須本最大誠信及充分揭露原則辦理。」

3. 保險業

(1)【壽險招攬】中華民國人壽保險商業同業公會所屬會員辦理優體壽險業務自律規範第3條：「各會員對其業務員（含電話行銷人員）在執行優體壽險招攬業務時，應要求依社會一般道德、誠實信用原則及保護要保人、被保險人及受益人之精神進行招攬。」

(2)【保險招攬】保險業招攬廣告自律規範第4條：「保險業從事保險商品銷售招攬廣告，應依社會一般道德、誠實信用原則及保護金融消費者之精神…」

4. 投信投顧業

證券投資信託及顧問法第7條：「證券投資信託事業、證券投資顧問事業、基金保管機構、全權委託保管機構及其董事、監察人、經理人或受僱人，應依本法、本法授權訂定之命令及契約之規定，…，本誠實信用原則執行業務。」

5. 證券商

證券商業同業公會證券商辦理基金銷售業務自律規範第3條：「證券商及其基金銷售業務人員，…，本誠實信用原則，辦理基金銷售業務。」

不符誠信原則者，例如，金融業協助公司募集股權資金，輔導上市櫃，承諾將以共同基金投資於該上市公司股票。又如，投信公司或證券商自營部門，拉攏同業一起炒高特定股票之價格，以獲取利益。

二、誠信原則具體化為：忠實義務與善良管理人之注意義務

由前述可知，誠信原則為一抽象的規範，而金融服務業在執行業務時，在法規上則有具體化的二原則：忠實義務與善良管理人之注意義務。誰該遵行此兩原則呢？

(一)金融服務業之負責人行為應符合誠信原則

金融服務業之經營型態為公司，既然是公司，便應依公司法規定，而金融服務業又需依各子業別基本法規遵行各特別法的規定，也就是說，若特別法有規範，從其特別法，否則便依普通法（公司法）規定。

公司法第8條規定，股份有限公司的負責人有兩種，一為董事，此為公司的當然負責人，另一種為職務負責人，當他在執行職務範圍時，為公司負責人，如：公司的經理人，有為公司管理事務及簽名之權，所以當經理人在執行其職務範圍內，為公司的負責人。其他特別的執行職務，則有：股份有限公司之發起人、監察人、檢查人、重整人、或重整監督人。

以實際上公司的經營來說，公司的經理人對公司營運的影響，大於董事或董事會，此也合乎經營權與所有權分離之專業經營型態。另外，有些特殊情況下，雖不是公司的董事，但實際上對於公司能執行董事業務，或是對於公司的人事、財務、或業務經營有實質控制權者，我們也認定其為公司負責人。

經理人

民法553條1項，稱經理人者，謂有為商號管理事務，及為其簽名之權利之人」。依公司法第29條規定，經理人係由章程規定而設置，其職權在章程或契約規定的授權範圍內，有為公司管理事務及簽名之權。證券交易法內文中所提到的經理人，則有主管機關92年3月27日發布台財證三字第0920001301號解釋函採列舉式，凡總經理、副總、協理等相當等級職務者均屬之，財務主管、會計主管，其他有為公司管理事務及簽名權利者亦屬之。普遍來說，相當於副理以上均含在經理人範圍內。

業務人員

一般而言，有承作公司主要營運內容者，皆為業務人員，並不是依業績計薪的才是業務人員，例如：依證券商負責人與業務人員管理規則第2條，業務人員指的是從事以下工作內容的人：

一、有價證券投資分析、內部稽核、自行查核、法令遵循或主辦會計。

二、有價證券承銷、買賣之接洽或執行。

三、有價證券自行買賣、結算交割或代辦股務。

四、有價證券買賣之開戶、徵信、招攬、推介、受託、申報、結算、交割或為款券收付、保管。

五、有價證券買賣之融資融券。

六、衍生性金融商品之操作。

七、風險管理。

八、辦理其他經核准之業務。

又例如，證券投資信託暨顧問商業同業公會證券投資信託事業人員申報作業辦法第4條：「投信人員管理規則所稱業務人員，指為申報公司從事下列業務之人員：

一、辦理受益憑證之募集發行、銷售及私募。

二、投資研究分析。

三、基金之經營管理。

四、執行基金買賣有價證券。

五、辦理全權委託投資有關業務之研究分析、投資決策或買賣執行。

六、內部稽核。

七、法令遵循。

八、主辦會計。」

類似地，證券投資顧問事業負責人與業務人員管理規則第2條：「本規則所稱業務人員，指為證券投資顧問事業從事下列業務之人員：

一、對有價證券、證券相關商品或其他經金融監督管理委員會核准項目之投資或交易有關事項，提供分析意見或推介建議。

二、從事證券投資分析活動、講授或出版。

三、辦理全權委託投資有關業務之研究分析、投資決策或買賣執行。

四、對全權委託投資業務或證券投資顧問業務，爲推廣或招攬。

五、辦理境外基金之募集、銷售及私募。

六、內部稽核。

七、法令遵循。

八、主辦會計。

九、辦理其他經核准之業務。

經手人員

在「證券投資信託暨顧問商業同業公會證券投資信託事業經理守則」中，出現「經手人員」一詞，其範圍爲：(1)證券投資信託事業負責人、部門主管、分支機構經理人、基金經理人、全權委託投資業務之投資經理人、公司員工依其職位得爲參與、制定投資決策之人，或公司員工得有機會事先知悉公司有關投資交易行爲之非公開資訊或得提供投資建議之人。

　　那麼，基層員工算不算公司負責人呢？金融服務機構之業務人員，在執行其業務的範圍內，依法應該要先在其所屬公會登錄後，始可執業。所以，即使是金融業的第一線業務人員，在法律上也屬於公司的負責人。

(二)誠信原則之具體規範：不欺騙、無不當利益

　　由於誠信原則爲一概括性條款，由誠信原則所衍生出來的各種具體化之規範，概分爲兩大類，一爲不得有欺騙情事，二爲不得有不當利益，臚列如下：

1. 不得有虛偽不實、詐欺、隱匿、或足致他人誤信之情事

(1) 「金融服務業從事廣告業務招攬及營業促銷活動辦法」第5條：「金融服務業從事廣告、業務招攬及營業促銷活動，不得有下列各款之情事：一、違反法令、主管機關之規定或自律規範。二、虛偽

金融焦點Focus

惡劣理專做假帳，婦人1.4億虧到只剩1千萬

資料來源：https://www.youtube.com/watch?v=iYqIrIliKNk

不實、詐欺、隱匿、或其他足致他人誤信。三、損害金融服務業或他人營業信譽。四、冒用或使用相同或近似於他人之註冊商標、服務標章或名號，致有混淆金融消費者之虞。五、故意截取報章雜誌不實之報導作為廣告內容。六、對於業績及績效作誇大之宣傳。七、藉主管機關對金融商品或服務之核准或備查程序，誤導金融消費者認為主管機關已對該金融商品或服務提供保證。八、除依法得逕行辦理之金融商品或服務外，對未經主管機關核准或備查之金融商品或服務，預為宣傳或促銷…」

(2) 「金融服務業提供金融商品或服務前說明契約重要內容及揭露風險辦法」第3條：「金融服務業說明金融商品或服務契約之重要內容及揭露風險，應遵守下列基本原則…任何說明或揭露之資訊或資料均須正確，所有陳述或圖表均應公平表達，並不得有虛偽不實、詐欺、隱匿、或足致他人誤信之情事，上述資訊或資料應註記日期…」

(3) 金融消費者保護法第8條：「金融服務業刊登、播放廣告及進行業務招攬或營業促銷活動時，不得有虛偽、詐欺、隱匿或其他足致他人誤信之情事，並應確保其廣告內容之真實，其對金融消費者所負擔之義務不得低於前述廣告之內容及進行業務招攬或營業促銷活動時對金融消費者所提示之資料或說明。」

(4) 證券交易法第20條：「有價證券之募集、發行、私募或買賣，不得有虛偽、詐欺或其他足致他人誤信之行為。發行人依本法規定申報或公告之財務報告及財務業務文件，其內容不得有虛偽或隱匿之情事。違反第一項規定者，對於該有價證券之善意取得人或出賣人因而所受之損害，應負賠償責任。…」

(5) 臺灣證券交易所股份有限公司證券商推介客戶買賣有價證券管理辦法第3條:「證券商於向客戶推介買賣有價證券,不得有下列情事…所引用之資訊有不實、虛偽、隱匿或足致他人誤信之情事。」

(6) 證券投資信託及顧問法第8條:「經營證券投資信託業務、證券投資顧問業務、全權委託投資業務、基金保管業務、全權委託保管業務或其他本法所定業務者,不得有下列情事:一、虛偽行為。二、詐欺行為。三、其他足致他人誤信之行為。證券投資信託事業、證券投資顧問事業、基金保管機構及全權委託保管機構申報或公告之財務報告及其他相關業務文件,其內容不得有虛偽或隱匿之情事。違反前二項規定者,就證券投資信託基金受益人或契約之相對人因而所受之損害,應負賠償之責。」

(7) 信託業法第8條:「信託業經營信託業務,不得對委託人或受益人有虛偽、詐欺或其他足致他人誤信之行為。」

(8) 期貨交易法第108條:「從事期貨交易,不得有對作、虛偽、詐欺、隱匿或其他足生期貨交易人或第三人誤信之行為。」

(9) 保險業務員管理規則第19條:「業務員有下列情事之一者,除有犯罪嫌疑,應依法移送偵辦外,其行為時之所屬公司並應按其情節輕重,予以三個月以上一年以下停止招攬行為或撤銷其業務員登錄之處分:一、就影響要保人或被保險人權益之事項為不實之說明或不為說明。二、唆使要保人或被保險人對保險人為不告知或不實之告知;或明知要保人或被保險人不告知或為不實之告知而故意隱匿。…五、對要保人、被保險人或第三人以誇大不實之宣傳、廣告或其他不當之方法為招攬。」

(10) 中華民國人壽保險商業同業公會所屬會員辦理優體壽險業務自律規範第3條:「各會員對其業務員(含電話行銷人員)在執行優體壽險招攬業務時,…不得有虛偽不實、誇大、誤導、不當比較或其他足致他人誤信之招攬行為。」

(11) 保險業招攬廣告自律規範第4條:「保險業從事保險商品銷售招攬廣告,應依社會一般道德、誠實信用原則及保護金融消費者之精神,遵守下列事項:…資本適足性相關規範…(一)確保相關內容之正確性,以避免不當比較、宣傳或競爭之情事。(二)不得作誇大不實之宣傳,或對同業為攻訐之不當比較或競爭廣告。…」

實務上，在誠信原則下，應以金融消費者能充分瞭解的方式爲之，所有的說明資訊或資料均應正確。提供的資訊或資料應註明日期。銷售文件應要有頁碼或適當方式，使消費者確認其沒有遺漏重要的訊息。除了不得虛僞不實之外，提供給金融消費者之分析資訊需有分析憑據：

➡ **例1**：於有價證券集中交易市場或櫃檯買賣成交系統交易時間內，投信投顧業禁止以任何方式向客戶傳送無分析基礎或根據之建議買賣訊息。（證券投資信託暨顧問商業同業公會證券投資顧問事業從業人員行爲準則第17條）

➡ **例2**：於公開場所或廣播、電視以外之傳播媒體，投信投顧業禁止對不特定人就個別有價證券未來之價位做研判預測，或未列合理研判分析依據，對個別有價證券之買賣進行推介。（證券投資信託暨顧問商業同業公會證券投資顧問事業從業人員行爲準則第17條）

➡ **例3**：投信投顧業禁止藉卜筮或怪力亂神等方式，爲投資人作投資分析。（證券投資信託暨顧問商業同業公會證券投資顧問事業從業人員行爲準則第17條）

2. 不得收受不當利益

金融從業人員不得接受敏感對象不當之金錢、饋贈、招待或獲取其他利益，如：高爾夫球會員證、國外差旅費用等。拒絕不當的交際應酬，對於職務外的安排，可適時地披露，以保護自己在不知情的情況下，落入他人不法利益之共犯。

金融業可應訂定員工收受或提供饋贈或款待之規範。而基於實務上常見之往來禮俗，若因此而有模糊地帶，如：客戶或金融從業人員婚嫁，其由於業務往來而有私人情誼，那麼是否可以有紅帖往來或贈與賀禮？多少的金額稱爲「不當」呢？金融業可以訂定客觀金額門檻以資參考，如：新台幣三千元。相關規範如下：

(1) 「中華民國證券投資信託暨顧問商業同業公會證券投資顧問事業從業人員行爲準則」第14條：「（含負責人、業務人員及所有受僱人員）不得接受客戶、有價證券發行公司、證券商、其他交易對象或其他有利益衝突之虞者，提供不當之金錢、饋贈、招待或獲取其他利益，而影響其專業判斷能力與客觀執行職務。」

(2) 中華民國證券投資信託暨顧問商業同業公會證券投資顧問事業從業人員行為準則」第十五條：「因節慶或依風俗慣例所為之饋贈，每位員工每次自同一公司所收受者及公司每次提供予同一公司之同一對象者，其禮品價值均不得超過新台幣三千元。」

▶12-2 忠實義務

前一小節提到，誠信原則具體化為：忠實義務與善良管理人之注意義務，誠信原則為抽象式之規範，而忠實義務為實際上應用執行之原則，我們會發現此二概念十分相似，甚至重疊，但忠實義務有更具體之行為表現。以下先說明什麼是忠實義務。

■ 圖12-1 誠信原則與忠實義務之不同

一、忠實義務定義

公司負責人（包括執行業務的職務負責人）應該忠實執行業務、盡善良管理人之注意義務。以下先說明，關於忠實義務。依據美國Black法律字典[2]提出，對忠實義務的解釋，受信賴者（如：被委託人、金融服務業者）不應該從事自我交易，也不可利用自身地位，在增進本身利益卻使得託付信賴者之利益受損，而應以託付信賴者之利益為優先。

在金融業，以客戶利益為優先、禁止短線交易、避免利益衝突、禁止不當得利、公平處理，皆為忠實義務原則之內容。舉例而言，就受託人與信託關係，忠實義務指受託人不得有信託財產利益與自身個人利益彼此衝突，其在處理信託事務時，不得為自已謀取利益而得利，也不得使第三人獲得不當利益。

---

2. Black's Law Dictionary（7th ed. 1999）。

二、忠實義務的落實執行面

由以上說明可知，忠實義務包括了幾個實際執行面：

1. 客戶利益優先

受信賴者應該要追求對方的利益，其重要性不亞於自身利益。此「對方」，指的對象可以包括股東、公司、或是客戶。金融業務之從業人員應以公司及客戶為最佳利益為考量，而不可以獲得自己利益為優先。

金融焦點Focus

惡劣業務！拐92歲翁投保，157歲才給付

資料來源：
https://www.youtube.com/watch?v=1dELsdxvcuQ

2. 禁止不當得利

3. 不從事自我交易

即不應該作出利益衝突業務，防止對公司重要決策有影響力者，利用其控制能力，侵害公司及股東權益。如：基金經理人或經手人對於從事個人投資、理財時，應該要對個人交易作出自律。

4. 透明化自我交易

有關人員（如：負責人（自然人）、部門主管、分支機構經理人、基金經理人）應透明化自己交易，向管理機構（如：任職的公司設有督察主管）申報自身投資標的，以利查核自我交易是否發生利益衝突。此應申報交易之帳戶，包括以自己名義開立者、以利害關係人開立者、及直接、或間接受有利益之配偶帳戶。

而上述自我交易的規範對象，在法規裡，可以是董事，如：公司法中對於董事的關係人交易的限制，當然也適用於金融業，在公司法第223條規定，董事為自己或他人與公司為買賣、借貸或其他法律行為時，應由監察人為公司之代表。依公司法第206條規定，董事對於會議之事項，有自身利害關係致有害於公司利益之虞時，不得加入表決，並不得代理其他董事行使其表決權。

另外，相關人員在金融業裡，有更明確的規範，如：金融業的負責人、員工、大股東[3]、或是關係人[4]、關係企業[5]、或是有「利害關係」者，其相關人員之交易應更嚴格地被限制。如：銀行法第33-1條提及，銀行負責人或職員之近親（配偶、三親等以內之血親或二親等以內之姻親。）上述人等所經營之事業、上述人等為大股東（持有超過公司已發行股份總數或資本10%之企業）、重要職務（董事、監察人或經理人）的公司。

金融焦點Focus

委託投資慘虧千萬，婦夜宿銀行討公道

資料來源：
https://www.youtube.com/watch?v=9g3QSXEgGds

---

3. 指持有金融控股公司或其子公司已發行有表決權股份總數或資本總額百分之十以上者；大股東為自然人時，其配偶及未成年子女之持股數應一併計入本人之持股計算。

4. 自然人之關係人，其範圍如下：
   (1) 近親：同一自然人與其配偶及二親等以內血親。
   (2) 上述近親投資的企業：前款之人持有已發行有表決權股份或資本額合計超過三分之一之企業。
   (3) 上述近親擔任重要職務的企業：第一款之人擔任董事長、總經理或過半數董事之企業或財團法人。
   法人之關係人，其範圍如下：
   (1) 近親：其董事長、總經理，及該董事長、總經理之配偶與二親等以內血親。
   (2) 上述近親投資/擔任重要職務的企業：的企業：同一法人及前款之自然人持有已發行有表決權股份或資本額合計超過三分之一之企業，或擔任董事長、總經理或過半數董事之企業或財團法人。
   (3) 關係企業。

5. 「關係企業」指獨立存在而相互間具以下關係之企業：
   一、有控制與從屬關係之公司；
   1. 公司持有他公司有表決權之股份或出資額，超過他公司已發行有表決權之股份總數或資本總額半數者為控制公司，該他公司為從屬公司。
   2. 另外，若是公司能直接或間接控制他公司之人事、財務或業務經營者亦為控制公司，該他公司為從屬公司。
   3. 公司與他公司之執行業務股東或董事有半數以上相同者。
   4. 公司與他公司之已發行有表決權之股份總數或資本總額有半數以上為相同之股東持有或出資者。
   5. 相互投資公司各持有對方已發行有表決權之股份總數或資本額總額超過半數者，或互可直接或間接控制對方之人事、財務或業務經營者，互為控制公司與從屬公司。
   二、相互投資之公司：公司與他公司相互投資各達對方有表決權之股份總數或資本總額1/3以上者，為相互投資公司。
   若是負責人與他公司之負責人為同一人或具有配偶關係，則稱為集團企業：
   1. 董事長（或代表公司董事、執行業務股東）或總經理與他公司之董事長（或代表公司董事、執行業務股東）或總經理為同一人。
   2. 董事長（或代表公司董事、執行業務股東）或總經理與他公司之董事長（或代表公司董事、執行業務股東）或總經理具有配偶關係。

**加油站**

投信投顧公司於「個人交易」之限制

　　由於投信投顧公司手中握有投資人的龐大金額，每天又替投資人進行投資標的操作，以賺取手續費或經理費用，而若其利用此投資大眾之金額，圖利用己，將危害投資大眾權益，所以特別在「證券投資信託事業負責人與業務人員管理規則」中，規範以下對象：經手人員、負責人、部門主管、分支機構經理人及基金經理人，限制其個人交易。

　　規範法源：

1. 「證券投資信託事業負責人與業務人員管理規則」第十四條第一項：負責人、部門主管、分支機構經理人及基金經理人應遵守「其本人、配偶、未成年子女及被本人利用名義交易者，除法令另有規定外，於證券投資信託事業決定運用證券投資信託基金從事某種公司股票及具股權性質之衍生性商品交易時起，至證券投資信託基金不再持有該公司股票及具股權性質之衍生性商品時止，不得從事該公司股票及具股權性質之衍生性商品交易。」簡單而言，投信公司的負責人、主管、經理人及基金經理人，不管是自身或其近親、或人頭帳戶，在投信公司投資股票或衍生性金融商品的期間，皆不能再投資相同的股票或延伸出的股權金融商品。

2. 「證券投資信託暨顧問商業同業公會證券投資信託事業經理守則」關於個人交易限制規定有4種：

   (1) 同日不能投資與公司相同：「如知悉公司於同日亦欲執行某種股票及其衍生性商品之買賣盤，則於公司未執行或未撤回該買賣盤前，經手人員不得買入或賣出該項投資。」

   (2) 7日內不能投資與公司相同：「…如知悉其個人交易將與公司所管理之基金或全權委託帳戶為同一種股票及其衍生性商品之交易買賣，個人交易不得於該買賣交易前後七個營業日內為之。」

   (3) 30日內短線操作禁止：「經手人員個人交易買入某種股票及具股權性質之衍生性商品須持有至少三十日，或於賣出後三十日內不得再行買

入；但有正當理由時，得事先獲得督察主管或其他由高階管理階層所指定之人書面批准，提早買入或賣出。」

(4)「經手人員不得以特定人身分取得初次上市（櫃）股票，以避免其利用職務之便獲取不當利益。」

並定出相關罰則：「經手人員因故意或過失，違反本守則個人交易申報程序之規定者，督察主管得知會其部門主管，並對其發出書面警告，嚴重者為停職或解職之處分。除本守則之處罰外，該人員仍須負法律上之責任，公司應配合依法需進行之調查程序。」

12-3 利益衝突

在前一節中，關於忠實義務的落實執行面，包括了不從事自我交易，即不應該作出利益衝突業務。本節說明利益衝突之規範、實務面與處理。

利益衝突之所以存在，乃因財產所有權人與財產管理者分離，此可以以「代理制度」來說明。利益衝突，為一種狀態或情境，其含義指：數種利益存在，但彼此之間有競爭矛盾，若某一個體之利益被歸優先，將使得另一個體之利益可能蒙受損失。

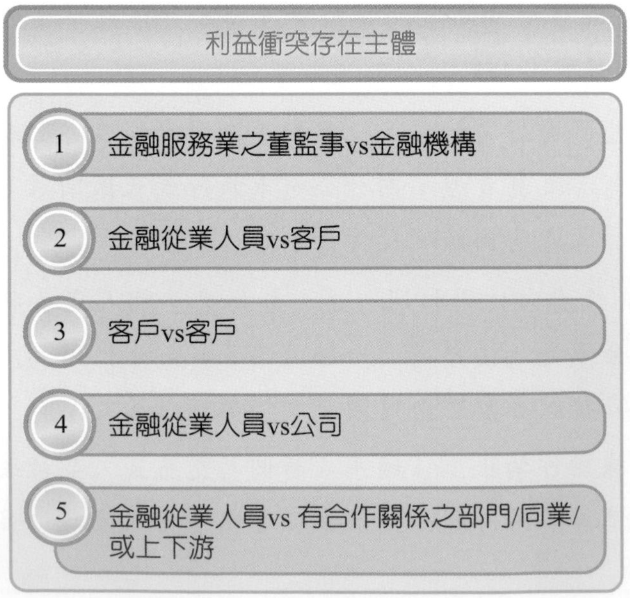

利益衝突存在主體

1. 金融服務業之董監事vs金融機構
2. 金融從業人員vs客戶
3. 客戶vs客戶
4. 金融從業人員vs公司
5. 金融從業人員vs 有合作關係之部門/同業/或上下游

■ 圖12-2　利益衝突存在主體

一、在何者間會有利益衝突存在？

(一)金融服務業之董監事vs金融機構

在金融機構之董監事與金融機構本身，若存在利益衝突，應採取「利益迴避原則」。常見的利益衝突事件如下：

➡ **例1**：透過公司財產或資訊，或由職務之便，以取得個人利益。

➡ **例2**：公司董監事依其職務之影響力，安排自己的親友在公司任職，而此人之專長並不符公司所需。

➡ **例3**：公司董監事自己與公司競爭，董監事在公司以外自行開業或任職。

(二)金融從業人員vs.客戶

若金融從業人員與客戶之間，發生利益衝突時，應以利益迴避及業務獨立為依據，作為處理利益衝突之原則。存在於客戶與金融從業人員間之利益衝突事件如下：

➡ **例1**：從業人員在行使客戶資金之投資運用時，客戶與從業人員間，可能會有利益衝突，具投資決策人員可能為全權委託客戶買進公司本身股票；故法規規範：「兼營全權委託投資業務之事業，除法令另有規定者外，不得為客戶投資其本身事業發行之股票、公司債或金融債券。」

➡ **例2**：從業人員將客戶信託資金，購買公司利害關係人之股票；故法規規範：「非經客戶書面同意或契約特別約定者，不得為客戶投資其本身事業有利害關係之公司所發行之股票、公司債或金融債券」及「不得為客戶投資與其有利害關係之證券承銷商所承銷之有價證券。」

➡ **例3**：維護全權委託投資決策獨立性，法規上規範，全權委託受託人之信託部門，若參與有價證券投資決策之人員及其決策資訊，應與全權委託投資業務分離。相對地，若全權委託受託人之投資決策人員及其決策資訊，應與全權委託投資業務分離。簡言之，與業務相關人員有利害關係者，不得參與投資決策[6]。而利害關係人應建置檔案，定期更新。

---

6. 證券投資信託暨顧問商業同業公會證券投資顧問事業證券投資信託事業經營全權委託投資業務操作辦法。在法規中，另有定義「與本事業有利害關係者」與此所指之有利害關係者不同，法規規定「本事業有利害關係之公司或證券承銷商，指有下列情事之一者：
一、與本事業具有公司法第六章之一所定關係。
二、本事業之董事、監察人或綜合持股達百分之五以上之股東。
三、前款人員或本事業經理人與該公司之董事、監察人、經理人或持有已發行股份百分之十以上股東為同一人或具有配偶關係。

➡ **例4**：向欲承作放款之客戶，推銷銷售量較差之金融商品，從業人員利用放款戶欲取得銀行貸款之弱勢心態，不敢推辭，而在從業人員與客戶間有利益衝突。

(三)客戶vs.客戶

　　若客戶與客戶之間發生利益衝突時，應以契約約定爲依據，作爲處理利益衝突之原則。而不是以多數客戶之利益爲依據，也不是視何者對公司的貢獻度較大而定。存在於客戶與客戶之間之利益衝突事件如下：

➡ **例1**：在銷售商品時，客戶與客戶之間可能會有利益衝突。銀行信託部之兩位客戶同時以「複委託」之方法，由銀行以其名義購買美國A公司股票，銀行購得50張，但兩位客戶共計要買80張，形成客戶之間之利益衝突，較佳的處理情形爲銀行依客戶之委託張數按比例分配這50張予兩位客戶。

➡ **例2**：銀行獲悉影響客戶利益之訊息時，應即通知客戶，但此訊息所涉客戶眾多，則從業人員應盡可能公平、合理的通知每一位客戶，不可依客戶之交情、業績大小而有所差別。

➡ **例3**：金融從業人員爲了避免利益衝突，若已承辦了A客戶之全權委託業務，不可再與「與A客戶有利益衝突之人」又辦理另一個全權委託業務，以及不可以從事足以損害A客戶權益之交易。

(四)金融從業人員vs公司

　　金融從業人員與公司之間兩者若有利益衝突，解決方式爲：以公司的規定爲主。故若公司推動新的業務或專案，與金融從業人員本身的利益有衝突時，從業人員應本於職業道德，勇於建言，提供個人專業意見，此有助於專案或業務推動時建立建全的制度與法規。存在於金融從業人員與公司之間之利益衝突事件如下：

➡ **例1**：信託業者之財產受託人及經理人；在信託契約，財產所有權由委託人移轉給受託人，受託人爲金融信託業者、新的財產所有權人，其放發薪水給經理人，而經理人爲眞正具有財產管理權者。而受託人與經理人之間，存在著代理問題。

➡ **例2**：爲個人私益，竊取公司的機密。

➡ **例3**：利用公司資源，得到跳槽其他更高薪之職務。

➡ **例4**：某甲爲達到其業績績效獎金，勸誘客戶申購金融商品且保證獲利，或借用客戶名義申購商品，待領到獎金再以客戶名義作賣出。

➡ **例5**：某甲因職務之便，獲知公司有一項利多消息，但此消息未公開，若某甲以他人名義大筆買進自家公司股票，以待上漲，有內線交易之嫌，或某甲私下將此消息告知客戶，使客戶受利而增益其與客戶，此皆爲利益衝突之體現。正確地做法，某甲應在消息未公開前，不做任何揭露，且不可利用此資訊，事前買進公司股票以謀取利益。或者某甲應循公司內部相關規章（如：公司若訂有防範內線交易管理規則），以書面報告或傳遞，並列保密。

➡ **例6**：金融從業人員收受競爭對手之酬勞，以洩露公司業務機密作爲利益交換。

(五)金融從業人員vs.有合作關係之部門/同業/或上下游

在一般公司，常見者爲採購公司原物料之經辦人員，接受公司上游供應商金錢餽贈或招待，私下收受回扣，謀取私益。而在金融業，常見者爲金融服務機構之自營部門與經紀業務部門，兩部門應個別獨立作業，不流通其業務資訊，以防利益衝突，若僅爲獨立作業，而無限制地流通業務資訊，則仍有利益衝突可能發生。

二、金融從業人員對利益衝突之處理

金融從業人員，若遇到與自身利益相關之業務應該迴避。若遇到利益衝突事項、或者內部業務人員之違規事件，應主動向上級報告。

三、利益衝突防範之銀行內部作業準則

在關於利益衝突之禁止規範，常見於金融業務。在銀行辦理財富管理業務時，爲防範公司可能與客戶或員工發生利益衝突問題，需制定內部作業準則，供金管會核可，此內部作業準則至少要包括：[7]

1. 組織架構與人員資格。

---

7. 銀行辦理財富管理業務應注意事項。

2. 作業流程。

3. 內部控制制度。

4. 風險管理制度。

5. 內部稽核制度。

其中，內部稽核制度，可以藉由定期審核各項規則內容，確保符合最新法令、加強查核業務執行情形，並瞭解其他部門、尤其是業務部門及其員工之投資額度與範圍，是否合適；而對於金融較大之業務，建立洗錢防制之執行，並應加強查核，檢討與洗錢相關之控管及機制；這些投入與執行，能減少利益衝突及內線交易之情形發生。

四、利益衝突之報告義務

有義務報告其帳戶內容者，通常在金融機構中身居要職，或對於客戶之財產之營運範圍有參與、制定投資或交易決策者：

1. 董事與監察人屬法人者：指法人董監事、或董監事的身份為「某法人的股東代表人」。

2. 負責人（自然人）、部門主管、分支機構經理人、全權委託投資業務之投資經理人及基金經理人：以上這些人之外，其配偶、未成年子女也應申報，若以上這些人或配偶有開公司，則其所開的公司的帳戶持有也應申報。

3. 其他經手人員：金融業員工依其職位有參與、制定投資決策之人。

要申報的投資標的則有：股票（國內上市、上櫃）及具股權性質之衍生性商品（如：可轉換公司債）、認購（售）權證、個股選擇權、股票期貨。

➡ **例1**：某甲轉職，由原本的銀行財務部主管，轉任投信公司之基金經理人，則某甲應作個人交易資料申報[8]的內容為：國內上市、上櫃公司股票之股票名稱及依主管機關所規定之具股權性質之衍生性商品，其交易日期、交易別（買或賣）、交易股數、交易單價及總額、股數增減情形、累計持有股數。

---

8. 證券投資信託暨顧問商業同業公會證券投資信託事業經理守則。

相關之規範臚列如下：

1. 【公開發行公司】（金融機構常是公開發行公司），其所適用的證券交易法對於關係人交易有作出明確罰責。證券交易法第171條第1項第2款：「有下列情事之一者，處三年以上十年以下有期徒刑，得併科新臺幣一千萬元以上二億元以下罰金：…二、已依本法發行有價證券公司之董事、監察人、經理人或受僱人，以直接或間接方式，使公司為不利益之交易，且不合營業常規，致公司遭受重大損害者。…」

2. 【銀行業授信】銀行業對於關係人授信之限制，授信簡單來說即指放款，另外也包括其他如：貼現、保證、承兌等銀行業務。銀行法第33條：「銀行對其持有實收資本總額百分之五以上之企業，或本行負責人、職員、或主要股東，或對與本行負責人或辦理授信之職員有利害關係者為擔保授信，應有十足擔保，其條件不得優於其他同類授信對象，如授信達中央主管機關規定金額以上者，並應經三分之二以上董事之出席及出席董事四分之三以上同意。」銀行對於往來關係比較密切的企業，任職於銀行內者，或者有利害關係的人，由於核貸部門可能因而給予較優惠的貸款條件，所以特別於法令中加以禁止。

3. 【金融控股公司授信】金融控股公司關於授信之規定：金融控股公司法第45條：「金融控股公司或其子公司與下列對象為授信以外之交易時，『其條件不得優於其他同類對象，並應經公司三分之二以上董事出席及出席董事四分之三以上之決議後為之』…。」

4. 【保險業授信】保險業關於授信之規定：保險法第146-3條：「保險業依第一項第一款、第二款及第三款對其負責人、職員或主要股東，或對與其負責人或辦理授信之職員有利害關係者，所為之擔保放款，應有十足擔保，『其條件不得優於其他同類放款對象，如放款達主管機關規定金額以上者，並應經三分之二以上董事之出席及出席董事四分之三以上同意』…。

5. 【公司董事報酬】公司法第196條，自肥條款之禁止。董事之報酬，未經章程訂明者，應由股東會議定，而非僅由董事會決議即可，以防董事提高自身酬勞。

6. 【公司董事競業禁止】公司法第209條，董事競業禁止，若董事有競業行為，應先經股東會同意。所謂競業，指的是從事或任職與自己公司相同業務之行為。

7. 【公司董事競業禁止】證交法第26-1條規定：「公開發行公司解除董事競業禁止義務之議案，應於召集事由中列舉並說明其主要內容，不得以臨時動議提出」，此希望能確保董事競業資訊之充分揭露，使股東得以瞭解、決定是否開放讓董事於同業承作類似業務。

8. 【證券商董事專營業務】證交法第51條規定規定：「證券商之的董事、監察人或經理人不得兼任其他證券商之任何職位」此為對證券商之內部人規定，不僅止於董事，希望能使內部人專業經營其業務，避免利益衝突。

9. 【投信投顧】證券投資信託暨顧問商業同業公會證券投資顧問事業從業人員行為準則第17條：「禁止意圖利用對客戶之投資研究分析建議、發行之出版品或舉辦之講習，謀求自己、其他客戶或第三人利益之行為。」

10. 【投信投顧】證券投資信託暨顧問商業同業公會證券投資顧問事業從業人員行為準則第17條：「禁止買賣其推介予投資人相同之有價證券。」

11. 【投信投顧】證券投資信託暨顧問商業同業公會證券投資顧問事業從業人員行為準則第17條：「證券投資顧問事業之同一證券投資分析人員對同一支股票，對其不同等級客戶間、或對其客戶與於媒體對不特定人有同一日作相反之投資建議。」此舉有從業人員單純僅為賺取自身服務手續費之嫌。

12. 【投信投顧】證券投資信託暨顧問商業同業公會證券投資顧問事業從業人員行為準則第10條：「經手人員之任何交易，皆應將客戶之利益列為優先之地位。督察主管如認為某特定之個人交易與客戶之利益有衝突之虞而不適當時，得不予核准。」

13. 【投信投顧】證券投資信託暨顧問商業同業公會證券投資顧問事業從業人員行為準則第11條：「經手人員自知悉公司推介予客戶某種有價證券或為全權委託投資帳戶執行及完成某種股票買賣前後七日內，不得為本人或利害關係人帳戶買賣該種有價證券。但得事先獲得督察主管或其他由高階管理階層所指定之人書面批准，提早於前後二日以上買入或賣出。」

➜12-4 善良管理人之注意義務

第一節提到，誠信原則具體化爲：忠實義務與善良管理人之注意義務，以下先說明何什麼是善良管理人之注意義務。

一、善良管理人之注意義務

前面提及，公司負責人應盡到善良管理人的注意義務，關於忠實義務與善良管理人之注意義務的相關法規，依公司法第23條規範，公司負責人應忠實執行業務並盡善良管理人之注意義務，若有違反，使得公司受有損害者，應負損害賠償責任，若使他人受有損害時，對他人應與公司負連帶賠償責任。

什麼是善良管理人呢？這一抽象名詞，指得是以社會一般認爲對於管理事務具有適當作業。這種社會之普遍認知，是以「管理」事務爲前提，既是要能管理，則應具有相當知識經驗、而具誠意之人，而非一般民眾之立場，以客觀上認爲其應達到的注意爲標準。

所謂善良管理人，指的是具專業資格且適格之管理人。而不是如字面上所及，只是和善管理人、也非指管理能力很好之人。那麼，此種注意義務，以程度而言，是屬於輕或重呢？

二、過失責任分爲四種

在法律上可以將過失責任分爲四種，由輕到重分別爲：

1. 重大過失責任

若欠缺一般人之注意時，所造成的疏忽。此指一般民眾的立場。若能稍加注意，則損害將不致發生。也就是說，除非犯了很大的錯誤，才需要負起法律責任，其究責性最低，例如：民法第410條規定，贈與人僅就其故意或重大過失，對於受贈人負給付不能之責任。如：舅舅向小華承諾，只要滿二十歲生日，即贈送舅舅家中某件水晶飾品，結在二十歲生日前夕，水晶飾品就因爲突發的地震發生而摔破了，此時舅舅即陷於事實上的給付不能，舅舅因不爲重大過失，不必負責。

2. 具體輕過失責任

以一般人立場，盡到與處理自己事務爲同一之注意義務即可。究責性次低。如：民法535條，在無償委任時，受任人處理委任事務，應盡與處理自己事務相同之注意義務，受任人僅就重大過失負賠償責任。民法237條，在保管寄託時，當事人一方以物交付他方，他方允諾保管時，受寄人應盡到與處理自己事務爲同一之注意。此也由於，受寄人除契約另有訂定或依情形非受報酬即不保管者外，不得請求報酬。故給予受寄人較低之究責性。

3. 抽象輕過失責任

即善良管理人責任。以專業知識之「管理」人作爲立場，究責性次高。如：民法535條，在有償委任時，受任人處理委任事務，由於受有報償，應盡較無償委任爲高之責任，而被賦予應盡善良管理人之注意義務之責。又如：在保管寄託時，受寄人受有報酬者，應以善良管理人之注意爲之。又如：民法第468條所指，借用人應以善良管理人之注意，保管借用物。此借用則不分有沒有報償，與前述的寄託情形不同，因爲借用人屬於使用物品的主動方，是主動地向他人借用物品；而受寄人則爲保管物品的被動方，是被動地允爲保管物品；既然借用人是主動方，自然要被賦予較高的責任。

4. 無過失責任

究責性最高。如民法第174條，管理人違反本人明示或可得推知之意思，而爲事務之管理者，對於因其管理所生之損害，雖無過失亦應負責。

所以，善良管理人在四種不同情節應負之責任程度中，位居第二，可知法律上對於金融從業人員賦予較高的道德標準，也設定應盡較高之法律責任。金融業務上關於善良管理人之規定，臚列如下：

1. 金融消費者保護法第7條：「金融服務業提供金融商品或服務，應盡善良管理人之注意義務；其提供之金融商品或服務具有信託、委託等性質者，並應依所適用之法規規定或契約約定，負忠實義務。」

2. 銀行法第45-2條：「銀行對存款帳户應負善良管理人責任。對疑似不法或顯屬異常交易之存款帳户，得予暫停存入或提領、匯出款項。」

3. 銀行法第105條：「信託投資公司受託經理信託資金或信託資產，應盡善良管理人之注意。」

4. 信託法第22條：「受託人應依信託本旨，以善良管理人之注意，處理信託事務。」同法第54條：「信託監察人執行職務，應以善良管理人之注意爲之。」

5. 證券投資信託及顧問法第7條第二項：「證券投資信託事業、證券投資顧問事業、基金保管機構、全權委託保管機構及其董事、監察人、經理人或受僱人，應依本法、本法授權訂定之命令及契約之規定，以善良管理人之注意義務及忠實義務，本誠實信用原則執行業務。」

6. 證券商業同業公會證券商辦理基金銷售業務自律規範第3條：「證券商及其基金銷售業務人員，應盡善良管理人之注意義務…」

 本章重點

1. 誠信原則為帝王條款，可以作為法律補充條款，「行使權利，履行義務，應依誠實及信用方法」。誠信原則即為「應為客戶追求最高利益」

2. 誠信原則具體化為：忠實義務與善良管理人之注意義務。

3. 公司負責人為董事、職務負責人（經理人、發起人、監察人、檢查人、重整人、或重整監督人）、對於公司的人事、財務、或業務經營有實質控制權者。業務人員承作公司主要營運內容者，執行其業務的範圍內也是負責人。

4. 誠信原則之規範，概分為兩大類，一為不得有欺騙情事，二為不得有不當利益。

5. 忠實義務包括了幾個實際執行面：客戶利益優先、禁止不當得利、不從事自我交易、其他還有：禁止短線交易、公平處理、不從事自我交易則延伸出「避免利益衝突」等內容。

6. 利益衝突之所以存在，乃因財產所有權人與財產管理者分離，此可以以「代理制度」來說明。

7. 何者間會有利益衝突存在：金融服務業之董監事vs.金融機構、金融從業人員vs.客戶、客戶vs.客戶、金融從業人員vs.公司、金融從業人員vs.有合作關係之部門/同業/或上下游。

8. 金融從業人員，若遇到與自身利益相關之業務應該迴避。若遇到利益衝突事項、或者內部業務人員之違規事件，應主動向上級報告。

9. 利益衝突之報告義務，指在金融機構中身居要職，或對於客戶之財產之營運範圍有參與、制定投資或交易決策者，應申報投資標的。

10. 善良管理人，指的是具專業資格且適格之管理人。盡到抽象輕過失責任。其責任重於具體輕過失責任（與處理自己事務為同一之注意義務）、重大過失責任（一般人之注意義務）。

( ) 1. 金融從業人員面臨客戶交易虧損時，如何處理才適當？ (A)以誠懇的態度告知客戶實際狀況 (B)竄改客戶交易資料、美化帳單 (C)為免責備、避不見面 (D)與客戶共同承擔損失。

( ) 2. 金融從業人員應忠實執行客戶之委託，下列敘述何者正確？ (A)客戶的委託損及其權益，仍然忠實執行不用告知 (B)金融從業人員因個人疏忽，未在申購截止日前向公司提出客戶之商品申購書，應銷毀客戶的申購書 (C)未經確認客戶之委託內容即逕行代其買賣 (D)確實明白客戶的指示內容才執行委託，避免犯錯。

( ) 3. 金融從業人員於受託執行業務時，下列何者為可允許的行為？ (A)教育客戶利用電子系統買賣，以爭取買賣時間 (B)結帳時才發現錯誤因疏忽未依客戶指示買賣，請客戶念在多年交情，承認該筆交易 (C)可取得客戶密碼代其電子交易 (D)為服務客戶，先替客戶買賣，結帳後再請客戶填寫買賣委託書。

( ) 4. 一個具有誠信原則的金融從業人員，其基本該遵守的行為為何？ (A)服務誠信 (B)佣金收入屬於「正當利益」 (C)善盡保密之責 (D)以上皆是。

( ) 5. 有關道德與誠信的原則何者為非？ (A)執行業務時，必須將過程詳細記錄 (B)管理財務的相關人員，不得在公司的財務報表上作假 (C)金融從業人員從事保險經紀業務時，協助辦理理賠後，可向受益人收取佣金 (D)對於與法律相關的文件，不得任意銷毀及竄改。

( ) 6. 關於誠實信用及禁止行為的敘述，何者正確？ (A)考量顧客的身體不好，當管理資產發生減損時，選擇不告知 (B)為了獲取更高利益，可以私下與客戶訂立契約 (C)不得因執行業務而享有個人不當利益 (D)為了規避公司的罰則，可透過人頭戶行使獲取不正當利益的行為。

( ) 7. 金融從業人員從事信託業務，以下何種行為是錯誤的？ (A)具運用決定權人，如有不法之利益時，應拒絕投資運用 (B)有較好價位時，先買賣自己部位 (C)明知不適當之投資，不得故意建議客戶投資 (D)不得意圖享有不法利益。

( ) 8. 金融從業人員不得有下列何者足致客戶誤信之行為？ (A)以過去績效作為未來投資獲益之保證 (B)對客戶所投資運用標的之風險應不說明，以免客戶不想投資 (C)故意誤導客戶收取之費用及其付款方式 (D)以上皆是。

( )9. 依據忠實誠信原則，下列哪一項非投信投顧從業人員執行業務時應有的行為？ (A)遵守契約規定 (B)辦理業務應先爭取業績，無須告訴客戶相關風險 (C)考慮客戶的財務狀況適度分散投資 (D)以善良管理人之注意義務本誠實信用原則執行業務。

( )10.應以誠信之態度提供專業服務，誠信係由誠實與公正所組合，不能附屬於個人利益，以上敘述屬於何項原則？ (A)資訊公開原則 (B)專業原則 (C)客觀性原則 (D)誠信原則。

▶習題解答

1	2	3	4	5	6	7	8	9	10
A	D	A	D	C	C	B	D	B	D

13

金融業受託執業與保密原則

◆ 本章目標

1. 受託執行業務違法之處罰
2. 瞭解保密原則

◆ 本章引言

本章說明受託執行業務之「專業原則」，並依時間的先後流程，說明受託執行業務「前」、受託執行業務「時」、之誠信原則與忠實原則、善良管理原則、公開原則、公平競爭原則、客戶資產獨立原則、及受託執行業務，交易成立「後」之規範。尤其是忠實原則在本章有詳細之實務例。

▶13-1 受託執行業務

　　金融從業人員受託執業，應盡全力持守榮譽及廉潔，維護所屬公司之信譽。並應遵守專業行為規範。以下先說明金融從業人員之「專業原則」精神，並依受託執行業務之「前」、「中」、「後」，說明應遵循之事項。

一、金融從業人員之「專業原則」

　　專業原則指，金融服務人員於執行業務時，金融從業人員提供客戶專業之服務、並維持必要的知識及技能。

　　為「能」提供客戶正確之專業資訊，法規規範可以歸納為以下幾個重點：

(一)應具有特殊證照

　　金融服務人員，應依其從業之業別，通過符合該業別之特殊證照，始得執行特定金融商品業務。而金融業則應聘僱符合主管機關規定資格條件之人員，執行業務，金融機構在聘用其為員工前，應考量是否具有資格證明文件或者待其取得資格後，始得執行金融業務。違反金融專業性之錯誤如：

➡ **例1**：未考取執照前，不得借用其他業務員名義執行業務，以免日後衍生金融消費糾紛。

(二)公司授權始得處理相關業務

　　除了從業人員取得證照之外，金融機構於聘用後，應經公司授權處理金融業務，如：保險業務員所屬公司，需以書面授權，並載於登錄證上，保險業務員始得執業。而非由保險公司僅以口頭授權、或僅以書面授權即可招攬保險業務。違反金融專業性之例子如：

➡ **例1**：金融業者禁止利用「非專職人員」從事招攬客戶、證券投資分析活動或其他營業行為、或給付不合理之佣金。

➡ **例2**：金融業僱用招攬業務能力強之員工，以試用期之名義，在其未取得資格證書前，即由其招攬金融商品。

(三)應由本人執行業務

由於具有金融專業性，不得同意、或默許他人使用自己名義執行業務，即便主管示意，亦應拒絕。違反金融從業人員本人執行業務之例子如：

➡ **例1**：投信投顧業從業人員，禁止以非真實姓名（化名）從事證券投資分析活動。

(四)應保持其金融專業程度

因為金融從業人員具有其相當之專業性，為維持其專業性，金融機構應督促受僱人員持續充實專業職能，樹立專業理財之風氣。金融從業人員本身則應時時自我充實，並有效運用於金融交易、及相關商品、或其他經主管機關核准項目之交易，以維持其專業服務，方能吸引並留住客戶。

金融焦點Focus

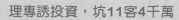

理專誘投資，坑11客4千萬

資料來源：
https://www.youtube.com/
watch?v=sWDrNLXQIVo

(五)專業原則應有足資判斷之依據

法規上明定禁止，金融從業人員未依分析報告，即作成代客操作的投資決定書，或分析報告顯然缺乏合理分析基礎與根據，在專業原則下，從業人員之建議，應有足資判斷之依據。如：「期貨經理事業負責人及業務員辦理全權委託期貨交易業務」、「證券投資信託事業證券投資顧問事業經營全權委託投資業務管理辦法」。除非金融從業人員能提供合理解釋者，不在此限。而未經求證之資訊，或者未公開、屬於內線消息之資訊，則不應使用來作成金融從業人員之交易判斷。

➡ **例1**：為客戶進行理財規劃分析時，應充分蒐集資料，力求周延。

➡ **例2**：某甲擔任投信基金經理人，由自家公司的分析報告中，建議積極看好某家公司的股票。則某甲應該依「證券投資信託契約」所准許之投資範圍、方針及限制，或依據法令進行其投資策略。而不可只單純依據公司報告，買入該檔股票。（在某些情形下，可能該公司股票根本不符合信託契約之目標投資標的，如：其信託契約之投資目的主要為高科技產業，但公司報告卻相當看好休閒產業公司。）

➡ **例3**：某甲身為一位專業之證券分析人員，因為一次同業餐聚時，偶然聽到A公司員工，不利於A公司之談話內容，某甲回公司後，修改其分析報告中，原本對A公司股票的買進建議，改為賣出建議。由於某甲未求證此A公司員工之談論內容，故某甲違反專業原則。

(六)專業原則應能提供更佳服務

金融從業人員並非僅是依客戶指示，交易金融資產，業務人員應做好銷售之後的服務，如：基於專業原則，為了提升其服務內容，可自發性提供金融資訊，如：基本與技術分析報告。

二、受託執行業務「前」之規範

受託執行業務之前，應檢視以下項目：

(一)是否合法

基於「守法原則」，為金融業受託執行業務前，最基本之從業態度，瞭解、並遵守相關法令之規定，不得有違反法令或幫助他人違反法令之行為。接受客戶受託執行之業務，須符合相關法令規定，且業經主管機關核准之業務。

金融焦點Focus

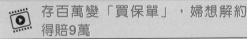

存百萬變「買保單」，婦想解約得賠9萬

資料來源：
https://www.youtube.com/
watch?v=3UF6bsqAfdU

(二)是否符合客戶需求？

為了提供「適當」之金融商品或服務，以謀求客戶之最大利益，在正式接受客戶委託、執行交易前，應確實瞭解客戶需求：

1. 了解客戶之資力。

2. 了解客戶之投資經驗與目的。

3. 瞭解客戶風險偏好、期望報酬、預計投資期限。

盡一切可能確認、並瞭解客戶的需求，不論證券或期貨金融商品等，業務員受託前應先對客戶辦理徵信，了解客戶背景如同處理自己業務一般，才能提供合理規劃的金融商品。

(三)瞭解客戶需求之實務案例

➡ **例1**：辦理財富管理業務，為了瞭解客戶、並幫助客戶瞭解自身投資屬性、及適合商品或投資組合，應於受理前進行以下程序：請客戶填具客戶資料表，建檔並妥為保存。另外請客戶填寫KYC表，以瞭解客戶投資經驗、風險偏好及期望報酬、預計投資期限。

➡ **例2**：了解你的客戶，原則上，對於不適合的客戶應拒絕之。如：金融從業人員從事「全權委託」投資業務，如發現客戶（委任人）係未成年人未有法定代理人者、受破產之宣告未經復權者；或者係法人或其他機構，卻未能提出該法人或該機構出具之授權證明者，即應拒絕簽訂全權委託投資契約。

➡ **例3**：了解你的客戶，對於不適合的客戶應拒絕之。若知悉客戶有操縱金融市場之意圖，不可接受其委託進行金融商品交易。

➡ **例4**：若客戶表達對某金融商品無交易意願，金融從業人員應了解客戶的需求，找尋適合客戶的商品。不可為了業績考量，而與客戶約定損失共同承擔，勸誘交易。若將其從客戶名單刪除，不再提供服務，則為短視近利之表現。更不可私下將客戶名單，轉由其他從業人員服務，此可能違反保密原則。關於保密原則，則見本章下一節說明。

➡ **例5**：金融業務員受託前，對客戶某甲辦理徵信，發現某甲為月收入不多的月光族，但某甲自己判斷台股即將大漲，認為機會難得，於是致電給金融業務員，欲大量買進台積電股票，總金額十分龐大，約500萬元，顯然超過其資力，金融業務員與某甲素有私交，應如何處置較為適當？原則上，對於不適合的客戶應拒絕之。而金融業務員經評估後，認為某甲有逾越交易能力之虞，但可請某甲提供適當擔保，再接受委託。如此，便不為直接拒絕某甲委託。不可為了與某甲之私誼，而先幫某甲下單，更不可為了某甲交易，而介紹地下金主（丙種）墊款。

➡ **例6**：金融從業人員欲從事「全權委託投資業務」，在簽訂全權委託投資契約前，應指派專人與客戶討論，充分瞭解其資力、投資經驗、投資目的或需求，並向客戶告知相關法令限制與相關事項，交付全權委託投資說明書，如擬從事有價證券或期貨商品交易，應再交付客戶「全權委託期貨暨選擇權交易風險預告書」。

➡ **例7**：判斷適合的客戶之金融服務，如：某乙有一筆定存到期，想要運用定存作期貨交易，但礙於某乙常常出差，缺乏時間對注意行情變化，面對期貨這種風險較大之衍生性金融商品，則金融從業人員可以建議某乙，尋求合法的期貨經紀公司，作代客操作。而非建議他種也於複雜的衍生性金融商品（如：建議某乙買選擇權）、也不可為了留住客戶而建議某乙授權給營業員代理下單交易。

➡ **例8**：在特殊情形時應要多加留意，如：若對於業務往來之公司，其董事、監察上或經理人無法客觀、有效率地處理公務時，則應留意其公司或其關係企業之資金核貸、保證情形，對該公司之重大資產交易、進貨銷貨往來等，應特別注意。

➡ **例9**：若欲銷售的商品為結構型商品，依「銀行辦理衍生性金融商品自律規範」規範，銀行應考量客戶之營業收入、淨值、與其他銀行交易額度等因素，審慎衡酌客戶承受風險能力，核給客戶交易額度。非以避險為目的之客戶應設有徵提擔保品機制。

➡ **例10**：若欲銷售的商品為投資型保險商品，依「投資型保險商品銷售自律規範」，金融從業人員應請要保人及被保險人於要保書中之重要事項告知書或「結構型債券投資報酬與風險告知書」簽名已瞭解並願意承擔投資風險，如要保人及被保險人不願填寫則各會員得婉拒投保。

(四)是否經客戶授權？

接受客戶受託執行之業務，除了先要求須符合相關法令規定，且業經主管機關核准之業務之外，可事先與客戶簽訂「受託執行業務範圍之約定書」。有授權始可為交易。

金融焦點Focus

550萬交理專打點，5個月慘賠百萬

資料來源：
https://www.youtube.com/
watch?v=OH0oC28i4e0

➡ **例1**：全權委託交易時，在委任人、受任人及保管機構三者間，應簽訂全權委託交易三方權義協定書，以確認委任人委託資產之運用，係由受任人依「交易全權委任契約」所載內容，全權代理為交易或投資決策之指示。受任人根據全權委任契約，就委任人依委任契約，交由保管機構保管之委託交易資產，於契約「授權範圍」內，全權代理為交易、或全權代理作成投資決策，在確認交易成交後，依約定期限，指示保管機構辦理款項收付。

➡ **例2**：若全權委託交易以「期貨」為商品時，受任人根據全權委任契約，於契約「授權範圍」內，指示保管機構辦理「保證金與權利金」收付。不可未經客戶同意，以客戶之資產提供作為交易保證金。

➡ **例3**：當知悉客戶是利用他人名義而無授權書時，應拒絕接受其委託進行金融商品交易，不可由客戶僅為「承諾」補具授權書，就先接受其委託，進行金融商品交易。也不可為了自身之業績，在報經公司部門主管同意，即接受其委託進行金融商品交易。

➡ **例4**：不同意客戶提供帳戶供他人使用。

➡ **例5**：複委託禁止：有關金融從業人員辦理全權委託業務，不可將全權委託投資契約之全部或部分，複委任他人履行或轉讓他人。因為客戶未授權受託人可進行複委託，客戶是基於對受託人之專業信任才交託資產，而非他人。

➡ **例6**：未授權交易：期貨經理事業負責人及業務員辦理全權委託期貨交易業務，明定禁止規範；未與委任人辦妥期貨交易全權委任契約之簽訂，或委任人未與保管機構辦妥委任契約之簽訂，即代理委任人從事交易或投資。

➡ **例7**：未授權訂約：期貨經理事業負責人及業務員辦理全權委託期貨交易業務，明定禁止規範；代理委任人簽訂期貨交易全權委任契約，或代理委任人與保管機構簽訂委任契約。

三、受託執行業務「時」之規範

(一)誠信原則

　　誠信原則具體化為忠實義務、與善良管理人之注意義務。所謂善良管理人，指的是具專業資格且適格之管理人。此關於忠實義務、善良管理人，於第11章有詳細闡述。前述之受託執行業務前，要先確實掌握客戶之資力、投資經驗與目的需求，據以提供適當之服務，也是基於「誠信原則」之表現。

➡ **例**：受到客戶委託而代替其管理資產時，應該兼顧注意(1)忠實原則(2)善良管理。

(二)忠實原則

金融從業人員應忠實執行客戶委託之交易，但在忠實原則下，仍需要告知交易風險，提供客戶參考，而不是單單只是依客戶之指示執行。忠實執行仍需有金融從業人員之自主性專業判斷，如：若與法規有所抵觸，自不應仍為執行。另一忠實執行之例外情形，為客戶欲投資之金融商品，逾越客戶之風險承受度時，金融從業人員應如何？提供交易風險告知之外，若實際狀況，確超乎客戶之負擔範圍之外，得婉拒客戶投資。若仍予受理，若是礙於與客戶之交情，勉為受理，日後客戶損失或是違約交割，則容易衍生糾紛。

1. 忠實原則應謀求客戶最大利益

在忠實原則下，應以客戶利益為前提，在接受客戶委託時，將委託的客戶的利益置於公司利益、金融從業人員自己利益之上，面對客戶時，在執行業務受託買賣，在行情前都是一視同仁、不可依客戶對自身成交績效之貢獻度大小而有所差異。

忠實原則下是以客戶利益為前提，但有時候，何者才是「客戶」則需依專業判別，如：保險經紀人，係指基於「被保險人」利益，代向保險人洽訂保險契約，而不是基於要保人之利益，也非受益人、或保險公司（保險人）之利益。實務上常有業務員以為應基於要保人之立場來謀求最大利益，此為錯誤觀念。

2. 忠實原則應禁止有誤導、詐欺、利益衝突

忠實原則應禁止有誤導、詐欺、利益衝突之行為。對於客戶資料之紀錄，應就各客戶分別，保存完整且正確紀錄。常見關於利益衝突之錯誤者，為利用全權委託契約，作客戶帳戶的混淆使用，如：利用委任人帳戶或名義，為他人或自己從事交易或投資。又如：利用他人或自己之帳戶或名義，供委任人從事交易或投資。

➡ **例1：**在全權委託契約中，運用客戶委託投資資產買賣有價證券時，無正當理由，將已成交之買賣委託，自全權委託帳戶改為自己、他人或其他全權委託帳戶，或自其他帳戶改為全權委託帳戶。

➡ **例2：**不可利用全權委託投資客戶帳戶，為自己或他人買賣有價證券。

➡ **例3**：禁止相對交易：在全權委託契約中，不可運用客戶之委託投資資產，與自己資金或其他客戶之委託投資資產，爲「相對」委託之交易。如：接受客戶委託買賣時，不得以自己之計算，與客戶買賣作出相反或相同的部位。

➡ **例4**：禁止相對交易：金融從業人員於受理客戶買賣時，不可以有進行對作或跟單之行爲，如：得知某客戶之操作績效良好，而建議其他客戶跟單買賣。

➡ **例5**：禁止利益衝突、損益共擔行爲：在全權委託契約中，不可與委任人（即投資人）爲投資商品標的的「收益共享」或「損失分擔」之約定（證券投資信託事業證券投資顧問事業經營全權委託投資業務管理辦法）

➡ **例6**：禁止利益衝突：有關金融從業人員辦理全權委託業務，不得爲與委任客戶有利益衝突之第三人，從事代客操作業務。

➡ **例7**：基於忠實原則，不可製作不實之交易紀錄。如：金融從業人員辦理衍生性商品業務時，不得利用衍生性商品幫助客戶遞延、隱藏損失或虛報、提前認列收入等。

➡ **例8**：基於忠實原則，對於依法令規定之帳簿、表冊、文件，應依規定製作、申報、公告、備置、保存，不可爲虛僞之記載。

3. 忠實原則應禁止內線交易之行爲

禁止利用「職務上所獲知之資訊」，爲自己或客戶（如：全權委託契約的委託人）以外之人從事有價證券買賣之交易。

4. 忠實原則與專業原則有衝突時…

在面對客戶做資產管理判斷時，應抱持合理基礎判斷，當客戶的投資標的，與金融從業人員所推薦的不同時，應該以其金融專業與客戶充分溝通。不可藉口客戶通常都比較不專業，爲了不讓客戶資產減損，所以堅持以自己的意見爲交易判斷原則。若客戶仍堅持，則依客戶的意見爲主，不可自認爲基於專業原則、或爲了顧客未來投資報酬著想，而堅持自己的意見。也不應單純地以客戶的意見爲意見，未提供任何參考資訊。

5. 忠實原則之實務案例

➡ **例1**：若客戶授權事項，但金融從業人員發現該事項將損及客戶權益，需要告知交易風險，並仍應忠實執行。

➡ **例2：** 辦理「財富管理」業務時，若金融從業人員發現客戶投資之商品或投資組合，其風險等級較客戶風險承受度為高者，在告知其交易風險後，客戶執意投資，得視實際狀況，拒絕客戶之投資申請。

➡ **例3：** 辦理「財富管理」業務時，若金融從業人員發現客戶投資之商品或投資組合，其風險等級較客戶風險承受度為高者，不可為了提高業績績效，而陳請有權人員核可後辦理。

➡ **例4：** 期貨或證券經紀商不可逕行為客戶設定獲利點、停損點，而代為客戶交易。應持忠實原則，若遇行情改變，使客戶有帳面上損失，則應立即回報客戶，不可藉口為客戶最大利益著想，自行作主交易。

➡ **例5：** 基於忠實原則，客戶委託交易成交後，若市場行情反轉對客戶之資產不利，則業務員宜業務員不可自行判斷，而即代客戶做反向單，事後再回報客戶，應立即回報客戶，讓其自己判斷是否作反向交易。

➡ **例6：** 在忠實原則下，應公平對待所有的客戶，關於執行順序，如執行交易時，應依客戶「委託時間之先後」，為執行優先順序，而不是以現場客戶為優先，之後才依不在客的客戶之委託時間先後為執行順序。

➡ **例7：** 在忠實原則下，應公平對待所有的客戶，關於執行順序，不可以手續費高、對公司貢獻額大的客戶為優先服務對象，若也非基於服從上司而優先執行老闆的委託單。

➡ **例8：** 禁止運用「委託投資資產買賣有價證券」時（如：全權委託契約），從事足以損害客戶（委任人）權益之交易[1]。

(三)善良管理原則

優良的金融從業人員，對於顧客的資產，應隨時留意並管理客戶資產。盡善良管理人之責任及注意，基於金融專業管理，應為客戶適度「分散風險」，並提供最佳之交易服務。

➡ **例1：** 為客戶適度分散投資風險，屬於「善良管理人原則」。

➡ **例2：** 辦理客戶資產或財物的保管時，應依善良管理原則辦理。

---

1. 中華民國期貨業商業同業公會全權委託期貨交易說明書範本。

(四)公開原則

公開原則指的是相關的資訊公開，金融從業人員應提供客戶充足、必要之資訊，並向客戶揭露「最新」之資訊。如：風險情形，告知客戶交易及其他交易或投資之風險，又如：與投資決定之相關市場資訊。

1. 公開原則指應時時更新攸關資訊

公開原則，指應向客戶報告更新後之攸關資訊。在客戶成交後，對市場行情出現變化，或是有重要金融事件發生，使客戶的資產風險增加，應即通知客戶。

2. 公開原則應與專業原則相配合

公開原則下，除了提供客戶最新的資訊外，不只是某資訊本身，身為專業之金融從業人員，可針對該資訊對於客戶資產會有什麼影響，而為客戶加以分析，以協助本身不具金融專業之客戶。如：身為一位期貨營業員，客戶剛剛下單要放空石油期貨，且已成交，但油價行情卻持續攀高，營業員獲知OPEC剛剛宣佈不對油價飆漲作出任可短期的具體措施，此時，期貨商業務員應告知客戶該項訊息，並就專業立場為客戶分析。而非多一事不如少一事，不告知客戶該項訊息。也非就僅告知客戶該訊息，而沒有任何專業參考意見提供。

3. 公開原則之實務案例

➡ **例1**：若客戶請求說明對客戶事務之處理情形，則應於合理營業時間內，提供客戶關於其事務之處理情形，不可因會增加從業人員行政負擔，而拒絕客戶閱覽其帳戶明細。

➡ **例2**：金融從業人員不可以客戶財產帳冊屬於業務機密為由，要求客戶不得請求閱覽其自身之財產帳冊。

➡ **例3**：在全權委託契約，對委任人所為委任事項之查詢，應作必要之答復及處理，不可有損委任人之權益。

➡ **例4**：基於公開原則，應提供給客戶重要市場資訊，客戶委託交易成交後，若市場行情反轉對客戶之資產不利，則業務員宜立即通知客戶知曉，由客戶自行決定。

➡ **例5**：基於公開原則，客戶委託交易成交後，若市場行情反轉對客戶之資產不利，應即通知客戶，不可以為「是由客戶自行決定交易，所以業務員不需做任何反應，亦不需提醒客戶市場行情已有劇烈變化。」

➡ **例6**：基於公開原則，對主管機關命令提出之帳簿、表冊、文件或其他參考報告資料，不可逾期交提，亦不可對於主管機關依法所為之檢查予以拒絕或妨礙。

(五)公平競爭原則[2]

公平競爭原則指，金融同業應避免彼此之間相互破壞信譽、共同利益或其他不當競爭之情事。金融從業人員招攬業務時，遇到競爭公司，能持平常心，面對共同客戶則予專業建議，不可惡意攻訐同業。

(六)客戶資產獨立原則

客戶的帳戶金額應獨立，尤其是與金融業務人員自身之資金應分開。除非依該金融商品契約之性質或相關規定，才能將客戶資產或資金轉登記於受託人，如：依信託契約（與委託契約不同），信託財產需移轉給受託人，受託人始對信託財產進行管理、收益、或處分。

在與客戶互動過程中，有時會遇到客戶帳戶資金出現零星短溢之情形，此時應要循公司內控流程，據實登記，不可便宜行事，先替客戶代墊不足款項、或先未經報知公司即代為客戶保管多餘款項，此將客戶資金與業務人員個人資人混用之情形，有公私不分之缺失。

由於客戶資產獨立，在全權委託契約中，忌挪用委任人委託資產。

➡ **例1**：是否移轉財產所有權：金融從業人員受託管理運用財產時，應依相關規定登記財產，而非直接將客戶財產應登記於從業人員、金融機構主管、或金融機構名下。

➡ **例2**：從事期貨交易時，應有足夠之保證金，若客戶帳戶之保證金不足，只差幾百元，金融從業人員仍應依規定，通知客戶補足保證金後，方可接受客戶委託期貨交易，不可基於人情，先幫客戶墊款。也不可依客戶要求，為搶得下單時效而先接受委託，事後再通知客戶補足。

---

2. 可參見：中華民國期貨業商業同業公會全權委託期貨交易說明書範本中，其經營原則。

➡ **例3：**某日客戶臨櫃交易，卻因點收未真確，而溢收客戶壹佰元，但是客戶已離開公司，致電也關機，則金融從業人員即應設簿登記，不可僅交託給主管，甚至不告知客戶而充當公司公費。

➡ **例4：**金融從業人員遇有存戶遺忘銀行存摺，或存戶未及時領回銀行存摺時，應即設簿登記，交指定人員集中保管，並發函或電告通知客戶。不可代客保管存摺 或只單純等待存戶自行前來銀行洽領存摺。

➡ **例5：**金融從業人員受客戶委託執行業務，如具有投資運用決定權，則該金融從業人員不得兼任稽核人員、投資資產保管人員、或投資交割人員。

證券投資信託事業證券投資顧問事業經營全權委託投資業務管理辦法

　　證券投資信託事業或證券投資顧問事業及其董事、監察人、經理人、業務人員及受僱人辦理全權委託投資業務，除應遵守相關法令規定外，並不得有下列行為：

一、利用職務上所獲知之資訊，為自己或客戶以外之人從事有價證券買賣之交易。

二、運用委託投資資產買賣有價證券時，從事足以損害客戶權益之交易。

三、與客戶為投資有價證券收益共享或損失分擔之約定。但本會對績效報酬另有規定者，不在此限。

四、運用客戶之委託投資資產，與自己資金或其他客戶之委託投資資產，為相對委託之交易。但經由證券集中交易市場或證券商營業處所委託買賣成交，且非故意發生相對委託之結果者，不在此限。

五、利用客戶之帳戶，為自己或他人買賣有價證券。

六、將全權委託投資契約之全部或部分複委任他人履行或轉讓他人。但本會另有規定者，不在此限。

七、運用客戶委託投資資產買賣有價證券時，無正當理由，將已成交之買賣委託，自全權委託帳戶改為自己、他人或其他全權委託帳戶，或自其他帳戶改為全權委託帳戶。

八、未依投資分析報告作成投資決策，或投資分析報告顯然缺乏合理分析
　　基礎與根據者。但能提供合理解釋者，不在此限。

九、其他影響事業經營或客戶權益者。

四、受託執行業務，交易成立「後」之規範

(一)定期回報資產現況與交易情形

　　受託執行業務，交易成立後，應依照契約約定、及主管機關規定，定期作
成報告，定期回報客戶其資產增減的狀態。若有成交，則回報交易情形。

　　客戶委託交易成交後，其資金或資產，即應交付給客戶，可轉帳方式撥款
至與客戶書面約定之存款帳戶。

➡ **例1**：客戶買賣成交後，金融從業人員應立即回報，倘若客戶事前即表示因
自身不方便便盤中連絡者、或不喜歡接到成交回報電話，覺得被打擾，不宜
順從客戶意思而完全不回報，也不宜墨守成規，不管客戶個別情形而馬上回
報。可以先與客戶約定回報程序再行告知，或致電給客戶開戶資料之聯絡
人，請其轉達。

➡ **例2**：某客戶之期貨交易全部平倉，客戶剩餘的保證金或權利金，金融從業
人員可利用轉帳方式，撥款至與客戶書面約定之存款帳戶。為求謹慎，不可
轉帳撥款至客戶來電指示之存款帳戶。也不宜以現金方式或支票方式，請客
戶親臨期貨商簽收確認。

(二)客戶風險變更

　　若客戶委託交易成交後，客戶本身之資格或身份有變動，而使得其交易風
險增加，金融從業人員即應作適當處理，不可忽視。

➡ **例1**：客戶原為公務員，投保傷害險後，因退休轉為從事建築臨時工，金融
從業人員得知後，應即要求客戶向保險公司提出工作變更批改申請。

➡ **例2**：客戶投保住宅火險後，為增加收入，而將住宅之客廳兼營火鍋小吃
店，金融從業人員得知後，應即要求客戶向保險公司提出使用性質變更批改
申請。不可認為客戶仍有居住事實，而忽視不回報公司。

(三)反悔交易

若已為客戶進行金融契約，嗣後客戶反悔，則在確認客戶之真意後，依協助客戶終止或撤回其契約。

➡ **例1：**客戶投保後提出終止保險契約之申請，金融從業人員應說明保險之重要，以免客戶解約之損失，如客戶仍欲終止，應同意並協助辦理。不可拒絕客戶之終止契約要求。

五、金融服務業之從業人員違法執業處罰

一般公司的負責人，不管是董事、經理、公司之經理人，或發起人、監察人、檢查人、重整人或重整監督人，或在執行職務範圍內，執行業務負責人，其若是違反善良管理人的注意義務，使得公司有損害者，負損害賠償責任，此賠償責任，若是因違反法令使得他人受有損害，應負起與公司相同的連帶賠償責任（公司法23條）。

(一)金融業者與從業人員之連帶賠償責任

金融服務業，因為管理他人財產，從中賺取手續費或管理等服務費，應賦予相當高之道德標準，以約束金融從業人員能謹慎處理他人交託之財產。故於各金融法規，也有連帶賠償的規範。並非金融從業人員可置身事外，僅由公司賠償。

1. 信託業

信託投資公司（實務上為銀行的信託部）在違反法令或信託契約，或者可以歸責於公司的事由，使得信託人受有損害時，董事、主管人員、與公司負連帶損害賠償之責（銀行法107條）。

2. 投信、投顧業

其董事、監察人、經理人、受僱人，若是違反善良管理人的注意義務、忠實義務，則對於基金受益人或契約相對人之損害，應負賠償責任（證券投資信託及顧問法第7條）。而其他與共同基金相關的業者，如：基金保管機構、全權委託保管機構也適用此規範。

3. 保險業

其董事、監察人、總經理、負責該業務之經理人，對於保險公司因違反法令使得公司資產不足償債時，對保險公司的債務人，應與公司負起連帶無限賠償責任（保險法第153條）。保險業務員招攬行為所生之損害，其所屬公司應負連帶責任。

(二)金融服務業本身之違法執業處罰

除了從業人員外，金融服務機構對於其從業人員之違法，有內控不嚴或督察不周之責，若沒有立即處理，恐也有擾金融秩序之嫌，故法令上也對「公司」祭出罰則：

1. 銀行業

銀行違反法令、章程或有礙健全經營之虞時，主管機關得予以糾正、命其限期改善外，並得視情節之輕重，停止銀行部分業務、命令銀行解除經理人或職員之職務、解除董事、監察人職務或停止其於一定期間內執行職務。（銀行法第61條之1）

2. 投信、投顧業

其董事、監察人、經理人、受僱人，若是違反法令，影響公司業務之正常執行，則主管機關可以隨時命令投信或投顧停止執行業務、或解除其職務（證券投資信託及顧問法第104條）。

3. 保險業

保險業違反法令、章程或有礙健全經營之虞時，主管機關除得予以糾正或令其限期改善外，並得視情況限制其營業或資金運用範圍、令其停售保險商品、解除董（理）事、監察人（監事）職務或停止其於一定期間內執行職務。（保險法第149條）

→13-2 保密原則

　　金融從業人員因其職務，可接觸到公司的資料、或客戶之各項資料，如基本資料、往來資料、財務情形等，對於這些資料，除經授權或法律規定公開之外，皆應盡保密義務。

一、保密原則

　　保密原則指：金融從業人員應妥慎保管客戶資料，禁止洩漏機密資訊，或有不當使用之情事，如：不可公開、販售、或複製公司、客戶相關資料或資訊。以保密原則作為建立客戶信賴之基礎。

二、負有保密義務的金融從業人員

　　包括前一節中，我們提到的金融業執業人員，即：董事、經理、公司之經理人，或發起人、監察人、檢查人、重整人或重整監督人，或在執行職務範圍內，執行業務負責人，這些執行業務之人，包括業務人員、稽核人員、會計人員等。

　　簡言之，董事、監察人、經理人、執行業務負責人等，對於公司本身、或客戶之資訊，除經授權或法律規定公開外，應負有保密責任。所謂保密，指的是：

1. 使用客戶資料的目的

　　不得以「客戶交付目的」以外之利用。換言之，只能依客戶委託事由作為利用的目的。如：即使業務人員基於業務之便，也不可以任意調閱客戶資料。

2. 交付資料給他人時

　　不得以任何方式洩露予「與執行該業務無關之對象」。換言之，若因業務需要，需將客戶資料交知給他人時，即便是同事，也僅限於與執行該業務有相關之對象。

3. 使用客戶資料之注意程度

　　應以善良管理人之注意義務管理之，這種注意之程度，是應具有相當知識經驗、而具誠意之人，而非一般民眾之立場，對事務作適當的管理。

　　台灣在民國99年4月制定「個人資料保護法」，任何機關、機構或單位，若要蒐集、處理、及利用個人資料，應該要先告知本人，且經書面同意，才可以對個人資料蒐集、處理、及利用。此一規定使得人格權可以受到保障，但什麼是個人資料呢…

三、個人資料的定義

　　個人資料指自然人之姓名、出生年月日、國民身分證統一編號、護照號碼、特徵、指紋、婚姻、家庭、教育、職業、病歷、醫療、基因、性生活、健康檢查、犯罪前科、聯絡方式、財務情況、社會活動及其他得以直接或間接方式識別該個人之資料（個資法第2條）。

　　上述資料中，私密程度更高的特殊資料，如：醫療、基因、性生活、健康檢查及犯罪前科之個人資料，被賦予更高的保護，除非法律明文規定、公務機關執法所需、學術研究且有必要用到時等原因之外，這些資料不得蒐集、處理或利用。如：保險法第177條之1，若保險業、保險代理人、經紀人、公證人、協助保險契約義務之確定或履行而受保險業委託之法人、辦理爭議處理、車禍受害人補償業務而經主管機關許可設立之保險事務財團法人，要蒐集、處理或利用病歷、醫療、健康檢查之個人資料，則需經本人書面同意，則可以使用上述較為私密的資料。

四、使用個人資料的原則

1. 事前的書面同意

　　即使書面同意，也要告知當事人蒐集資料的目的、利用的期間、地區、對象及方式。需注意的是，若僅是當事人口頭同意，不等同書面同意。若是與當事人有契約或類似契約之關係，而對當事人權益無侵害之虞者；或是當事人已公開之資料且無害於當事人之重大利益者，則較無使用的疑慮。使用個資需要本人的事前書面同意，為金融業人員應盡的責任，並非是被動地等客戶叮囑才注意。

2. 誠信原則

　　個人資料之蒐集、處理或利用，應尊重當事人之權益，依誠實及信用方法爲之，不得逾越特定目的之必要範圍，並應與蒐集之目的具有正當合理之關聯。關於客戶的基本資料，基於保密原則，決不向外揭露。

3. 事後的損害通知

　　公務機關或非公務機關違反本法規定，致個人資料被竊取、洩漏、竄改或其他侵害者，應查明後以適當方式通知當事人。

➤13-3 保密原則於金融服務業特別規範

　　金融服務業之從業人員，受僱於金融機構，因其職務上研究或開發的營業秘密，除契約另有約定者外，顧僱用人所有，即金融從業人員自工作中所獲知之秘密，不管是客戶的基本資料、財產所得、交易往來等等，均屬於金融機構所有。（營業秘密法第3條）。

一、金融消費者保護法關於個人資料之保護

　　除了個人資料保護法之外，金融服務業由於在提供金融商品過程中，特別需要使用到大量的個人資料，故「金融消費者保護法」中，給予金融服務業者詢問客戶資料之法源，金融服務業與金融消費者訂立提供金融商品或服務之契約前，應充分瞭解金融消費者之相關資料，此立法，希望能確保金融商品或服務對金融消費者之適合度（金融消費者保護法第9條）。

金融焦點Focus

民眾銀行開戶，個資恐外洩

資料來源：
https://www.youtube.com/watch?v=vLaqUsN5_FI

　　爲了保障接受金融服務業提供金融商品或服務者，不致成爲個人資料被蒐集之弱勢的一方，若是金融服務業在瞭解金融消費者之相關資料中，有涉及個人資料之蒐集、處理及利用者，應向金融消費者充分說明個人資料保護之相關權利，以及拒絕同意可能之不利益。金融從業人員在使用個資或客戶或公司本

身的機密資料時，如非必要應儘量免用或減少副本，機密文書誤繕誤印廢紙不可回再用，應予銷毀，非經權責主管人員核准，不得攜出辦公處所，若是舉行會議中，使用到機密資料，也應於會議結束後當場收回。

金融服務業辦理授信業務，不得僅因金融消費者拒絕授權向經營金融機構間信用資料之服務事業查詢信用資料，作為不同意授信之唯一理由，也就是說，要不要予以客戶授信，應同時審酌借款戶、資金用途、還款來源、債權保障及授信展望等授信原則。（金融消費者保護法第10條）。對於授信客戶，應本公平誠信原則，對授信案件以公正客觀態度、兼顧金融業自身利益與社會公益為之，對於客戶的授信資料，金融業有保密義務，不可以向他人出售、洩露、或提供自己或他人使用。

二、個資使用免告知本人的情形

1. 銀行業

跨行金融資訊網路事業，為了辦理以下業務，而蒐集、處理或利用個人資料，得免為個人資料保護法第九條第一項之告知（銀行間資金移轉帳務清算之金融資訊服務事業許可及管理辦法第38條）：

(1) 金融機構間跨行業務之帳務清算。

(2) 辦理金融機構間業務相關之各類資訊傳輸、交換。

(3) 金融機構資訊系統災變備援之服務。

(4) 金融機構間業務自動化之規劃、諮詢及顧問業務。

(5) 其他經主管機關指定或核准辦理之有關業務。

2. 保險業

保險業為執行核保或理賠作業需要，處理、利用依法所蒐集保險契約受益人之姓名、出生年月日、國民身分證統一編號及聯絡方式，得免為個人資料保護法第九條第一項之告知（保險法第177條之1）。除此之外，舉凡教育程度、職業、婚姻、健康、病歷、財務狀況、客戶保險金額、特徵等，及其他足以識別該個人之資料，均不可轉交給第三人，否則即為違反法令規定（在「個人資料保護法」也有類似規定）。此保密義務，不僅限於招攬保險業務時，即使業務員離職後，亦應對客戶資料盡保密義務。

3. 金控公司下的個資使用

　　金融控股公司之子公司間進行共同行銷時，除姓名及地址外，共同蒐集、處理及利用客戶其他個人基本資料、往來交易資料等相關資料，應依個人資料保護法相關規定辦理（金控法第43條）。故須經客戶同意，方可將客戶之基本資料、往來資料、甚至是財務資料在金融下之子事業相互流用，而很多人以為客戶個人資料可以自由提供給關係企業作行銷，是錯誤的觀念。或者，錯誤地以為客戶基本資料可以流通給他人，只有財務資料才需客戶授權，這也欠缺保密觀念。

三、金融業務往來之保密

　　原則上，只有依法令所提出之查詢，如：依法進行調查之主管機關或檢調單位，金融業者始可提供客戶委任事項及其他業務上所獲悉之秘密。而此資料之提供，並非以客戶本身之同意為前提，亦即，若為依法所提出之查詢，可不必獲得

金融焦點Focus

疑銀行官網洩個資，網友恐慌

資料來源：
https://www.youtube.com/
watch?v=7I1hwle5zK8

客戶之同意而提供。除此之外，即便依業務需要，也不應將客戶委託事項透露給第三者，如：金融從業人員不可私下向其他子事業調閱客戶之委託資料，或者提供其他客戶資料，供特定對象/客戶參考。當然，更忌因職務之便，將客戶資料提供給他人以圖利自己或特定人。這裡的圖利自己，如：即使不洩露客戶資料，但利用資料獲取自身之財務利益。另外，若客戶本身要查詢其個人資料，也應出示身份證明文件，始得接受其查詢；若有防害第三人重大利益之虞、或有妨礙職務執行之虞者，則金融從業人員可拒絕客戶查詢、閱覽、提供複本之請求。

1. 存款、放款或匯款等有關資料

　　銀行對於客戶之存款、放款或匯款等有關資料，應保守秘密，除非有下列情形之一：法律另有規定、對同一客戶逾期債權成為呆帳，且呆帳金額超過新臺幣五千萬元，或貸放後半年內發生逾期累計呆帳金額達新臺幣三千萬元以

上，其轉銷呆帳資料可不為秘密、經檢察官提起公訴之案件，與其有關之逾期放款或催收款資料（銀行法第48條）。

實務上若發生因客戶將自身款項誤匯到他人款項，而要求銀行告知受款人之聯絡方式，請求直接聯絡該受款人匯回該錯匯款項，銀行亦應拒絕提供受款人之聯絡方式。

2. 往來交易資料

金融控股公司及其子公司對於客戶個人資料、往來交易資料及其他相關資料，除其他法律或主管機關另有規定者外，應保守秘密。（金融控股公司法第42條）。須經客戶同意，始可將客戶之基本資料、財務往來資來通用於公司內部。

➡ **例1**：全權委託投資業務之金融從業人員，因其接受委託而獲知客戶資料，客戶往來交易不可透露予關係企業之投顧公司、所屬投信公司旗下的基金經理人。

➡ **例2**：有關金融從業人員辦理全權委託業務，不得對無權過問之同仁洩漏客戶資料。

➡ **例3**：金融業者因公而獲知公司未公佈的財報，不可為取信或提高投資者（顧客）之信賴，而恣意提供給投資者。

➡ **例4**：將某投資績效較佳之客戶交易資料，不可提供給金融業者內部（如：交易部、自營部）學習參考。

➡ **例5**：銀行或投信公司從事基金募集與銷售業務，對於經理基金之保密事項，不得洩露。

➡ **例6**：金融業者因公而獲知公司未公開、具價格敏感性之資訊，經辦人員不可以其所知之資訊，從事交易而獲取利益。對於公司的機密，即使是業務人員無意間看見，也不可與隨意告知客戶。

➡ **例7**：經辦人員因公而獲知客戶對某特定商品之資訊，該熱門商品即將量產發售，而事先買進與該商品供應商相關的股票，而獲取利益。

➡ **例8**：證券投資信託暨顧問商業同業公會證券投資顧問事業從業人員行為準則第17條：「禁止非依法令所為之查詢，洩露客戶委任事項及其他職務所獲悉之秘密。」

銀行辦理高淨值客戶之財富管理業務，依法建立適當之內控制度中，應充分了解與受益人之身分、財務背景、所得與資金來源、風險偏好、過往投資經驗及開戶目的與需求等，以評估客戶之投資能力。這些客戶的資料，銀行應該要建立防範客戶資料外流等不當運用之控管機制，並控管客戶資料運用、維護客戶資料之範圍及層級（銀行辦理財富管理業務應注意事項第8條第5項）。

3. 其他金融往來相關資料

如：信用卡發卡機構之聘雇人員、信用卡推廣人員與特約商辦理簽約時，會檢附合約之資料，應妥為保管。

4. 金融消費爭議資料

原則上不得公開。依金融消費者保護法規定，金融消費爭議當事人（如：金融機構），就他方當事人（如：金融消費者）於爭議過程所提出之申請、及各種說明資料、或協商讓步事項，除已公開、依法規規定或經該他方當事人同意者外，不得公開。爭議處理機構及其人員對所知悉金融消費爭議之資料及評議過程，除法規另有規定或經爭議雙方之同意外，應保守秘密。

四、保密原則於實務上處理

1. 對帳單/客戶買賣報告書

交付給顧客對帳單時，在寄送時應注意客戶資料之隱密性，以保護客戶的權益。交付的方式，可以依約定方式交付客戶本人，不必堅持只能由客戶親至公司領取。若以電子郵件方式寄送對帳單者，應比照網路交易認證機制，透過加密電子檔功能，始可將對帳單傳給客戶。不可因便利或便宜行事，而先請客戶同意去除網路交易認證之加密機制，逕將客戶的對帳單以電子郵件寄送客戶，也不可以取得客戶電子郵件閱讀回條，取代網路交易認證機制。

2. 客戶未經授權交易

當金融從業人員知悉客戶未經授權，以他人名義從事商品交易時，應拒絕接受其委託交易。較適合的處理，為取得當事人的授權書，始可接受其委託。

實務上常見父母為子女、或夫以妻名義、妻以夫名義等親屬間，未經本人授權，但卻持本人證件欲進行委託交易。或者配偶未經本人授權，要求提供其

夫/妻之買賣報告情形、或保險契約的受益人等保單條款，金融從業人員不可提供未經本人授權之往來資料或保單內容等，即使配偶代填申請書亦不得提供資料、當然亦不得提供其在營業廳閱覽，除非本人之書面同意始可提供。

3. 他公司尚未公開之消息

金融從業人員基於職務關係而獲悉與業務相關、但還沒有公開之重大消息，如：關乎著某公司未來股價價格之消息，公司即將在某地設廠、公司進行中的官司結果、公司剛剛簽訂了一筆大額訂單…等等，這些重大消息未公開前，不得為自己、客戶、其他第三人使用（如：依此資訊據以買進或賣出公司股票）。

4. 自身所公司尚未公開之消息

類似地，若是金融從業人員自己所屬之金融業之機密資料，也適用此情況，從業人員應予保密，常有金融從業人員本身不知道哪些屬於機密資料，保守起見，對於公司各項文件、函電、簿冊、圖表、典章制度、公物等，不得攜出公司，也避免對外公開談論，尤其是公司的營業資訊，若未經公司同意公開，有絕對保密的義務。但有例外情況，若是依相關法令而要求金融業者公告揭露之公司資料，則從業人員自然沒有違反保密義務之情況。任意洩露客戶或公司尚未公開之消息資料予他人，可能會使客戶或公司有所損害，亦可能為競爭對手所用，造成潛在損害；所以，若未經主管許可，不應擅自對外表發任何有關公司業務之意見。

金融事業若要作到個人資料防護，可由兩方面著手，一為個資存取管理機制的落實，包括內控制度建立、資料依業務權責存取的權限管理、資料使用的跡證留存。第二為電子技術的提升，如資料加密技術、周邊輸出入的管理、防止資料外洩的網頁應用程式防火牆機制、或資料庫防火牆機制、使用安全的軟硬體設備以安全傳輸資料等。而與資安相關的內控作業，則可以由以下著手：金融從業人員在使用個資或客戶或公司本身的機密資料時，如：非必要應儘量免用或減少副本，機密文書誤繕誤印廢紙不可回再用，應予銷毀，非經權責主管人員核准，不得攜出辦公處所，若是舉行會議中，使用到機密資料，也應於會議結束後當場收回。若是客戶資料或訊息涉及違法行為，則有依情形向公司高層或主管機關報告之義務。

本章重點

1. 金融從業人員受託執行業務之「專業原則」指，金融服務人員於執行業務時，金融從業人員提供客戶專業之服務、並維持必要的知識及技能。

2. 受託執行業務「前」之規範：應檢視是否合法、是否符合客戶（資力、經驗與目的、瞭解客戶風險偏好、期望報酬、預計投資期限）、是否經客戶授權。

3. 受託執行業務「時」之規範：誠信原則、忠實原則、善良管理原則、公開原則、公平競爭原則、客戶資產獨立原則。

4. 忠實原則應謀求客戶最大利益、禁止有誤導、詐欺、利益衝突、禁止內線交易。

5. 受託執行業務，交易成立「後」之規範：應定期回報資產現況與交易情形、應注意客戶風險變更、反悔交易則協助客戶終止或撤回其契約。

6. 金融服務業之從業人員違法執業處罰，金融業者與從業人員之連帶賠償責任。

7. 保密原則指：金融從業人員應妥慎保管客戶資料，禁止洩漏機密資訊，或有不當使用之情事。

8. 個人資料指得以直接或間接方式識別該個人之資料，使用個人資料的原則：事前的書面同意、誠信原則、事後的損害通知。

9. 金融消費者保護法關於個人資料之保護，有涉及個人資料之蒐集、處理及利用者，應向金融消費者充分說明個人資料保護之相關權利，以及拒絕同意可能之不利益。

10. 金融業務往來之保密，如：存款、放款或匯款等有關資料、往來交易資料、其他金融往來相關資料、金融消費爭議資料，應妥為保管或保守秘密。

( ) 1. 金融從業人員於執行業務時，下列敘述何者較適當？ (A)以大戶為優先服務的對象，其他客戶有時間再受理 (B)了解你的客戶，對於不適合的客戶應拒絕之 (C)損及客戶權益之事項如為客戶授權，仍應忠實執行不需要告知交易風險 (D)經客戶要求，代其保管印鑑。

( ) 2. 金融從業人員面對客戶時，在執行業務受託買賣應？ (A)不論是誰，都是一視同仁、一律平等 (B)優先執行老闆的委託單以爭取業績 (C)以面臨最大虧損的客戶為優先服務對象 (D)以對公司貢獻額大的客戶為優先服務對象。

( ) 3. 當知悉客戶是利用他人名義而無授權書時，從事金融商品交易 (A)如果客戶承諾補上授權書，可先接受其委託進行金融商品交易 (B)應請示客戶的父母，或請其增加保證人 (C)應拒絕接受其委託進行金融商品交易 (D)報經主管同意，即可接受其委託。

( ) 4. 金融從業人員於受託執行業務時，下列何者錯誤？ (A)盡一切可能確認並瞭解客戶的需求，如同處理自己業務一般 (B)盡全力持守榮譽及廉潔以維護所屬公司之信譽 (C)應遵守專業行為規範 (D)得知某客戶操作績效不錯，建議其他客戶跟單。

( ) 5. 保險經紀人，係指基於下列何者利益，代向保險人洽訂保險契約？ (A)要保人 (B)保險人 (C)受益人 (D)被保險人。

( ) 6. 理財規劃專員招攬行為所生之損害，其所屬公司應負何責？下列何者正確？ (A)不負責任 (B)連帶責任 (C)抽象過失責任 (D)具體過失責任。

( ) 7. 下列關於金融從業人員，受託管理客戶資產方式何者適當？ (A)業務人員向消費者推薦金融商品時，不得以保證獲利的方式行之 (B)為客戶進行理財規劃分析時，應充分蒐集資料，力求周延 (C)業務人員應做好銷售之後的服務 (D)以上皆對。

( ) 8. 有關金融從業人員之行為，下列何者正確？ (A)與委任人為投資商品標的的收益共享或損失分擔之約定 (B)金融從業人員，對於顧客的資產，應隨時留意並管理客戶資產 (C)與委任人有金錢借貸的往來 (D)反向買賣其推介與客戶之金融商品。

( ) 9. 受到客戶委託而代替其管理資產時，應該注意哪幾項要點？ (A)忠實原則 (B)當消費者投資標的與本身所推薦的不同時，應該與其充分溝通後，若顧客仍堅持，則依客戶的意見為主 (C)定時報告其資產增減的狀態 (D)以上皆是。

( ) 10. 下列何者行為有誤？ (A)以職務上所知悉消息，告知第三人 (B)事先與客戶簽訂受託執行業務範圍之約定書 (C)依公司及相關法令規範，執行客戶所託之業務 (D)誠實告知客戶受託業務執行之結果。

▶習題解答

1	2	3	4	5	6	7	8	9	10
B	A	C	D	D	B	D	B	D	A

14

金融科技

◆ **本章引言**

隨著手機普及化，消費者愈來愈依賴使用手機的同時，利用手機進行支付，便成了金融科技重要的一環。使用手機或平板電腦來支付消費金額，甚至達到與信用卡相同的延遲支付功能，「行動支付」使消費者享受購物的便利，使支付更為效率與方便，是目前金融發展之趨勢，而金融科技可以為人們帶來什麼方便與限制呢？本章我們介紹常見之「行動支付」相關名詞，如：「第三方支付」、「電子支付」、「行動支付」。並帶讀者認識常見之金融科技業有哪些。

→14-1 金融科技

一、金融科技之便利—行動支付

金融科技（Financial technology，也稱為FinTech），是指企業運用科技或電腦化資訊，提升其金融服務效率與多元，因而形成一種新型態之經濟產業。

在人手一機的後三C時代中，手機幾乎在某種程度上取代了電腦的使用，它可以上網、收信、查找資料，存取檔案甚至與電腦可共用，消費者愈來愈依賴使用手機的同時，利用手機進行支付，取代現金的找零不便、遺失或搶奪等風險，便成了金融科技重要的一環。使用手機或平板電腦來支付消費金額，甚至達到與信用卡相同的延遲支付功能，「行動支付」（Mobile Payment）使消費者享受購物的便利，使支付更為效率與方便，是目前金融發展之趨勢。未來，可想見取代手機而進行支付之工具，是充滿想像的，可能有指紋識別、臉部或瞳孔辨認等，直接由消者費個體取物、踏出商店大門時便能以「人」作「支付」，未來革命性的金融時代，在「行動支付」普遍後，便指日可待了。

本節我們介紹常見之「行動支付」相關名詞，如：「第三方支付」、「電子支付」、「電子票證」、「行動支付」。

(一)第三方支付

所謂「第三方支付」買賣雙方之交易過程中，藉由一個中立的支付平台（非買賣方成立，故稱之為第三方），為雙方提供款項「代收代付服務」。「第三方支付」業者站在協助交易進行的立場，代理收付款，買家的錢由中間的第三方業者先行保管，使得賣方能預見買方貨款而安心出貨，而買方則在收到商品後，再由第三方支付業者把錢移轉給賣家，使其購物更具保障，增加賣賣雙方交易意願，連結陌生的網路世界下的買賣雙方，可進而擴大網路交易商機。

「第三方支付」主管機關為經濟部，知名「第三方支付」業者商家有：歐付寶、Line Pay、街口支付、遊戲橘子的樂點卡、及網路家庭的支付連等。

(二)電子支付

因2015年通過的「電子支付機構管理條例」，經營業者須取得電子支付執照，比起單純的第三方支付業者僅提供代收代付，也作「金流」之處理，如增加「帳戶資金移轉」（轉帳）及「儲值功能」，而有收款、儲值、轉帳等金融服務，這些金融服務提供的過程中，資金會有一段時間停留在電子支付業者這一方。

簡單來說，電子支付包括了第三方支付業者所提供的服務，但第三方支付則缺乏了「金流」之處理。其中的儲值，指消費者在其電子支付開立的帳戶中預付款項，此性質類似銀行之活期存款，其方式是在電子支付開立帳戶中，作直接儲值，或連結到消費者的銀行帳戶、把錢轉到電子支付帳戶作後續的儲值，使線上交易進行更為方便。此則牽涉到「金流」之處理，勢必要與使用者連結之銀行帳戶結合，故電子支付業者與銀行業合作，使得彼此的業務有了重疊、共享客戶群。

使用者可以利用手機下載業者之APP或使用具備近距離無線通訊功能（非接觸型的near-field communication，NFC支付）的手機，讓兩個電子裝置在非常短的距離進行資料傳輸，以行動電話號碼註冊，即可綁定金融卡帳戶或信用卡，作「銀行帳戶轉帳」或「信用卡」自動儲值，讓手機與感應式讀卡機進行交易。目前多用於商店的小額交易、或是交通運輸系統付費。

各家銀行也紛紛推出結合電子支付的信用卡優惠，連帶地促使了電子支付的普及性。電子支付主管機關為金管會，知名商家有：歐付寶電子支付、國際連、街口電子支付、橘子支行動支付及智付寶等。

(三)電子票證

所謂「電子票證」是提供小額儲值的支付工具，如已經十分普遍之悠遊卡、一卡通，另外還有金愛卡、遠鑫電子票證、以及各種商店發行的儲值卡，方便消費者作「現金儲值」。電子票證主管機關也是金管會，於民國98年制訂了「電子票證發行管理條例」，所謂的電子票證指「以電子、磁力或光學形式儲存金錢價值，並含有資料儲存或計算功能之晶片、卡片、憑證或其他形式之債據，作為多用途支付使用之工具。」依法令規定，電子票證業者也可兼

營電子支付，將電子票證的實體卡片虛擬化，把支付功能移轉到手機、平板等行動載具裡。像一卡通就已經取得電子支付執照，並與第三方支付Line Pay合作，這種合作聯盟橫跨第三方支付、電子支付與電子票證三大領域，消費者可將電子支付帳戶的錢，移轉到自己的電子票證使用。

報你知

　　依據金管會統計，截至2018年11月底止，共有26家電子支付機構，其中有5家專營公司，包括街口支付、歐付寶、簡單行動支付、橘子支付及國際連公司等。另外21家兼營電子支付公司，包括中華郵政、銀行、或電子票證公司，如：一卡通票證、玉山銀行、臺灣銀行等，目前電子支付總使用者人數約409萬人，仍不斷地持續增加中。其中，Line Pay一卡通的使用人數成長速度最為驚人，已居所有電子支付業者之冠，另外專營之電子支付機構中則以歐付寶使用人數最多，以消費金額來看，則是街口支付的消費金額最多。電子支付的交易金額以消費為大宗，另外也有帳戶間的轉帳金額、與代收付款項。

(四)行動支付

　　只要以手機或平板等行動載具進行交易支出，皆為行動支付，由於行動支付是未來數位經濟發展的趨勢，隨著行動支付愈來愈普及、消費者使用行動支付之意願提高，可帶動產業新商機、提升大眾生活的便利性。而前述之「第三方支付」及「電子支付」除了線上付款之遠端支付[1]之外，大多在手機裝置上使用，「電子票證」則有發行手機電子票證，亦即「第三方支付」、「電子支付」及「電子票證」都透過手機或平板等行動載具進行交易支出，故都被歸類為「行動支付」。除此之外，行動支付還包括了單純的「信用卡的延伸付款」，可視為數位行動信用卡，如：Apple Pay，此支付是由消費者的信用卡，未提供代收代付，資金也沒有停留在Apple公司，僅是以手機裝置進行支付，而屬於「行動支付」之一，但與「第三方支付」、「電子支付」及「電子票證」不同。

---

1. 遠端支付指的是用電腦或手機完成網路的購物程序，而在網路上刷信用卡、金融卡或是以電子優惠券支付費用，須先輸入信用卡或金融卡的資料，並由手機接收消費授權碼後回傳線上購物程序中，作為網路消費安全措施進行付款。

當手機中的SIM卡具有NFC支付功能，則可以利用手機在近距離下作感應式電子支付，例如：Apple Pay、Android Pay、Samsung Pay。

行動支付中，由Google所開發的Android Pay就是使用NFC來支付的電子錢包平台，使用時也提供指紋辨識以增加支付過程的安全性，避免手機不慎遺失而輕易被冒用的風險。其可以結合Google Map就近查尋鄰近提供行動支付服務的商家，更貼近消費者使用需求。除了指紋之外，未來的各項生物特徵也將被運用，如：手機使用者可透過說話的聲音，啟用手機裡的NFC支付功能。

二、行動支付與純網銀之區別

(一)純網銀

「純網銀」指經營項目與一般實體商業銀行相同，經營業務範圍包括貸款、存款及銷售金融商品（如：基金）及發行信用卡等，「純網銀」優勢在於不需支付龐大的實體分行支出及大批行員的成本，在國外，為了搶分客戶，「純網銀」常常提供相較於實體銀行更高的利息、更低的放款利率。但純網銀少了與客戶面對面之服務，欠缺直接的客戶接觸，且實體銀行已與行動支付結盟、也架設了網路銀行的網頁作線上服務，故而，「純網銀」是否能得到目前消費者信賴而能順利開展銀行業務，仍有待市場考驗。

除了銀行業者想承作「純網銀」，行動支付業者也想爭取「純網銀」，顯見「純網銀」之商機與利潤。金管會於107年11月完成相關法規，108年即有純網銀上路，純網銀的經營者不限於傳統金融業，只要「非金融業」可主導及持股過半「純網銀」，也能爭取「純網銀」執照，但僅通過兩張純網銀執照。

行動支付與純網銀不同，行動支付即使與與銀行結盟合作，經營項目也只侷限在支付業務，對銀行來說，雖然行動支付擴大了信用卡收益，但是遠不及「純網銀」，還是具有相當的業務侷限，如：銀行無法透過行動支付業務，而放款、或發行信用卡。

→14-2 金融業因應金融科技時代之轉型

一、現代金融業之轉型

過去傳統銀行所提供的金融服務,對於習慣直接使用網頁之新世代,已經漸漸地失去吸引力,隨著行動支付、純網銀的興起,金融消費者的新使用習慣,使銀行有了舖天蓋地的變化潮流。以下探討各種重要的新興發展趨勢,讓我們更能體認銀行業之轉變。

(一)裁撤實體分行

金融科技風潮下,消費者使用習慣改變,分行營運功能愈顯式微,由2011年起至2018年,金管會統計全體國內銀行分行數屢創新低,裁減的分行,也由非都會區(如:苗栗三義、嘉義等),延伸到都會區(如:臺中、桃園、大臺北地區)。雖然也有少數銀行仍繼續在國內增加分行據點(如:王道銀行等),但增加分行的速度遠不及關掉分行的速度,此顯示實體分行對於銀行之經營價值,已經益發不具經濟效益,當銀行設立在地域上較為聚集、而整合鄰近分行資源,或囿於日漸高漲的租金,都可能是裁撤實體分行的考量。在調整分行家數之外,銀行也進行分行功能的調整,外國銀行在臺員工之人數也節節下降,銀行數位化的風潮,使得精簡人事成為金融業最直接的節省成本手段。

(二)P2P網路借貸平台興起

當金融業第一線的櫃檯服務人員正當面臨失業威脅時,金融業以另一種型態正在廣納高手以符合轉型後的金融業。數位化的設備,逐漸地取代人力,大多數的金融服務也可以在網路上施作完成,過去的金融中介機構,在面臨同業競爭的低利差之外,也面對新興的資金流動平台的挑戰。

過去金融中介機構在提供資金供給的貸放服務時,主要為銀行在吸收存款後,以其自身作為債權人,直接面對債務人,賺取存款與放款之間的利差,而隨著網路興起,金融運作也可以利用無遠弗屆的網路,串起資金供給者與資金需求者之間的直接接觸,應運而產生Peer-to-Peer(P2P)網路借貸平

台，亦即，雙方之間的借貸行為，在網路建立起的服務平台（通常是以網頁的型態），媒介資金提供者（債權人）與資金需求者（債務人），當資金提供者藉由網路借貸平台直接貸予資金給債務人時，產生個人對個人之間的直接資金流動，自然不需要銀行等金融中介服務機構放中間過程再分潤利差。網路借貸平台也可以尋求其他的合作銀行，由合作銀行提供資金給網路借貸平台的借款人，在審核借款人信用條件後，透過P2P平台向通過審核的借貸用戶放款，若呆帳出現時，則由合作銀行承擔。

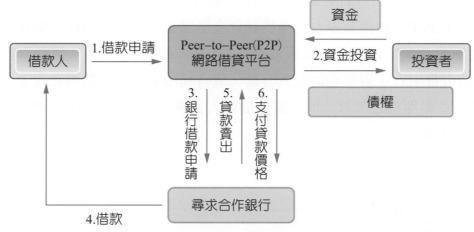

■ 圖14-1　P2P網路借貸平台從借貸到投資的交易流程

　　當然此P2P網路借貸平台須能提供借貸雙方彼此之間的信用狀況，供資金供需雙方彼此參酌，並能在兼具網路資訊安全之下，讓借貸雙方能在平台上自尋找交易對手，讓市場機制能產生合適的借貸利率（如：資金提供者在決定其資金要貸放的對象群時，能依不同對象之信用狀況，決定不同的借貸利率，當信用狀況條件較差時，原則上資金提供者會要求較高之借貸利率），使資金順利流動。而此P2P網路借貸平台則收取平台使用費或交易手續費，作為平台經營之媒合交易雙方之收入來源。

　　臺灣第一個P2P網路借貸平台為2016年之「鄉民貸」[2]。在國外，美國則有較著名於2006年成立的Proper及Lending club，網路借貸平台的興起在近年如雨後春筍般紛紛出現。

---

2. 鄉民貸是小額借貸平台，初期每筆借款案以台幣30萬為上限，平台並向籌資者收取3%手續費。

在P2P網路借貸平台運作的同時，也有著相當的交易風險，政府是否放寬相關的交易法規、潛在詐騙者之犯罪行為及後續違約產生之突發情況也可能引發社會問題，這些風險均是在P2P網路借貸平台運行時會產生的副作用。

當然，銀行業也非等閒之輩，銀行當然不會坐以待斃，其因應之道也很直接，在國外，銀行業直接入股P2P網路借貸平台，作為經營平台之股東之一，或者註冊於平台作為資金提供者，針對「個人」無能力或較無意願參與之企業貸放，擔任資金提供者，一來這類的企業貸放金額較大，一般人無意願擔負大額風險，也無能力對企業借款者作專業的信用風險評估；二來，銀行可以更省力地在P2P網路借貸平台上尋找到資金需求者，而非如過往只能在銀行端被動地等著企業上門借錢，此反而更充實了銀行的潛在客群。透過直接入主P2P網路借貸平台，對平台的收入分潤，或者利用平台提供的潛在資金需求者（尤其是企業型態之借款人），擴大借款人名單，銀行當可以因應P2P網路借貸平台之挑戰。

想一想

主要管理儲值功能之貨幣機構為銀行，但近年來在金融科技趨勢下，裁撤實體分行實為風潮，銀行業是否會式微或消失呢？這樣的直覺思考忽略了什麼？

思考方向 金融科技下，人們對於貨幣流通與儲值的使用習慣改變，但仍需要有金融服務人員為貨幣流通與儲值作服務，即便改為線上運行，銀行業裡的從業人員只是由第一線的櫃檯，轉化為金融資訊專長人員，銀行業不會式微，僅是從業人員之內在或第二專長改變而已。甚至未來可以利用金融科技，主動地蒐集大數據，分析客戶理財習慣、找出潛在消費客群、或提早掌握違約風險可能性，不再被動地等待客戶上門，而能更迅速地開發新客戶名單，或找到新的金融業務吸引消費者使用，賺取利潤，開創銀行業的新藍海。

(三)跨銀行的合作－開放銀行

開放銀行指的是銀行透過應用程式介面（Application Programming Interface, API），作爲橋樑串起裝置、或系統應用程式，使不同的銀行，可以透過與第三方平台合作，分享自身銀行客戶之帳戶、金融相關資料予第三方平台，而消費者可以自行決定其帳戶資料是否對合作金融業者開放使用，使消費者可以獲得多家銀行之金融服務。這個第三方平台提供信託服務管理（Trusted Service Manager, TSM），既不是電信業者（提供網路服務）、也不是銀行業者，爲公正中立之平台，各金融服務業可以各自管理自己的安全元件，透過公正的第三方控管元件，整合中間的資料、進行資訊交流，以達到資安需求，而能進行客戶身份辨認，共享金融數據資料。在擴大客群下，分析客戶使用消費習慣，節省大數據開發成本，並可達到偵測消費者行爲、進一步預防詐欺，提供自身專長業務，使銀行能接觸更多客源，未來更可能有不同產業的合作，帶動合作產業經濟。

■ 圖14-2　透過行動支付串聯各商家及金融機構示意圖

　　例如，A投資人為甲銀行之帳戶使用者，若欲購買乙銀行之新種金融服務時，過去必須在乙銀行重新開戶、申請服務，未來在甲、乙銀行開放API串接後，A投資人只要輸入甲銀行之帳號資料，不需在乙銀行重複申請帳戶，就可以使用乙銀行之金融服務，未來甲銀行甚至可以與異業合作，如：與手機廠商合作電子憑證，使得A投資人可以自由地授權其電子憑證於更多的金融業者、或合作業者（如：醫院預約掛號、網路購物小額支付、大樓社區管理費繳費、便利商店業者小額支付及點數兌換、電信業者支付電信費用），而不需一再地重複申請帳號、只要使用A投資人於甲銀行的帳號密碼即可作個人身份認證。未來可以引入更多的合作商家與新創業者，透過點數折扣創造收入或爭取曝光。

　　這樣的概念，在更早的社交服務業者所提供的社群服務即已實現，如A使用者只需在社交服務業者（如：痞客邦）開啓個人部落格頁面，在交流美食、旅遊、3C、電影等廣泛興趣時，可以利用網站內嵌的分享按紐，方便地將美食或旅遊的地點位置，導入Google地圖，也可以看到有興趣的電影資訊，一鍵分享到A使用者的個人臉書（facebook）上，使用者不需要同時登入Google與Facebook帳號，在單一使用痞客邦頁面時，即可以完成以上功能，且要不要延伸使用Google與Facebook帳號，決定權在A使用者，其可以決定是否開放連結予其他業者。

　　過去各銀行視為保密的金融客戶數據，未來可以透過銀行間的聯盟、或跨業間的合作，分享所擁有的金融數據與客群，在有創意的合作點子下，將搶攻金融使用者之使用習慣的先占優勢。

(四)客製化的個人投資

　　機器人理財可以用程式化的特性，進行更廣投資標的之蒐尋與篩選、更精準地交易運算，而能低成本地依據客戶的個別特徵或偏好，為客戶整合分析合適的投資標地，提供更多詳細的金融資訊，這種可以依據客戶類別、不同情境設定下可迅速提供理財投資建議的服務，未來將取代多數的理財專員。機器人理財有幾項特色，第一，他們不會疲勞、不需要休息，全年365天、一天24小時快速地為客戶服務；第二，他們具有快速的雲端運算功能，理性而客觀地依據各項程式內設參數作分析；第三，他們不會有詐欺、貪婪等人性缺點，不會

為了賺取較高額的佣金而建議客戶不需要的投資標的；第四，他們可以依據客戶特性，偵測客戶即時性的需求，更貼近金融消費者的需求；第五，他們不會因為像傳統的理財專員，可能會因為親疏遠近，而有大小眼的差別化服務。

機器人理財因為不需負擔高額的金融從業人員薪資，長期而言，其更能節省企業成本，使得機器人理財服務收費低廉，其營運模式大多是向客戶收取平台使用費、或管理費。當然，機器人理財也具有它的缺點與限制，其理財報告的推薦與出具，皆是依據過去歷史經驗法則而事先設定程式，一旦發生了突發事件，尤其是歷史上少見、甚至是未發生的情事，將使得它的推薦投資標的可能反而蒙受鉅額損失。

客製化的服務，能吸引更多顧客，如：加拿大WealthSimple公司，為客戶提供量身定做的投資組合，吸引大約10萬使用者在該公司平台存入30億加幣（711億台幣），更棒的是，使用者不受到國家限制，美國、加拿大和英國皆為其廣大客群，該公司的80%的客戶，年齡在45歲以下，這恰巧與傳統的財富管理公司客層正好相反，也就是說，利用金融科技的新創商品，正在創造新的投資人口。

(五)行動支付所結合之創新金融服務

由於人手一機時代來臨，各項商機均建置在行動支付的手機上，能夠掌握行動支付的先機，只是踏出金融業成功的第一小步，後續能利用大數據作商情預測與消費者挖掘的自動化，將各項創意融入行動支付中，才能賺取大額利潤。例如，與過往投信業者倚賴的定期定額基金操作策略不同，2018年興起一項全新的投資理財模式，英國Moneybox所開發的零錢投資App，利用方便的App應用程式，使用者只要把每次買咖啡所零找的小零錢，自動轉入基金投資，當使用者花費2.20英鎊（約台幣88元）買一杯咖啡時，會自動從帳戶扣3英鎊（約台幣120元），再把找零的0.8英鎊（約台幣32元），轉入用戶設定的投資理財產品，這樣的策略，成功地讓使用者在「對自己好一點」（買咖啡、不是只喝白開水），同時也聯想到對自己「未來」好一點（滿足現在的口腹之慾、也要照顧自己未來的收入，不要都只想到現在的消費享用、也要想到未來的花用來源），如此一來，反而激起年輕投資族群的認同，創造螞蟻雄兵式的投資金額，每位用戶每年約投資1,000英鎊（新台幣約4萬元），探討其背後

的原因有二，第一，若是以傳統定期定額的行銷策略，反而不容易在一開始就有辦法說服投資人每月扣款台幣3、4仟元，達到每年投資4萬元的金額，因為期初要下決定每月扣款數仟元，讓投資會陷於扣款義務的心理負擔中，而讓投資人無法輕易答應作定期定額投資。第二，這樣的零錢投資，在使用上非常方便，利用手機支付咖啡費用的同時，就扣款投資了，使得年輕人更樂於規律投資。在費用方面，投資人仍需向基金經理公司支付基金管理費，而Moneybox另向用戶收取1英鎊的服務月費。

另一方面，這樣的零錢投資，更合適普遍起薪較低的年輕人，這些低薪族群，也往往是傳統金融行銷中最被財富管理公司所忽視的潛在客群。

未來，利用人工智慧驅動的聊天機器人，已建置在龐大的使用手機人口中，利用聊天機器人，可能可以刺激年輕人增加儲蓄金額，這樣的類似創新思維，正翻轉著傳統的銷售策略，而能運用這些新創商機的金融業者，則有能力在這波金融科技浪潮下，以如同變形蟲般強大的適用力存活下來。

想一想

創新金融服務，可以刺激新的金融消費，為什麼呢？

解答 新的金融服務可以挖掘傳統的財富管理公司過去不重視的客層、或者創造螞蟻雄兵式、以小累積為大額的投資金額，另外，方便的 App 應用程式增加理財意願，故而使金融市場有了新的能量。

二、衍生的問題

近年由於大數據的興起，與大眾對於金融科技帶有未來美好期待，連帶也衍生出一些問題。

(一)網路詐騙

有一些號稱自身為金融科技公司，卻未具備關鍵技術，投資人對於這樣的公司應審慎判別。

(二)個人資訊的不當散播

對主管機關而言，金融數據的流通，如何對個資把關，審核個別隱私，將成為最重要的課題，能否透過通行的網路資安系統，克服金融消費者隱私問題。過去金融服務需要輸入信用卡或金融卡資料，搭配消費者授權碼的安全措施，進行線上支付作業，而隨著App在手機使用的興起，消費者只要在下載App時，輸入一次性資料，即可以進行多次的支付（如：高鐵訂票支付App），未來再加上對感應式付款之金額鬆綁（目前感應式交易金額上限為台幣3,000元），與「開放銀行」之趨勢，則如何能進行安全的交易與配套法規，在行動網路業者與金融業者中間，透過公正且有可信力的第三方進行資料交換、整合與轉換，不僅是金融業、行動網路、手機業者而已，重要的安全元件供應商的加入，才能使交易安全更完善。

(三)惡意倒閉與壞帳

透過線上借貸，可以增加資金流動的效率性，但畢竟借款人終究是在螢幕的另一端，若在平台登錄審核時未有把關機制，則借款人較有倒帳之道德風險。中國保守估計達至3千家P2P信貸公司，但卻建立在不成熟的徵信體系，各公車站、地鐵站刊登鼓勵人們借放款的廣告，當利率上升、或市場風險意識抬頭時，將可能引發大規模的倒閉浪潮。長久之計，應如美國的P2P借貸平台，其之所以能成功運作，關鍵原因在於其具有具公信力的個人信用資料庫，而主管機關的健全法規也應鬆綁與規範。臺灣在2018年發生資融公司怡富金融集團旗下以消費性商品分期付款做為商品的「怡富貸」[3]，無預警關閉網站

---

3. 以機車與消費商品分期付款做為主要業務。

事件，引起各方重視，「鄉民貸」則於2019年1月發起「網路借貸資訊仲介業者自律規範」。但目前線上借貸在臺灣仍是一個模糊的地帶，經濟部與金管會皆尚未監管P2P業者。

三、著名金融科技公司

FinTech的商業主要透過網頁或手機App的簡便性、和低廉的手續費來吸引使用者，其收入除了第一線直接地收受服務費之外，也蒐集使用者、消費者及貸款者的大數據，運用高度運算的人工智慧、機器學習等技術，提供給需要這些數據的商業用戶，如：違約機率可以作以未來的風險控管，信用評等可以用作未來的貸款人，潛在消費者特徵可以作為企業的重點廣告顧客群等，這些數據的提供，則是Fintech的第二線收入來源。

以下則介紹常見的金融科技服務的經營模式：

(一)購物網與其延伸之金融服務

➡ **螞蟻金服Ant Financial**

其前身為2010年成立的浙江阿里巴巴電子商務公司，其後於2014年正式成立螞蟻金服，是一家主要服務小型企業與一般消費者的網際網路金融服務公司。它是阿里巴巴集團[4]的網路金融服務公司，旗下包括支付

資料來源：
https://www.antfin.com/

寶（為全球最大的第三方支付工具，用戶超過8.7億）、餘額寶（基金投資，擁有全中國金投資金額最大的數支資幣基金）、芝麻信用（網路數據徵信）等等，詳見圖14-3。

龐大的使用者，背後也有著驚人的商機，如：支付寶用戶在叫車、叫外送、購買時，會儲值金額作資金的短暫停泊，若能有理財商品供其投資、或是小額貸款供其消費或填上短期資金缺口，則有更多的利潤可以由支付寶用戶提取出來，另外，其網頁的使用脈絡也有著數據可以做分析應用。螞蟻金服也積

---

4. 阿里巴巴為最大的電商網站，旗下的淘寶天貓，每天交易量十分龐大。

極地在海外布局投資（如：印度Paytm第三方支付、韓國K-Bank網路銀行、泰國Ascend Money線上金流、菲律賓Mynt線上金流等），希望能擴大全球的使用用戶，以突破其中國用戶趨近飽和的獲利天花板。

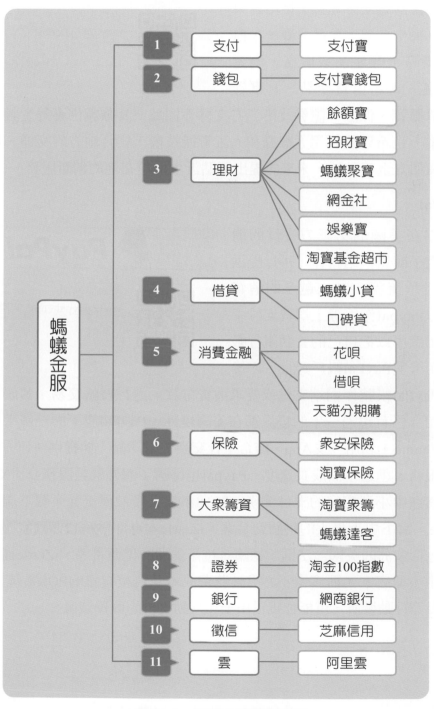

■ 圖14-3　螞議金服業務內容

➡ 京東金融

為中國的大型電商平台，於
2013年10月開始獨立運營，與阿里
巴巴的業務內容十分類似，推出京東
支付、京東小金庫，產品眾籌、小白
卡、金條等金融產品或服務，涵蓋
消費金融、零售信貸產品、財富管

資料來源：
https://jr.jd.com/

理、群眾籌資、保險、證券及第三方支付等領域，其強調供應鏈金融，貸款給
中小企業，也希望能利用大數據和人工智能技術，結合地方的交通、環境、能
源、商業和安全等數據，未來能提出更貼近生活與在地的創新服務。

➡ PayPal

成立在美國的第三方支付的龍
頭，與電子商務網站合作，可以提供
簡易的付款流程，越來越多的消費
者習慣以Paypal作為線上消費支付工
具，使用者可以把自己的實體銀行帳
戶或信用卡與PayPal帳戶連接，之後

資料來源：
www.paypal.com/

可以用PayPal帳號作網站支付或要求消費付款，進行轉帳交易。其廣大的海外
用戶，如今已有超過一半的帳戶都在美國境外，PayPal旗下的一個手機行動支
付服務Venmo，利用一支App，結合了社交與支付功能，能提供快速方便轉帳給
朋友的服務，創造了高成長速度。Paypal也併購了海外匯款服務公司Xoom、為
了補足其在中小型店家的支付業務，2018年以天價22億美元，買下瑞典支付工
具iZettle，寫下史上最大的併購交易案。iZettle本身即為跨12個國家服務的瑞典
公司，包括歐洲的英國、法國、德國、拉丁美洲的墨西哥等，iZettle提供軟體與
硬體給中小型店家，而店家不必另外花費成本購買較複雜的POS系統[5]，利用手
機、平板等行動裝置，就能作為信用卡、行動支付的收費裝置。

---

5. POS系統（Point of Sales，銷售點終端），指銷售時點訊息系統，透過自動讀取設備（如收銀機），在
   銷售商品時，能讀取商品商品名、單價、數量等。

(二) 網路借貸

➡ 陸金所（上海陸家嘴國際金資產交易市場公司）

2011年9月在中國上海成立，其在2019年1月線上註冊用戶已達到4055萬，擁有驚人的使用者人數，其隸屬於中國平安集團，最早以P2P信貸起家，一種是無抵押的穩盈安e貸，另一種是有抵押的穩盈安

資料來源：
https://www.lu.com/

業貸，特別的是，其富爸爸平安集團旗下的平安融資擔保公司，在借款人不還款時，擔保了本金、利息、逾期罰息，吸引小金主參與放款。建立自身的風險控管系統，以個人及中小企業為主力的借款人，依信用與其借貸期間，支付不同的利息，之後快速的發展為多元金融商品的線上銷售（基金、保險、新股募資⋯），其優勢為註冊的VIP客戶及微信群，這些社群可以快速地傳送新發售商品，目前陸金所的P2P業務降至不到10%，保險理財產品、公募基金與固定收益的資產，則佔了90%，其廣大的平台，十分有助於社群行銷金融商品，該平台賺取金融產品的「上架費」，以及使用者購入金融產品後，轉帳給他人的「手續費」。

➡ 趣店

原名為趣分期，創立於2014年3月，為中國分期購物網，它的目標客戶為沒有信用卡的年輕人大學生，在分期貸款平台中屬於發展較早的，向大學生提供分期購物消費的金融服務平台，學生可以下載App，在手機

資料來源：
https://qd.qufenqi.com/

使用更方便消費，其經營主力為校園學生，而其背後最終付款者，卻常是父母家人，當借款人無力支付時，家人分別收到了催款的短信及電話騷擾，則為趣分期常為爭議的地方。其後在中國監管部門的壓力下，趣分期轉型為趣店，主攻年輕族群，年輕人的消費慾望堆起了趣店的一片天，2017年10月18日，趣店集團在美國紐約證券交易所掛牌上市。建立自有平台分期消費商城趣店，合作的商城初期以3C電子產品，逐步增加各種消費品，如：運動、美妝、手錶、珠

寶等，趣店也與知名企業合作分期消費，如：OPPO、vivo、聯想、戴爾。與「支付寶」搭接的「來分期」，引入大量的使用者，透過大量年輕族群使用者，使其發展徵信和風控，並藉由股東之一的螞蟻金服所開發的「芝麻信用」評分系統，決定核貸與否。

➡ Paytm、PayU

　　13億人口的印度，市場潛力不容小覷，有「印度電子錢包之王」與「印度支付寶」之稱的Paytm，2010年創立於印度，利用手機付款的方便，迅速建立其在印度的使用族群，後來又獲得中國螞蟻金服入股成

資料來源：
https://paytm.com/

為大股東，提供雄厚的資本，Paytm剛好搭上印度政府主導的金融普惠政策[6]，政府以政策引導數位支付，「單一身分認證局」（UIDAI, The Unique Identification Authority of India）將手機門號，身分號碼與銀行帳號綁定，消費者只要透過手機中的「統一支付介面」就能收付轉帳，未來更會結合指紋辨識、虹膜與臉部辨識技術。

　　與Paytm相似的PayU，創立於2002年，由南非跨國媒體集團Naspers為大股東，則是提供線上支付服務，2017年以併購德國線上借貸業者Kreditech，讓消費者在6萬元的額度內，可借貸來支付線上購

資料來源：
https://corporate.payu.com/

物。Kreditech成立於德國，主要目標客戶為信用條件較差者，凡是主流金融機構不願意核貸者，皆可以到Kreditech試試信用貸款，Kreditech蒐集運用了個人在網路世界的全面性資料，包含個人社交網頁（如：Facebook）、過去的消費紀錄（主要是Amazon和Ebay）及PayPal付款交易記錄等，利用這些資料，以人工智慧和機器學習來對借款人作信用評分並決定是否核發貸款。PayU迅速地擴張版圖，除了Kreditech購併案之外，也買下印度線上支付品牌Citrus Pay，設立不須實體卡片的線上刷卡品牌LazyPay，投資線上信用借貸新創Zest Money，搶攻線上信用借貸市場的大餅。

---

6. Jan Dhan Yojana。

➡ **Lending Club**

　　最早提出網路借貸服務者，源於2005年推出服務的英國Zopa，而2006年成立的美國借貸公司 Lending Club，則於2014年在美國交易所上市，其常被與Zopa相提併論，Lending Club採用信用評等公司

資料來源：
https://qd.qufenqi.com/

Fico的信用評等分數，作為其信用評判的參考標準，提供給貸款人，而這套信用評等分數早在1956年即已被創立，建立模型以預測借款人或相對關係人的未來償付行為，被廣泛地使用於信用卡公司、零售商、商業貸款者、保險公司及電信服務提供商，由於Fico 的信用評等分數的可信度，大大地為Lending Club加分。除了有廣大的自發性投資人作為貸予者之外，有美國聯邦存款保險公司（FDIC）擔保的猶他州特許銀行WebBank，也成為Lending Club資金的另一加持者，WebBank放款給通過審核的借款戶，或由Lending Club 購買貸款後，再分售給多位借款者。Lending Club收入來源主要為平台向借款人收取1%~6%的「貸款設立費」（Loan Origination Fee）。

➡ **Avant**

　　Avant也是美國線上借貸公司，特別的是，放貸的資金來自平台，而非投資人，其可貸金額約為美金8千，同樣地建立自己的演算系統，透過大數據和機器學習來建立借款者信用資料。

資料來源：
https://www.avant.com/

➡ **SoFi**

　　SoFi是成立於2012年的美國網路貸款公司，目標客群定位在美國高學歷人才，主要因為美國名校學費十分昂貴，使不少學生揹負就學貸款，但名校學生未來就業市場條件較佳，就

資料來源：
https://www.sofi.com/borrow/

學貸款違約率比一般學生違約率來得低很多，Sofi建立一個在學學生與畢業校友的社群，將名校校友提供的資金，以較低的固定利率，貸款給名校學生，學生除了可取得便宜的就學貸款來源之外，因為忌憚違約可能會在校友社群中留下汙點，更降低其違約可能，而畢業校友提供資金來源，除了賺取本利的投資回報之外，也建立其所需的人脈資源，SoFi則收取0.75%的管理費和0.5%的服務費，以維持營運。

(三)網路保險公司

➡ 眾安保險

眾安保險是中國第一家純網路保險公司，以產險為主，其下設有眾安科技，作為其數量分析（如：區塊鏈、人工智慧和雲端運算、大數據）的支持，但網路保險的困難在於後續的核保理賠服務，要能建立良好的售後服務，則有賴時間的考驗，才能建立自己的客戶口碑。

資料來源：
https://www.zhongan.com/

➡ OSCAR Health

成立於2013年的美國公司，主要業務為網路健康醫療保險，受惠於2013年美國政府推動的醫改法案，該法案強制美國公民與綠卡持有者必須投保，使得一些小企業主、收入較低的人群等還沒有投資的客群紛

資料來源：
https://www.hioscar.com/

紛投保個人醫療險，而OSCAR Health以互聯網技術，提供了個人手機上免費個人化的線上問診、健身管理的服務，加上手機便捷的投保與理賠手續，博得使用者的青睞，使用者可以在手機上用簡訊描述自身的病痛，系統便會自動配對發送地點附近的醫生，免費24小時電話醫生問診、穿戴設備補強了個人健康資料、醫療費用多方比價、一鍵買足藥品、舉辦健身鍛練獎勵活動…等特色服務，大勝傳統保險公司，OSCAR Health的成功，使得它順利地陸續得到著名投資機構的資金洊注（如：高盛、Google、中國平安集團、Fiedelity等），但

隨著白宮主人更迭，隨後被廢除的醫改方案，早期巨額投入成本、昂貴的服務成本，連帶造成的連年虧損，使得OSCAR Health不得不轉型作團體保險業務。

(四)網路數位銀行

➡ Atom Bank

　　成立於2014年的英國，沒有實體銀行，為首間拿到英國銀行許可的純線上網路數位銀行，只要到達法定年齡、英國居民、並採用生物辨識技術來進行身份確認，即可以開戶，在Atom的存款也都有英國金融補償機

資料來源：
https://www.atombank.co.uk/

構FSCS（類似臺灣 的中央存保公司）的保護。用戶可以使用手機App進行帳戶登入與管理，利用簡單的開戶流程，客製化的銀行App，使使用戶隨時都能查詢個人財務狀況，而有生物辨識技術就不必擔心手機遺失，還有全天候24小時的線上客服，小至存款、大至房屋貸款都可以透過手機App申請，吸引不少年輕用戶群。

本章重點

1. 金融科技（Financial technology，也稱為FinTech），是指企業運用科技或電腦化資訊，提升其金融服務效率與多元。

2. 所謂「第三方支付」指買賣雙方之交易過程中，藉由一個中立的支付平台（非買賣方成立，故稱之為第三方），為雙方提供款項「代收代付服務」。

3. 電子支付包括了第三方支付業者所提供的服務，且多了「金流」之處理，故電子支付業者會與銀行業合作。

4. 電子票證指「以電子、磁力或光學形式儲存金錢價值，並含有資料儲存或計算功能之晶片、卡片、憑證或其他形式之債據，作為多用途支付使用之工具。」

5. 只要以手機或平板等行動載具進行交易支出，皆為行動支付，包括「第三方支付」、「電子支付」、「電子票證」與單純的「信用卡的延伸付款」。

6. 「純網銀」經營的項目，與一般實體商業銀行相同，經營業務範圍包括貸款、存款、銷售金融商品（如：基金）及發行信用卡等，但不需支付龐大的實體分行支出及大批行員的成本。

7. 現代金融業之轉型包括了：（一）裁撤實體分行、（二）P2P網路借貸平台興起、（三）跨銀行的合作－開放銀行、（四）客製化的個人投資、（五）行動支付所結合之創新金融服務。

8. 機器人理財的特色包括：（一）一天24小時快速地為客戶服務、（二）依據各項程式內設參數，以快速的雲端運算功能分析、（三）他們不會有人性缺點、（四）可以偵測客戶即時性的需求、（五）不會因為親疏遠近、而有大小眼的差別化服務。

9. 創新金融服務，因為以下原因而可以刺激新的金融消費：（一）創新的金融服務可以挖掘傳統的財富管理公司過去不重視的客層、（二）創造螞蟻雄兵式、以小累積為大額的投資金額、（三）方便的App應用程式增加理財意願。

10. 金融科技帶來的衍生問題包括：（一）網路詐騙、（二）個人資訊的不當散播、（三）惡意倒閉與壞帳。

本章習題

( ) 1. FinTech一詞指的是 (A)Finished technical (B)Fine technical (C)Funding technology (D)Financial technology。

( ) 2. 藉由一個中立的支付平台（非買賣方成立，故稱之為第三方），為雙方提供款項代收代付服務，指的是？ (A)第三方支付 (B)電子支付 (C)電子票證 (D)行動支付。

( ) 3. 增加帳戶資金移轉（轉帳）及儲值功能等金流服務，消費者在其電子支付開立的帳戶中預付款項，而有收款、儲值、轉帳等功能，指的是？ (A)第三方支付 (B)電子支付 (C)電子票證 (D)行動支付。

( ) 4. 過往是提供小額儲值的支付工具，現金則多求能兼營電子支付，以符合金融科技趨勢者，指的是？ (A)第三方支付 (B)電子支付 (C)電子票證 (D)行動支付。

( ) 5. 只要以手機或平板等行動載具進行交易支出，我們稱之皆？ (A)第三方支付 (B)電子支付 (C)電子票證 (D)行動支付。

( ) 6. 讓使用者可以在網路或手機中，申辦貸款、存款、轉帳、及購買金融商品（如：基金）、發行信用卡等，而沒有實體經營據點與用戶接觸，指的是？ (A)純網銀 (B)電子支付 (C)電子票證 (D)行動支付。

( ) 7. 在臺灣，「純網銀」的經營者有何規定？ (A)限於傳統金融業 (B)「非金融業」若持股過半，也可參與「純網銀」 (C)「非金融業」需與持股過半的金融業合作，始可參股「純網銀」 (D)限已取得電子支付執照業者，才可申請「純網銀」經營。

( ) 8. 不同的銀行，可以透過與第三方平台合作，分享自身銀行客戶之帳戶、金融相關資料予第三方平台，作為銀行間的合作與交流，稱為？ (A)開放銀行 (B)跨橋銀行 (C)網路銀行 (D)科技銀行。

( ) 9. 因應金融科技時代，現代金融業的轉型，不含以下何者？ (A)裁撤實體分行 (B)P2P網路借貸平台興起 (C)開放銀行模式的合作 (D)規格化的個人投資。

( ) 10.何者是機器人理財的優勢？ (A)全天候的服務，不必休息 (B)可以用程式作更廣的投資標的篩選 (C)不會有詐欺、貪婪等人性缺點 (D)以上皆是。

( )11.創新金融服務所刺激的金融消費，有何潛力？ (A)挖掘傳統的財富管理公司過去忽略的客層 (B)創造螞蟻雄兵式的投資金額 (C)方便的App應用程式增加理財意願 (D)以上皆是。

( )12.金融科技所帶來的問題，以下何者不包括？ (A)網路詐騙 (B)個人資訊的不當散播 (C)金融業務停滯不前 (D)惡意倒閉與壞帳。

▶習題解答

1	2	3	4	5	6	7	8	9	10
D	A	B	C	D	A	B	A	D	D
11	12								
D	C								

A

索引表

國家圖書館出版品預行編目資料

金融市場概要與職業道德規範 / 張巧宜編著. --
二版. --新北市：
全華圖書, 2019.04
　　面 ；　公分
　參考書目：面
　ISBN 978-986-503-093-3 (平裝)
1.金融市場
561.7　　　　　　　　　　　　　108006335

金融市場概要與職業道德規範（第二版）

作者 / 張巧宜

發行人 / 陳本源

執行編輯 / 呂昱潔

封面設計 / 楊昭琅

出版者 / 全華圖書股份有限公司

郵政帳號 / 0100836-1 號

印刷者 / 宏懋打字印刷股份有限公司

圖書編號 / 0821002

二版三刷 / 2022 年 08 月

定價 / 新台幣 550 元

ISBN / 978-986-503-093-3 (平裝)

全華圖書 / www.chwa.com.tw

全華網路書店 Open Tech / www.opentech.com.tw

若您對書籍內容、排版印刷有任何問題，歡迎來信指導 book@chwa.com.tw

臺北總公司(北區營業處)
地址：23671 新北市土城區忠義路 21 號
電話：(02) 2262-5666
傳真：(02) 6637-3695、6637-3696

南區營業處
地址：80769 高雄市三民區應安街 12 號
電話：(07) 381-1377
傳真：(07) 862-5562

中區營業處
地址：40256 臺中市南區樹義一巷 26 號
電話：(04) 2261-8485
傳真：(04) 3600-9806(高中職)
　　　(04) 3601-8600(大專)

（請由此線剪下）

歡迎加入 全華會員

● 會員獨享

會員享購書折扣、紅利積點、生日禮金、不定期優惠活動…等。

● 如何加入會員

填妥讀者回函卡直接傳真 (02) 2262-0900 或寄回，將由專人協助登入會員資料，待收到 E-MAIL 通知後即可成為會員。

如何購買 全華書籍

1. 網路購書

全華網路書店「http://www.opentech.com.tw」，加入會員購書更便利，並享有紅利積點 回饋等各式優惠。

2. 全華門市、全省書局

歡迎至全華門市（新北市土城區忠義路 21 號）或全省各大書局、連鎖書店選購。

3. 來電訂購

(1) 訂購專線：(02) 2262-5666 轉 321-324
(2) 傳真專線：(02) 6637-3696
(3) 郵局劃撥（帳號：0100836-1 戶名：全華圖書股份有限公司）
※ 購書未滿一千元者，酌收運費 70 元。

OpenTech 全華網路書店 .com.tw

全華網路書店 www.opentech.com.tw
E-mail: service@chwa.com.tw

全華網路書店 www.opentech.com.tw